U0665891

财经集团

中国外汇市场及贵金属暨原油大宗商品
行业发展蓝皮书

· 下册 ·

★

# 2016

# 中国贵金属暨原油大宗商品
# 行业发展蓝皮书

FX168金融研究院　编

上海财经大学出版社

**图书在版编目(CIP)数据**

2016中国外汇市场及贵金属暨原油大宗商品行业发展蓝皮书/FX168金融研究院编.—上海:上海财经大学出版社,2016.12
ISBN 978-7-5642-2597-1/F·2597

Ⅰ.①2… Ⅱ.①F… Ⅲ.①外汇市场-研究报告-中国-2016②商品市场-研究报告-中国-2016 Ⅳ.①F832.52②F723.8

中国版本图书馆CIP数据核字(2016)第274998号

□ 责任编辑　石兴凤
□ 封面设计　JUN Studio

2016ZHONGGUO WAIHUI SHICHANG JI GUIJINSHU JI YUANYOU DAZONG SHANGPIN HANGYE FAZHAN LANPISHU

**2016中国外汇市场及贵金属暨原油大宗商品行业发展蓝皮书**
FX168金融研究院　编
（下）

上海财经大学出版社出版发行
（上海市武东路321号乙　邮编200434）
网　　址:http://www.sufep.com
电子邮箱:webmaster @ sufep.com
全国新华书店经销
上海景条印刷有限公司印刷装订
2016年12月第1版　2016年12月第1次印刷

889mm×1194mm　1/16　20.25印张　383千字
定价:168.00元

# 2016 中国贵金属暨原油大宗商品
# 行业发展蓝皮书
# 编辑委员会

# 编辑说明

　　一、《2016 中国贵金属暨原油大宗商品行业发展蓝皮书》是由 FX168 财经集团发布的关于中国贵金属及原油大宗商品行业发展的综合研究报告。2014 年首次出版,今年为第三册,第三册将由上海财经大学出版社出版,也是本蓝皮书首次通过出版社对外出版发行。

　　二、本书共分为八个部分:第一部分,中国贵金属及原油大宗商品行业发展大事记;第二部分,中国贵金属行业投资者结构分析;第三部分,国家及地方交易场所监管及发展新动向;第四部分,国内外主要交易所贵金属及能源类品种交易表现;第五部分,贵金属基本面分析、走势回顾及 2017 展望;第六部分,原油走势分析及 2017 展望;第七部分,专题研究;第八部分,附录。

　　三、本书内容和数据(截止时间为 2016 年 9 月,有些则更早)均由 FX168 财经集团通过公开渠道和专项访问采集、编辑,数据力求真实有效。

　　四、在编辑蓝皮书的过程中,得到各金融机构和个人投资者的大力支持和协助,在此一并致谢。愿中国贵金属及大宗商品行业在大家的共同努力下蓬勃发展。

《2016 中国贵金属暨原油大宗商品行业发展蓝皮书》编委会

2016 年 10 月

# 序

  2016年，中国贵金属行业仍处于谋求转型和实现可持续发展的关键阶段。在行业管理部门不断加强监管力度、促进有序发展的背景下，贵金属、能源等要素市场进入了大量政策出台后的全面落实阶段。这一过程中，转型和创新成为大宗商品市场发展的主旋律。而我国供给侧改革则提供了难得的转型机遇。实体企业迫切需要集合商品销售、流通、融资、风险管理的综合型解决方案。

  由此展望大宗商品市场，预计在以下方面会出现行业的新动向：首先，商品流通的生态圈将逐步搭建，并带动交易场所形成特定品种的竞争力和流通性。可以预见，供给侧改革推动的产业集聚将促使上游生产、中游贸易、下游消费的联动愈发加强，形成频繁的相互间资金调配。其次，大宗商品市场以圈中的企业参与者需求为支持，满足其多样化的风险管理和融资需求。这样才能拓宽市场范围，实现错位竞争，走出符合自身和地区需求的差异化道路，促进平台的专业化、特色化。最后，以生态圈为依托，以实体需求为出发点，实现金融各类要素的支持，吸引期货、银行等专业性机构，广泛拓展服务领域。以商品货权的有效控制、参与者风险分摊等机制，实现流通圈与金融资源的匹配，实现大宗行业交易平台的转型升级。

  FX168已连续三年编撰发布行业发展蓝皮书，对大宗商品行业进行了全面的梳理，展示了行业的现状和发展趋势，提供了行业研究信息及投资方向。在大宗商品市场竞争加速、创新不断的环境下，行业蓝皮书为行业进行宏观把握提供了依据，也助力大宗商品平台的建设者砥砺前行。

天津贵金属交易所总裁 苏宁

2016 年 10 月

# 序

　　当今年再次接到写序邀请时,我回头翻读了前两年蓝皮书的内容,透过字里行间,跳动着的是我国贵金属和大宗商品的发展脉搏,感受到的是这个行业一路走来经历的风雨兼程和对未来发展的信心与期待。这让我想到四个字:"知己知彼"——这除了是一本蓝皮书应有的担当,更是我们每一个从业者该持的态度。

　　先说"知彼"。不可否认,在国民经济持续快速发展的今天,老百姓的家庭金融资产不断增加,在大家对金融服务的需求日益强烈的同时也呈现出多元化的趋势,于是,贵金属投资逐渐走入人们的视野,成为继股票、债券、基金之后又一重要的新兴理财产品,并且越来越为投资者所关注,这无疑为贵金属行业的蓬勃发展提供了良好的"人缘"条件。

　　这就回归到"知己"的问题上。无疑,在投资者关注的目光中,雨后春笋般新设的贵金属交易场所和切入贵金属领域的传统商品交易场所在贵金属投资这块年轻而又充满生机的土地上快速成长。作为一个新兴业态,贵金属行业还处于发展初期,迅猛生长的背后是"营养缺失":行业顶层设计缺失、政策环境不明朗、监管主体不明确、法律法规与市场发展不同步、行业标准不统一、投资者教育不完善等问题,这都会影响行业的持续、健康发展。

　　于是,一方面是投资者对贵金属行业关注度的提升;另一方面是这个行业的成长步伐能否与投资者的关注度相匹配,为其提供充足的教育和安全规范的投资环境——这是值得我们每一个行业从业人员慎之又慎的。

　　在我看来,我们贵金属行业需要的不只是创新,更有坚守,这种坚守必定是植根于对投资者利益的最大化保护和对行业可持续健康发展的基础上。于宏观处着眼,于细节处深耕,切实有效地打造安全、高效的交易平台,提升从业人员素质,规范行业从业标准,做好投资者教育和投资者保护工作,培养后备优秀人才,践行企业公民的社会责任。广东省贵金属交易中心作为我国贵金属交易行业中的一员,也是贵金属交易新型业态的"排头兵"，坚持以政策为导向，以规范为基础，以创新谋发展，一步一个脚印地向合规化、规范化、社会化、专业化、科技化、国际化方向迈步——这是"知己"后勇于承担的责任，也是"知彼"后切实付出的努力。

另外，除了我们平台自身用心修炼"内功"，来自行业各界的支持和关注也是行业得以长足发展的动力。FX168财经集团作为金融媒体的翘楚，长期以来以敏锐的洞察和前瞻的分析给贵金属等大宗商品行业"把脉"，今年再次推出《2016中国贵金属暨原油大宗商品行业发展蓝皮书》，为行业梳理发展脉络，探讨行业现有格局与趋势，并用详实的数据和专业的分析透过现象看本质。相信依然会有很多"干货"值得我们去细读深挖，让我们更好地"知己知彼"，这对于贵金属以及整个大宗商品的发展无疑将起到积极的智力支持作用，对促进行业持续、健康发展也具有重要意义。

习近平总书记曾在讲话中说到："不忘初心，继续前进。"当贵金属行业经历了大浪淘沙、去芜存菁的历练之后，当发展的脚步勇往直前的同时，广东贵金属交易中心始终不忘加强行业自律意识和用合规工作理念来引导市场健康发展，以实现金融市场服务实体经济的这颗"初心"。路漫漫其修远兮！勿忘初心，这让我们前行的步伐更加坚实和有力。我们愿与行业同仁、专家、媒体一起，以蓝皮书的内容为桥梁，共同探讨，砥砺前行。

广东省贵金属交易中心总裁　张炯

2016年9月

# 序

综观现今投资行业的发展情况,西金东移的趋势仍在继续,这个过程中中国在国际贵金属市场定价权上的地位也逐渐加强;同时,现货市场的清理整顿仍在继续,从交易所到交易商,他们对于行业发展的探索从未停止,总体上呈现出国际化、规范化、规模化、专业化几个特点。

银科控股自 2016 年 4 月在纳斯达克上市后,就走入了更加国际化的发展环境中,我们上市的主要目的之一就是让企业在更为公开、透明的环境中加强自身建设,成为更加规范的企业,更合规地经营。与此同时,我们开展业务的两个交易所也在积极探索业务发展的新模式,以促进整个行业走入更加规范的运行道路中。

我们看到,现货投资行业方兴未艾,然而广大投资机构对行业发展的趋势以及市场的把握程度,一定程度上决定了其能否在市场中逐利。提升判断力和分析力的行业素养迫在眉睫。

FX168《2016 中国贵金属暨原油大宗商品行业发展蓝皮书》通过问卷调查及第三方合作公司的数据,对当前国内贵金属及大宗商品市场的投资者结构和投资行为进行了分析,通过回顾一年来国家及地方主要贵金属和大宗商品交易所动态分析行业变化和趋势,并以数据形式对比了国内外主要交易所贵金属及能源类品种的交易表现,对2017 年贵金属及原油大宗商品走势做出展望和预判。该书的出版和发行,将为广大投资发展机构专业上的提升带来切实的帮助。

能为本书作序,我个人深感荣幸,作为入行金融业 16 年的商界人士,我个人也非常重视对资料的研读、分析。占有信息量的程度很多时候能够决定一个投资机构的发展方向以及决策者的眼界和格局。FX168《2016 中国贵金属暨原油大宗商品行业发展蓝皮书》已出版到第三册，并连续五年发布《中国外汇市场蓝皮书》，这些都是行业发展过程中有研究价值及历史意义的资料，非常宝贵，希望大家都能拥有它们。

银天下集团董事长　陈文彬

2016 年 10 月

# 序

　　以贵金属、能源等为代表的战略性大宗商品关系到一国经济和金融命脉乃至军事安全,长期以来都是各国角逐的焦点。我国已成为仅次于美国的世界第二大经济体,近年来在国际上的经济、政治影响力都显著提升。与此同时,我国正处于工业化进程的重要阶段,全面改革步入深水区,对原油、贵金属等关键性大宗商品资源需求的强度和广度可谓前所未有,但面临着严重不平衡的供需矛盾。

　　中国是世界第一大石油消费国和进口国,2015年对外依存度首次突破60％;贵金属方面,以黄金为例,中国人民银行披露的数据显示,2016年9月末中国黄金储备约1 838吨,在全球排名第六,黄金储备占全部国际储备的比例不足2.5％,而其他主要工业国的黄金储备占其国际储备的60％～70％。不仅如此,中国在国际原油和贵金属市场上的定价权也非常有限。原油和贵金属贸易均以美元计价和结算,定价权主要掌握在欧美国家手中。这些都对中国的金融和能源安全构成挑战甚至威胁。过去,中国在铁矿石等大宗商品上就因为对外依存度过高和定价权的缺失遭受了惨重的损失。

　　当前,中国在世界的政治、经济舞台上正扮演着越来越重要的角色。就在2016年10月1日,人民币正式纳入特别提款权(SDR)货币篮子,成为国际储备货币之一,并且是新SDR篮子中唯一的新兴经济体货币。促进中国的原油和贵金属市场健康发展,增加中国在原油贵金属等领域的定价权,尤其是推动国际市场的原油和贵金属贸易以人民币作为计价和结算货币,对于深化人民币国际化、经济金融改革以及中国对外开放,巩固和提升中国的国家影响力,都具有重大战略意义。

　　随着中国的市场经济发展与对外开放,中国的原油贵金属市场在过去一段时期迅速发展,中国的油气改革进入深水区,原油期货上市相关准备工作已经就绪,上海黄金交易所已经成为世界第一大黄金现货商品交易所。此外,原油与贵金属的场外交易市场也蓬勃兴起。不过,总体而言,中国的原油贵金属市场发展层次仍然不高,存在着交易场所重复建设、交易品种雷同、服务实体经济的能力弱、部分交易场所甚至违规经营的现象,冲击了市场秩序和商品贸易信用体系,让投资者蒙受损失。为此,上海、广东、江苏等地探索实行"交易、托管、清算、仓储"四分离,成立了场外市场统一清算平台,为交易场所提供统一清算、资金监管和信息登记的服务,发挥对场外交易场所风险防范、信用增进、辅助监管的作用。从实践来看,清算中心保障了投资者的资金安全,大大提高了交易场所的交易清算效率,降低了交易场所的整体运营成本,进一步增强了市场公信力,是地方防范区域金融风险的重大举措。

作为大宗商品行业参与者,FX168财经集团近年来持续发布了关于中国贵金属暨原油大宗商品行业发展综合研究报告,系列报告得到业内好评。《2016中国贵金属暨原油大宗商品行业发展蓝皮书》是该系列年度报告的第三册,本册蓝皮书在投资者行为调查和分析上,数据样本较往年更加丰富和详实。报告系统地梳理了行业的运行状况和特点,为行业参与人提供了基础材料和文献素材,也为其他经济主管部门提供了重要的决策参考。

值此蓝皮书出版之际,我们希望蓝皮书越办越好,并寄望它成为大宗商品行业交流与合作的桥梁,促进我国大宗商品产业经济的健康发展。

广州商品清算中心总经理　李杰

2016年10月

# 序

大宗商品是人类社会存在和发展不可或缺的必需品，关系国家经济命脉和国防安全。近年来，包括原油、粮食、黄金等在内的国家战略性大宗商品问题已经成为党和国家领导人关注的核心问题之一，战略性大宗商品安全日益成为国家经济安全的重要组成部分。

美国著名的世界观察研究所在其《全球预警》报告中指出，"在整个人类历史进程中，获取和控制自然资源（土地、水、能源和矿产）的战争，一直是国际形势紧张和武装冲突的根源"。

我国是一个人口总量超过先期工业化国家人口总和、拥有 13 亿人口的、处于工业化进程重要时期的发展中大国，对资源——战略性大宗商品需求的强度和广度前所未有。据国土资源部公告数据，我国原油进口从 2001 年的 6 025 万吨到现在已经增长了 5 倍，铁矿石从 2001 年的 8 404 万吨到现在已经增长了 10 倍。我国已经成为石油、铜、铁矿石等战略性矿产资源的世界主要进口国和包括铜、铝、钢铁、煤炭、黄金、白银等在内的世界主要生产国和消费国。而这种对能源和资源的需求，从我国人口、资源和经济发展的特点来看，资源约束已经成为我国可持续发展的首要制约因素。国内资源不足、自给程度下降制约了我国工业化、城镇化进程。

世界范围的资源分布不均衡及资源遏制、市场垄断与资源竞争加剧了我国资源出现危机的可能。影响资源安全问题的主要因素除涉及资源本身的储量、禀赋等自然因素外，更多的是牵涉到资源市场格局以及国际政治关系等市场与政治因素。归纳起来有三个方面，即资源遏制（地缘政治）、市场垄断（供应方的联合与垄断）、资源竞争（新一轮工业化的需求竞争）。

我国在这些关系国计民生的战略性大宗商品贸易运行过程中，屡屡损失惨重，单就"株冶事件"、"中航油事件"、"中储棉事件"、"国储铜事件"这些事件造成直接损失近百亿。国际市场能源、原材料价格因为所谓的"中国因素"而持续上涨——全球石油价格

1

大幅攀升，铁、钨、铜、铝、铅、锌、镍、金等重要矿产品价格一路走高，使我国为此付出高昂的代价。

作为联系相关政府部门、研究机构及国内外主流战略性大宗商品生产、消费、商品期货企业信息交流和研究平台，我们上海对外经贸大学战略性大宗商品研究院致力于将学术积累和储备与社会和政府的实际需求相结合，实现"产、学、研"结合，通过与政府、企业的密切合作，我们编撰的《中国战略性大宗商品发展报告》已经出版两期，得到行业的高度评价。

在我主编《中国战略性大宗商品发展报告》过程中，我们也注意到 FX168 财经集团出版的蓝皮书。该蓝皮书主要以贵金属和原油两个投资市场为研究方向，综合归纳分析一年来两个市场上监管政策、交易市场、金融机构的发展动态、投资者行为等相关最新信息，较为全面地梳理了覆盖原油、黄金这两大参与度最大、覆盖面最广的大宗商品投资品需要关注的信息。

值此《2016 中国贵金属暨原油大宗商品行业发展蓝皮书》出版之际，作为《中国战略性大宗商品发展报告》的主编，我欣然受邀为 FX168 财经集团的《2016 中国贵金属暨原油大宗商品行业发展蓝皮书》作序，深感荣幸。这一方面说明我们主编的《中国战略性大宗商品发展报告》受到业内的认可，同时我也愿意以专业的视角推荐《2016 中国贵金属暨原油大宗商品行业发展蓝皮书》，因为定位、编撰思路、写作嘉宾等不同，这两本书更多的是互补和印证。如果站在行业的高度，我们都共同在为行业的发展而默默地努力。

博观而约取，厚积而薄发。我们将秉承严谨而扎实的治学之风、宽广而深邃的视野和思考，通过我们坚持不懈的努力和探索，将我们的所学所思奉献给我们热爱的事业，将我们的一腔热血和深深的情感奉献给我们的祖国。

上海对外经贸大学战略性大宗商品研究院副院长　仰炬教授

2016 年 10 月

# 序

　　贵金属市场在国际上是成熟市场,芝加哥期货交易所成立于1848年,目前日交易900万手,交易金额4.2万亿美元;伦敦金属交易所成立于1876年,黄金、铂金和有色金属交易量世界第一,2014年,交易金额15万亿美元;纽约商品交易所黄金、铂金及钯金期货、期权交易量全球第一,黄金交易量往往可以主导全球黄金价格走向。我国贵金属市场起步较晚,至今也就14个年头,再加上贵金属交易企业发展过快,贵金属市场法规滞后,贵金属市场呈现出比较混乱的现象。但是,随着我国经济的快速发展,贵金属市场的重要性已经显现。特别是人民币即将成为国际储备货币,要提高人民币的国际信誉,要使人民币成为国际重要储备货币,我国必须加强贵金属市场建设;必须增加黄金及其他贵金属的储备;必须增强黄金及其他贵金属的流动性。

　　近几年来,随着"十三五"规划纲要的执行,行业的治理整顿也在紧锣密鼓地进行。2015年以来,个别不合规的企业得到了应有的治理,自觉进行行业自律的企业,在政府有关部门的督导下,不断发展壮大。综观全国贵金属市场暨大宗商品市场,整体还是健康发展的。群众的投资意识和投资水平也在逐步提高,资产管理需求也在日益多样化,越来越多的资产管理者已经不再简单地满足于传统的理财产品,而转向了贵金属及大宗商品等新的领域,这无疑会产生很大的人才需求。FX168财经集团是中国生产力商品流通工作委员会副会长单位,长期致力于金融领域的服务工作,积极为工作委员会的建设和发展献计献策,特别是在行业专业人才队伍建设方面具有较高和前瞻的眼光,在人才培养和投资者教育领域始终发挥着重要作用。

　　FX168财经集团历年编撰的《中国贵金属暨原油大宗商品行业发展蓝皮书》,是行业发展的年鉴,已成为每年整个行业的大事、幸事。在政府行业管理主体不明确、相关法律法规滞后的情况下,投入人力、物力、财力,结合市场发展的实际,实事求是地反映市场的真实情况,为整个行业的发展开展了力所能及的工作,值得业内人士学习。

　　中国生产力商品流通工作委员会一如既往地支持FX168财经集团蓝皮书的编撰

工作,愿意和业内同仁一道,加强投资者教育,让投资者清楚自己的理财能力,选择适合自己的投资品种和交易方式,认清投资的风险及承受能力,同时,让广大企业提高服务意识,发展适合企业投资的客户,营造良好、和谐的投资环境和投资氛围。

"规范、自律、健康、发展"是国内贵金属及大宗商品行业发展的正能量,也是中国生产力商品流通工作委员会的服务宗旨,希望业内人士认识到 FX168 财经集团蓝皮书所承载的行业使命,提高服务意识、创新服务品种,团结一致、共同努力,打造贵金属暨大宗商品行业更加美好的未来!

中国生产力流通工作委员会会长　侯惠民

2016 年 9 月 28 日

# 目　录

1

# 第一部分  中国贵金属及原油大宗商品行业发展大事记

1950 年 4 月,中国人民银行制定下发《金银管理办法》(草案),冻结民间金银买卖,明确规定国内的金银买卖统一由中国人民银行经营管理。

1957 年 9 月,国务院出台《关于大力组织群众生产黄金的指示》,为新中国首个全面发展黄金工业的政策。

1977 年 10 月,《金银管理办法》出台,从法律上明确中国人民银行为国家管理金银的主管机关,对黄金进行"统购统配"管理,改变黄金产业地方分散的管理模式。

1979 年,经国务院批准,中国人民银行向国内外公开发行纪念金币。

1982 年 8 月,中国人民银行发布《关于在国内恢复销售黄金饰品的通知》,恢复了关闭二十多年的金饰品市场,普通大众才开始以饰品的形式拥有黄金。

1983 年 6 月 15 日,国务院发布《中华人民共和国金银管理条例》,规定"国家对金银实行统一管理、统购统配的政策"。

1984 年 1 月,中国人民银行与海关总署共同制定了《金银进出国境的管理办法》,从法律意义上明确了改革开放初期国家的黄金管理制度。

1994 年,世界黄金协会在中国内地设立了代表处。

1999 年 11 月,中国人民银行取消了白银生产、加工、流通审批制,白银市场开放,中国贵金属市场逐步打开。

1999 年 12 月 10 日,中国首次向社会公开发售 1.5 吨"千禧金条"。

1999 年 12 月 28 日,白银取消统购统销,放开交易,上海华通有色金属现货中心批发市场成为中国唯一的白银现货交易市场。

2000 年 8 月,上海老凤祥型材礼品公司获中国人民银行上海分行批准,开始经营旧金饰品收兑业务,成为国内首家试点黄金自由兑换业务的商业企业。

2000 年 10 月,国务院发展研究中心课题组发表有关黄金市场开放的研究报告。同年,中国政府将建立黄金交易市场列入国民经济和社会发展"十五"(2001～2005 年)纲要。

2001 年,中国黄金协会经国家经济贸易委员会和中华人民共和国民政部正式批准成立。

2001年1月,上海公开发行"新世纪平安吉祥金牌",中国金币总公司作出承诺,在政策许可的条件下,适当时候予以回购,购买者可在指定的商家或商业银行网点自主买卖或选择变现。

2001年4月,时任中国人民银行行长戴相龙宣布取消黄金"统购统配"的计划管理体制,在上海组建黄金交易所。

2001年6月11日,央行正式启动黄金价格周报价制度,根据国际市场价格变动对国内金价进行调整。

2002年10月30日,上海黄金交易所正式开业,中国黄金市场走向全面开放。

2003年4月,中国人民银行取消了黄金生产、加工、流通审批制,改为工商注册登记制,标志着贵金属商品市场的全面开放。

2003年11月18日,中国银行上海分行推出"黄金宝"业务,个人炒金大门打开。

2004年6月,上海黄金交易所推出"小金条"业务,面向普通投资者。

2005年7月18日,上海黄金交易所与中国工商银行上海分行联合推出"金行家"业务,这是上海黄金交易所首次推出的面向个人的黄金投资产品。

2005年8月,山东招金黄金集团投资设立的山东招金黄金交易中心正式开业。

2006年12月,中国银行推出面向个人投资者的黄金期权业务"期金宝"和"两金宝"。

2006年12月25日,上海金交所正式推出面向个人投资者的Au100g实物黄金投资品种。

2008年1月9日,黄金期货在上海期货交易所正式上市。

2008年12月30日,经天津市政府批准,天津贵金属交易所注册成立。

2009年4月24日,中国人民银行宣布,我国黄金储备已达到1 054吨,较2003年增长了75.6%,在全球排名第五。

2010年2月,天津贵金属交易所试运营。

2010年6月8日,经广东省政府同意,由广东省经济和信息化委员会批复,广东省贵金属交易中心成立。

2011年11月11日,国务院发布国发〔2011〕38号文件《关于清理整顿各类交易场所切实防范金融风险的决定》,由证监会牵头,建立部级联席会议机制,全面清理整顿各类交易场所。

2011年12月20日,由中国人民银行、公安部、工商总局、银监会、证监会联合发布银发〔2011〕301号《关于加强黄金交易所或从事黄金交易平台管理的通知》,明确黄金交易只保留在上海黄金交易所和上海期货交易所。

2011年12月20日,中国工商银行推出"账户贵金属定投"业务。

2012年1月9日,中国工商银行推出"双向账户贵金属交易"业务。

2012年5月10日,白银期货在上海期货交易所正式开始运营。

2012年7月12日,国务院办公厅印发《关于清理整顿各类交易场所的实施意见》(国办发〔2012〕37号),又称"37号文"。"37号文"要求把握清理整顿的范围,准确适用清理整顿政策界限,包括不得以集中交易方式进行标准化合约交易等。

2013年4月12日,国际市场黄金价格大跌,让人意外的是,"中国大妈"却疯狂购买黄金,短短数日各地实物金被抢购一空,"中国大妈"的购买力连华尔街投资大鳄也为之错愕,英文媒体甚至专创"dama"一词来形容"中国大妈"。

2013年5月31日,上海黄金交易所夜市交易开始,增加21:00～次日02:30夜间交易时段。金交所交易时间与国际市场更为同步。

2013年6月24日,华安基金和国泰基金旗下的黄金ETF产品"华安黄金易"(518883)和"国泰黄金ETF及其联接基金"(518803)发行,这是国内首只黄金ETF。

2013年7月5日,上海期货交易所推出黄金期货夜盘。

2014年3月15日,央视3·15晚会曝光现货白银投资乱象,贵金属交易所、交易所会员单位及贵金属交易软件提供商被推上风口浪尖。

2014年6月底,证监会发布《关于开展各类交易场所现场检查的通知》(证监会清整联办28号文),重点检查贵金属类、文化产权及艺术品类和股权类交易场所,以及投诉举报和媒体负面报道较多的其他交易场所。

2014年7月,上海期货交易所对外宣布,在美国期货业协会(FIA)统计的2013年全球黄金、白银期货成交量排名中,上海期货交易所黄金期货已经位列全球第二;白银期货位列全球第一,并被期货期权世界杂志(FOW)评为"2012～2013年度亚洲最佳期货合约"。

2014年9月11日,中国黄金协会与世界黄金协会缔结《全面战略合作协议》。

2014年9月18日,上海自贸区首个面向境外投资者的"国际板"正式上线交易,国际板上市交易3个品种,分别为iAu99.5、iAu99.99、iAu100g。

2014年9月19日,上海黄金交易所与香港金银业贸易场在上海举行合作签约仪式。双方约定,未来将以交易所国际板为契机,进一步加强合作,共同推动中国黄金市场的发展和对外开放。

2014年11月10日,上海黄金交易所和芝加哥商业交易所集团(CME Group)在上海签订《谅解备忘录》。双方将在《谅解备忘录》的框架下,本着"互惠互利、合作共赢"的原则,积极探索国内外市场合作的新模式,大力拓展服务境内外投资者的新路径,共同推动全球黄金市场的健康、平稳、有序发展。

2014年12月4日,上海黄金交易所与芝加哥商业交易所集团在上海联合举办了"聚焦亚洲,服务全球"2014贵金属之夜活动,为两个市场的国内外投资者提供了交流互动、促进合作的良好平台。

2015年2月2日,国内首个交易所现货期权产品在上海黄金交易所上市。询价期权业务的上线标志着黄金市场产品线得到了进一步拓展和完善。

2015年2月6日,上海黄金交易所在上海召开非银行金融机构业务座谈会,国内30余家知名证券公司、基金管理公司和信托公司相关业务人员到会。这被视为金融机构"混业经营"的安排之一,同时也是中国打造"上海金"、中国黄金市场发展战略机遇下贵金属业务开发准备和业务推广的一次广泛研讨。

2015年3月3日,全国人大代表、上海黄金交易所理事长许罗德称,上海黄金交易所将进一步完善产品体系,增加更多新规格的产品,并推出更多基于人民币定价的黄金交易产品。

2015年4月6日,光大证券股份有限公司公告称,已获得中国证监会的批准开展黄金等贵金属现货合约代理和黄金现货合约自营业务。

2015年4月22日,由中国保险资产管理业协会主办、上海黄金交易所协办的《保险资金参与黄金市场研讨会》在上海成功召开。许罗德理事长在会上勾勒了未来"伦敦金"、"纽约金"、"上海金"三足鼎立的愿景。

2015年5月22日,由上海黄金交易所、陕西省人民政府主办,陕西黄金集团股份有限公司承办的"一带一路"黄金发展推进会暨丝绸之路黄金基金启动仪式在西安隆重召开,会议以"服务丝路新战略、引领黄金新发展"为主题,正式启动丝绸之路黄金基金。

2015年6月25日,上海黄金交易所副总经理沈刚在与伦敦金银市场协会联合主办的2015金银市场论坛上表示,上海黄金交易所已经为人民币黄金定盘交易做好准备,预计将在获得中国人民银行批准后启动人民币黄金定盘价。沈刚称,以人民币结算的黄金定盘价将与伦敦黄金定盘价互为补充,不会与伦敦的黄金定盘价冲突。

2015年7月10日,上海黄金交易所与香港金银业贸易场宣布正式开通"黄金沪港通"。"黄金沪港通"的开通,标志着内地和香港黄金市场的双向开放。

2015年7月17日,中国人民银行数据显示,截至6月末,中国持有的黄金储备由此前的3389万盎司(1054.1吨)升至5331万盎司(1658.1吨),增加了604吨,或57.3%。这是中国人民银行自2009年4月以来首次增持黄金。相隔一个月后,中国央行再次更新数据,宣布中国黄金储备由5331万盎司增加到5393万盎司。

2015年8月20日,证监会牵头的部际联席会议办公室发布《关于印发贵金属类交易场所专项整治工作安排的通知》(清整联办［2015］7号)。这是首次面向贵金属交易场所发展产业链的一次全面的清理整顿。

2015年9月10日,上海黄金交易所发布相关业务管理办法,允许会员及客户在办理有价物充抵保证金业务时,除了可以用黄金和白银作为有价物,A股、上市基金和国债等有价证券及外币也可作为有价物来充抵保证金。

2015年9月23日,中国黄金集团公司成为世界黄金协会的董事会成员,目前世界黄金协会共有18名成员,包括全球最大的黄金生产商——巴里克黄金公司。

2016年1月11日,上海黄金交易所会同中国外汇交易中心启动银行间黄金询价市场做市业务。

2016年1月13日,广州市金融局发布《广州市民应警惕外省交易场所在穗违规经营》通知,并公布广州市属及在广州注册的省直交易场所名单。广东省政府授权省金融办、商务厅等部门对广东省各类交易场所进行监管,广州市对口部门负责协调管理工作。

2016年1月21日,香港交易及结算所行政总裁李小加称,未来三年港交所计划在中国内地建设大宗商品现货交易及融资平台,并深化股票和定息与货币产品跨境交易服务。港交所于2012年收购伦敦金属交易所而拥有全球商品定价基准地位,下一步将瞄准中国内地市场。

2016年2月18日,厦门市人民政府与上海黄金交易所在上海签署了合作备忘录。

2016年2月19日,江苏省人民政府金融工作办公室印发《关于进一步加强对引入第三方价格交易场所监管的通知》,通知要求进一步加强对引入第三方价格交易场所的监管,具体主要包括提高投资者门槛和保证金比例;全面接入江苏省统一登记结算系统;加强业务相关机构管理及信访处理。

2016年2月23日,香港交易所总裁李小加表示,将推出人民币计价的黄金合约。

2016年3月1日,北京市金融工作局印发《北京市交易场所管理办法实施细则》,北京市行政区域内设立的交易场所以及外地交易场所在北京设立的分支机构迎来了制度规范化的时代,主要明确了交易场所开设门槛,未完成整改的企业名称将被取消"交易"或"交易所"字样;交易场所严格投资者准入门槛;建立投资者适当性管理制度;建立统一登记结算平台及信息监测平台。

2016年3月7日,芝加哥商业交易所集团和汤森路透宣布,中国建设银行将作为新成员参与伦敦金银市场协会的白银定价体系。

2016年3月18日,央视焦点访谈就北京石油交易所一会员单位的违规行为进行了报道。北油所隔日2016年3月19日通过官网对外发表声明,表示自成立以来一直在相关政府部门的监督管理下谋求规范发展。

2016年3月23日，上海黄金交易所与香港交易及结算所共同表示，二者已经联手，可能推出贵金属合约并强化两家交易所之间的联系。

2016年4月11日，中国工商银行宣布已经正式获准加入伦敦金银市场协会黄金价格机制，成为LBMA黄金定盘商。这将进一步提升中国在全球贵金属市场的影响力。

2016年4月19日，上海黄金交易所正式挂牌"上海金"集中定价合约。"上海金"定价业务是上海黄金交易所积极顺应国内外黄金市场发展趋势，结合自身优势，面向市场研发设计推出以人民币标识、交易和结算的黄金集中定价机制。

2016年4月25日，香港金银业贸易场荣誉常任主席Haywood Cheung Tak-hay表示，中国香港正与中国工商银行联手，计划在深圳前海自贸区打造一座10亿港元的黄金交易中心，为商业用户和贵金属交易商提供黄金托管以及实物黄金交易结算服务。目前中国工商银行在前海的金库是香港交易员和制造商储存黄金的临时保税仓库。

2016年5月3日，中国人民银行官网发布新闻稿，根据《黄金及黄金制品进出口管理办法》，为进一步简化审批手续，促进贸易便利化，中国人民银行、海关总署决定开展《中国人民银行黄金及黄金制品进出口准许证》"非一批一证"管理试点工作。

2016年5月17日，中国工商银行同意购买伦敦大金库，金库由巴克莱出售，位于秘密地点，可容纳2 000吨黄金、白银、铂金和钯金。

2016年5月19日，上海黄金交易所拟改革"黄金交易员资格考试"方式，设立"全国黄金交易从业水平考试"，并定于2016年6月19日举办2016年度第一次考试。

2016年5月25日，中国证监会副主席方星海在上海衍生品论坛上表示，中国计划向更多外国投资者开放国内期货市场，并推出更多期货产品，包括原油期货。

2016年5月30日，浦发银行宣布成功加入伦敦金银市场协会，并被授予普通会员资格，这也是国内首家加入该协会的股份制商业银行。

2016年5月31日，天津贵金属交易所表示该所的现货挂牌交易交收模式已获得天津市金融局的正式批准，并计划于2016年6月6日正式上线运行。

2016年6月初，北京市金融工作局正式下发《关于要求交易场所履行变更审批程序有关事宜的通知》，通知指出，以下三类情况需符合《国务院关于清理整顿各类交易场所切实防范金融风险的决定》《国务院办公厅关于清理整顿各类交易场所的实施意见》和《管理办法》对交易方式的各项规定。在市政府批准的交易范围内新设涉众（面向不特定自然人投资者）交易品种的；超出市政府批准交易范围新设交易品种的；变更交易方式的，应及时履行变更审批程序。

2016 年 6 月 1 日，重庆市人民政府与上海黄金交易所签署战略合作备忘录，就深入落实国家"一带一路"战略、共同推进黄金市场发展达成合作共识。

2016 年 6 月 8 日，洲际交易所基准管理机构（ICE Benchmark Administration）宣布中国交通银行自 2016 年 6 月 8 日起加入伦敦金银市场协会黄金定盘价。

2016 年 6 月 8 日，大连证监局发布《大连证监局促请地方政府进一步加强交易场所监管》，要求严格按照国发 38 号文和国办发 37 号文要求，由省级人民政府审慎批设新的交易场所；进一步加强交易场所的监管；及时、稳妥处理各类投诉举报，做好风险防控工作。

2016 年 6 月 25 日，据悉百度当日零时起执行《关于"大宗商品""二元期权"等行业禁止推广的通知》，一是大宗商品交易行业从大金融行业中剔除，所有推广客户禁止推广大宗商品交易行业；二是所有推广客户禁止推广二元期权交易（指基于衍生金属工具和其他有价证券的金融和商品交易）；三是海外金融类客户，除美国、英国、中国香港以外，其他国家或地区海外金融类客户禁止推广。

2016 年 6 月 28 日，云南省人民政府与上海黄金交易所在云南昆明签署战略合作备忘录，就共同打造中国黄金市场"一带一路"南亚、东南亚辐射带，协同推进昆明区域性国际金融服务中心等事项达成合作共识。

2016 年 7 月 1 日，北京登记结算有限公司获批并落户海淀，为保障北京要素市场安全稳定运行，并为各交易场所提供交易信息登记注册、资金支付结算和存托管、数据监控等服务。

2016 年 7 月 14 日，海南省人民政府印发《关于印发海南省交易场所管理暂行办法的通知》，主要提出设立交易场所须经省政府批准。未经国务院相关金融管理部门批准，不得设立从事保险、黄金等金融产品交易的交易场所。大宗商品、国有产权、文化产权等领域交易场所的设立、变更和终止，国家及本省另有规定的，从其规定。

2016 年 7 月 25 日，江苏省金融办发布《关于进一步加强对全省各类交易场所监管的通知》，从投资者适当性管理、交易场所和交易产品审批、对接统一登记结算系统、重视交易场所信访投诉、强化属地监管职责五个方面进一步加强全省各类交易场所监管。

2016 年 7 月 25 日，新疆维吾尔自治区金融办发布《自治区各类交易场所互联网金融风险专项整治工作实施方案》，明确工作目标、原则、整治重点，对各类交易场所互联网专项整治工作作出安排并提出要求。针对各类交易场所业务运行特点，设计信息排查表，列出相关要素，将工作切实落到实处。

2016 年 7 月 28 日，重庆市人民政府办公厅发布《关于进一步加强要素市场风险防控工作的通知》，通知提出要强化要素市场风险防控主体责任，持续提升要素市场监管效能,切实加强部门协同监管力度,全面落实风险防控属地管理责任。

2016年9月9日,香港交易所与山东省政府签订合作备忘录,促进双方沟通合作,支持及推动在资本市场和大宗商品领域的发展。

2016年9月9日,福建省政府法制办发布《福建省人民政府关于修改〈福建省交易场所管理办法〉的决定(草案征求意见稿)》的通知,草案内容主要包括交易场所建立健全的组织机构、内部管理制度、市场管理制度和风险控制制度;强化日常监管的属地管理原则;建立完善交易场所的经营管理;建立交易场所集中登记结算制度,由统一的第三方清算机构对交易场所实行投资者和交易标的统一登记、保证金统一存管、交易统一结算;按照有关规定提取风险准备金,并交由清算机构统一管理;风险准备金应当单独核算,专户存储,专款专用。

2016年9月4~10日,上海黄金交易所理事长焦瑾璞率代表团赴新加坡参加FT亚洲商品高峰论坛,随后赴泰国考察泰国黄金市场。

2016年9月21日,上海黄金交易所应邀出席在新疆乌鲁木齐举办的第五届中国—亚欧博览会"丝绸之路金融论坛(部长级)",并与新疆维吾尔自治区政府签署《战略合作备忘录》。

2016年9月18~25日,上海黄金交易所副总经理宋钰勤率队赴美国、加拿大进行"上海金"推介和交易所业务推广。

# 第二部分　中国贵金属行业投资者结构分析

中国贵金属投资市场仍然是一个多层次、分散的市场,为了全面地了解当前中国贵金属投资市场投资者的结构和概貌,并借此探索行业发展的方向,FX168 财经集团每年都会组织一次深入的问卷调查。2016 年的问卷调查继续覆盖在中国市场活跃且有代表性的国际经纪商,除此之外,2016 年蓝皮书的问卷调查还得到了天津贵金属交易所和银天下集团的大力支持,它们的参与极大地丰富了本次蓝皮书的数据来源,增强了数据的权威性。在此特别感谢各大机构对 FX168 的大力支持。

根据我们面向机构的调研结果,贵金属投资者在部分投资行为、当前投资状态上与外汇投资者有类似之处,为此,相关内容在本章节中不再赘述,读者可参阅 FX168 财经集团《2016 中国外汇市场蓝皮书》。本章节呈现的是面向贵金属经纪机构和交易所的调查结果。

## (一)大部分投资者重视贵金属投资知识的学习和积累

天津贵金属交易所《贵金属现货市场 2016－2017 投资者系列调研报告》(以下简称"津贵所调研报告")显示,80.8％的参与调查的投资者在进入贵金属投资市场之前,对相应知识有过系统学习或有一定了解,显示大部分投资者重视贵金属投资知识的学习和积累;但仍有少部分投资者(19.2％)在进入市场之前没有学习过相关知识,显示这部分投资者入市存在一定的盲目性。

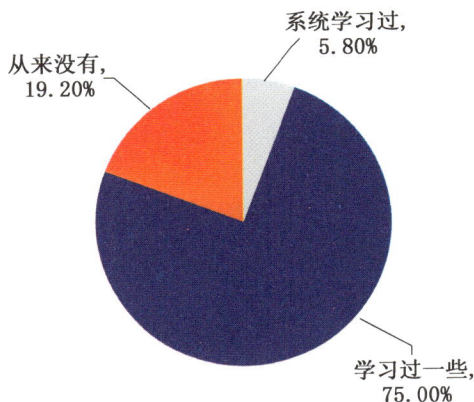

数据来源:天津贵金属交易所。

**图 1　对贵金属市场相关基础知识和投资技巧的学习情况**

## (二)大部分投资者对风险和规避风险的方法有一定了解或非常了解

津贵所调研报告显示,83%的受访者表示对风险和规避风险的方法有一定了解或非常了解,但仍有17%的受访者对风险及应对方法认知较弱,显示这部分投资者存在对风险认知的缺乏。

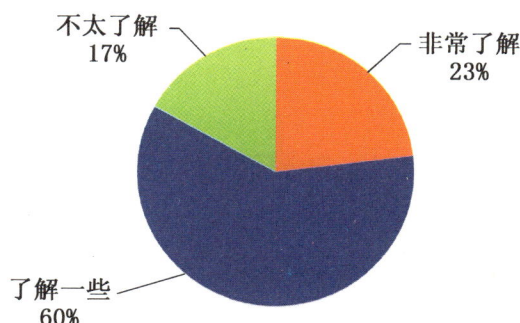

数据来源:天津贵金属交易所。

**图2　对贵金属市场投资的风险认知及规避风险防范的掌握**

## (三)投资者获取投资信息的渠道较分散

津贵所调研报告显示,从受访者总体反馈来看,投资者获取信息的主要渠道较分散,现货交易平台和专业的行业性网站为投资者获取消息的两种首要来源,其后是超三成投资者选择权威新闻媒体,另外一部分受访者(29.82%)会选择从 BBS、微博、微信、QQ 等社交平台获取信息,还有 21.08% 的受访者会选择"亲戚、朋友的介绍"作为获取信息的来源。

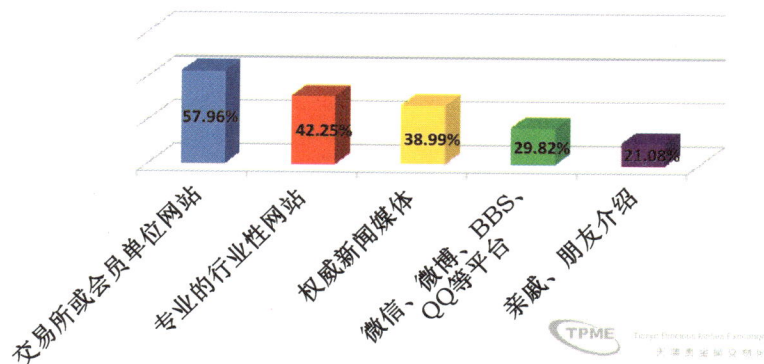

数据来源:天津贵金属交易所。

**图3　投资者获取投资信息的渠道和方式(多选)**

## (四)原油交易量增长势头未能延续,仍排在贵金属之后,白银交易不可小觑

接受FX168调查的国际经纪商中,81%的平台2016年原油交易量仍排在贵金属之后,这表明原油交易虽然在2015年有所增长,但该增长势头并未在2016年得到显著延续。2015年FX168的调查结果是,有20%的平台表示原油交易量与贵金属交易量旗鼓相当。此外,贵金属交易中,白银的交易量不可小觑,这跟国内很多贵金属现货平台只能做黄金以外的贵金属密不可分。

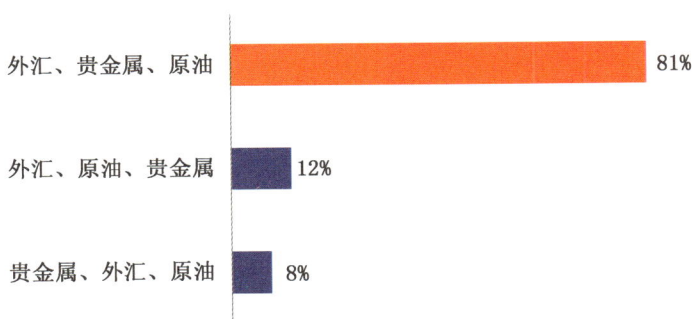

**图4  交易商平台上各交易品种交易量排名**

## (五)贵金属投资者各年龄段分布均匀,贵金属成常态资产配置品种

FX168调查结果显示,在贵金属投资者的年龄分布上,除30岁以下经济实力相对较弱的群体占比略低外,其他各年龄段分布较为均匀;40～50岁的占比略高,占32%;其次是30～40岁年龄段,占比29%;50岁以上的也有25%的占比,表明随着中国贵金属投资的日渐普及以及投资者培训的循环推进,人们已经将贵金属作为一种常态的资产配置品种。

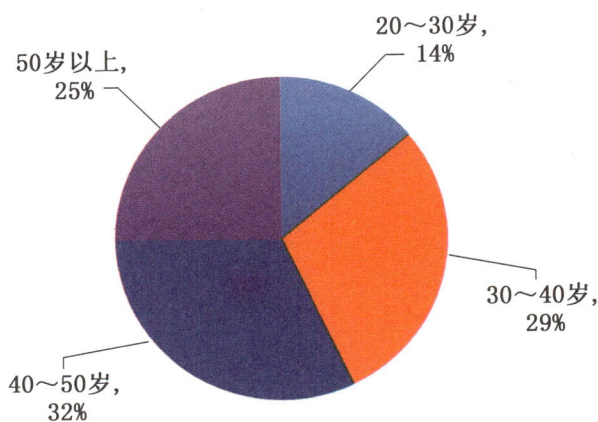

**图5  投资者年龄分布情况**

## (六)可喜！部分平台上客户平均存活周期达 1 年

　　数据显示,有近 4％的机构表示平台上的客户平均存活周期达到 1 年左右,这是一个令各方可喜可贺的重大变化。2015 年无一家平台表示客户的存活周期能达到 1 年左右。当然,仍有两成多平台上客户的存活周期只有一个季度左右,多数客户的存活周期也就半年左右,表明贵金属投资者风控能力的提升仍然任重道远。

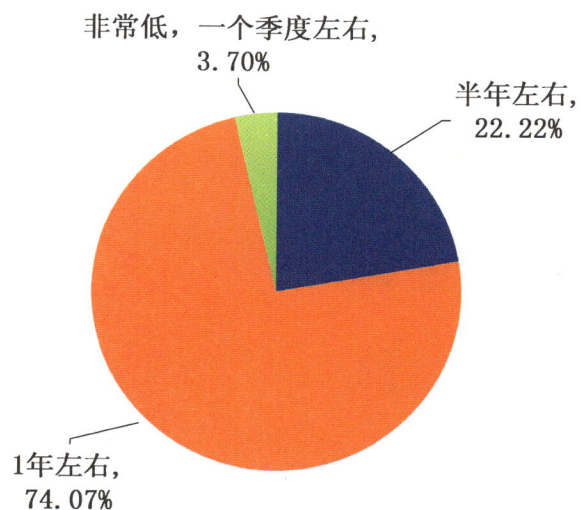

图 6　客户的存活周期

# 第三部分　国家及地方交易场所监管及发展新动向

## (一)上海黄金交易所:同铸"上海金",共圆"中国梦","上海金"基准价扬帆起航

### 1. 同铸"上海金",共圆中国梦——人民币"上海金"基准价首发

继 2014 年 9 月推出黄金国际板后,上海黄金交易所创新再推高潮。2016 年 4 月 19 日,上海黄金交易所在上海国际会议中心举办"上海金"定价发布仪式,发布全球首个以人民币计价的黄金基准价格。

中国人民银行副行长潘功胜、上海市人民政府副市长赵雯,以及来自世界黄金协会,世界白银协会,国际铂金投资协会,国内外主要产金、用金企业和黄金投资机构的近 400 位代表出席了发布仪式,共同见证"上海金"基准价格的诞生。

随着中国黄金市场的不断开放,以中国等为代表的亚太地区逐渐成为全球重要的黄金生产和消费区域,全球投资者对于以人民币标识的黄金产品的交易和价格风险管理需求不断增长。上海黄金交易所积极顺应国内外黄金市场发展趋势,结合自身优势,面向市场研发设计推出以人民币标识、交易和结算的黄金集中定价机制。"上海金"定价业务,是指在上海黄金交易所的平台上,以 1 公斤、成色不低于 99.99% 的标准金锭为交易对象,以人民币/克为交易单位,通过多轮次"以价询量"集中交易的方式,在达到市场量价相对平衡后,最终形成"上海金"人民币基准价格。上海黄金交易所负责定价业务平台的系统开发和运行维护,并对整个定价过程进行监督管理,防止价格被操纵,以保证价格的公允性。

发布仪式上,潘功胜副行长表示,推出"上海金"定价机制既是中国金融要素市场创新开放、积极融入全球一体化进程的重要尝试,也是中国顺应国际黄金市场深刻变革和全球黄金市场"西金东移"发展趋势的必然要求。"上海金"基准价将为全球投资者提供一个公允的、可交易的人民币黄金基准价格,为黄金市场参与者提供了良好的风险管理和创新工具,将有利于进一步完善人民币黄金市场的价格形成机制,加快推进中国黄金市场国际化进程。

## 2. 上海黄金交易所与中国金融信息中心签署战略合作协议

为进一步促进交流合作、实现战略协作发展,上海黄金交易所与中国金融信息中心于 2016 年 1 月 26 日签署了战略合作协议。此次签约仪式由上海黄金交易所理事长焦瑾璞、中国金融信息中心总经理叶国标共同见证,上海黄金交易所副总经理宋钰勤与中国金融信息中心副总经理张凤明代表双方进行了协议签署。

焦瑾璞理事长在签约仪式上表示,上海黄金交易所抓住国家深化改革创新的机遇,主动作为,推进各项业务取得了新的突破:2015 年,交易所总交易额首次突破 10 万亿元,同比增长 68％;机构投资者超过 1 万户;个人投资者超过 860 万户,连续 9 年蝉联全球最大黄金现货场内交易所。交易所取得的成绩离不开市场各方的积极参与和支持。中国金融信息中心作为新华社经济信息事业发展的重要载体,是上海国际金融中心建设的功能性平台。签署战略合作协议是双方携手开启未来的重要约定,也必将对双方共同在各自领域的发展增添新的亮点。

焦瑾璞理事长提出,作为国家级交易平台,金交所将继续坚持"市场化、国际化"战略,推动交易所实现从现货交易为主向现货和衍生品交易多元化方向发展、从激发黄金的商品属性交易为主向商品属性和金融属性交易为主转变、从以国内市场为主转向国内和国际两个市场并重的"三个转变",打造好"上海金"和"百姓金"品牌,与各会员单位紧密团结,与战略合作单位加强协作,努力打造一流的综合性黄金交易所。

中国金融信息中心总经理叶国标对上海黄金交易所在中国黄金市场做出的成绩表示祝贺,并介绍了中国金融信息中心快速、稳健的业务发展进程,同时表示将继续积极参与和大力支持交易所的业务规划和创新。

此次战略协议签署后,双方将在品牌传播、信息发布、投资者教育、智库咨询、联合举办论坛和会展活动、平台资源的对接、联合开发资讯产品等领域展开一系列深度合作。

上海市金融办副主任李军及上海市发改委等上海市政府相关领导,上海黄金交易所技术总监庄晓,上海黄金交易所、中国金融信息中心各相关部门负责人,上海黄金交易所部分会员单位、投资者代表出席了此次签约仪式。

## 3. 银行间黄金市场正式启动做市,推进中远期基准价格体系建设

2016 年 1 月,根据中国人民银行整体部署,上海黄金交易所会同中国外汇交易中心正式启动了银行间黄金询价市场做市业务,标志着市场呼吁已久的银行间黄金市场做市商制度落地。

银行间黄金询价市场做市商包括正式做市商 10 家、尝试做市商 6 家，承担在市场连续提供买、卖双边价格的做市义务，为市场提供流动性。经上海黄金交易所评定，2016 年度正式做市商为中国工商银行、中国农业银行、中国银行、中国建设银行、交通银行、中信银行、招商银行、兴业银行、宁波银行和澳新银行（中国），尝试做市商为光大银行、广发银行、平安银行、浦发银行、上海银行和大华银行（中国），汇集了大型国有银行、黄金进口银行、股份制银行和外资银行等不同类型的黄金市场具有代表性的活跃机构。

上海黄金交易所在我国银行间黄金市场首次引入做市商制度，是我国黄金市场基础设施建设的重大举措，一是建立做市商制度，将进一步丰富市场交易模式，提高银行间黄金市场流动性，提升机构投资者询价交易效率；二是将进一步发挥银行间市场批发融通、风险对冲等市场功能，凸显银行间批发市场定位，推进国内黄金市场多层次市场体系建设，优化黄金市场的资源配置功能；三是有利于完善场外市场中远期价格发现机制，推进中远期基准价格体系建设，提升我国黄金定价能力和国际影响力。

下一阶段，上海黄金交易所将顺应市场需求，进一步放开中小商业银行和券商、基金等非银行金融机构参与交易，丰富和优化银行间黄金询价市场参与主体，并根据银行间黄金询价市场运行情况，加快推动 3 月、6 月、9 月、1 年等标准期限的银行间黄金询价市场行情发布，满足市场机构对中远期价格基准的需求，同时加强做市商管理，灵活运用做市商考核激励机制，优化做市商结构，丰富市场做市策略，强化做市商的市场枢纽作用，更好地促进我国黄金市场健康发展。

### 4. 上海黄金交易所"易金通"产品发布，打造"百姓金"普惠黄金品牌

2016 年 1 月 26 日，上海黄金交易所在中国金融信息中心召开发布会，宣布交易所首款移动互联网产品"易金通"上线。上海黄金交易所理事长焦瑾璞、副总经理宋钰勤、技术总监庄晓、上海市金融办副主任李军、上海市发改委财金处副处长张为黎、中国金融信息中心总经理叶国标、浦发银行谢伟总监、中信建投证券董事总经理张昕帆以及多家商业银行、证券公司和黄金产金、用金企业的代表参加了此次发布仪式。

焦瑾璞理事长在发布仪式上表示，"易金通"移动互联网产品是上海黄金交易所在中国人民银行领导下，积极创新、优化市场服务的一次有益尝试，目的是打造真正惠及群众的"百姓金"平台，更好地推动黄金投资实现便利普惠。

金融办副主任李军提出，"易金通"产品的上线发布，是上海黄金交易所勇于创新、积极服务投资者的新举措，相信通过探索实践互联网与金融的融合，将优化完善投资者体验，有效增强用户黏度，加速提升服务效率，进一步拓宽黄金市场服务范畴。近年来，

随着中国经济迈入新常态和中国黄金市场"三个转变"的加速实现,上海黄金交易所着眼于市场化和国际化的战略转型,结合人民币国际化的战略,把握自贸区开放创新的契机,在进一步提升黄金市场的人民币定价权、完善中国黄金市场基础清算功能的同时,积极丰富产品,稳步拓展渠道,为加快我国黄金市场的建设、提升上海国际金融中心影响力做出了积极贡献。

"易金通"首批上线银行会员代表,浦发银行金融市场业务总监谢伟在致辞中表示,"易金通"作为首个国家级黄金市场推出的专业移动终端,不仅其权威性的资讯和公正透明的交易功能受到黄金市场和投资者的热烈欢迎,而且功能全面、实用、系统先进、用户体验感好,为投资者参与市场创造了便利条件。

首批"易金通"上线券商会员代表,中信建投证券股份公司董事总经理、执行委员会委员张昕帆提到,自 2013 年 10 月成为证券行业内首家获批开展贵金属现货合约代理业务和黄金现货自营业务的证券公司以来,其贵金属的交易、实物销售和租赁租借等多项业务都取得了良好发展,公司的产品体系进一步丰富,同时也为公司创新更多的业务模式提供了条件。"易金通"上线后,作为该终端的全程测试商和首家上线券商,中信建投证券将充分挖掘"易金通"的各项功能,提升客户服务水平,进一步加大客户开发力度,为黄金市场发展贡献力量。

## 5. 厦门市人民政府与上海黄金交易所签署合作备忘录

2016 年 2 月 18 日下午,厦门市人民政府与上海黄金交易所在上海签署了合作备忘录。

此次签署由福建省委常委、厦门市委书记王蒙徽,厦门市委常委、宣传部长叶重耕,厦门市委常委、秘书长张灿民,中国人民银行厦门中心支行李伟平行长和上海黄金交易所理事长焦瑾璞、副总经理沈刚等共同见证。厦门市长裴金佳、上海黄金交易所副总经理宋钰勤代表双方进行了备忘录签署。

福建省委常委、厦门市委书记王蒙徽在签约仪式致辞中指出,上海黄金交易所组建十多年来,已发展成为中国黄金市场的核心枢纽和全球重要的黄金、白银交易市场。厦门历史上就是海上丝绸之路的重要节点,近年来又先后获批对台综合配套改革试验区和中国(福建)自由贸易试验区三个片区之一。加强双方合作机遇难得、意义重大。上海黄金交易所正在践行"一带一路"黄金战略,厦门正致力于打造 21 世纪海上丝绸之路和对台交流合作两大战略支点城市。双方合作必将促进各类金融要素在厦门聚集,推动海峡两岸黄金市场深度合作,提升中国黄金市场对海上丝绸之路沿线国家及地区的辐射力和影响力。

双方明确，在坚持金融服务实体经济原则基础上，将发挥各自特色及优势，开展相关业务合作，具体合作事项包括：共同培育合格投资者群体，支持区域黄金市场稳步发展；鼓励和支持厦门在两岸黄金市场业务合作方面先行先试，共同推动海峡两岸黄金市场深入合作；支持厦门设立黄金市场发展基金，推动海上丝绸之路沿线黄金产业转型升级，打造综合性黄金链条；支持在厦门自贸片区设立黄金保税仓库和黄金精炼加工厂，推动厦门建设成为海上丝绸之路沿线重要的黄金转口贸易中心和黄金精炼加工中心。

## 6. 上海黄金交易所与香港交易所在香港签订合作备忘录

2016 年 3 月 23 日，焦瑾璞理事长代表上海黄金交易所与香港交易及结算所有限公司行政总裁李小加在香港签署合作备忘录。双方明确，未来将在黄金及贵金属产品研发、跨市场互联互通机制设计等多个领域开展深度合作，进一步促进内地与香港市场的联系，努力为投资者提供更为专业便利的市场投融资服务。

焦瑾璞理事长在签约仪式上表示，作为中国黄金市场的核心和全球重要的黄金交易市场，上海黄金交易所一直致力于推动中国黄金市场的创新发展和对外开放。自 2014 年 9 月上线国际板后，已有 63 家国际会员和众多国际客户参与了金交所人民币报价黄金交易，国际化取得了很大进展。本次与香港交易所签署合作备忘录，是金交所落实国际化战略的又一重大举措，是双方携手开启未来的重要起点。双方合作必将为全球投资者开辟更多元化的投资渠道，也有助于促进两地市场的融合发展。

香港交易所集团行政总裁李小加提出，这次与上海黄金交易所签署合作备忘录，将是双方进行战略对话及紧密合作的良好基石，希望可为市场带来更多具吸引力的产品和投资机会。

## 7. 重庆市人民政府与上海黄金交易所签署战略合作备忘录

2016 年 6 月 1 日，重庆市人民政府与上海黄金交易所签署战略合作备忘录，就深入落实国家"一带一路"战略、共同推进黄金市场发展达成合作共识。此次签署由重庆市人民政府黄奇帆市长、上海黄金交易所焦瑾璞理事长共同见证，重庆市人民政府陈绿平副市长、上海黄金交易所宋钰勤副总经理代表双方签字。

双方明确，未来将在国家"一带一路"战略框架下，紧抓金融市场开放发展契机，发挥好重庆市区位优势和中新（重庆）战略性互联互通示范项目政策优势，探索黄金市场组织体系和专营机构建设，共同开展黄金市场的合作交流和市场创新，协同推动重庆市黄金全产业链发展，努力将重庆建设成为西南"黄金交易中心"，共同打造中国黄金市场"一带一路"沿线辐射圈。

## 8. 上海黄金交易所与中央国债登记结算有限责任公司签署战略合作协议

2016年6月14日，上海黄金交易所与中央国债登记结算有限责任公司（以下简称"中央结算公司"）在上海举行战略合作协议签署仪式，来自中国人民银行和上海市金融服务办公室的领导及多家商业银行的嘉宾代表出席仪式，共同见证了我国债券市场和黄金市场创新发展、合作共赢的重要历史时刻。

上海黄金交易所是我国黄金市场的核心组织者，承担着推动黄金市场改革开放的重要使命；中央结算公司作为我国债券市场最为重要的基础设施平台之一，同样对于推动债券市场发展发挥着不可替代的重要作用。双方战略合作协议的签署，是贯彻落实我国"十三五"规划纲要中关于健全金融市场体系，加快金融体制改革要求的具体体现，既标志着中国黄金市场与债券市场实现对接，也是贵金属前台交易市场和固定收益后台机构的"跨界"合作，将为市场投资者提供更为广阔的市场空间和业务机遇。未来双方希望在有价证券充抵保证金业务、担保品管理服务、平台资源共享、系统建设、交流培训、风险监测和信息产品等多领域、多层次开展深入合作。

上海黄金交易所焦瑾璞理事长在致辞中指出，上海黄金交易所近年来总体保持了快速发展的良好势头，这与各级领导和相关各方的大力支持密不可分。未来上海黄金交易所将以打造全球一流的、综合性的贵金属交易所为目标，坚持市场化和国际化的发展战略，积极打造代表中国黄金市场话语权的"上海金"和落实国家"互联网＋"金融战略的"百姓金"两大品牌。焦理事长进一步指出，我国金融市场是有机统一的整体，各子市场之间应该互通有无、优势互补、协调发展，深入开展交流合作，共享市场发展成果。上海黄金交易所与中央结算公司战略合作协议的签署，有利于我国黄金市场和债券市场的互联互通及我国金融市场功能的进一步完善，必将有力地推动两个市场的深度融合，同时也可以为其他金融市场之间开展合作提供有益借鉴。

中央结算公司水汝庆董事长在致辞中指出，中央结算公司成立20年来，在主管部门和相关各方的关心和支持下，充分利用自身优势，顺应行业发展的国际化趋势，积极开拓业务领域，推动"多元化、集团化、国际化"战略发展，债券市场业务快速发展，金融资产登记协同推进，与多层次金融市场初步实现有效对接。此次与上海黄金交易所合作的切入点——担保品管理，是中央结算公司十年磨一剑的标志性产品。金融担保品是金融市场安全、稳健、高效运行的基石。国际先进的中央托管机构纷纷把担保品服务作为最具发展潜力的创新着力点和战略增长极，设立专门的产品中心，如欧清银行的"担保品高速公路"、明讯银行的"全球流动性中枢"、欧清与美国DTCC合资的担保品管理公司。中央结算公司的担保品业务近年来迅速发展，已应用到货币政策和财政政策实施、国家现代化支付体系、社保体系、金融市场交易的方方面面,管理担保品价值已经达到 8.5 万亿元,未来将逐步发展成为全球人民币金融体系的流动性管理中枢和风险管理阀门。

上海黄金交易所与中央结算公司战略合作协议的签署,标志着中国黄金市场和债券市场进行跨市场业务合作的开端,对于推动我国金融基础设施建设,实现创新发展、互联互通,以及构建多层次的现代化金融市场体系都将起到重要的引领作用。

**9. 国际会员交通银行股份有限公司香港分行成功开展首笔债券充抵保证金业务**

2016 年 6 月 27 日,上海黄金交易所国际板债券充抵保证金业务正式上线运行。这是继 2015 年 9 月推出黄金实物充抵保证金业务后,金交所国际板为进一步降低国际会员资金成本、提升服务质量的又一举措。国际会员可利用其托管在中央国债登记结算有限责任公司(以下简称"中央结算公司")等境内指定债券托管机构的合格债券作为信用担保,用于开展金交所延期类保证金品种的交易,从而减少国际会员人民币资金的实际占用成本。债券充抵保证金业务的顺利推出,标志着我国黄金市场和债券市场开展跨市场实质性业务合作的开端,也是国际板进一步深化市场服务功能的具体体现。

交通银行股份有限公司香港分行(以下简称交银香港)积极参与债券充抵业务,成为首家开展此项业务的国际会员。交银香港当日完成充抵额度共计 1 200 万元人民币的债券充抵申请,经国际板确认后,由中央结算公司成功冻结相应国债,该笔充抵额度实时生效。

交银香港表示非常欢迎金交所国际板推出债券充抵保证金业务,认为该业务拓展了国际会员的交易保证金来源,有效地降低了资金占用成本。同时,对金交所和中央结算公司的服务意识和工作效率表示认可。未来交银香港将继续结合自身业务需要进一步开展债券充抵业务。

下一步,金交所国际板将不断提升市场服务水平,提高市场准入审核和业务操作效率,同时加强市场宣传和沟通力度,充分保障债券充抵保证金业务的顺利开展和平稳运行。

# (二)香港交易所:前海大宗商品交易平台筹备进入实质性阶段

## 1. 港交所与前海管理局签署合作备忘录

香港交易所发布消息称,港交所与深圳市前海管理局日前签订合作备忘录,探索双方在金融服务、金融创新等领域的合作。

香港交易所集团行政总裁李小加表示,港交所发展大宗商品业务的一个核心战略,就是在内地建设一个规范、透明、可信赖、有实物交割体系及仓储体系的大宗商品交易平台,有效服务实体经济。李小加表示,本次与前海管理局签署合作备忘录,是发挥前海深港合作区的政策优势,也是双方共同推动大宗商品交易平台在前海深港合作区落户和运营的重要基础。

**2. 恒生电子与港交所合作打造前海大宗商品交易平台**

中国证券网 2016 年 9 月 18 日报道称,中证网记者从恒生电子获悉,公司已与港交所正式达成合作,将为港交所正在打造的前海大宗商品交易平台提供全面技术支持,助力金融服务实体经济。有业内分析人士指出,中国是全球最大的大宗商品进口国、需求国以及消费国,该平台建成后可能将成为最大的大宗商品现货交易平台。

香港交易所集团行政总裁李小加此前曾表示,在前海设立的大宗商品交易平台将在内地复制有逾百年历史的伦敦金属交易所,并打造一个与伦敦金属交易所类似的仓储系统,以填补内地缺乏规范、透明、可信赖、有实物交割体系和仓储体系的大宗商品交易平台的缺口,有效服务实体经济。

恒生电子董事长彭政纲表示,恒生电子在交易平台的风险控制和融资管理方面有着丰富的经验,也致力于现货贸易及贸易融资领域的创新,将用先进的 IT 技术和丰富的实践经验,与港交所进行深入合作。

据介绍,前海大宗商品交易平台系统将区别于现有的一千多家现货交易市场,是一个非常复杂的系统平台。首先,系统要支持万亿交易量性能,满足未来市场发展的需求。其次,大宗商品交易市场的成功,必须解决风控问题,要能提供安全的资产,这样才能降低融资成本,让更多的金融投资机构参与进来。用 IT 技术可以解决这个问题,并且这会是未来系统的一个重要特点。

据了解,在场外交易领域,恒生电子是交易所领域产品线最全的软件供应商。目前恒生电子已服务了超过 200 家各类交易所,包含 10 多家国家级交易和登记场所,如上海证券交易所、新三板系统、上海清算所、上海保险交易所等;在大宗商品领域,恒生电子承建了上海石油天然气交易中心、河北钢铁交易中心、浙江新华大宗商品交易中心等几十家大宗商品交易场所;在金融资产领域,为网金社、陆金所、北京金融资产交易所、武汉金融资产交易所、天津金融资产交易所等 30 家交易场所提供 IT 解决方案;在文化产权领域,已为 60 余家交易所提供整体解决方案,如上海文交所、深圳文交所、上海邮币卡交易中心等。

### 3. 港交所牵手前海管理局，推动大宗商品交易深圳生根

中国证券网 2016 年 9 月 28 日报道，香港交易及结算所有限公司与深圳市前海深港现代服务业合作区管理局（前海管理局）2016 年 9 月 6 日签订合作备忘录，探索双方在金融服务、金融创新等领域的合作。

前海深港合作区毗邻香港，是粤港两地合作的现代专业服务创新区。前海管理局为深圳市政府直属派出机构，负责前海深港合作区的开发建设、运营管理、招商引资、制度创新、综合协调等工作。

香港交易所董事总经理兼内地业务主管毛志荣、前海管理局副局长王锦侠今日于深圳签署合作备忘录。香港交易所集团行政总裁李小加出席签署仪式。

李小加表示，香港交易所集团发展大宗商品业务的其中一个核心战略，就是在内地建设一个规范、透明、可信赖的、有实物交割体系和仓储体系的大宗商品交易平台，有效服务实体经济。这次与前海管理局签署合作备忘录，是发挥前海深港合作区的政策优势、双方共同推动大宗商品交易平台在前海深港合作区落户和运营的重要基础。

## （三）北京市金融工作局：印发交易场所管理办法实施细则

北京市金融工作局 2016 年 3 月 1 日发布关于印发《北京市交易场所管理办法实施细则》（以下简称《细则》）的通知。该《细则》经北京市政府批准，适用于在北京市行政区域内设立的交易场所以及外地交易所在北京市设立的分支机构，自 2016 年 3 月 1 日起实施。《细则》对新设交易所进行了规定，同时也提出已经设立的交易场所，如不符合本实施细则任何规定的，需在 60 天内完成整改。

《细则》首先对新设交易场所、分支机构进行规定，程序上是区金融部门收到申请材料后报市金融工作部门，市金融部门征求相关行业主管部门意见及组织专家评审后报市政府批准。如名称中使用"交易所"字样的，市政府批准前，须取得清理整顿各类交易场所部际联席会议的书面反馈意见。

属地监管上，《细则》的要求是，北京市交易场所异地设立分支机构的，须经北京市人民政府批准，并获得市金融工作部门出具批复文件后，按照属地原则履行报批，接受属地监管。外地交易场所在北京市设立分支机构的，需分别经其所在地省级人民政府和本市人民政府批准，并按照属地原则由北京市进行监管。

《细则》指出，交易场所控股股东原则上须为法人机构，且净资产不低于 1 亿元人民币。其他法人股东净资产不低于 1 000 万元人民币；交易场所的自然人股东，个人金融资产不低于 500 万元人民币。新设交易场所名称中使用"交易所"字样的，注册资本最

低限额为 1 亿元人民币。其他新设交易场所注册资本最低限额为 5 000 万元人民币。交易场所在申请开业前,注册资本需实际缴付。

《细则》附则还要求:"本实施细则实施之日前已经设立的交易场所,不符合本实施细则任何规定的,在 60 天内需完成整改。"而对于未通过市金融工作部门组织验收的,市金融工作部门有权依照本实施细则及相关规定,对违规交易场所进行处置。

## (四)山东省金融办:山东省金融业转型升级实施方案发布,省政府支持

### 1. 山东省人民政府办公厅关于转发省金融办山东省金融业转型升级实施方案的通知

鲁政办字〔2016〕155 号

各市人民政府,各县(市、区)人民政府,省政府各部门、各直属机构,各大企业,各高等院校:

省金融办《山东省金融业转型升级实施方案》已经省政府同意,现转发给你们,请认真贯彻落实。

山东省人民政府办公厅

2016 年 9 月 18 日

(此件公开发布)

山东省金融业转型升级实施方案

省金融办

为加快金融业转型发展,更好发挥金融对经济结构调整和转型升级的支撑保障作用,特制定本实施方案。

一、总体要求

以中央金融工作系列方针政策为指引,坚持创新、协调、绿色、开放、共享发展理念,适应我省经济社会发展的阶段性战略要求,立足于金融业发展实际,以改革创新为动力,以优化发展环境为保障,以市场为导向,以促进金融服务现代化、便利化、普惠化为目标,全面深化金融改革,激发金融创新活力,切实防范化解金融风险,促进经济金融平衡、稳健、安全和可持续发展。

二、主要目标

力争用 3～5 年时间,建成与我省实体经济和创新创业相适应、市场化水平较高、综

合实力和服务能力较强的现代金融服务体系。争取到 2017 年,金融业增加值占地区生产总值的比重达到 5.5%,到 2020 年达到 6%左右。

一是金融服务功能显著增强。银行业存贷款年均增速达到 10%左右,直接融资年均增长 20%左右,保费收入达到 3 600 亿元左右。普惠金融加快发展,金融服务的覆盖面、可得性和满意度明显提升。

二是金融组织和市场体系更加健全。基本形成牌照齐全、有序竞争、差异化发展的现代金融组织体系,各类资本、商品、要素市场协调有序发展。重点金融机构整体竞争力和影响力明显提升。地方金融组织规范发展。地方金融资产占比达到 40%以上。

三是金融对外开放水平有效提升。"中韩自贸区"金融创新成果显著,自贸区金融创新试点经验得到推广应用,"一带一路"沿线金融合作持续加强,"走出去"金融服务明显改善。济南区域性金融中心和青岛财富管理金融综合改革试验区建设深入推进,县域金融实力和创新水平全面跃升。

四是金融生态环境更加优越。金融政策环境、法治环境、人才环境、舆论环境、信用环境进一步优化,金融消费者权益保护得到加强。中央与地方金融监管职责分工更加明确,工作协调机制更加完善。金融稳定形势得以巩固,守住不发生系统性、区域性金融风险的底线。

三、重点任务与实施路径

(一)加强对产业转型和创新创业的金融服务

1. 推动银行服务改进和业务创新。坚持用好增量、盘活存量,激发金融要素活力,保持信贷增速与经济增长合理匹配。支持全国性银行机构向总行争取信贷规模、直贷项目和单列指标,地方法人银行通过发行专项金融债、增资扩股等方式释放流动性。鼓励灵活运用资产清偿、债务重组、转让处置、置换核销等方式,盘活沉淀信贷资源。围绕山东经济和产业转型升级的总体部署,实施差别化信贷政策,加强与产业政策协调配合,引导信贷资金定向精准支持"三农"、小微企业、科技、绿色、扶贫等领域。扩大抵质押物范围,积极发展信用贷款,提高抵质押和信用贷款占比,降低互保联保贷款比重到 30%以下。创新业务模式,推动符合条件的银行业机构,探索试点为企业创新活动提供股权和债权相结合的投贷联动融资服务,提升金融综合服务水平。从严规范银行业经营行为,推进银行服务收费规范化、标准化、分类化建设,创新多样化还贷方式,有效降低实体经济融资成本。全面做好对山东半岛国家自主创新示范区的金融服务工作。

2. 拓展资本市场功能作用。加强与境内外证券交易所的战略合作,加大上市资源培育力度,持续推进规模企业规范化公司制改制工作,推动更多企业到境内外资本市场上市挂牌。鼓励优势上市公司通过兼并重组实现规模扩张和产业转型。引导国有企业利用资本市场实施混合所有制改革,显著提高国有资产证券化率。支持齐鲁股权交易中心增设"科技板"。推进济南、青岛国家促进科技和金融结合试点城市建设工作,鼓励其探索科技和金融结合的新模式和新路径,加快建成区域科技金融高地。开拓利用债券市场,推动企业发行公司债、企业债和各类债务融资工具,积极发展项目收益债、可转换债券、永续票据、绿色债券等创新产品,鼓励企业赴境外发行人民币和外币债券,引导和推动中小微企业借助债务工具进行直接融资。探索发展以高收益债为重点的区域债券市场。推动基础设施资产证券化,力争在交通运输、电力、港口、旅游以及城市供水、供暖、污水处理、综合管廊、海绵城市、黑臭水体等重点领域得到推广应用;探索开展金融资产、知识产权、碳排放权、不动产收益权等企业资产证券化,推动实体经济优势转化为资本竞争优势。稳步扩大政府股权投资,引导基金规模,引导带动一大批创业风险投资、私募股权投资、并购资本、产业基金、夹层投资等发展,推动形成服务企业全生命周期的多元化基金业态。推动私募基金规范发展。规范发展信托、银行理财、资产管理等投融资工具。

3. 放大保险服务功能。大力发展科技保险、信用保险、涉农保险、民生保险、责任保险等重点保险业务,提升实体经济风险保障水平。鼓励保险机构开发首台(套)重大技术装备、关键研发设备的财产保险、产品责任保险、产品质量保证保险、专利保险等产品。加大出口信用保险对自主品牌、自主知识产权、战略性新兴产业支持力度。推广小额贷款保证保险,为小微企业、"三农"和创业者提供信用增级。全面开展国家补贴农业险种,逐步扩大地方特色农产品保险覆盖范围,积极推动农产品目标价格保险、天气指数保险、收益保险等产品和服务创新。鼓励保险机构与政府合作开发具有地方特色的民生保险产品。发展多样化健康保险服务。完善城乡居民大病保险政策和管理办法,探索开展城镇职工大病保险,提高大病保险保障水平。争取开展住房反向抵押养老保险试点和个税递延型商业养老保险试点。大力发展与公众利益关系密切的环境污染、食品安全、医疗责任、医疗意外、实习安全、校园安全等领域责任保险。开展区域性巨灾保险试点,逐步建立多层次巨灾风险分散机制,构建灾害性突发事件保障制度。探索建立保险资金与创新创业投资对接机制,通过与政府主导设立的股权投资引导基金合作或加强增信担保支持等方式,引导保险资金投向创业投资、私募股权和创新企业。探索推动保险业与银行、证券期货等行业在更广领域和更深层次的合作,实现保险业从提供单一保险产品的传统经营模式向提供综合保险服务的创新经营模式转变。

4. 促进普惠金融发展。完善农村地区金融基础设施,优化农村支付结算环境。创新基于自助机具、助农金融服务点、网上银行、手机银行等的金融服务,提升城乡居民日常金融服务便利化程度。改造升级网点服务设备设施,推进电子渠道无障碍服务建设,为农民工、下岗失业者、残障人士等弱势和特殊群体提供更加适宜、便捷和有尊严的金融服务。加大金融扶贫力度,加强金融与财税、产业等政策协调配合,用好支农再贷款和扶贫再贷款以及各种政策性贷款支持扶贫工作,完善商业性金融综合服务,精准对接脱贫攻坚多元化融资需求,切实增强扶贫金融服务的精准性和有效性,为提前完成扶贫任务提供强有力的金融支撑。

(二)推动地方金融机构转型发展

1. 推动恒丰银行实施综合化改革。在明晰股权的基础上增资扩股,完善公司治理结构;健全业务治理体系,优化业务结构布局,探索以产品条线和利润为中心改革组织架构;完善资本管理机制,准确实施会计核算。争取到2020年末,恒丰银行业务规模进入全国性股份制银行第二梯队,并实现上市。

2. 促进城市商业银行做精做细。支持城市商业银行审慎开展综合经营,增强单体综合实力。推动3～5家机构率先上市或挂牌。引导城市商业银行加强资本联合和业务合作,完善治理结构和风险控制机制,提升抗风险能力和整体竞争力。推动城市商业银行强化服务地方、服务中小企业、服务社区的市场定位,加快向县域、社区延伸分支机构,创新服务产品和盈利模式,建设专业化、本地化的精品银行。

3. 发挥农村中小金融机构的作用。推动省农信社联合社履职转型,淡出行政管理,强化服务功能。推动全省农村商业银行完善治理结构,强化内控机制建设,创新产品和服务,更好支持"三农"和县域中小企业发展。支持村镇银行在乡镇布设网点、拓展业务。

4. 夯实非银行金融机构发展基础。引导信托公司回归信托主业,更好发挥在新型产权制度、社会民生领域、财富管理等方面的功能优势。完善财务公司各项机制建设,强化内部管理,支持企业集团提升发展质量,促进产业整合升级。争取设立更多金融租赁公司、消费金融公司、汽车金融公司等非银行金融机构。

5. 支持证券经营机构转型升级。推动省内证券经营机构在进一步做大做强相对优势业务的同时,大力发展创新业务、买方业务,逐步实现传统经纪业务向财富管理转型,投资银行业务向交易型投资银行转型。支持中泰证券公开发行上市,争取打造成为具有自主创新能力和综合竞争力、各种专业化证券业务协同发展的一流证券公司。

6. 提升期货经营机构服务能力。支持推动期货公司开展兼并重组,提高行业集中度。支持鲁证期货开拓国际市场,为省内企业参与国际衍生品市场提供更好平台。引导招金期货和中州期货实施股份制改造,通过挂牌上市扩充资本实力,拓宽发展空间。支持中小期货经营机构差异化、专业化、特色化发展,满足实体经济多样化的风险管理需求。

7. 完善保险及中介机构服务体系。支持泰山财险等地方法人保险公司发起设立保险资产管理公司,服务全省经济发展。吸引各类资本发起或参股设立总部在山东省的法人保险公司,支持设立区域性、专业性保险公司,鼓励国内外保险专营机构、地区总部和职能中心入驻我省。发展相互保险、自保公司等新型市场主体,启动农村保险互助社的试点工作。优化保险中介市场结构,提升保险中介机构的专业技术服务能力,引导各类保险中介机构规范化、专业化、规模化、集约化发展。

8. 探索推进金融机构综合化经营。顺应金融混业经营发展趋势,支持有条件的法人金融机构推进金融控股集团组建工作,提升地方金融业整体实力和服务能力。结合国有企业改革,推动省属国有企业打造金融业务板块,整合金融机构和地方金融组织股权。支持有实力的民营企业发展产业金融集团,实现产融结合。积极引进国内外金融控股集团到我省设立机构、布局业务。

(三)发展壮大新兴金融业

1. 深化新型农村合作金融改革试点。总结新型农村合作金融试点经验,逐步扩大试点范围,稳妥有序地在全省推开。力争到2017年年底,初步建立与我省农业农村发展相适应、运行规范、监管有力、成效明显的新型农村合作金融框架。

2. 推动小额贷款行业创新发展。引导小额贷款公司细分市场、找准定位,切实发挥“小额、分散、便捷”优势,通过管理模式、风控模式、服务产品创新,不断增强服务实体经济能力。

3. 提升融资担保行业服务能力。发挥好融资担保机构股权投资基金的引领带动作用,加大“四个一批”(增资扩股做大一批,重组联合做强一批,提高标准改制一批,严格监管淘汰一批)落实力度,提升融资担保行业的规模实力和服务能力。把握好融资担保的准公共产品性质,着力构建政策性和政府性融资担保体系。支持省再担保集团增资扩股。

4. 规范发展民间融资机构。加强规范引导,鼓励民间资本管理公司逐步提高股权投资比例,更好地支持创新创业。探索民间融资登记服务机构可复制可推广经营模式。发挥好山东省民间融资机构协会作用,促进行业自律发展。

5. 完善区域股权交易市场服务功能。加强规划引导,支持齐鲁股权交易中心和青岛蓝海股权交易中心错位竞争、差异化发展,争取到2020年,将齐鲁股权交易中心初步建成以资本要素为特征的中小企业投融资平台和金融综合交易平台,将青岛蓝海股权交易中心打造成为财富管理特色突出、适合中小企业培育成长的金融综合服务平台,区域股权交易市场挂牌企业突破2 000家。

6. 强化培育新型资本要素市场。加快权益和资产的资本化,促进各类资本要素有序顺畅流转。推动山东金融资产交易中心创新产品和服务,促进地方金融资产有效配置,建设在全国有影响力的资产交易平台。支持农村产权、海洋产权、能源环境、文化产权等交易中心拓宽市场范围和交易品种,开展金融服务创新,带动相关产业发展。统筹规划新设市场规模数量和区域布局,探索搭建全省知识产权、航运等交易平台。

7. 合理发展多样化商品和场外衍生品市场。深化与各期货交易所战略合作,推动新设以我省为基准交割地的期货品种,增设期货交割库,推动开展期货仓单质押融资和套期保值服务。统筹开展介于现货与期货之间的大宗商品交易试点。推动临沂国际商品交易中心、日照大宗商品交易中心打造具有全国影响力的综合性大宗商品交易场所;推动石油、石油装备、橡胶轮胎等专业性大宗商品交易平台做精做专做强;稳妥开展畜牧、海洋产品、农产品、药品、白酒、再生资源等领域试点工作。推动大宗商品交易市场探索"电子商务+现代物流+供应链融资"运营模式,提供定价、贸易、物流、套期保值、供应链融资等系列服务。组建规范高效、风险可控的全省统一登记结算服务平台,逐步发挥开户、登记、结算、资金监管、统计监测等功能作用。鼓励期货公司参与多层次衍生品市场体系建设。规范发展期货、期权OTC市场。

8. 推动互联网金融健康发展。推动有条件的地方设立互联网金融产业集聚区。研究支持互联网金融规范发展的指导意见。在清理整顿基础上,支持金融机构、地方金融组织、优质电商等依托自身优势发起设立网络借贷等互联网金融平台。筹建互联网金融协会,制定自律公约和行业标准,促进行业自律发展。统筹推进互联网私募股权融资试点,发展形成一批有效满足大众创新创业需求、具有较强专业化服务能力的互联网私募股权融资平台。

9. 加快发展金融中介组织。大力发展金融软件企业和金融外包服务。支持山东城商行联盟公司发挥好平台作用,为地方中小银行业金融机构提供信息科技服务。培育发展征信市场。大力引进培育会计、审计、法律、资产评估、资信评级、证券咨询、保险经纪等服务组织,构建与国际接轨的专业化金融中介服务体系。

(四)深入探索金融对外开放新模式

1. 推进自贸区金融创新。在复制推广国家已有自贸试验区金融创新成果的同时,积极谋划山东的创新政策,探索推进跨境人民币使用、投融资便利化、资本项目可兑换,力争在金融"引进来""走出去"上实现较大突破。依托中韩自贸区,加快推动鲁韩金融合作,稳步扩大我省企业借入在韩人民币资金规模,探索中韩双方开展股权众筹融资试点,探索推动我省股权市场和韩国柯斯达克市场合作路径。

2. 深化拓展区域金融合作。加强对"一带一路"建设的金融服务。鼓励我省具备条件的金融机构在"一带一路"沿线国家和地区进行业务布局。推进金融合作示范区和金融服务产业园区规划建设。加强与环渤海地区、港澳台的金融交流合作。

3. 加强"走出去"金融服务。扩大人民币在跨境贸易和投资中的使用，实施全口径本外币跨境融资宏观审慎管理，扩大融资渠道。推进跨国公司资金集中运营业务和跨境电子商务发展。稳妥有序推进资本项目有序开放。支持企业在国际资本市场融资。引导金融机构通过并购贷款、债券、基金等形式，为"走出去"企业提供长期资金支持，规范境外业务合作。创新出口信用保险产品，大力发展海外投资险。引导外贸企业提高运用衍生品工具的避险意识和水平。

4. 优化金融资源布局。推动济南市依托区位、科技文化资源丰富、信息产业和服务业发达等优势，在打造金融核心区、培育引进金融机构和人才、发展新型金融业态等方面加大工作力度，重点发展科技金融、文化金融、互联网金融等，打造创新创业金融服务中心。支持和协助青岛市争取先行先试政策，优化金融人才、信用、法制、资讯、社会服务环境，稳步推进具有中国特色的财富管理中心建设。研究制定进一步促进县域金融创新发展的政策措施，推动试点县(市)因地制宜开展金融创新，及时总结推广好的经验做法，增强示范带动作用。

(五)完善金融风险防范处置和监管机制

1. 强化金融风险监测预警。完善风险监测预警机制和风险应急预案，优化风险处置流程。密切关注经济结构调整和化解过剩产能过程中可能出现的各类风险隐患，深入开展重点行业和领域金融风险隐患排查。强化全行业风险管控责任，完善舆情监测和报告制度，提高突发事件危机公关处理能力。

2. 健全风险管控和化解处置机制。优化大额授信联合管理机制和债权人委员会制度，完善异地授信管理制度，防止恶意竞争和随意抽贷。制定实施化解担保圈风险的一揽子政策和长效机制。在符合政策要求的前提下，推动银行业金融机构探索开展"债转股"试点。发挥地方金融资产管理公司功能作用，引导和支持银行业金融机构加大不良贷款核销力度。依法严厉打击非法集资、非法证券期货、资本市场内幕交易、金融诈骗等金融犯罪活动。建立完善各级政府、监管部门、行业自律组织、金融机构应急联动机制，防范金融风险跨市场、跨区域传递，守住不发生区域性金融风险的底线。

3. 推动金融监管方式创新。按照放开前端、关注后端的改革方向，加大简政放权力度，简化行政许可程序，减少审批环节，创新监管工具和手段，提高金融市场监管效率。改进金融市场行为监管，完善现场检查、非现场监管等工作机制，严厉查处违法违规经营行为，规范市场竞争秩序。完善金融信息披露制度，强化金融行业协会自律、维权、协调、服务职能，发挥金融消费者和社会公众监督作用，形成更大的监管合力。

4. 完善金融监管协调机制。推进地方金融监管队伍建设，科学提升地方金融监督管理局的监管能力。加强金融监管部门之间的协调配合,科学把握中央金融监管和地方金融监管的职责和关系,建立定期监管沟通协作机制,形成各司其职、分工协作的监督管理机制和风险处置机制。

5. 加强金融消费者权益保护。强化金融机构的主体责任,完善金融机构内部制度和管理流程,全面落实消费者权益保护的各项规定。探索建立中央驻鲁金融管理机构和地方政府金融消费者权益保护协调机制、跨领域的金融消费者权益争议处理和监管执法合作机制。建立健全金融服务标准,完善金融消费风险提示制度和金融消费者个人信息保护制度,健全金融消费纠纷多元化解决机制,保护金融消费者合法权益。

(六)强化金融生态环境建设

贯彻落实《山东省地方金融条例》。协调法院建立金融审判庭或金融专业合议庭,有效发挥仲裁机构作用,为金融业创造良好的司法环境。加快推进全省社会信用体系建设,发展第三方信用服务组织,构建社会化信用信息共享平台,不断优化社会信用环境。进一步做好金融研究咨询和人才工作,促进政府和社会化平台深度融合,发挥金融研究机构功能作用。加大金融知识普及力度,增强社会公众金融意识。扩大金融宣传,为全省金融业发展营造良好的舆论氛围。

抄送:省委各部门,省人大常委会办公厅,省政协办公厅,省法院,省检察院。各民主党派省委。

山东省人民政府办公厅 2016 年 9 月 18 日印发

原文地址:http://www.shandong.gov.cn/art/2016/9/19/art_285_10941.html。

## 2. 山东省"十三五"规划纲要对省内交易场所建设做出部署

2016 年 3 月 2 日,山东省政府发布了《山东省国民经济和社会发展第十三个五年规划纲要》,全面阐述了山东未来五年的发展战略、奋斗目标、重点任务和重要举措,对山东省交易场所建设做出部署:一是建立完善股权、产权、碳排放权和节能量、金融资产、航运等新型要素交易平台体系,稳步发展介于现货与期货之间的大宗商品交易市场,搭建统一规范的登记监管结算服务平台。二是支持齐鲁股权交易中心建设全国有重要影响力的区域性中小企业投融资服务平台。三是推进山东省股权交易市场与韩国柯斯达克(KOSDAQ)市场合作。四是组建山东省知识产权交易中心,搭建一站式知识产权公共服务平台。

### 3. 山东省金融办赴交易市场现场调研，省领导提出要抓住机遇趁势而上

2016年3月初，山东省金融办副主任初明锋带队赴山东金融资产交易中心、山东泰山文化艺术品交易所现场调研考察，省金融办相关业务处室参加调研。

交易市场主要负责人汇报了市场基本情况、2015年发展情况以及2016年的工作打算。初明锋副主任指出，山东省交易市场近年来发展迅速，各交易市场均取得了一定的发展成绩，值得肯定。他要求各交易市场要抓住机遇、趁势而上，进一步做大市场规模，提高市场影响力，在做好风控措施的前提下，积极创新金融产品，完善市场功能，为山东省要素市场体系建设、全省金融改革发展做出更大的贡献。

### 4.《山东省地方金融条例》正式施行

2016年7月1日，《山东省地方金融条例》（以下简称《条例》）正式施行，这是我国首部涉及地方金融监管的省级地方金融法规。《条例》共6章58条，以金融服务经济社会、促进金融及相关行业发展、以适度监管维护金融稳定为出发点，对地方金融服务、金融发展、金融监管、法律责任等作了规定。主要内容和制度创新包括6个方面：一是构建完善的地方金融监管规范体系。二是保护金融消费者和投资者权益。三是推进社会信用体系建设。四是推动普惠金融发展。五是发挥政府在金融发展中的引导促进作用。六是注重防范金融风险。

### 5. 威海国际海洋商品交易中心正式上线运行

2016年8月19日，威海国际海洋商品交易中心产品上线活动暨业务推介会在山东荣成海洋食品博览中心举行。山东省金融办副主任初明锋出席活动。山东省金融办日前正式批复威海国际海洋商品交易中心开展介于现货与期货之间的大宗商品交易业务，威海国际海洋商品交易中心位于威海荣成，注册资本5 000万元，交易品种主要为海带、鱿鱼、鱼粉，由荣成市政府出资平台与几家当地渔业企业发起设立。

## (五)江苏省金融办：充分肯定江苏交易场所登记结算公司工作成绩

### 1. 江苏省金融办领导参加江苏交易场所登记结算公司股东大会

2016年2月25日，江苏交易场所登记结算有限公司召开2015年股东大会。江苏省金融办（全称"江苏省人民政府金融工作办公室"）资本市场处桓恒处长参会并发言，他肯定了江苏交易场所登记结算有限公司在服务交易场所和辅助政府监管工作方面取

得的成绩,要求公司在新的一年里继续发挥优势,强化业务拓展,提升服务意识,为规范省内交易场所发展做出新贡献。

**2. 江苏省金融办赴江苏交易场所登记结算公司、江苏股权交易中心调研**

2016年5月3日下午,江苏省金融办查斌仪主任带队赴江苏交易场所登记结算公司、江苏股权交易中心进行调研。

在调研中,江苏结算中心汇报了公司的经营管理、发展规划、业务创新及风险管控等方面的工作情况,查斌仪主任对江苏结算成立两年多来取得的工作成绩给予肯定,要求江苏结算继续发挥"首创"优势,做好系统接入工作,促进交易场所规范发展;强化风险管理意识,提高风险管理能力,做好辅助监管工作;加强业务创新与内部制度建设,强化高端人才引进与团队管理,进一步提升江苏结算的专业水准;加快推进成立省交易场所协会,加大对交易场所的服务支持力度,为全省实体经济发展做出更大贡献。

江苏股交中心重点汇报了企业挂牌、固定收益类业务、会员机构及投资者发展和未来业务规划等情况,查斌仪主任对其在构建区域性股权市场、服务省内中小微企业上做出的努力表示认可,希望股交中心加强自身建设,强化风险防控,加大创新实践,提高服务能力;完善上市企业后备数据库系统,帮助企业做实做大做强;推进探索资产证券化业务和全国股转系统保荐人资格,发挥省内金融创新平台优势;借鉴其他省份区域性股权市场的成功经验,结合江苏产业优势,做好特色板块的探索与尝试,提炼出一批江苏的优质特色企业,切实服务省内实体经济。

**3. 江苏省金融办组织召开全省交易场所监管工作会议**

2016年5月27日下午,江苏省金融办在南京组织召开全省交易场所监管工作会议。查斌仪主任、聂振平副主任,各市金融办分管主任,省、市、有关县(市、区)金融办相关业务负责同志,江苏交易场所登记结算有限公司及其业务合作银行的主要负责同志,各有关交易场所的负责同志,共170余人参加会议。

会上,查斌仪主任作重要讲话,总结当前交易场所发展中出现的一些问题,重申各类交易场所存在的风险隐患,明确对交易场所的监管将进一步趋严;要求各级金融办严格落实属地管理的监管责任,充实监管力量,积极作为,对有违规情况的交易场所采取有效手段,分类处置,防范和化解风险;要求各交易场所加强投资者适当性管理,谋求业务转型升级,切实服务于省内实体经济,同时加快交易场所登记结算系统对接,保障投资者资金安全。

会议对近期出台的交易场所相关监管政策进行了解读,对近期全省交易场所专项整治工作进行部署,各市金融办就交易场所发展与监管工作进行了交流讨论。

最后,聂振平副主任作会议总结,要求各地金融办切实做好辖区内交易场所的监管工作,充分利用本次专项整治,摸清全省交易场所及会员单位底数,净化市场环境,着力推进交易场所规范发展。

**4. 深圳市金融办何晓军主任一行到江苏金融办进行工作交流座谈**

2016 年 7 月 8 日上午,深圳市金融办何晓军主任一行 10 人来江苏省金融办交流座谈地方金融发展和监管工作,聂振平副主任及有关处室负责同志参加座谈。会谈中,聂振平副主任介绍了近年来江苏金融办在防范和化解地方金融风险、交易场所登记结算系统建设,以及地方金融企业监管等方面的主要做法和经验。何晓军主任介绍了深圳市金融办近年来的主要工作。双方一致表示今后在相关领域将进一步加强交流和合作。

# (六)广州市金融局:警惕外省交易场所在穗违规跨省经营

2016 年 1 月 14 日,广州市金融局发布最新消息,对于外省市交易场所分支机构(会员单位、运营中心)在广州经营,按照 37 号文件,必须在广州也进行批复,否则都属于违规经营。交易场所"区域保护"新态势将全面展开。

【警示语】

国务院于 2011 年颁布《关于清理整顿各类交易场所切实防范金融风险的决定》(国发〔2011〕38 号,以下简称 38 号文)后,我省对各类交易场所进行了清理整顿。2013 年 2 月,我省通过了国务院清理整顿交易场所部际联席会议的检查验收,广州地区各大宗商品交易场所均回归现货交易模式,发展平稳。

《国务院办公厅关于清理整顿各类交易场所的实施意见》(国办发〔2012〕37 号,以下简称 37 号文)明确规定,各类交易场所原则上不得设立分支机构开展经营活动,如确有必要设立的,应当分别经该交易场所所在地省级人民政府及拟设分支机构所在地省级人民政府批准,并按照属地监管原则由相应省级人民政府负责监管。中国证监会《关于规范证券公司参与区域性股权交易市场的指导意见(试行)》(证监会公告〔2012〕20 号)明确规定,区域性股权市场原则上不得跨区域设立营业性分支机构,不得接受跨区域公司挂牌,确有必要跨区域开展业务的,应当按照 37 号文要求分别经区域性股权市场所在地省级人民政府及拟跨区域的省级人民政府批准,并由市场所在地省级人民政府负责监管。在清理整顿完成后,我省出台《广东省清理整顿各类交易场所工作领导小组办公室关于做好我省各类交易场所清理整顿善后处置工作完善各类交易场所监管制度的通知》(粤金函〔2013〕486 号,以下简称 486 号文),明确规定在我省新设交易场所需取得省人民政府的批准文件。

以上文件说明,外省交易场所原则上不得在粤设立分支机构经营,如确有必要跨区域经营的,应取得广东省政府批准文件,并由外省相关监管部门负责监管和风险处置。截至目前,广东省政府从未批准外省交易场所在粤设立分支机构。然而,目前有些外省交易场所却在粤以分支机构名义违规开展业务,严重影响我省金融及社会稳定。请广州企业及市民擦亮眼睛,高度警惕,坚决抵制。

【典型案例】

请仔细阅读以下案例,举一反三,谨防发生财产损失(以下案例来自我局接待群众上访情况)。

一、投资外省交易场所造成损失

广州市民 A 先生和 B 女士分别向我局反映投资原油、贵金属产品损失情况。A 先生在深圳某石油交易场所广州分公司投资原油,在一周内损失超过 50 万元。B 女士在天津某贵金属交易场所投资白银,在两三天的时间内就形成数万元损失。A 先生在未签署合同(投资协议)的情况下,就将资金转给相关账户,造成证据不足,增加了通过司法途径追回损失的难度,并在事后才发现该交易场所并未取得深圳市政府同意成立的批文,该交易场所在深圳等地的营业机构早已人去楼空。B 女士在出现损失后多次赴津,花费了大量时间、精力,但仍无法挽救损失。

【案件警示】

根据 38 号文、37 号文相关规定,深圳某石油交易场所的注册地为深圳(广州分公司没有独立法人资格),因此 A 先生应向深圳有关部门进行投诉(深圳为计划单列市,具有省级管理权限),实际上如果 A 先生在投资之前就向深圳有关部门咨询该交易场所相关信息,完全可以避免损失。天津未通过国务院清理整顿交易场所部际联席会议的检查验收,B 女士如在投资之前得知该信息,也能避免做出错误的投资决策。

【小贴士】

1. 广东省政府从未批准外省交易场所在粤设立分支机构,因此外省交易场所在粤以分支机构名义开展业务属违规。建议广州市民在收到外省交易场所宣传材料、广告后切勿轻信,如参与投资,应事先与外省相关监管部门进行联系,核实交易场所是否合法合规,以免上当受骗。

2. 根据 38 号文、37 号文、486 号文相关规定,以及广东省政府从未批准外省交易场所在粤设立分支机构的实际情况,我市不受理涉及外省交易场所的投诉,请投资者通过司法途径或向外省相关监管部门投诉等方式解决纠纷。

二、外省区域性股权市场在穗发动企业挂牌属违规

注册地在我市的 C 有限公司于 2014 年 7 月在上海股权托管交易中心挂牌,挂牌后即向我局申请"上市补贴"。我局向 C 有限公司工作人员解释:一是在区域性股权市场挂牌不属上市,

如再继续宣传"成功上市",则涉嫌虚假宣传;二是根据中国证监会规定以及我省实际情况,外省区域性股权市场不得在广东省开展业务,因此上海股权托管交易中心在粤经营属违规,C 有限公司在上海股权托管交易中心挂牌也属违规,建议 C 有限公司停止在外省区域性股权市场挂牌。

【小贴士】

广州市人民政府《关于支持广州区域金融中心建设的若干规定》(穗府〔2013〕11 号)明确规定,对在境内外证券市场新上市的广州地区企业给予 300 万元的一次性补贴,对进入全国中小企业股份转让系统挂牌交易的广州地区企业给予 100 万元的一次性补贴,对进入广州股权交易中心挂牌交易的广州地区股份制企业给予每家 30 万元的一次性补贴。广州股权交易中心是经省政府批准设立的我市唯一一家区域性股权市场。

附录:广州市属及在广州注册的省直交易场所名单

为维护广州市民合法权益,现将广州市属及在广州注册的省直交易场所名单(括号内为监管部门)公布。根据 38 号文、37 号文、486 号文相关规定,广东省政府授权省金融办、商务厅等部门对我省各类交易场所进行监管,市对口部门负责协调管理工作。投资者如有疑问,请径向该交易场所及其监管部门咨询。

一、广州市属交易场所(省相关部门监管、市相应部门协调)

(一)由金融工作部门监管协调的交易场所

1.广州产权交易所

2.广州农村产权交易所

3.广州股权交易中心

4.广州金融资产交易中心

(二)由发改部门监管协调的交易场所

5.广州碳排放权交易中心

(三)由商务部门监管协调的交易场所

6.广东塑料交易所

7.广州华南煤炭交易中心

8.广州商品交易所

9.广州钢铁交易中心

10.广州化工交易中心

11.广州物流交易所

12.广州化工交易所

13.广州国际纺织交易中心

14.广州华南金属材料交易中心

15.广州国际茶叶交易中心

16.广州华南粮食交易中心

17.广州市花都狮岭圣地皮革交易中心

18.广东浆纸交易所

19.广州华南石化交易中心

20.广州钻石交易中心

二、在广州注册的省直交易场所(由省相关部门直接监管)

1.南方联合产权交易中心(省金融办)

2.广东省南方文化产权交易所(省文化厅)

3.广东国际商品交易中心(省商务厅)

4.广东省贵金属交易中心(省商务厅)

5.广东省环境权益交易所(省环保厅)

6.广州知识产权交易中心(省知识产权局)

# (七)津贵所:顺应改革转型推现货挂牌模式,设博士后工作站提升研究能力

## 1. 天津贵金属交易所宣布推出现货挂牌模式

中信集团控股公司天津贵金属交易所(以下简称"津贵所")2016 年 5 月 31 日宣布,将于 2016 年 6 月 6 日正式上线现货挂牌模式,以促进现货交易交收,顺应现货市场供给侧改革的发展趋势,提升服务实体经济能力。

津贵所此次启动的现货挂牌模式,是指挂牌方在交易所组织下,通过交易所现货交易交收系统,将符合交易所要求的产品交易信息和交收信息等予以发布,由符合资格的摘牌方按照交易所规则选择自主交易交收的一种交易模式。

"这个交易模式下,原来在线下进行现货贸易的一整套流程和动作全部搬到线上,从信息收集、款货流转,到风险防范、银行授信与融资等。所有现货市场的参与者,不管是在北京、天津,还是在上海,都能通过这个平台看到这些信息,并完成交易。"天津贵金属交易所副总裁刘宇说。

现货交易的根本目标之一是满足市场需求,服务实体经济。"从交易模式这一层面,能否真正服务实体经济的重要标准是保证现货交收。而津贵所现货挂牌模式的重点即为实现和促进现货交收。"刘宇说。

据介绍,模式中的现货即期交易和现货衍生品交易紧紧围绕这一重点进行流程设

计,并提供金融、仓储、物流等现货交收配套服务,实现了线上货款转移和交收过程的全程监管,完整地构建起对接现货贸易需求的实物交收体系。

此外,现货挂牌模式重新定义了会员的角色,其中自营会员参与交易,但是不接触客户;而经纪会员只开发客户不参与交易,专注于市场发展和客户服务,有效地拆分市场参与者的多利益链条。这意味着,不但客户可以获得更加规范、专业以及个性化的服务,投资者的利益因为模式合规性的提升也将得到更高程度的保护。

现货市场秩序健康、稳定的发展是交易所自身可持续发展的必要基础。"我们历经两年研发,投入数千万资金推出现货挂牌模式,就是希望在提升服务市场能力的同时,继续为进一步促进中国现货市场的规范化发展付出积极、不懈的努力。"刘宇说。

对于天津贵金属交易所现货挂牌模式的正式上线,业内人士认为,监管层此举系希望推动传统现货交易模式更有效支持实体经济。随着现货行业不断谋求转型、顺应发展,中国现货交易模式转型的"风口"或已到来。

**2. 津贵所发布《贵金属现货市场投资者系列调研报告》**

为客观、全面地掌握国内贵金属现货市场投资者状况,促进行业企业、媒体、研究机构深入了解市场发展,推动投资者理论研究与服务体系构建之间形成良性循环,天津贵金属交易所特开展贵金属现货投资者现状系列调研工作,并基于调研结果进行分析和归纳,以此出具调研分析报告,供业界参鉴。研究范围覆盖国内主要区域和投资角色,包含机构投资者、个人投资者,涉及贵金属现货市场投资者研究的相关系列主题。数据基于互联网专业媒体渠道、天津贵金属交易所投资客户、国内重要贵金属现货企业及客户,覆盖中国主要省份、直辖市。《贵金属现货市场投资者系列调研报告》目前已完成。

**3. 津贵所推出"维护投资者权益主题月活动"**

为了维护现货市场秩序,营造"公平、公开、公正"的现货交易市场环境,赢得企业和行业的长远发展,2016 年 5 月以来,津贵所紧紧围绕"强化合规经营理念,保护投资者合法权益"主题,积极组织开展了系列活动,切实增强了企业和会员单位的制度规范以及合规意识,引导行业更健康、持续地发展。

此次主题月包括多项规范制度的颁布、对会员的合规管理培训、对会员单位宣传合规性的专项稽核、投资者教育等系列活动,上述主题活动在津贵所和会员单位之间正有序地开展和推进。

保护投资者利益,是津贵所长期以来始终扎实开展的一项工作。尤其是 2016 年 6 月份以来津贵所现货挂牌模式上线后,这一加速行业转型的又一次尝试也有力地推动着津贵所在合规稳健发展方面进行更深入的思考和实践。津贵所领导始终强调要把制度完善和系统安全放在现货挂牌模式设计和推出的首要位置,更好地保护交易主体各方的利益。

津贵所领导层表示,依法经营、保护投资者合法权益,是维护现货交易市场发展的基础。作为国有控股公司和行业领军企业,津贵所肩负着双重使命,既要切实维护交易主体的利益、促进商品流通,也要作为现货市场的参与者承担起投资者教育、适当性管理和引导会员单位合规经营的责任,这是企业自身发展的需要,也是顺应市场及上级单位对现货交易平台健康稳定发展、坚持服务实体经济的期待和要求。

在制度建设方面,继 2015 年 10 月颁布并实施投资者适当性管理办法之后,津贵所在推出的现货挂牌模式下规划了更高的投资者准入门槛,更好地保证入市投资者具有较强的风险承受能力;另外,违规违约管理办法的合规规范对象相应地将自营会员、经纪会员、客户、指定交收仓库、指定品牌企业等市场参与者的相关市场行为都纳入交易所合规监管处置范畴,最大限度地规范市场秩序,保护投资者合法权益。

为了将投资者教育和利益保护向立体纵深发展,津贵所还在主题月中对会员单位进行了多项目、多层次的培训,从现货挂牌模式下会员市场职能的合规到会员宣传方面的合规,多方面地向会员单位传达并指导落实"保护投资者权益,合规经营、合规发展"的工作理念。

在活动持续过程中,津贵所还将集中开展现货挂牌模式下的专项稽核工作,并于近期建立会员单位评级系统,引入会员单位优胜劣汰的良性机制,其中会员单位合规经营情况将作为最重要的考核因素之一;同时,投资者准入和分级管理体系也将进一步优化,确保投资者具备相应的抗风险能力,而现货挂牌模式下的风险管理系统将配合建立对异常交易的监控报警能力,以便更完善地保障交易主体的资金和交易安全,这也是对投资者利益最根本的保护措施之一。

投资者是行业发展的基石,保护投资者权益就是保护企业和行业的自身利益。能否保护好投资者利益是市场信心的风向标,关系到资本市场不断创新和健康发展的基础。现货交易市场的参与者只有时刻把投资者利益放在首位,才能获得市场的信赖。对投资者的保护工作任重而道远,为了整个行业的生存和发展,这项工作津贵所将一如既往坚定地进行下去。

**4. 津贵所荣获"高新技术企业"认定**

2016 年 2 月 23 日,津贵所在官网发布信息称,在天津市 2015 年高新技术企业认定名单中津贵所榜上有名,这是津贵所在积极推进科研创新、做好科研成果对接金融实践中取得的又一成绩。

近年来,津贵所一直提倡以勇于创新的精神引领行业持续健康发展,努力加大研发和科技人才储备的投入,将津贵所打造成为具有业务深度的学习型、研究型交易所。尤其是信息技术和战略发展等核心研发部门着力加大培育科技创新团队,持续进行研究开发与技术成果转化,为企业经营和发展提供支持。截至 2015 年底,津贵所已拥有 15 个软件著作权等自主研发成果,这些创新成果为津贵所积极探索更完善的机制,为实体经济服务提供了宝贵的经验和指导。

**5. 津贵所博士后工作站论文获奖**

2015 年 10 月,津贵所的首位进站博士丁一撰写题为"经济新常态下交易所行业促进实体经济增长"的论文在第四届"全国博士后金融论坛"活动评选中获奖。论文聚焦经济新常态和金融改革的关系,结合经济新常态的外延和内涵以及现货交易所行业建设的现状基础,提出现货交易所的改革方向之一是如何提升交易的便捷性,促进实体经济增长。论文议题引起了与会代表的讨论和热议。

## (八)广贵:构建"互联网+贵金属"新格局,落实合规紧抓培训

**1. 广贵网易战略合作,构建"互联网+贵金属"新格局**

2016 年 4 月 1 日,广东省贵金属交易中心与互联网企业巨头网易达成合作关系,后者成为广贵旗下第 163 号综合类会员。作为贵金属行业和互联网行业的领跑者,双方的合作对各自所在的行业都是一次突破性的尝试,或将催生"互联网+贵金属"的发展新格局。

广贵作为由广东省国资委出资控股的唯一一家省级贵金属交易平台,自成立以来先后通过设立贵金属从业资格认证、贵金属职业能力资格认证,推行贵金属投资者教育等相关举措推进贵金属行业规范化进程,其合规经营的理念受到广大投资者的青睐。

而网易作为互联网企业巨头,在门户网站、游戏平台、音乐平台等多个领域皆有不俗表现,拥有海量的客户资源。而做到极致的用户体验不仅让网易在互联网时代牢牢卡住了领先身位,更为其多元化的商业模式打下了坚固基础,为跨界发展提供了强力支撑。

此次合作的前提,是双方在思维模式和客户体验上进行了深度磨合。广贵向来践行安全、合规经营,在客户准入、交易等方面有着严格的标准规范,而网易则非常重视用户体验,以提高用户满意度。当这两种理念走到一起时,需要在用户体验和安全交易上

找到一个平衡点,为此,广贵和网易团队都做出了大量的努力,在多次沟通与修改之后,看似"殊途"的两种理念,最后都"同归"为投资者提供更安全、更规范、更容易的贵金属交易。

**2. 2016 年广东省贵金属交易中心投诉处理培训会议隆重举行**

2016 年 5 月 31 日,"广东省贵金属交易中心 2016 年投诉处理培训会议"在广州举行,本次培训紧紧围绕广东省贵金属交易中心制定的投诉管理制度进行。会议由广贵投资者保护部总经理姜恕俊主持,广贵管理层、会员单位负责人以及会员单位投诉处理人员共 150 余人参加本次会议。

**3. 广东省贵金属交易中心专项职业能力综合服务系统上线**

2016 年 4 月 25 日,广东省贵金属交易中心完成贵金属专项职业能力综合服务系统上线的全部前期准备工作,这是继与广东省职业技能鉴定指导中心共同开发的"贵金属交易操作"专项职业能力证书后,广贵在贵金属交易行业从业人员规范化方面迈出的又一步。据悉,该系统是国内贵金属交易行业第一套针对从业人员规范化、提高行业从业人员信息透明度和方便投资者查询从业人员相关信息的管理系统,也是广贵对从业人员进行专业培训和合规管理的重要尝试。

**4. 广贵携手同济大学共研贵金属市场发展**

2016 年 1 月,同济大学上海期货研究院"我国贵金属市场发展战略研究——以广东为例"课题结题会在广州召开。该课题于 2014 年启动,由广东省贵金属交易中心委托同济大学上海期货研究院开展,旨在通过课题的研究,进一步加强贵金属行业的理论研究,提高对实践的指导作用,梳理行业发展现状,分析制约行业发展存在的问题,并指明行业未来的发展方向和发展战略。

# (九)"银天下"上市:强者恒强

**1. 银科控股正式登陆纳斯达克,为中国大宗商品现货行业美国上市第一股**

美国当地时间 2016 年 4 月 27 日(周三),中国银科投资控股有限公司(Yintech Investment Holdings Limited,简称银科控股)正式在纳斯达克交易所挂牌交易,交易代码为 YIN,成为中国大宗商品现货行业上市第一股,也成为继年初新药研发公司百济神州登陆纳斯达克后,2016 年第二支赴美上市的中国概念股票。

据悉,银科控股以每股 13.5 美元发行 750 万股美国存托股票(以下简称"ADS",每股 ADS 相当于银科控股 20 股普通股),融资 1.0 亿美元,加上来自新浪的 1 000 万美元同步私募融资,银科控股本次募集资金总额达到 1.1 亿美元,市值接近 8 亿美元。此外,承销商可以根据超额配售权,在此后的 30 天内再追加发行最多 112.5 万股 ADS,额外募集约 1 500 万美元。

招股书文件显示,银科控股申请在纳斯达克证券交易所挂牌上市,主承销商为美国杰富瑞金融集团(Jefferies)与平安证券香港。据了解,由于高盛和摩根士丹利均于 2008 年全球金融海啸之后转变成银行控股公司,杰富瑞目前是华尔街最大的独立投资银行之一。

从财报中可以看出,银科控股的营业收入出现了连续增长。2013 到 2014 年增长 108%,2014 到 2015 年增长 15%。由于公司开支也一并增长,因此 2014~2015 年的每股盈利小幅下滑。但是总体来说,该公司能够稳定盈利,并且从 2011 年成立以来就一直能实现营业收入增长。

银科控股的主要营业收入来源仍然是公司的主营业务:佣金和相关费用。另外,13% 来自交易收益。银天下的交易佣金为 0.129%,这是非常稳定的收入来源,无论客户损失还是盈利都能为公司带来收入。因此,对银科控股来说,规模的增长是第一重要的目标,因为客户越多、交易量越大,营业收入就会增长越多。

**2. "银天下"收购中国第二大现货大宗商品交易服务在线提供商"金大师"**

2016 年 8 月 24 日,"银天下"的母公司——银科控股发布公告称,以 0.42 亿美元现金+1.51 亿美元等值股票形式收购中国第二大现货大宗商品交易服务在线提供商——"金大师"。

在此次交易中,金大师预计 2016 年净利润将高于 1.4 亿元人民币,若"金大师"业绩不达预期,低于 1.4 亿元人民币的差额部分将由"金大师"原主要股东磐厚投资补足。完成之后"金大师"将保持独立运营。

在这笔交易完成后,银科控股将拥有"金大师"100% 的股份,而上海磐厚投资、Pine River Holdings、金大师管理层以及新浪集团将分别占据银科控股股本扩大后的 7.96%、2.92%、2.63% 和 3.29%。

该笔交易预计将进一步奠定银科控股在贵金属现货投资领域的龙头地位。

"金大师"为上海黄金交易所综合类会员,并透过深金融开展面向个人投资者的经纪业务。

据公开资料,2015 年,"金大师"个人投资者客户交易额达到 6 041 亿元,占上海黄金交易所相关品种交易额的 14.9％,稳居市场份额首位。

自 2012 年成立以来,"金大师"的客户交易额保持高速增长,并带动了业绩的不断提升。

2015 年全年及 2016 年上半年,"金大师"实现收入分别为 2.06 亿元人民币及 2.38 亿元人民币,净利润分别约为 0.52 亿元人民币、0.45 亿元人民币。

在"金大师"成立早期,新浪透过旗下公司战略投资"金大师",占有 15％股份,而交易完成后,新浪获得 0.06 亿美元现金和银科控股 2.2％的股份,加上 IPO 时 1 000 万美金投资,新浪合计持有银科控股比例达到 3.29％。

"金大师"将与"银天下"的原有业务形成以下两大协同效应:

第一,完成并购后"银天下"在上海黄金交易所的市场份额跃升至第一位,至此"银天下"在上海黄金交易所、津贵所以及广贵的市占率均为第一,行业龙头地位继续做大,品牌效应将逐步在激烈而又嘈杂的行业竞争中体现;

第二,"银天下"具备以融金汇银为代表的高效销售团队,而"金大师"具备通过互联网进行低成本内容营销的思维与能力,未来两者在互相借鉴学习之中有望促进集团整体的获客效率,并提升集团运营效率。

# (十)无锡不锈钢:一心谋发展,镍价格已成现货市场风向标

## 1. 无锡不锈钢总裁应邀访问香港交易所并进行交流

LME 亚洲年会(2016 年 6 月 14～15 日)期间,无锡不锈钢电子交易中心总裁郁晓春受邀前往香港交易所进行参观考察,港交所行政总裁李小加全程陪同,并与郁晓春进行了深度交流。

郁晓春首先介绍了无锡不锈钢交易中心的基本情况,李小加认真听取介绍,并详细了解了交易中心的规则及交易交收等流程。双方共同探讨了国内大宗商品交易市场的运营模式的类型及特点,也交流了各种类型的交易市场今后面临的机遇与挑战。李小加表示,港交所对国内的现货市场有一定的了解,无锡不锈钢无疑是其中的佼佼者,相信双方合作的空间广阔、方式多样,希望能开展多种合作。

首先,无锡不锈钢是服务现货市场的标杆平台,为行业客户提供了提前交收等多种服务,希望今后港交所在仓储、交割方面能与无锡不锈钢交易中心开展深层次的合作,交易中心已拥有大量自有仓储、现货交易,与港交所合作,将有助于交易中心境内外的仓储互认、交易,仓单转换等,有助于交易中心逐步向仓储国际化方向发展。

其次,香港交易所将被打造成一家综合性的多元化资产交易机构,目标是成为全球

性的交易清算平台,港交所的使命是为中国客户和那些试图在中国市场寻求发展机遇的国际客户提供交易清算服务,无锡不锈钢无疑是一个非常重要的交易市场,希望港交所能为交易中心提供交易清算服务。

最后,李小加先生表示,无锡市不锈钢电子交易中心的表现让他赞叹,交易中心镍价格是现货市场的风向标,他真诚希望双方能合作开发镍现货价格指数,并在港交所进行交易。

**2. 无锡不锈钢获评 2016 年度"中国大宗商品现代流通诚信市场"**

2016 年 7 月 15 至 16 日,2016 第四届中国大宗商品电子商务与现代物流发展论坛在北京召开。无锡市不锈钢电子交易中心获选被评为 2016 年度"中国大宗商品现代流通诚信市场"。

本次论坛由中国物流与采购联合会主办,中物联大宗商品交易市场流通分会、中国物流信息中心、《中国物流与采购》杂志社承办,山东寿光蔬菜产业控股集团、上海通衍信息科技有限公司等协办。

中国物流与采购联合会会长何黎明、副会长蔡进、商务部市场建设司安宝军处长、中国证监会研究中心正局级研究员黄运成、国务院发展研究中心主任研究员廖英敏、中国商业联合会秘书长邓立等政府与行业协会领导,以及来自 IBM、NYMEX、摩根大通、上期所、郑商所、大商所、上清所、港交所、广西糖网、无锡不锈钢、阿里巴巴、京东、苏宁、中国供销总社等国内外期现货的各界同仁与行业精英近 600 人出席了本次会议。

# (十一)江苏大圆银泰:坚决贯彻监管要求,"茶"金融创新模式探讨进博鳌亚洲论坛

## 1. 大圆银泰贯彻监管要求,规范市场秩序

2016 年 2 月 18 日,江苏省人民政府金融工作办公室下发《关于进一步加强对引入第三方价格交易场所监管的通知》,该通知从提高投资者门槛和产品保证金比例、全面接入全省统一登记结算系统、加强业务相关机构管理及信访处理三方面,对各大交易场所提出要求。

作为全省首家接入江苏交易场所登记结算有限公司的试点单位,大圆银泰始终服从省金融办监管,对新规定表示全力支持。为贯彻文件精神,大圆银泰发布了《关于贯彻监管要求,规范市场秩序的公告》及《关于贯彻监管要求、规范市场秩序、公示信访投诉处置机制的公告》,按照省金融办要求,分别将开户激活门槛调整至 10 万元,大圆银

和大圆沥青品种交易保证金统一调整为 10％；此外，还对投诉流程及处理时效做出了明确规定。大圆银泰相关负责人表示，此文件的发布，将有助于规范市场秩序及交易行为，促进市场发展。

**2. 日成交额破亿，大圆普洱成投资者热捧对象**

1.25 亿元！2016 年 2 月 23 日，对于大圆普洱以及对于诸多大圆普洱投资者来说都是一个难忘的日子，因为在这一天，大圆普洱的日成交额正式突破 1 亿元里程碑，总市值超 10 亿元，而这仅仅用了 2 个月时间。

在春节后大圆普洱交易中心正式恢复交易时，交易就在不断放量，2016 年 2 月 22 日的成交额已经达到超 8 000 万元，离亿元大关只有一步之遥。而到了 2016 年 2 月 23 日，大圆普洱交易一直保持高热度，最终成交额锁定 1.254 62 亿元。

作为国内首家采用"普洱＋金融＋互联网"模式的普洱交易平台，大圆普洱不仅交易模式新颖，还具有产品、仓储等多项独有的优势，大圆普洱平台交易的产品均为云南特定地区珍贵的乔木大树原料，上线藏品均为如陈升号、六大茶山、下关沱茶、祥源、中茶等国内知名厂家品牌，从源头上保证茶的品质，并由国内优秀的茶人进行工艺制作，经过专业的高科技仓储中心存放，平衡温度、湿度、压力、菌群等，来保障普洱茶的仓储收藏，以实现价值增值。作为天然具有进入属性的高端普洱产品，每年的价值增幅可达 20％～30％，对于投资者来说，也是投资增值的另一种体现。

此外，大圆普洱还有一个很大的优势就是平台安全，平台与全国首家省级登记结算公司——江苏省交易场所登记结算有限公司对接，采用"登记、交易、结算"三分离的制度来保证投资者的交易和资金安全。正因为大圆普洱的诸多优势，首期产品的上线已经引发了投资者的投资热情，而第二期产品的参与人数和金额达到首期产品近 3 倍，也成为市场上最热门的交易产品之一。

**3. 大圆银泰行情分析交易系统(博易大师版)新闻资讯版块升级上线**

2016 年 2 月 29 日，大圆银泰行情分析系统新闻资讯版块正式上线。该版块寄托于交易市场行情分析系统平台，用户登录平台点击"资讯动态"版块，即可进入查看行业内最新动态。

新版"资讯动态"视觉界面更为简洁，版面划分更加清晰。丰富资讯搜索层级和方式，充分考虑用户网站浏览习惯，投资者在交易的同时又能及时掌握产品最新动态，为交易市场客户提供集行情、交易、资讯、策略、互动于一体的产业链式服务。

在用户体验方面，为使投资者精准、快速获取相关资讯，特设"大宗商品动态"、"普洱茶动态"两方面内容,用户可自由选择信息阅读。

大圆银泰行情分析交易系统(博易大师版)新闻资讯版块全新升级上线,是交易市场不断提升投资者服务能力、增强投资者服务的体现。未来,将不断地进行升级完善,为客户提供更为丰富专业的行业资讯。

**4. 大圆银泰再次出席博鳌亚洲论坛,大圆普洱创新模式受关注**

2016年3月22日至25日,主题为"亚洲新未来:新活力与新愿景"的2016年博鳌亚洲论坛成功举办,大圆银泰再次受邀参会,并代表国内大宗商品行业就亚洲经济大发展、大宗商品行业发展、互联网金融的发展与监管、"茶"金融新模式如何更好地服务实体经济等话题与来自全球的诸多政要嘉宾进行研讨。

本届博鳌亚洲论坛上,"传统行业供给侧改革"、"互联网金融的创新与监管"等议题无疑是论坛的主要话题。而大圆银泰在2015年12月推出的融合"普洱＋互联网＋金融"模式的大圆普洱交易平台与这两个议题高度契合,凭借其在互联网金融方面的创新及对传统普洱茶产业供给侧改革层面做出的努力,赢得了与会嘉宾的广泛关注。

谈及互联网金融的监管问题时,大圆银泰首席市场官黄大炜先生表示:互联网金融本质上仍是金融,互联网金融的创新发展能为相对传统的产业带来更好的机会,但是需要更好的监管来规范这一行业的发展。针对大圆普洱这一创新平台,大圆普洱总裁叶林则表示,未来将继续夯实现有成果,积极配合国家出台的监管措施,并在国家宏观政策的引导下,放大互联网金融"优势",推动普洱茶产业供给侧结构性改革的进程,更好地服务实体经济。

此外,在博鳌亚洲论坛中,大圆普洱交易中心总裁叶林作为杰出企业家代表接受了李克强总理的接见,并在论坛现场与张燕生、哈继铭、陈志武等多位著名经济学家会晤,就中国宏观经济发展以及互联网金融与监管等话题进行了深入交流。同时,作为大宗商品行业企业代表,大圆银泰嘉宾接受了包括央级媒体、海南当地媒体以及财经媒体等多家权威媒体的专访,就实体经济发展、供给侧改革和互联网金融发展等发表观点。

未来,秉承着博鳌亚洲论坛的会议精神,大圆银泰将继续响应党中央的政策号召,把握互联网金融的创新思路,真正拓宽企业的发展之路。

# (十二)日照大宗:政策扶持下悄然升起的港口经济型交易中心

**1. 山东省金融办、芝加哥商品交易所一行调研日照大宗**

2016年2月25日,山东省金融办交易市场监管处周苹处长带领芝加哥商业交易所集团、时瑞金融、CWT集团的专家领导一行到日照大宗商品交易中心调研。日照市政府副秘书长、市金融办主任孙运峰等相关领导参加会谈。

此次调研,研究讨论了日照大宗与芝加哥商业交易所集团、时瑞金融、CWT集团关于推动全省交易市场统一登记结算平台的建设事宜。座谈会上,芝加哥商品交易所等调研团专家对日照大宗的目前建设与发展前景进行了深入的了解和交流,为下一步的多方合作奠定基础。

座谈会中,日照大宗董事长张亮表达了与国际知名交易所、金融机构加强交流合作的愿望,希望通过建立业务合作机制,为国内外市场的联通提供坚实的基础,共同构建功能齐全、运行高效、规则完善、竞争有序的国际化大宗商品市场体系。

## 2. 日照大宗举行煤炭挂牌上市仪式

2016年3月24日上午,煤炭交易品种在日照大宗商品交易中心挂牌上市。山西晋煤集团党委副书记、工会主席张虎龙与日照港集团董事、副总经理庄光安为煤炭品种鸣锣开市。

日照港"因煤而生",是我国重要的煤炭输出港之一,拥有中国吃水最深、泊位能力最大的15万吨级煤炭专用泊位2个和5万吨级煤炭专用泊位1个,煤炭装船效率创造9486吨/小时的全国纪录,被誉为"日照港效率"。瓦日、新荷兖日两条千公里以上干线铁路贯穿港区,为煤炭外运提供了便捷的大动脉。2015年6月份以来,日照大宗与山西晋煤集团、日照港国际物流园区密切合作,共同推进煤炭品种的开发上市。下一步,日照大宗将充分发挥日照港在码头、仓储、运输等方面的资源优势,依托山西晋煤集团、日照港国际物流园区在煤炭商贸、仓储、物流等方面的优势,为客户提供涵盖交易、金融、信息、物流、保税、第三方监管等供应链一体化服务,提高煤炭交易效率,降低煤炭客户综合成本,助力煤炭行业转型升级。

## 3. 日照大宗举行调期交易启动仪式

2016年5月27日,日照大宗商品交易中心举行了调期交易启动仪式。调期交易模式是日照大宗在扎实的现货交易基础上,依托先行先试的政策优势,以实物交割为目的,依托股东鲁证期货的研发力量,汲取国内外现货市场、期货市场、场外衍生品市场交易模式先进思路的创新成果。该模式下,市场参与者通过交易签订远期合同,锁定未来的生产成本或生产利润。合同签订后,客户可选择持有到期交收,也可以通过特许服务商将合同调期转让,或向特许服务商申请调期交收,提前获得现货或资金,从而实现远期定价、灵活交割、价值避险等功能。2016年5月19日,日照大宗获得山东省金融办同意调期交易模式上线试运行的批复。

日照大宗将积极做好风险防控、市场推广等方面的工作,确保调期交易模式安全平稳运行,并适时推广至更多交易品种,满足更多实体客户的多元需求。

此外,日照大宗正在积极完善配套服务,发挥交易平台的资源集聚、综合服务功能。金融服务方面,创新推出了港口客户融资"四方业务模式",通过对银行、港口、交易平台、客户四方法律关系、权利义务的明晰,打造标准化、规范化和便捷化的融资服务模式,降低客户融资门槛、融资成本,实现便捷融资、集约融资。物流服务方面,积极推进物流联盟的建设,通过与物流服务供应商的联盟合作,集聚优化物流链上下游资源,建设完善物流综合服务体系,为客户提供门到门"一站式"服务。信用体系建设方面,积极对接港口、海关、工商、人民银行等数据来源,对交易客户和服务提供商进行真实、动态的信用评价,营造一个透明的口岸信用环境,变现"信用价值",推动贸易商、实体企业的健康可持续发展。

## (十三)海西商品交易所:借力国家及地方规划,内外兼修的 2016

### 1. 海西商品交易所借力"一带一路"谋发展

"一带一路"战略构想的提出,是我国在新的历史条件下实行全方位对外开放的重大举措。推进互利共赢的重要平台,适应国际经济新格局的新变化,再次将福建与丝绸之路沿线国家和地区紧密联系在一起。福建正以"天时、地利、人和"之优势呈现崭新的姿态,发挥"福建渠道"作用。融入"一带一路"建设,共谋发展,是海西商品交易所积极寻求新发展的新路径。

在过去十年间,中国掀起建设热潮,对大宗商品和原材料的进口增长了 3 倍,已经成为全球大宗商品第一消费大国,然而,与"第一"消费大国身份不相符合的是,中国在大宗商品定价权上却没有与其身份相符的话语权。

"一带一路"沿线国家大多为发展中国家和新兴经济体,在资源需求等方面具有高度的相关性,同时沿线区域大宗商品资源丰富,与我国商品品种关联紧密,经济和资源的互补性较强,有望通过与沿线国家和地区的相互合作,实现产业的承接和转移。

福建是古代海上丝绸之路的重要起点和发祥地,在对外经贸文化交流史上发挥重要作用。"一带一路"的提出,对福建扩大对外开放、加强同东盟等国家和地区的经贸合作是个难得机遇。福建省提出要抓住机遇、主动融入、发挥优势、积极作为,把福建打造成"一带一路"互联互通建设的重要枢纽、海上丝绸之路经贸合作的前沿平台和海上丝绸之路人文交流的重要纽带,形成"东出海、西挺进"的战略格局。

海西商品交易所位于福建自贸区和"21世纪海上丝绸之路"的核心区,拥有得天独厚的先行先试的自贸区政策和对外开放的区位优势,自贸区的建设打通了境内外资本的互联和货物的流通,通过自贸区对境外低成本资金的流入,将有效利用境外资源,通过对大宗商品的资源整合,能够逐步实现大宗商品的话语权和定价权。

海西商品交易所网上商城是将"互联网＋大宗商品"思维渗透到传统行业,是交易所大力践行"一带一路"国家战略的结果。海西商品交易所将继续主动服务和融入"一带一路"国家战略,不断创新商品交易模式,切实改善实体企业的销售困境,同时逐步在海外设立分支机构,实现商品的跨境流通,打造国际化的商品交易平台。

**2. 借力福建"十三五"金融发展规划,海西商品交易所加快中远期交易模式上线步伐**

2016年5月9日,福建省人民政府办公厅官网发布福建省"十三五"金融业发展专项规划的通知,规划提出健全完善金融市场体系,提升金融资源配置效率。发展多层次资本市场,加强海峡股权交易中心建设。稳妥发展各类交易场所,按照"重点支持、风险可控"的原则严格交易场所市场准入,支持在福建自贸试验区或产业集聚区建设具有产业支撑的专业大宗商品交易中心,开展海洋渔业、林业、茶叶、石化、纺织化纤等产业的大宗商品货物、仓单的现货交易、中远期交易,提高相关商品的市场定价权。

海西商品交易所作为福建省首家综合性大宗商品类现货电子服务交易所,以积极推进传统产业的转型升级为最终发展目标。这些年,海西商品交易所先后对台、海两岸,湖南、云南等地大量企业进行调研和走访,积极与福建茶叶学会、福建电子商务协会以及高校开展合作和研究,了解企业需求、困境,力图帮助企业解决融资、产品销售、研发等难题。经过不懈的努力和探索,海西商品交易所将充分运用平台资源整合优势,于近期推出商品现货中远期交易,帮助企业梳理经营模式和整合产业资源,以获取产品的定价权和话语权,将努力为推动福建传统产业转型升级贡献一份绵薄之力。

海西商品交易所现货中远期交易将采取交易、清算、托管、仓储相分离,相互独立,保证货物的真实性、交易数据的有效性、资金的安全性,有利于防范和妥善处理各类风险。初期上线产品包括海峡两岸的茶叶、海产品、水产品、林木产品、石材、中草药材等,后期将视市场情况上线钢材、有色金属等产品,让更多的上下游企业、交易商能方便地参与进来,使商品价格更透明、交易更便捷,颠覆传统的销售渠道。

海西商品交易所新模式的上线,不仅提供了连续性、真实性、预期性和权威性的价格发现过程,更带来了传统贸易经营模式和定价方式的变革。生产企业可以据此进行中长期生产和销售计划的制订,节约营销成本;流通企业可通过交易平台构建低成本的交易渠道,避免各种信用风险;消费企业可以此进行中长期采购计划的制订,构建低成本的采购渠道,获得融资等增值服务。海西商品交易所中远期交易模式有利于促进商品的流通和价格发现,更贴近现货企业的需求,有利于发挥服务实体经济的功能。

**3. 海西商品交易所立足福建特色资源,拓展大宗商品市场**

随着大宗商品市场的迅猛发展,以大宗商品现货交易为核心的交易平台越来越多。福建是我国东南地区的战略重地,是海上丝绸之路的核心区,与台湾一水相隔,北承接长江三角洲,南接珠江三角洲,森林覆盖率高达 65.95%,居全国第一,海岸线长度居全国第二,在大宗商品的发展领域,具有得天独厚的大宗商品资源优势。

海西商品交易所作为福建省内第一家大宗商品现货交易平台,深谙大宗商品投资与区域资源优势有千丝万缕的关系,如何利用好福建的特色资源优势,助力福建区域经济的发展一直是海西商品交易所重点研究的方向。

茶叶是福建省的主要经济作物,2015 年福建茶叶总产量约 35 万吨,产值约 200 亿元,居全国首位,茶园面积位列全国第五。在 2015 年中国茶叶区域共用品牌价值评估排行榜中,福建品牌占了 4 个,分别是:安溪铁观音、福鼎白茶、福州茉莉花茶、武夷山大红袍。2016 年,福建省茶产业将围绕供给侧改革和产业升级服务,重点推广茉莉花茶、白茶、岩茶等品牌产品,加快福建茶产业的发展。

海西商品交易所认为,中国茶文化源远流长,博大精深,茶叶出口量虽然在世界名列前茅,却在国际市场上处于"有名茶、无名牌"的尴尬境地,没能让世界充分领略中国茶文化的独特魅力。

海西商品交易所自成立之初,始终把服务实体经济放在首位,构建了完善且规范的交易平台,聚集了专业化的精英团队,着力探索新的交易模式,丰富交易品种,完善服务体系,做大做强现货交收业务。据悉,海西商品交易所一直关注中国茶叶的发展,特别是福鼎白茶,多次组织研发人员实地考察,与生产商沟通交流,将在不久之后推出交易新品种白茶,为白茶生产企业提供便捷的电子交易、物流、信息和仓储等服务,希望通过"互联网+茶叶"的新模式,打造白茶产业发展新常态,为白茶的发展开辟一条崭新的道路,向全世界弘扬中国茶文化。

在未来,海西商品交易所将努力构建"大市场、大商贸、大流通"的新格局,以福建为桥头堡,继续挖掘福建优质的大宗商品资源,如林业、渔业、食用菌、水果等,致力于打造以福建资源优势为特色,立足海西、服务全国、辐射海峡两岸的商品交易平台,不断巩固和提升福建省作为全国重要茶产品、海产品等特色商品生产基地的地位和功能,为发展福建省经济注入新动力。

### 4. 海西商品交易所成为中国电子商务协会大宗商品电子交易委员会副会长单位

2016 年 3 月 16 日,中国电子商会协会大宗商品电子交易委员成立大会暨第一届会员代表大会在北京钓鱼台国宾馆召开。中国电子商务协会会长宋玲、证监会正司局级研究员黄运成、国家商务部研究院主任白明等领导出席会议,来自全国的知名行业专家、大宗商品电子交易平台、大宗商品贸易企业、会员代表等出席了会议。

中国电子商务协会大宗商品电子交易委员会经筹备组历经 3 年多的申请,终得到管理层认可,并获批复准予成立。国内大宗商品交易市场作为电子商务的一种类别,前后在全国建立起各式各样的交易场所多达上千家,大宗商品电子交易已经是中国电子商务重要的组成部分。中国电子商务协会大宗商品电子交易委员会的成立将为政府部门与大宗商品市场之间的信息沟通,与立法单位的沟通,与广大学者、媒体等的沟通起到积极的推进作用,为大宗商品市场企业搭建一个宽阔的交流合作平台,将引导行业朝着正确的方向发展。

海西商品交易所作为电子商务协会大宗商品电子交易委员会的主要发起单位之一,也荣任委员会副会长单位,力求通过行业协会这个社会团体,共同规范行业的发展,为行业的健康有序发展尽责尽力。

### 5. 海西商品交易所荣获"2015 年度自律行业先进单位"

2016 年 4 月中,全国贵金属流通管理委员会在北京召开会长工作扩大会议,总结和研讨了行业整体发展规划和行业规范、自律工作,并开展了贵金属行业自律 2015 年度先进单位的表彰活动,海西商品交易所荣获全国贵金属流通管理委员会"2015 年度自律行业先进单位"的称号。

2015 年是行业快速发展的一年,同时也面临着各种挑战,海西商品交易所自成立以来,始终坚持合法合规、审慎经营的原则,通过完善制度、优化流程,建设合规文化,提高全员的风险意识,推行全面风险管理。通过自身典范的带动作用,力争为行业创造出更为稳定有利的发展道路。在未来,海西商品交易所也将以"互联网＋"的思维变革大宗商品交易市场,不断探索创新交易模式,为广大投资者提供便利的大宗商品投资模式,切实改善实体企业的销售困境,助力企业盘活产能与库存,促进实体企业的转型升级,提高企业商品的流通率,真正做到服务实体经济。

### 6. 海西商品交易所新模式即将上线网上商城

"互联网＋"行动计划的实施,越来越多的行业正在被互联网技术改变,网络技术对经济社会的影响由导入期向展开期迈进,并逐步进入协同发展阶段,"互联网+"的经济模式开始逐渐占据发展优势。

海西商品交易所认为,"互联网+"扑面而来,大宗商品行业拥抱互联网是历史必然。拥抱互联网就是拥抱希望、拥抱未来,借力互联网发展才是王道。在这样的大背景下,海西商品交易所网上商城应运而生,有望为行业的发展带来新的曙光。

海西商品交易所网上商城是以发展产业电商、服务实体经济为宗旨,倾力打造的综合网上购物平台。商城为经营者和商户提供关键环节的服务,为消费者提供一站式采购服务,实现了从原产地直接到消费者,减少了中间环节。

除交易所直接从上游厂家采购之外,经销商也可以直接签约入驻。海西商城为入驻的商家提供一站式的定制化配套服务,为商家管理店铺提供各种工具和模板,便捷的操作也让对电脑操作不熟悉的商户可以轻松上手,全方位地带给经销商不一样的开店体验。

为确保所售商品质量,给消费者提供更好的购物体验,海西商城对拟入驻的商家,设立了一套严格的准入标准,严把商品质量关,包括生产资质齐全、市场销售证明完备、能够提供7天无理由退换货服务等;同时,本着"商品可以打折,但服务绝对不打折"的原则,确保所售商品的品质,让每位消费者都买得放心、安心。

海西网上商城一方面与厂家零距离合作,一方面联合下游的实体经销商,成功实现了线上线下的无缝对接,很好地解决了传统产业渠道成本高、重资金、重库存的问题,同时还实现了"三方共赢",让消费者获得真真切切的实惠,平台现有及潜在庞大客户群也全部分流到经销商手中,经销商能够短时间内提升销量,交易所也能提升品牌影响力,创造效益。

在未来,海西商品交易所将继续遵循公平、公正、公开的原则,采用全新的网上商城交易模式,将业务资源转化为信息流、物流、资金流,实现与业务参与者之间的有效交互,促进实体经济虚拟化和虚拟经济实体化的共同发展,通过完善交易所的服务和交易管理体系,共同打造海西商品交易所、经销商与客户的网上家园。

## 7. 海西商品交易所新模式之现货挂牌

近年来,国内各类大宗商品电子交易市场的发展如火如荼,但众多交易场所同质化的交易模式、交易品种为业内人士所诟病。与此同时,有的交易场所看到了其中的弊病,力图通过研发新的模式实现转型发展。作为业内起步较早的海西商品交易所就是其中一家。早在一年前,海西商品交易所负责人在会员大会上就明确提出"转型是交易所发展的唯一出路"的指导思想,以切实服务实体经济为出发点,探索新的交易模式,主动求新谋变才能在未来得到发展,才能在市场变革中占据主动。

经过近一年的研究、论证、开发、申报、验收等工作,海西商品交易所的现货挂牌交易模式已经获得相关监管部门批准,将于近期开展测试工作。据交易所研发人员介绍,海西商品交易所的现货挂牌交易模式是指在交易所的组织下,通过交易所挂牌报价系统,挂牌方预先公布所要采购或销售的商品,经交易所审核后予以发布,由符合资质的摘牌方按照交易所规则选择自主交易交收的一种模式。现货交易挂牌模式是把传统的线下现货贸易的一整套流程和规则全部搬到线上,包括从信息的收集,到资金的往来、货钱的流转、违约信用的防范、相关的增值服务、银行的授信与融资,所有现货市场的参与者都能通过平台看到他想看到的信息,然后完成交易贸易的动作。

海西商品交易所现货挂牌模式是积极践行国家"互联网十"战略的重要举措,相较于传统的贸易方式具有以下五大优势:一是价格、信息公开透明,有利于购销双方价格发现;二是网上交易,扩大了客户群体,精简流通环节,降低购销成本;三是方便、快捷,即时买卖,节省交易时间;四是受交易所全程监管,履约有保障;五是信息权威,增加了供需交流。

作为交易所创新模式,现货挂牌模式迎合了互联网金融发展的大趋势,将"互联网十大宗商品市场"模式渗透到传统产业,对于实体企业来说,不仅大幅降低流通费用,拓展销售渠道,降低销售成本和采购成本,而且有利于企业货款集中回笼,缓解资金压力,提高生产能力,有效帮助实体企业向"互联网十"的新商业模式发展。

近年来,尽管大宗商品现货行业面临着发展"瓶颈",但满足市场需求、服务实体经济一直是现货交易所的根本目标之一。海西商品交易所将始终秉承开拓创新、合规经营的理念,通过变革业务模式和交易模式,力争成为行业改革的标兵,迎接未来更广阔的发展空间。

### 8. 海西商品交易所加强投资者教育,普及投资风险

投资收益与投资风险是相伴相生的。海西商品交易所认为,加强投资者教育,帮助投资者了解投资风险,正确评估自身的风险承受能力,树立理性投资观念,全面提升投资者的风险防范意识是每一个交易平台应尽的责任和义务。

据了解,为了营造良好的投资环境,提高广大投资者的风险意识,保障投资者的合法权益,维护交易秩序,海西商品交易所正积极从以下几个方面着手进行风险教育的普及工作。

(1)设立投资者服务专栏。

很多投资者都只是跟风理财,对大宗商品现货投资并不了解。海西商品交易所将

继续通过报刊、网站、微博、微信等媒介开展多方面的投资者教育,宣传大宗商品现货投资知识,普及投资风险,帮助投资者树立正确的投资观念,建立自己的理财计划。不盲目、不跟风,能够结合自身的实际情况去把握和控制风险。

(2)不断传导投资者教育理念,提高授权服务机构的服务意识。

授权服务机构作为市场的中介机构,直接面向客户提供服务,应该切实履行好合规经营,做好投资者教育工作,加大宣传力度,向广大投资者揭示在交易过程中可能存在的风险,增强风险防范意识。

(3)开展电话回访工作。

授权服务机构需要配备电话录音系统,对所有业务及投诉处理人员外拨电话、投资者风险揭示等进行录音及保存。海西商品交易所将不定期组织合规人员抽查授权服务机构的电话录音,并对部分投资者开展电话回访工作,内容包括身份确认、风险确认及风险揭示等。

(4)合法合规经营,自觉维护行业秩序。

作为福建省现货行业的一分子,海西商品交易所将继续坚持合法合规的经营理念,不断修订、完善各项交易细则和管理制度,主动使自身的经营管理行为与国家法律法规、监管部门的规章制度相契合,自觉维护行业秩序,促进大宗商品现货行业的健康、有序发展。

## 9.海西商品交易所加强风控管理,促进市场稳定发展

近年来,海西商品交易所的规范运行和持续稳定发展,是与海西商品交易所始终坚持有效监管市场运行、不断加强风险防范工作分不开的。海西商品交易所一直将市场风险防范和维护市场稳定运行作为首要和重点工作来抓。通过进一步完善风险防范机制、制度和规则体系,加强核心业务环节管理及技术风险防范工作,认真防范业务风险,确保大宗商品交易信息系统、安全、稳定运行,促进了市场平稳发展。

(1)高度重视风险防范工作,强化交易所风险防范组织机构及机制建设。自成立以来,海西商品交易所始终将市场风险防范工作作为全所第一要务来抓,注重机制建设。经过几年的发展,控险管理机制已初步建立起来,并不断趋于完善。

(2)不断完善规则和制度,坚持依法依规治理。业务规则是大宗交易市场运行的基础,只有建立公平、公正、高效和完善的规则和制度,减少人为干预,明确市场预期,才能有效地防范风险,发挥市场功能,保障市场的平稳健康运行。

(3)加强核心业务环节管理,认真防范业务风险。为了认真防范业务风险,近年来,海西商品交易所加强对关键业务环节的管理,进一步细化风险点和风险防范化解办法,

有针对性地制定风险处置流程和报告程序。

（4）重点加强技术风险防范工作，确保大宗交易市场信息系统的安全稳定运行。针对近几年来大宗商品市场成交量、成交额屡创新高的情况，海西商品交易所对业务系统潜在的风险进行全面的分析及改进，制定提高性能和容量的技术方案，积极开展灾备系统建设研究规划和下一代交易系统的建设规划工作。

因此，海西商品交易所的规范运作，始终把加强风控管理放在推动市场发展工作的重要位置，就能确保市场未来成交持续活跃、市场参与客户数量不断增加。

## 10. 海西商品交易所构建客户全方位服务体系

近年来，大宗商品现货行业同质化发展越来越严重，竞争十分激烈，各大交易平台纷纷采用多种不同的手段去争夺市场、客户、资源。种种迹象表明，商品现货行业将掀起一场大规模的争夺战。海西商品交易所认为，要想在争夺战中保持并扩大领先优势，除了注重对交易平台本身实力的增强以及形象的建设外，更应该以服务创口碑，全方位地完善服务体系，以优质的服务来提升竞争力水平。

作为福建省第一家大宗商品现货电子交易平台，海西商品交易所自2011年成立以来，本着"立足现货、服务现货"的宗旨，不断丰富交易品种，创新交易模式，紧抓优质服务的生命线，积极推动客户全方位服务体系的建设，致力于打造优质服务品牌。经过近五年的发展，海西商品交易所俨然成为长江以南地区金融现货投资市场的标杆。

据介绍，海西商品交易所主要通过以下五个方面来推动客户全方位服务体系的建设：

（1）加强公司体系建设，完善服务功能。海西商品交易所设立了合规、客服、交易、风控、交收等服务部门，通过完善公司组织架构及各项规章制度，优化流程，增强各部门员工的工作自觉性和主动性，将服务至上的理念根植于心，提升客户和会员单位的满意度。

（2）构建客户服务中心，用心聆听客户的需求。海西商品交易所通过营业网点、客服热线、网站、短信、微信、手机APP等多种方式，与客户保持全方位的畅通交流，保证在客户提出需求时，可以随时随地用自己方便和习惯的方式与公司取得联系，提高公司的综合服务能力。

（3）与银行建立战略合作关系。海西商品交易所与中国建设银行、农业银行、工商银行、平安银行等多家银行建立第三方资金托管服务，由国家银行作为独立第三方进行所有交易清算与资金划拨工作，确保客户资金安全无忧，实现客户资金实时自由出入。

（4）建立安全、高效、专业的仓储管理。大宗商品现货的一大"瓶颈"是货物仓储安全得不到有效保证。海西商品交易所为进一步发挥现货贸易功能,设立马尾为指定交割仓库,厦门、平潭、武夷山、郑州、成都等地的仓储物流基地项目也在规划中。未来五年,海西商品交易所将建成高效、便利的物流配送和仓储服务网络体系,推动各区域的产业发展,建成具有强大辐射功能的现代化物流基地。

(5)充分利用大数据,解决中小企业融资难的问题。海西商品交易所作为一个交易平台,拥有大量的交易数据,将这个数据提供给银行等金融机构,可以了解更多中小企业的信用情况,为企业提供多种融资渠道,让企业获得更高的融资额度,解决优质中小企业融资难的问题。同时,通过运用大数据技术,为交易商提供更完善的信息服务,激活商贸交易,助力实体经济的发展。

## 11. 海西商品交易所积极探索商品现货大数据应用

福建省政府常务会议研究通过《福建省促进大数据发展实施方案》,提出到 2020 年构建全国一流的大数据产业和应用示范基地。海西商品交易所积极探索商品现货大数据应用。

福建省政府一直非常重视大数据的发展。2014 年 10 月,出台了《关于支持大数据产业重点园区加快发展十条措施的通知》,采取一系列措施建设全省大数据产业重点园区。在 2016 年 1 月 11 日召开的十二届人大第四次会议上,提出加强"数字福建"建设应用,培育发展大数据产业和云服务。海西商品交易所作为福建省内第一家大宗商品现货交易所,紧跟时代发展脉搏,专注于大数据平台的研究,积极探索大数据在商品现货中的应用。

大数据的应用已经成为各行各业创新和转型的重要驱动力,正在悄然改变大宗商品市场,为大宗商品行业带来前所未有的机遇和挑战。我国大宗商品交易市场应该抓住机遇,加快发展大数据业务,实现传统形态向产业互联网的转变。

海西商品交易所认为,大宗商品交易市场居于商品现货市场的中心,直面产业客户,处于生产、贸易的第一线,交易商在平台参与交易的过程中,各个环节都会产生大量的数据,通过运用大数据技术,可实现对数据的全面、深入、详尽的收集和分析,开发出更多适合客户需求的金融衍生品,建立精确的产品价格指数,更好地服务实体经济。同时,把这个数据提供给银行等金融机构,可以了解更多中小企业的信用情况,并以此给企业提供相应的金融服务,加速资金流动效率,解决优质中小企业融资难的问题。

海西商品交易所本着"立足现货、服务现货"的宗旨,主动拥抱大数据,组织相关研发人员,不断创新交易模式,升级电子交易平台,完善交易标准规则,改进风险防控措施,积极推进交易所的大数据建设。力图通过大数据技术,整合行业内的人流、物流、信息流、资金流,打造一个服务现货流动的完整供应链体系,为平台的生产企业、贸易商和终端用户提供更全面、更有效的信息服务,激活商贸交易,降低参与者的生产与消费成本,建立一个即时的信息服务平台。

作为大宗商品交易平台,应充分利用自身优势,以平台交易过程中积累的数据为基础,依托互联网大数据的收集、整理、分析运用,为交易商提供更完善的信息服务,通过平台与平台之间的数据库共享,形成覆盖面更广阔的数据汇总分析,更好地助力实体经济的发展。

在未来,海西商品交易所将乘着大数据时代的东风,寻求与现有的大数据交易机构以及百度、淘宝、京东等主要大数据所有者建成标准化同盟,建立通用的数据标准,同时积极争取政府掌握的大数据这一稀缺资源,力争打造成为大宗商品大数据行业的"桥头堡"。

## (十四)东南大宗商品交易中心:与社会各界共商有色产业转型

### 1. 东南大宗出席中国金属产业互联网大会,共商有色产业转型

2016年3月16~17日,新东方教育集团董事长俞敏洪、东南大宗商品交易中心常务副总裁黄建民等近千人汇聚上海,出席由上海有色金属行业协会、上海有色网共同主办,东南交易中心等单位特约赞助的2016年中国(首届)金属产业互联网大会,共同讨论有色金属行业互联网之路的未来发展方向。

近年来,随着全球经济走向衰退,包括有色金属在内的大宗商品价格也进入长时间的低迷期。为结合国家"互联网+"发展战略,解决有色金属行业目前面临的困难,本次盛会诚邀相关产业的精英人士,围绕有色金属产业与互联网的互生共赢关系展开热烈研讨。

会议期间,东南大宗商品交易中心黄副总裁表示,东南大宗商品交易中心是一个为实体企业提供产品上市和融货融资的现货交易平台,成立至今很好地实践了"金融服务实体经济"的使命,因此能够为有色金属企业的发展和产品上市提供强大支持,希望与更多的有色金属生产企业建立密切合作关系,以创新金融和互联网的力量,携手推动上市产品生产企业转型升级,以及促进有色金属产业发展。

上海有色网CEO范昕、中国建设银行上海分行公司业务部副总经理李靖、原腾讯高级副总裁吴宵光、航天信息股份有限公司航天金卡公司副总经理夏玉华、上海有色网金属交易中心有限公司总经理董谌、上海清算所创新业务部总经理张蕾等来自各行各业的精英人士也参与研讨,分别从各自的角度发表了主题演讲,为我国有色金属产业发

展献言献策。

**2. 东南交易中心荣任中国电子商务协会大宗商品电子交易委员会副会长单位**

2016 年 3 月 16 日,中国电子商务协会大宗商品电子交易委员会在北京钓鱼台国宾馆隆重举行揭牌成立仪式。原国家粮食储备局局长、现任商务部特聘内贸专家高铁生,商务部原部长助理、现任内贸专家委员会主任黄海,商务部电子商务专家咨询委员会专家委员赵萍,国家发改委司长宋承敏,中国市场协会理事长秘书孙琛伟,国家商务部研究院主任白明,以及东南大宗商品交易中心翁汉全总裁等发起单位主要责任人出席揭牌仪式。

在揭牌仪式上,中国电子商务协会副理事长周来福在大会上宣读了大宗商品委员会的宗旨以及对它的希冀,并且宣布筹备会关于会长、副会长等委员会领导的选举结果。其中冯远当选首任会长,孔毅、梁海涛、罗烜当选常务副会长,东南大宗商品交易中心等五家交易市场当选副会长单位。

东南大宗商品交易中心翁汉全总裁表示,中国电子商务协会大宗商品电子交易委员会将是一个业内公认的权威协会,在全体会员的共同努力下,委员会将带领大宗商品现货行业更加稳健繁荣地发展。翁总裁说,东南大宗商品交易中心光荣当选副会长单位,首先是社会各界和同行对东南大宗坚守"服务实体经济"使命和发展成果的肯定,因此,东南大宗商品交易中心将在自身的创新发展过程中,认真履行委员会的职责,与全体会员携手并进,共同建设良好的大宗商品市场秩序,促进大宗商品现货行业健康发展。

# (十五)西南大宗商品交易中心:用行动助力中国大宗商品市场健康发展

**1. 西南大宗商品交易中心签署《中国大宗商品规范交易公约》助力大宗商品市场健康发展**

2016 年 1 月 6 日,西南大宗商品交易中心(以下简称"西南大宗")出席了由中国大宗商品发展研究中心、生意社、中仓仓单服务有限公司联合主办的"第六届中国大宗商品交易市场发展论坛 & 2016 年度大宗商品市场高峰论坛"。大会上与会专家学者就当前的宏观经济形势走向及政策进行了预测和解读,并就大宗商品交易市场如何发展进行了探讨。

李克强总理 2015 年 3 月在全国人大会议上提出"互联网+"的国家战略,电子商务再次聚焦了所有人的目光,乘着"互联网+"的春风,大宗商品电子交易平台也获得了快速发展。平台数量由 2009 年底的 50 家发展到当前的 852 家,短短六年增长了 17 倍。

交易模式由最早的现货挂牌发展到现在的挂牌交易、即期现货、商城交易、现货发售、柜台交易、连续交易、易货交易、竞价交易、现货拍卖、招投标交易、订单交易、专场交易、微盘交易、现货直购、连售交易、现货定制、产品众筹、商品期权等多种交易模式。交易品种极其丰富,发展至今已有上市品种652种,覆盖农副产品441种、能源化工类103种、金属类58种、其他类50种。交易模式之多,交易品种之广,在为市场提供了灵活的交易模式和交易品种选择的同时,也为产业链企业实现跨地域贸易、消亿库存、实行供给侧改革提供了即时信息支持,为云计算、大数据的发展奠定了基础。

西南大宗表示,大宗商品电子交易平台应当适应我国市场的特殊需求,升级成创新型、整合型平台,帮助众多的中小企业盘活存量资产,解决融资难题,多角度、全方位地为中小企业服务。为适应经济新常态而主动做出的"预应性"变革,是对未来发展进行前瞻性思考的结果。打造一个让产业链所有客户放心、金融机构放心、交易平台放心的闭环运作体系,从而达到交易背景可控、各方责任可控、货物流可控、资金流可控、企业利润可控、监管方可控的多方共赢的结果。

在此次大会上,西南大宗还携手中国大宗商品发展研究中心和生意社呼吁并制定了《中国大宗商品规范交易公约》,并于论坛现场在众多与会企业和嘉宾的见证下进行签约。"《中国大宗商品规范交易公约》的签署有利于加强现货行业自律管理,规范会员竞争行为,维护现货投资交易市场正常秩序,保护投资者合法权益,保障现货投资交易市场健康发展。"中国大宗商品发展研究中心秘书长刘心田表示。

大宗商品现货交易市场是我国多层次市场体系的重要组成部分,然而由于各种原因,市场也出现了一些不和谐现象。此次大会对于促进我国大宗商品现货交易市场健康稳定发展起到不小的推动作用。作为市场的监督者、建设者、参与者都应以理性的眼光和心态去维护行业的发展,国内大宗商品交易市场也必将迎来更完善、更广阔的前景。

## 2. 西南大宗出席中物联大宗商品分会年会,致力打造大宗商品市场新形态

"2015年中物联大宗商品交易市场流通分会年会"暨"全国商品交易市场发展研究报告(2015)研讨会"于2016年1月15日在京召开。会议以总结分析2015年我国商品现货电子交易市场的发展情况、大宗商品交易市场转型升级的新思路和新方向为主题展开研讨。西南大宗商品交易中心作为中国物流与采购联合会大宗商品交易市场流通分会理事单位应邀出席本次会议。

西南大宗在会议上表示,经济发展进入新常态,未改变我国仍处于重要战略机遇期的判断,改变的是重要战略机遇期的内涵和条件;未改变我国经济发展总体向好的基本面,改变的是经济发展方式和经济结构。因此,大宗商品行业需主动适应经济发展新常

态,通过商业模式创新、技术应用创新、产品服务创新等多种途径转型升级。大宗商品电子交易,是我国市场经济发展到一定阶段的必然产物,也是我国金融体制改革的必然趋势。它在风险可控的基础上实现了金融创新,为市场增添了活力。它赋予了大宗商品更广阔的想象空间,丰富了我国多层次资本市场体系。西南大宗积极响应国家"回归现货"的一系列倡导,探索新的商业模式,创新主营业务类型,致力将虚拟金融和实体经济更紧密地联系在一起,打造一种共享、开放、可控的大宗商品市场新形态。

**3. 西南大宗冠名基金——"贵州省慈善总会西南大宗阳光公益基金"正式成立**

继 2015 年年底针对公司内部员工开展"日行"公益活动之后,2016 年开年伊始,西南大宗携手贵州省慈善总会,特别成立了西南大宗企业冠名基金——"贵州省慈善总会西南大宗阳光公益基金"。该冠名基金的成立,意味着西南大宗的公益之旅将掀开崭新的篇章。

贵州是全国贫困程度最深、贫困人口最多的省份之一,也是教育、医疗等条件相对落后的省份之一。"西南大宗阳光基金"将立足于贵州地区,根据安老扶孤、助学济贫、助医助残、赈灾捐款等各类公益活动的实际需求,通过冠名、认捐、资助等方式,支持贵州公益事业的深入发展。

西南大宗相关负责人指出:西南大宗是贵州省的本土企业,贵州是我们企业赖以生存的沃土,也是我们的精神家园。我们必当弘扬人道主义精神,为建设"慈善贵州"、"爱心贵州"、"幸福贵州"贡献自己的力量。这是我们西南大宗的使命。

西南大宗与贵州省慈善总会认真商讨了 2016 年度关于西南大宗阳光基金的使用规范和投入,贵州省慈善总会表示,将全力支持和配合西南大宗的公益活动的开展,并对西南大宗的善举表示由衷的赞赏。

未来,随着西南大宗公益活动的有序开展,西南大宗还将号召和鼓励所有西南大宗的会员单位和员工,积极以各种方式参与公益事业,努力回馈社会,造福贵州人民,彰显企业价值。

**4. 西南大宗等发起的贵州省商品现货交易商协会获批成立**

2016 年 2 月中,由西南大宗、贵州保利商品交易中心有限公司等 5 家发起人共同发起,筹备成立的"贵州省商品现货交易商协会"的申请,已经获得贵州省商务厅的正式批准。

近年来,贵州省现货交易市场渐趋活跃,市场参与者不断增加,大宗商品行业发展尤其迅猛。作为现货市场贸易手段的提升,电子平台交易以其规范的交易规则、严格的风控措施、多样化的交易模式,兼顾交易与交割的特性,整合线上交易、线下交收、物流仓储服务、金融服务等功能,成为中远期市场的有益补充和支持商品经济及实体企业发展的重要组成部分。但与此同时,从业人员鱼龙混杂,各类不规范行为也日渐增多。此次省内多家交易市场领先企业积极发起成立行业协会,将在提高行业自律意识的同时,推动大宗商品市场规范发展,维护商品现货行业的合法权益和共同利益,密切商品现货交易企业与政府部门的联系,维护市场秩序和公平竞争,促进贵州省内商品现货行业健康可持续发展,推进贵州省传统产业与电子商务相结合,助力实体经济的发展。

作为贵州省第一个商品现货行业协会,贵州省商品现货交易商协会的成立将为商品现货企业创造一个良好、方便的交流发展平台,搭建企业与企业、企业与政府之间沟通的桥梁,切实为贵州省商品现货企业的发展保驾护航,最终实现合作共赢的良好局面。

## 5. 西南大宗打击扰乱金融秩序行为,倡议多方合力促进行业健康发展

2016年7月,黑龙江警方及广东警方联合行动,成功抓获以恶意维权、非法敲诈勒索牟取暴力的团伙人员。警方调查结果显示:这些所谓的"维权人士"借着维权的幌子,通过QQ群等网络途径,纠集一些由于操作不当导致资金亏损的投资人,教唆其无视明确签署的投资风险协议书,煽动其将责任归咎于交易平台的"误导"、"影响",鼓动某些人对交易平台进行敲诈、勒索。他们利用了投资者风险意识淡薄、投资知识缺乏和亏损之后的不甘心理,让这些人成为自己赚钱的工具。殊不知,这种行径,不仅严重干扰了现货行业的金融秩序,而且触犯了国家的法律法规,终将得到应有的制裁。

大宗现货交易市场是随着国家经济快速发展应运而生的商品交易形式,也是近年来金融投资领域兴起的生力军。但是,正如股票、基金等金融投资产品一样,入市有风险,投资需谨慎。许多正规的交易中心,无论是在对外宣传中,还是在与客户签约中,都会将风险提示摆在首要位置,这不仅是对投资者负责,也是对企业的可持续发展负责。然而即使如此,仍然有一些投资者由于投资知识匮乏,风险意识欠缺,主观忽视风险揭示的相关条款,等到亏损的时候将所有的怨气发泄到交易中心。而这恰恰给了职业非法"维权"团伙以可乘之机。这次抓捕事件将非法"维权"团伙的邪恶行径公之于众,不仅是对不法团伙的一次严厉打击,同时也是对投资者的一次警醒。

西南大宗是经国家工商总局核准名称、受省级政府直接监管的正规商品交易中心,服务实体经济是企业一贯的发展宗旨。公司成立至今,积极响应和配合国家及地方金融监督和管理,不断开展企业科技创新和完善企业风险管理。数年来,为交易产品上下游企业拓宽了交易渠道,提高了交易量,对金融产品产业链的快速发展起到了积极的推动作用。对于此类非法维权行为,西南大宗的态度是坚决抵制。一方面,西南大宗不断

规范运营管理,提高从业人员素质,加强投资者教育;另一方面,已与律师事务所达成战略合作,针对非法维权形成了一套系统性的法律处理流程,对扰乱金融秩序行为坚决予以回击。西南大宗再次倡议业界正规的交易平台勇于拿起法律的武器维护企业的正当权益。同时,西南大宗也热切地盼望主管部门制定相关的政策、法规,严厉打击行业不法经营企业,引导和监督行业更加正规发展。

相信在多方合力下,中国大宗商品现货交易市场将会更加健康、茁壮地成长,不辱实现服务实体经济和建立大宗商品国际定价权的历史使命。

## 6. 西南大宗受邀参加2016(第七届)大宗商品交易市场发展论坛

2016年7月28日,中国大宗商品发展研究中心和中国电子商务研究中心大力支持的2016(第七届)大宗商品交易市场发展论坛在杭州隆重召开。西南大宗作为中国大宗商品现货交易行业"榜样企业"之一受邀参会。

本次高峰论坛定位中国大宗产业电商"G20",以"发展产业电商服务实体经济"为主题,定向邀请行业内具有影响力的多家榜样企业,旨在引导我国大宗商品行业摒弃弊病、转型创新、落地产业、规范发展,真正实现大宗商品各产业电商化、金融化,继而以电商促销售、以金融提升资金流动性,打造完整的产业电商生态系统,推进各产业供应链条以及仓储物流体系、金融服务体系协同融合、合作共赢,实现大宗产业的跨界与融合。

有数据显示:互联网＋风口下的基金投资达十个万亿级市场,其中,B2B大宗电商、农业互联网、跨境电商、在线供应链金融都是其核心板块。目前,中国经济转型逐步深入,经济转型给产业链重构带来新的历史机遇;"互联网＋"战略、供给侧改革等一系列政策支持和影响,令大宗电商平台发展迅猛。

国内大宗电商正迎来强风口,中国大宗电商的兴起趋势明朗。然而,机遇与风险总是相伴共生。主讲嘉宾黄运成研究员、白明研究员和常清教授三位专家提醒行业企业,在新常态下,大宗商品市场发展的机遇与挑战并存,要始终恪守大宗商品市场"立足现货"的基本准则,充分运用模式创新、技术创新来服务实体经济。认清大势,顺势而为,才能把握新的发展机遇。

2016年以来,产业电商成为大宗商品未来发展的热议主题。西南大宗认为,大宗商品现货交易平台向产业电商方向发展,虽是一条艰苦之旅,但必是一条多赢之路。相信行业通过构建完善的市场服务体系、交易交收体系、资金结算体系、仓储物流体系和供应链融资体系,不断地聚合力量、整合创新、战略结盟、落地产业、规范发展,打造完整的产业电商生态系统将指日可待,行业及企业的生命力将更加旺盛,服务实体经济的作用也必将日益凸显。

# 第四部分　国内外主要交易所贵金属及能源类品种交易表现

中国贵金属及大宗商品市场仍然是一个分散的市场,交易品种繁多无以逐一统计。本部分我们选取有公开可信统计数据的上海黄金交易所及上海期货交易所,通过分析金、银及能源类交易品种的成交数据,与读者共同回顾2016年前8个月贵金属及大宗商品的交投情况和变化趋势。

与此同时,我们还对国际上的两大交易所CME及ICE的贵金属及能源类交易品种的交投情况进行了统计和分析,以期找到不同市场的异同。通过比较我们发现,中国作为新兴市场,金融市场发展过程中新产品、新服务的推出对自身发展至关重要。比如,2015年询价合约的推出就帮助中国的黄金成交量进一步攀升,而2016年4月人民币黄金定盘价的推出,更是向全球黄金市场发出来自中国的定价声音。相比之下,在成熟的市场中,价、量的关联性十分明显,价格大幅波动之时成交量也随之放大,新常态下交易量的波动则是升降互现的局面。

## (一)上海黄金交易所

### 1. 2016年1～8月黄金累计成交量稳健增长

上海黄金交易所(SGE)2016年1～8月业绩稳健增长,继2014年国际板推出和2015年询价合约上市后,2016年4月中国人民币黄金定盘价——"上海金"正式登陆金交所,帮助成交量保持活跃。金交所的黄金合约成交量较2015年同比增长47%。其中,国际板依托询价合约成交量进一步实现增长,为提高中国黄金在全球舞台上的话语权做出不可忽视的贡献。但"上海金"由于刚上线不久,其对成交量的贡献有待进一步观察。

根据上海黄金交易所截至2016年8月31日的数据显示,2016年1～8月黄金各类合约累计成交32 816 224.68千克,折合32 816.22吨,较2015年同期大幅增长47%。

递延合约中,以Au(T＋D)为主的黄金合约2016年1～8月的累计成交量为12 438 800千克,约合12 438.8吨,较2015年同期增长73%。与此同时,2016年1～8月Au(T＋D)的总成交金额为329 923 917.24万元,同比增长93%。2016年1～8月递

61

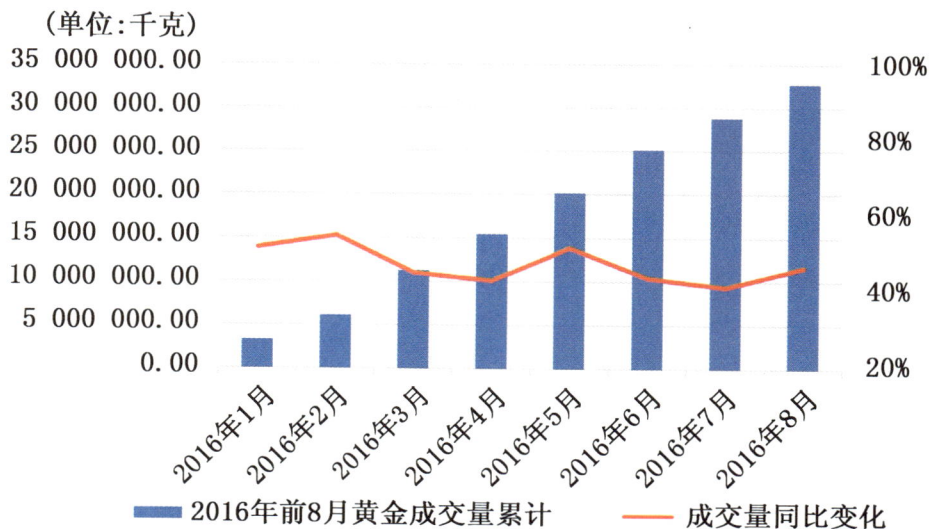

（单位：千克）

数据来源：上海黄金交易所。

**图 1　2016 年上海黄金交易所黄金成交活跃度**

延 Au(T＋D)几乎占据整个金交所成交量的半壁江山。

现货合约中，2016 年 1～8 月 Au99.95、Au99.99 和 Au100g 合约的总成交量为 4 443 096.52千克，约合 4 443.10 吨，较 2015 年同期下降 19.15％。同时，99 金现货合约 2016 年占金交所成交量的比例下滑至 38％。

另外，询价合约中，2016 年 1～8 月询价 Au99.95、询价 Au99.99、询价 iAu99.99 合约的总成交量为 11 831 902.84 千克，约合 11 831.90 吨，较 2015 年同期增加 78.27％。黄金国际板合约中，2016 年 1～8 月 iAu99.99 及 iAu100g 合约的总成交量为 190 323.52 千克，约合 190.32 吨，较 2015 年同期下降 85.57％。

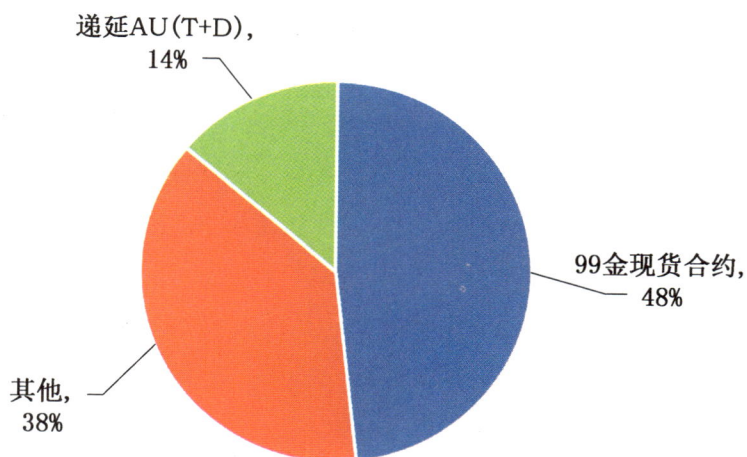

数据来源：上海黄金交易所。

**图 2　2016 年上海黄金交易所各品种成交量比重**

白银合约方面,根据上海黄金交易所的数据显示,2016年1~8月包括Ag(T+D)和99银在内的白银合约总成交量累计达574 041 240千克,约合5 740 412.24吨,但较2015年同期下降14.32%。

## 2. 询价Au99合约交易猛增,"上海金"4月扬帆起航

根据上海黄金交易所的数据显示,2016年1~8月询价Au99.99合约的累计成交量高达9 569 008.80千克,约合9 569吨,较2015年同期暴增142.45%。相比之下,现货Au99.99合约、国际板iAu99.99合约以及询价iAu99.99合约较2015年同期则出现小幅度的下滑。

另一方面,2016年4月19日起,上海黄金交易所正式挂牌"上海金"集中定价合约。根据上海黄金交易所4月18日发布的公告,"上海金"首日交易早盘涨跌计算基准价为人民币257.97元/克。参与"上海金"定价和提供参考价的首批成员包括国内多家大型银行、外资银行、黄金零售商以及开采商在内的18家机构。

不过,从成交量表现来看,新推出的"上海金"SHAU的月度成交量增长并不明显(见图3),对金交所整体的黄金成交量贡献暂时还很小。

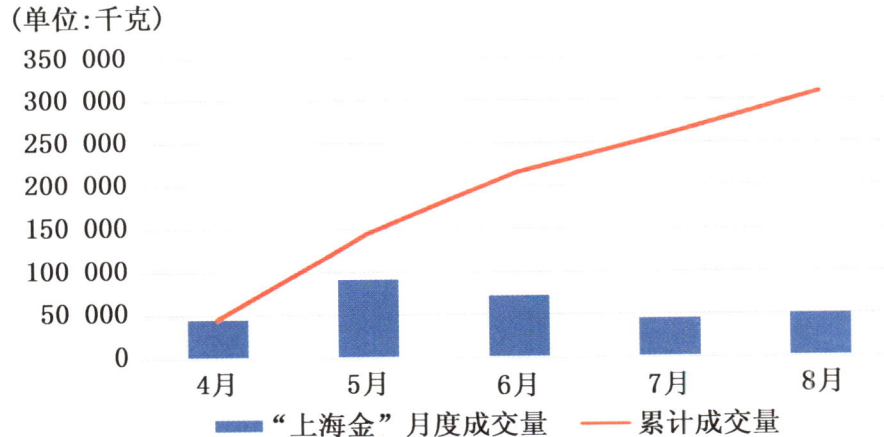

(单位:千克)

■ "上海金"月度成交量　　　— 累计成交量

数据来源:上海黄金交易所。

图3　2016年"上海金"SHAU成交量

## 3. 上海黄金交易所会员金银成交量分析

根据上海黄金交易所的数据显示,2016年旗下会员深金融在黄金买卖方面表现活跃,在2016年前8个月的交易中,深金融的单月交易量均排入前三甲,其中有4个月更是拔得头筹。同时,在2016年1月、2月、6月和7月的会员黄金交易中,深金融的比重

均超出 10％。

　　另外,浦发银行、建设银行及交通银行也是金交所会员黄金交易量前三甲的常客,其中浦发银行和建设银行均有 4 次排入榜单,前者曾在 2016 年 7 月的黄金交易中登顶。同时,交通银行也有 3 次进榜,并在 2016 年 5 月的黄金交易中力压群雄摘得桂冠(见图 4)。

（单位:千克）

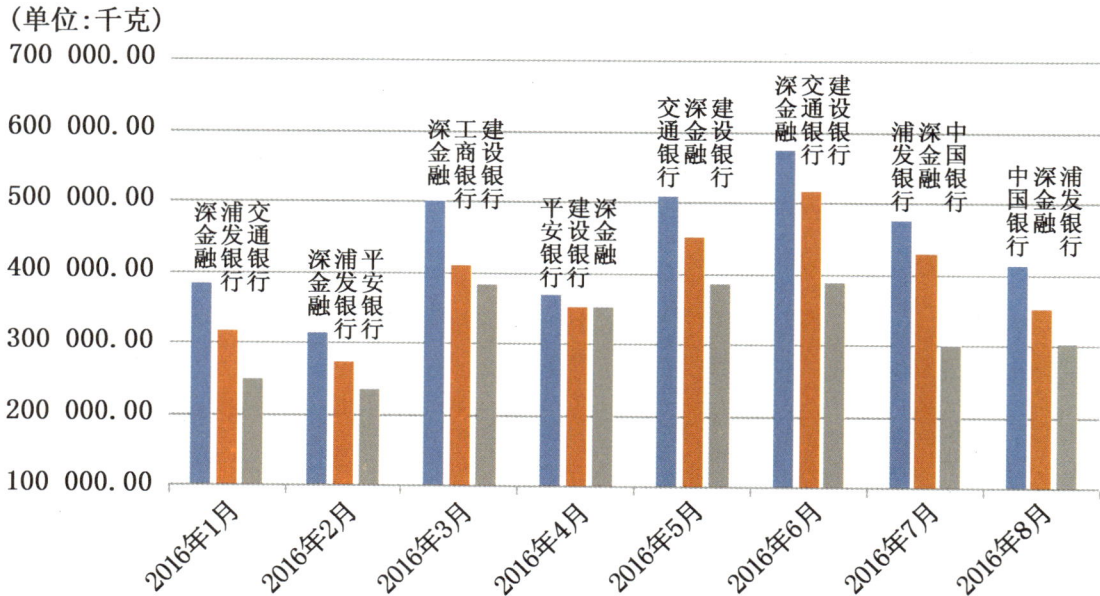

数据来源:上海黄金交易所。

**图 4　上海黄金交易所会员黄金交易量**

　　至于白银交易方面,深金融在金交所会员的白银总交易量排名中可谓一骑绝尘。2016 年前 3 个月深金融与工商银行就白银交易量第一的宝座打得难舍难分,但从 2016 年 4 月开始,深金融开始发力,其在金交所的白银交易量把其他会员远远甩在后头,在整个市场所占的比重持续超出 20％,且于 2016 年 8 月触及了 30％ 的高位(见图 5)。

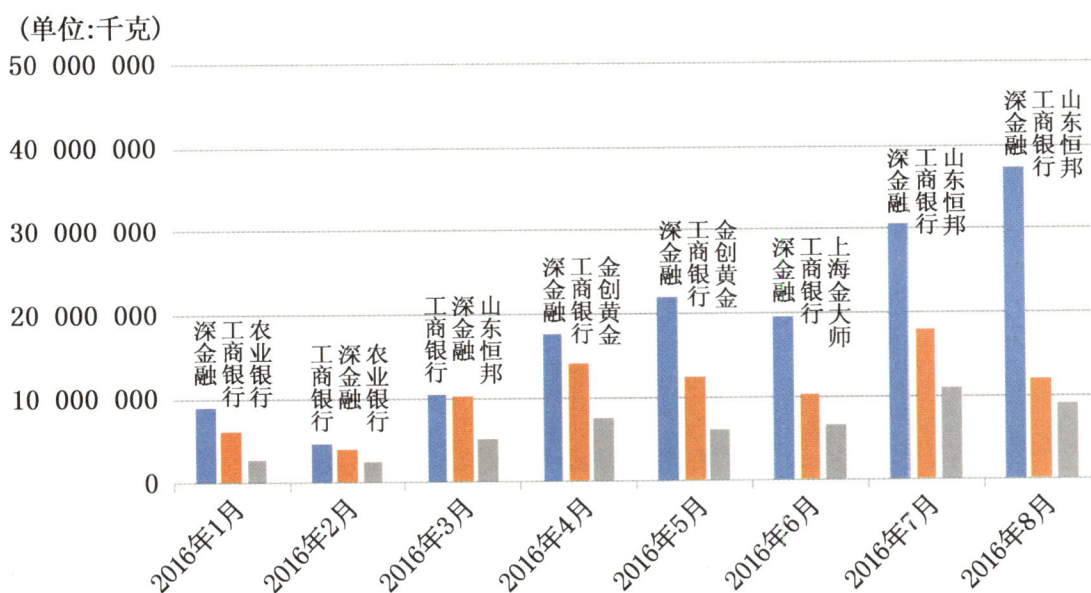

（单位：千克）

数据来源：上海黄金交易所。

图5　上海黄金交易所会员白银交易量

## （二）上海期货交易所

上海期货交易所2016年1～8月整体成交量较2015年同期大幅攀升，年内黄金、基本金属以及能源类大宗商品价格普遍反弹，促进交易的进一步活跃。截至2016年8月31日，上期所2016年1～8月各项合约累计成交量2 468 323 946手，较2015年同期增长84.55％。同时，成交金额方面，由于大宗商品价格反弹，上期所2016年1～8月各项合约累计成交11 566 513 094.01万元，同比增长40.62％。

### 1. 黄金交投活跃，白银陷入低迷

尽管2016年以来国内金银价格均大幅上涨，但在上期所的成交量表现上，白银却远远逊于黄金。在2016年的前8个月中，有7个月的沪金成交量都超出去年，但沪银除2016年7月以外，其余月份的成交量较2015年同期都出现暴跌。

（单位：手）

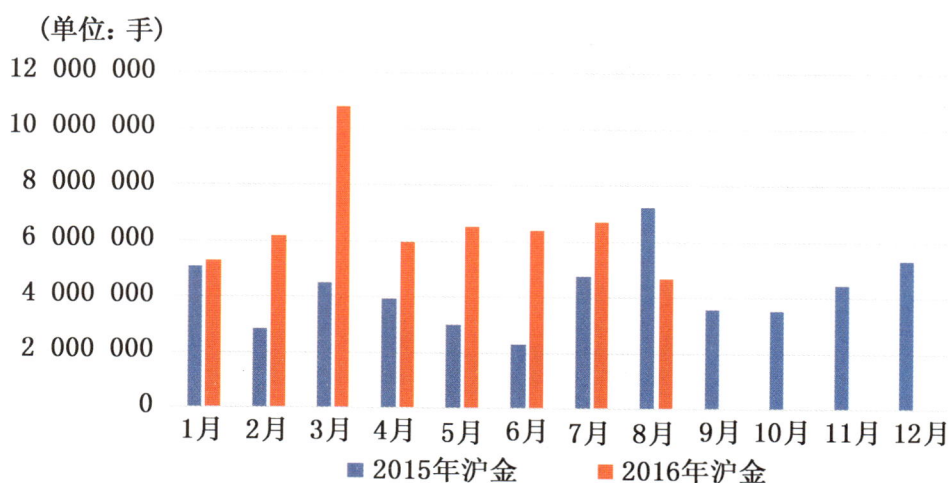

数据来源：上海期货交易所。

**图 6　2015 年和 2016 年 1～8 月沪金成交量**

（单位：手）

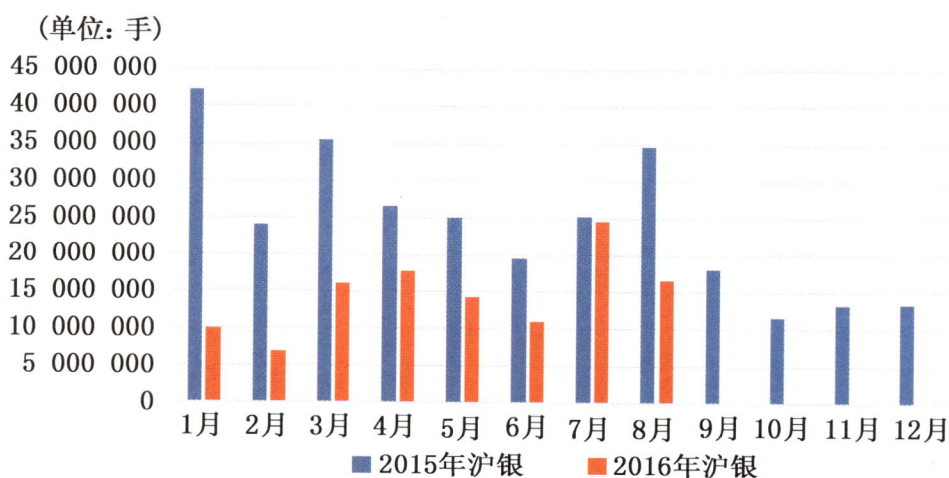

数据来源：上海期货交易所。

**图 7　2015 年和 2016 年 1～8 月沪银成交量**

　　数据显示，上期所 2016 年 1～8 月沪金成交量累计 52 530 382 手，同比增长 55.82％，总成交金额 1 398 545 309.97 万元，同比增长 72.77％。相比之下，2016 年 1～8 月沪银成交量累计 117 000 476 手，同比减少 49.83％，总成交金额 678 602 246.82 万元，同比减少 45.32％。

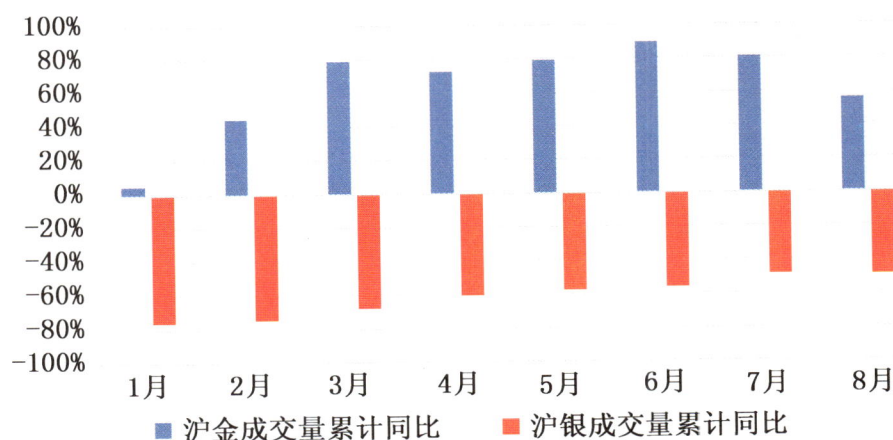

数据来源：上海期货交易所。

**图8　2016 年 1～8 月沪金、沪银成交量**

## 2. 能源类产品冷热不一，石油沥青成交量暴增

随着国际油价自 2016 年初开启反弹，2016 年 1～8 月上期所石油沥青合约成交量同比飙升 2 098.80％，累计成交量达 267 248 588 手，总成交额 510 190 376.10 万元，同比增长 1 343.34％。

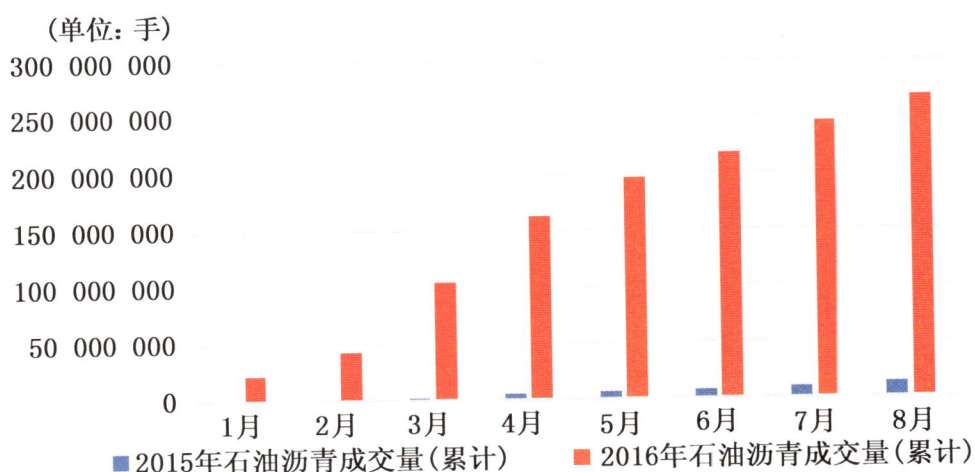

数据来源：上海期货交易所。

**图9　2015 年 1～8 月、2016 年 1～8 月石油沥青成交量**

从年内石油沥青的走势也可以看出，2016 年 3～4 月成交量激增时，石油沥青主力合约曾在 2016 年 4 月触及每吨 2 250 元的 5 个多月高位。尽管 2016 年 5～6 月的成交量有所下降，但仍远超出 2015 年同期。石油沥青价格在 2016 年 7 月初进一步刷新每

吨 2 288 元的逾 8 个月新高,但之后价格开始逐步向下回落,到 2016 年 8 月末为止几乎回吐了年内所有的涨幅。

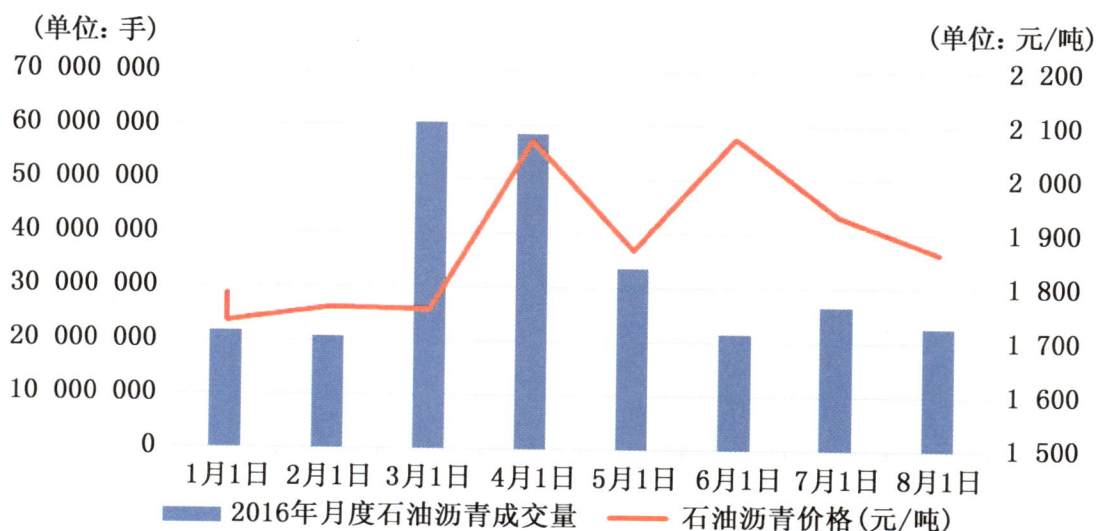

数据来源:上海期货交易所。

**图 10　2016 年 1～8 月石油沥青成交量与期货价格**

不过,燃料油需求却呈现低迷态势,2016 年 1～8 月上期所燃料油合约成交量仅 1 694 手,同比减少 74.18%,总成交额 21 188.45 万元,同比减少 79.10%。

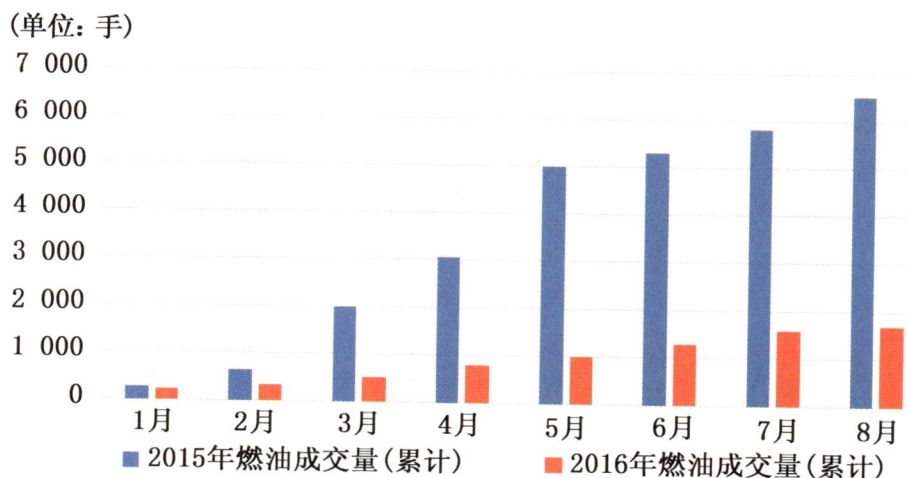

数据来源:上海期货交易所。

**图 11　2015 年 1～8 月、2016 年 1～8 月燃油成交量**

## (三)CME 旗下金银期货交易状况

进入 2016 年,由于全球经济放缓的忧虑,刺激避险情绪升温,使得黄金的交易开始活跃,成交量较 2015 年明显增长,特别是 2016 年 5 月金价从 1 300 美元/盎司回落至 1 200 美元/盎司期间,当月 COMEX 期金(GC)的日均成交量创下 280 006 手的年内高位。随后由于英国 2016 年 6 月公投退欧,金价在 2016 年 7 月初创下 1 375 美元/盎司的逾 2 年高位,2016 年 7 月份期金成交量再创新高。

　　2016 年前 8 个月,除 1 月成交量不及 2015 年同期外,其他月份的成交量均大幅超出 2015 年,其中,2 月、5 月、6 月及 7 月成交量同比增幅分别达 62%、50%、72%以及 40%。

　　整体来看,截至 2016 年 8 月,COMEX 期金年内总成交量达到 39 096 986 手,较 2015 年同期增长 34.4%。另外,一年当中 1 月、3 月、5 月和 7 月成交量普遍偏高,而 2 月、4 月、6 月和 8 月的成交量相对较低。

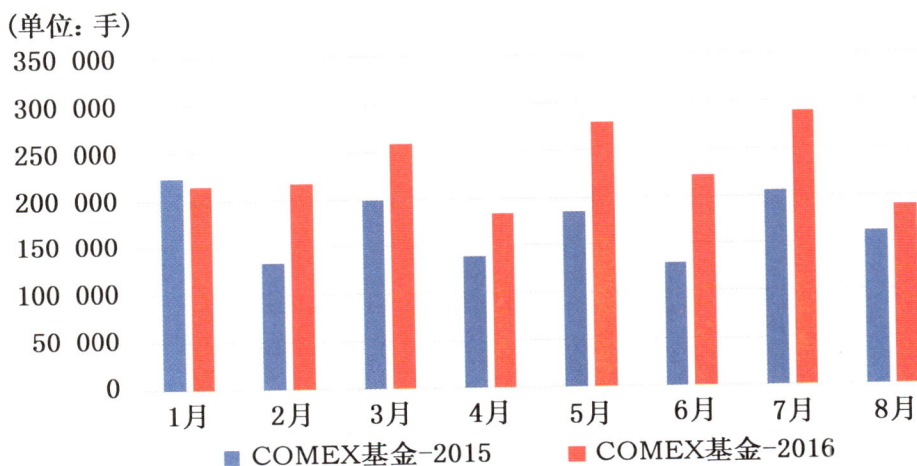

数据来源:芝加哥商业交易所。

**图 12　2015 年 1～8 月、2016 年 1～8 月 COMEX 期金日均交易量**

　　白银方面,尽管成交量上 COMEX 期银(SI)与 COMEX 期金相距甚远,但由于 2016 年以来银价的表现超过金价,年内一度累积上涨超过 40%,并于 7 月初创下 21.13 美元/盎司的逾 2 年高位,这也刺激 COMEX 期银年内的成交量大幅飙升。由于在牛市行情中,白银的波动往往要比黄金来得更大,因此成交量出现上涨也在情理之中。2016 年前 8 个月,除 1 月成交量与 2015 年同期相差无几外,其他月份 COMEX 期银成交量均大幅超出,其中 2 月、4 月和 7 月成交量同比增幅分别达 34%、45%和 62%。

　　整体来看,截至 2016 年 8 月,COMEX 期银年内总成交量达到 12 251 140 手,较 2015 年同期增长 30.8%。另外,与 COMEX 期金不同的是,COMEX 期银一年当中 1 月、3 月、5 月和 7 月的成交量普遍较低,而 2 月、4 月、6 月和 8 月的成交量相对较高。

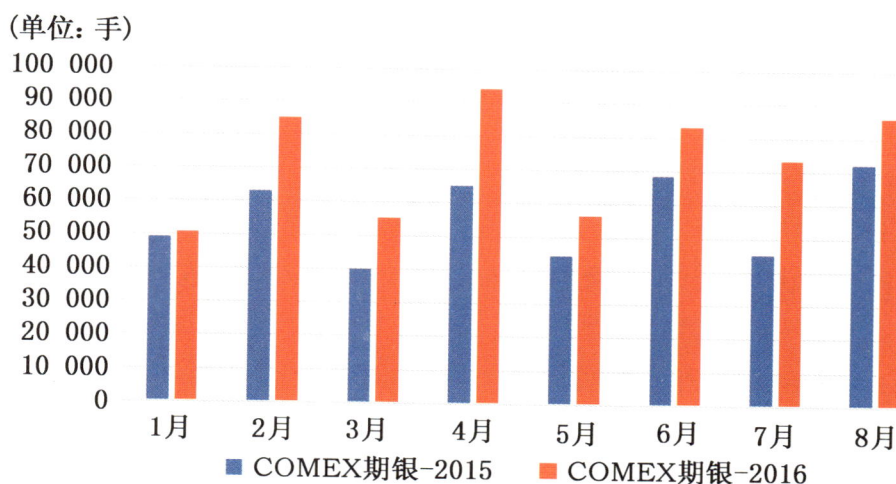

数据来源:芝加哥商业交易所。

**图 13  2015 年 1~8 月、2016 年 1~8 月 COMEX 期银日均交易量**

## (四)CME、WTI 及 ICE 布伦特原油交易状况

布伦特原油虽然只代表北海布伦特原油价格,但同时也是全球超过 60% 的原油交割价格标杆,拥有与 WTI 原油不同的地位。通常而言,布伦特原油的成交量往往更高,但自 2015 年下旬起,芝加哥商业交易所(CME)的 WTI 原油合约成交量就一直领先洲际交易所(ICE)的布伦特原油合约,差距在 2016 年进一步拉大。

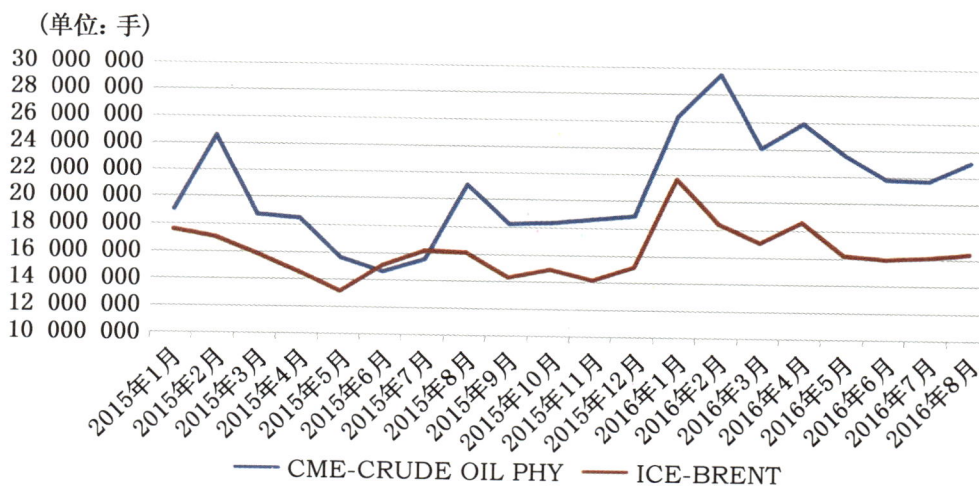

数据来源:芝加哥商业交易所、洲际交易所。

**图 14  2015 年、2016 年 1~8 月 WTI 原油与布伦特原油月成交量**

在同一品种的纵向比较中,2016 年前 8 个月 WTI 原油合约的成交量较 2015 年同期均显著增加,主要因 WTI 原油价格波动增大。2016 年 2 月份,WTI 油价曾跌至 26

美元/桶的逾 10 年低位,随后发起强势反弹,并于 2016 年 6 月初触及 51.67 美元/桶的近 1 年高位。不过,油价 2016 年 8 月初再度跌回 40 美元/桶下方,导致 2016 年 8 月后的成交量增幅有所放缓。

(单位:手)

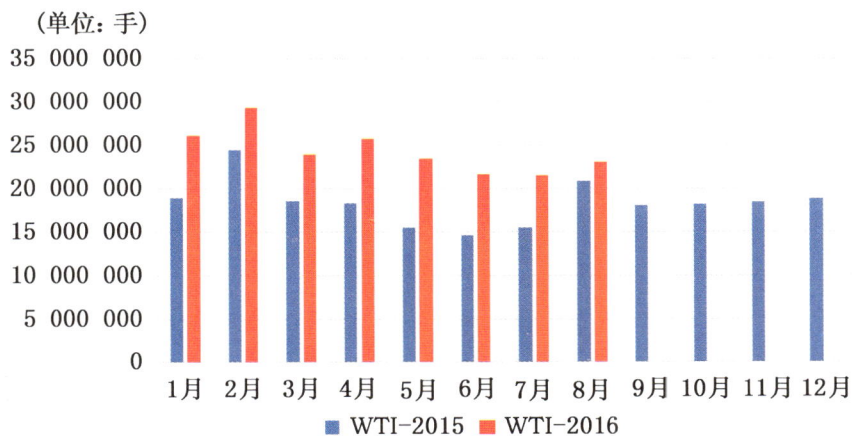

数据来源:芝加哥商业交易所。

**图 15　2015 年、2016 年 1～8 月 WTI 原油月度成交量**

布伦特原油 2016 年以来的走势与 WTI 原油相同,但成交量增幅不及后者。2016 年前 5 个月,布伦特原油成交量较 2015 年同期有所增加,但后 3 个月增幅开始放缓,2016 年 7、8 月的成交量甚至与 2015 年几近持平。

(单位:手)

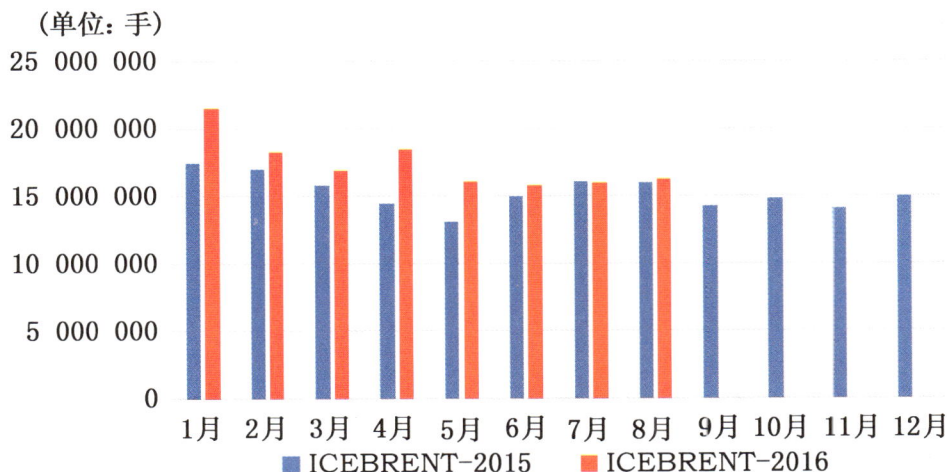

数据来源:洲际交易所。

**图 16　2015 年、2016 年 1～8 月 ICE 布伦特原油月度成交量**

## (五)"黑色系"异军突起,国内商品期货 2016 年迎来大爆发

经历了 5 年的压抑,中国国内大宗商品 2016 年以来的走势可谓癫狂,2016 年 4 月

初在"黑色系"的异军突起之下,从化工到农产品等多种商品呈现轮涨的格局。在最为疯狂之时,螺纹钢主力合约一天的成交额就超出沪深两市成交额之和。尽管之后交易所连出"重拳",企图扼制市场的投机氛围,一度导致商品价格纷纷暴跌,回吐之前的大部分涨幅,但自 2016 年 7 月份起,焦炭、焦煤这两种"黑色系"商品开始大放异彩,接棒此前"疯狂的螺纹钢",令国内大宗商品的行情又再度火热了起来。

截至 2016 年 9 月 20 日,2016 年迄今国内螺纹钢累计上涨逾 26%,铁矿石上涨 15%,焦煤上涨 53%,焦炭更是大涨逾 80%。另外,同期锌上涨 31%,铅上涨 16%,镍上涨 19%,锡上涨 36%,橡胶则上涨 18%。农产品方面,豆粕上涨 16%,菜粕上涨 22%,棉花上涨逾 25%。

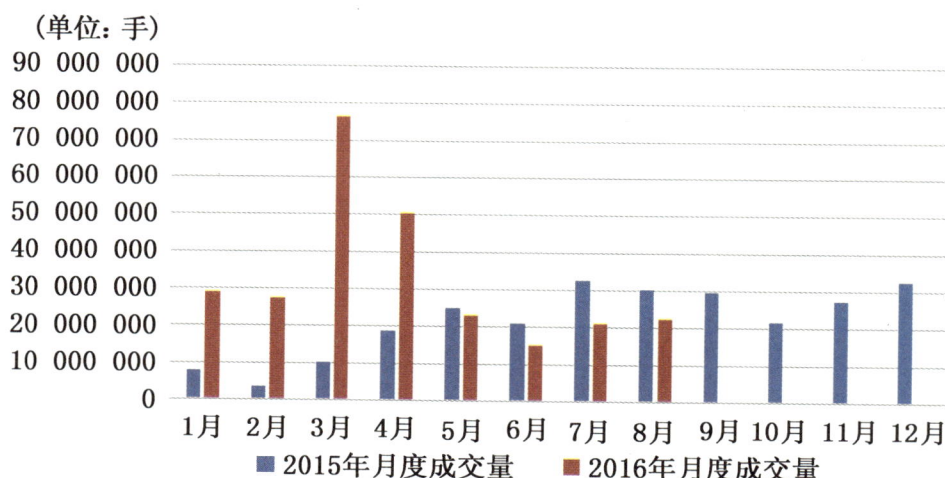

数据来源:大连商品交易所。

**图 17　2015 年、2016 年 1～8 月铁矿石期货成交量**

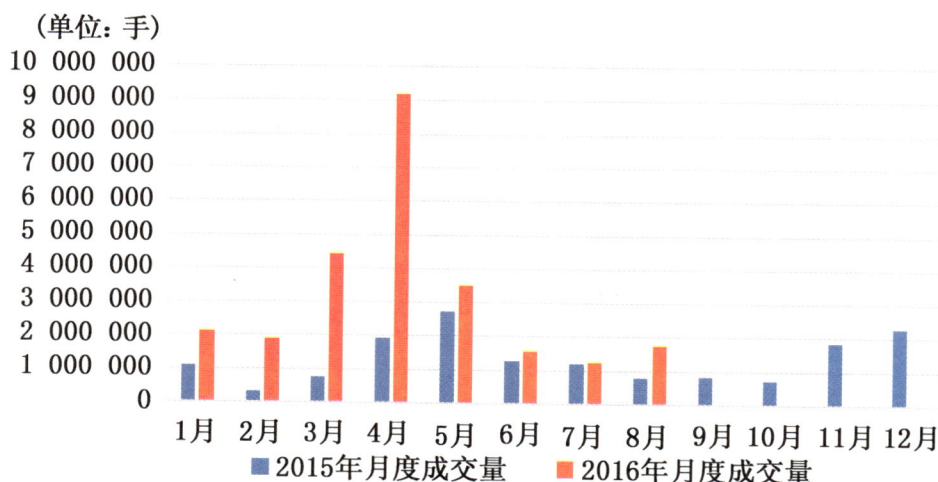

数据来源:大连商品交易所。

**图 18　2015 年、2016 年 1～8 月焦煤期货成交量**

事实上，2016 年以来大宗商品呈现大起大落的特点，其中尤以"黑色系"商品最为突出，这不仅超越行业内人士的预料，也颠覆了投资者长期参与市场的逻辑。

## 1. 疯狂的"黑色系"频繁暴动，监管层连出重拳

中国期货市场可能会永远铭记 2016 年 4 月 21 日周四这一天，当天国内期市异常疯狂，PTA、菜粕、豆粕、玉米、铁矿石等 11 个品种主力合约集体封死涨停，螺纹钢暴涨逾 7%，焦煤大涨 4.89%，焦炭上涨 3.80%。截至 2016 年 4 月 21 日，2016 年内迄今螺纹钢和铁矿石均大涨 53%，焦炭涨 48%，焦煤涨 19%；农产品也一反此前相对弱势的涨幅，在 4 月份强势飙升。

更值得注意的是，仅 2016 年 4 月 21 日一天，螺纹钢主力合约就成交 2 236 万手，创历史新高，成交额逾 6 000 亿元，而沪深两市当天总成交额仅有 5 414 亿元。

据产业信息网数据显示，2014 年中国螺纹钢总产量为 2.152 7 亿吨。数据显示，2016 年 4 月 21 日仅螺纹钢主力合约 rb1610 合约成交量为 2 236 万，以一手 10 吨计算，上市交易量达 2.236 亿吨，抵得上中国一年螺纹钢的产量。

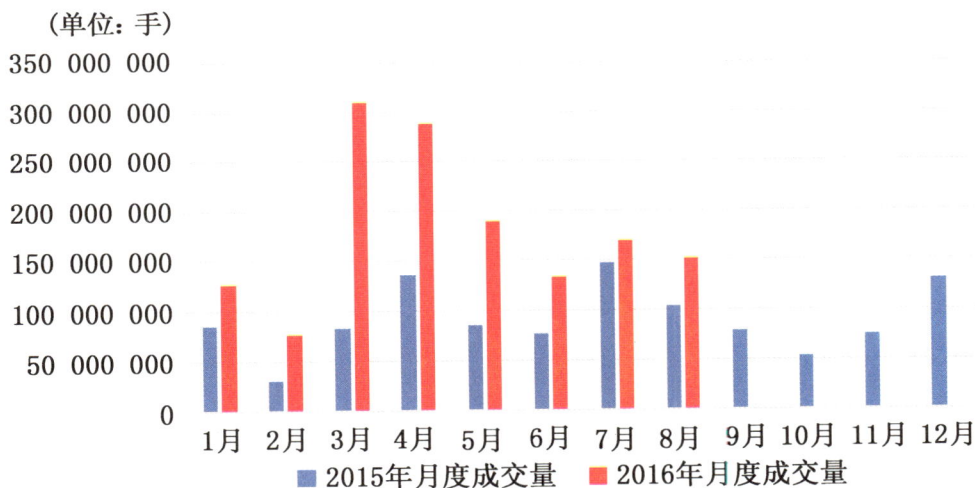

数据来源：上海期货交易所。

**图 19　2015 年、2016 年 1～8 月螺纹钢期货成交量**

与此同时，2016 年 4 月 22 日郑州商品交易所一天的棉花期货成交量逾 360 万吨，扣除中国交易所多空单双向计量因素，实际成交量依然达到大约 900 万吨，换算成国际通用计量单位相当于 4 100 万包，创出了逾 5 年来的最高纪录。用个形象的比喻，这些棉花足够做出将近 90 亿条牛仔裤，全世界每人 1 条绰绰有余。

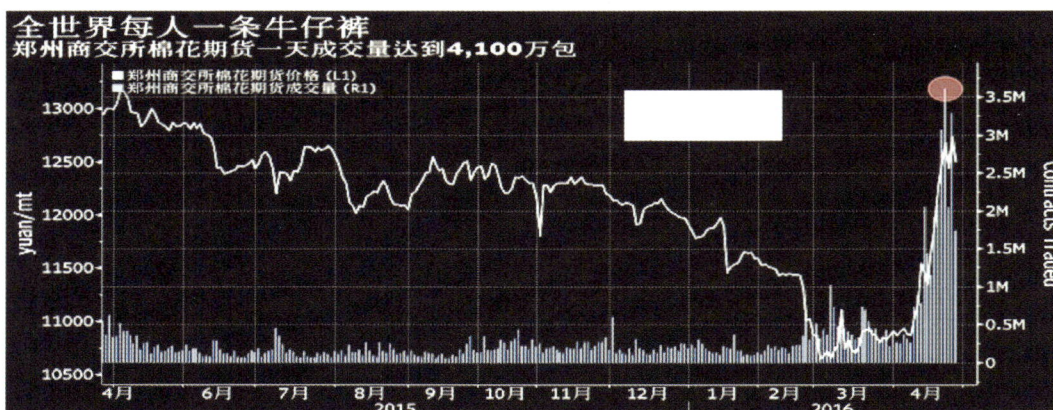

资料来源:彭博。

**图20　郑州商品交易所棉花期货价格与成交量**

　　为了给市场降温,上海期货交易所2016年4月21日宣布提高多种期货交易手续费。大连商品交易所提高了铁矿石最低交易保证金要求,同时还收紧了对异常交易的规则,这类交易现在包括自成交行为、频繁报撤单行为。郑州商品交易所则发出了棉花期货风险提示函,称"棉花期货价格波动幅度明显增大"。

　　在这些交易所出手之后,螺纹钢2016年4月22日终于下跌4.8%,创下6周来的最大日跌幅。但从年初开始计算,价格涨幅仍然高达48%。

　　机构认为,2016年4月以来的"黑色系"行情主要是游资驱动,资金一部分来自股市,同时也有多重因素叠加效应,比如现货的反刺激以及美元加息推迟等因素影响。另外,产业客户的很多保值盘可能被拉爆和止损。

　　不过,在经历了个把月的大跌后,2016年7月初开始,"黑色系"又再度开始飙涨,焦煤自那时起上涨超过16%,焦炭涨势更是疯狂,大涨逾30%。大商所铁矿石期货2016年8月24日一度升至460.5元/吨,逼近2016年4月25日466元/吨的记录高位。

**2."黑色系"疯涨的背后:供给侧改革＋流动性过剩**

　　随着钢铁、煤炭产业去产能持续推进以及环保限产等政策影响,"黑色系"商品的涨势在2016年7月初又再度卷土重来。如果说2016年4月份商品价格的暴涨是由资金推动的,那么2016年7月份涨势的主要原因就是供给侧改革和环保压力导致的减产,以及宏观政策的继续宽松,在需求比较稳定的情况下出现供需偏紧。

　　煤炭、钢铁行业是去产能的重点领域,一直备受瞩目。在国家发改委2016年7月7日召开的全国电视电话会议上,发改委主任徐绍史要求所有地方政府在2016年7月底前明确其各自的去产能目标,并且必须在2016年底前完成目标。

根据会议,2016年将压减粗钢产能4 500万吨,退出煤炭产能2.5亿吨,而此前目标为3至5年内分别去产能1亿～1.5亿吨以及5亿吨。

在更早前的2016年6月27日和28日,国家主席习近平连着召开两场重磅会议(中央全面深化改革领导小组第二十五次会议,中共中央政治局会议),其主要内容就是:强调地方、强调问责。

2016年8月8日,发改委在其网站上表示,煤炭产量明显下降,去产能工作取得积极进展。2016年上半年,全国煤炭产量为16.3亿吨,同比下降9.7%,降幅同比扩大3.9%。同时,库存也出现了下降。钢铁方面,根据中钢协数据显示,2016年上半年全国粗钢产量4亿吨,同比下降1.1%。钢材库存也明显下降。

但尽管如此,人民日报2016年8月5日曾发文称,钢铁、煤炭去产能总体进度并不理想。截至2016年7月底,钢铁、煤炭行业去产能分别完成全年任务的47%、38%,去产能任务均未过半。上证报援引业内人士称,2016年下半年是落实化解过剩产能的关键时期,钢铁、煤炭产量将稳步下降。

中泰证券分析师刘昭亮认为,供给侧改革所带来的煤炭行业去产能是供需格局改善的主要驱动因素,短期和长期的目标是一致的,短期供给相对需求可能偏紧,而长期来看二者将走向均衡。从目前来看,中央既定了2.5亿吨去产能目标,2016年前7月仅完成年度任务的38%,在目标责任的强力推动下,2016年8月至11月,煤企去产能的力度将更大。

事实上,"黑色系"短线暴涨的背后,除了短线基本面有所改善外,与流动性宽松不无关系,由于"黑色系"具有波动性强、保证金低等特点,易受到投机资金的青睐,且2016年具有供给侧改革、环保督查、G20峰会等众多消息面的炒作题材。

专业人士认为,导致这一结果的主因是基本面提供诱因,宽松政策放大涨幅,市场情绪助推更极端的行情。以铁矿石为例,在众多利多因素消耗殆尽、供需基本面尚未改观之际,铁矿1609合约与1701合约之间的价差竟然达到了近50元,与往年同期相比价差过大。

综合专业观点看,"黑色系"经过短期暴涨,需警惕再次上演上半年的大起大落。专家提醒,应警惕大宗商品价格由于短期涨幅过大过快,陷入暴涨暴跌的恶性循环。大宗商品一般在短期供给弹性不足、需求驱动的上涨周期中,可能会导致大宗商品价格的暴涨暴跌。

# 第五部分　贵金属基本面分析、走势回顾及 2017 展望

在连续 3 年的大跌后,2016 年黄金终于迎来了爆发。受全球经济增速下滑的忧虑及主要央行争相实施宽松举措的提振,国际现货黄金从 2016 年初开始强势拉升,仅仅在第一季度就斩获 17% 的涨幅。进入第二季度后,金价的涨势虽然有所停滞,但在英国 2016 年 6 月 23 日意外公投退欧所引发的避险情绪帮助下,金价当天一度飙升 8%,并在 2016 年 7 月 6 日创下 1 375 美元/盎司的近 2 年来高位,年内涨幅超过 25%,为近 30 年来的最佳表现。

## (一)供应端掀起行业整合潮,投资需求创纪录

### 1. 投资需求创纪录,实物需求疲软

2016 年上半年国际金价的大幅上涨,带动了黄金投资需求的攀升。据世界黄金协会(WGC)报告显示,2016 年第二季度全球黄金需求延续此前一个季度的走势,上半年黄金需求累计达到 1 063.9 吨,比 2009 年上半年的高点还高出 16%。其中,第二季度投资需求同比增长 141%,上半年累计增长达 127%。

世界黄金协会称,2016 年上半年的黄金总需求当中,投资需求连续两个季度占据总需求的最大份额,为历史上首次。投资的增长源自整个西方市场的投资者需求,涵盖从零售到机构,从金条金币到 ETF。

| 吨 | 2016年第二季度年同比 | 今年迄今为止 |
|---|---|---|
| 黄金需求量 | ↑ 15% | ↑ 18% |
| 金饰 | ↓ -14% | ↓ -17% |
| 科技 | ↓ -3% | ↓ -3% |
| 投资 | ↑ 141% | ↑ 127% |
| 各国央行和其他机构 | ↓ -40% | ↓ -23% |
| 供应量 | ↑ 10% | ↑ 8% |

资料来源:Metals Focus:世界黄金协会。

**图1　2016 年第二季度黄金需求量**

相比之下,2016年上半年其他实物黄金的需求,包括金饰、科技及央行储备都呈下降趋势,明显弱于投资需求。

| | 吨 | | | | 百万美元 | | | |
|---|---|---|---|---|---|---|---|---|
| | 2015年第一季度 | 2016年第一季度 | 五年平均值 | 年同比变化 | 2015年第一季度 | 2016年第一季度 | 五年平均值 | 年同比变化 |
| **需求量** | | | | | | | | |
| **黄金需求量** | 910.4 | 1,050.2 | 1,123.4 | ↑ 15% | 34,899.4 | 42,530.6 | 51,076.4 | ↑ 22% |
| 金饰 | 513.7 | 444.1 | 584.4 | ↓ -14% | 19,691.7 | 17,983.1 | 26,194.8 | ↓ -9% |
| 科技 | 83.3 | 80.9 | 90.8 | ↓ -3% | 3,194.1 | 3,276.1 | 4,146.2 | ↑ 3% |
| 投资 | 186.1 | 448.4 | 308.6 | ↑ 141% | 7,134.5 | 18,157.5 | 14,437.6 | ↑ 155% |
| 金条和金币总需求量 | 209.1 | 211.6 | 323.0 | ↑ 1% | 8,017.4 | 8,569.4 | 14,867.4 | ↑ 7% |
| 黄金ETFs及类似产品 | -23.0 | 236.8 | -14.4 | - | -883.0 | 9,588.1 | -429.8 | - |
| 各国央行和其他机构 | 127.3 | 76.9 | 139.5 | ↓ -40% | 4,879.1 | 3,114.0 | 6,297.8 | ↓ -36% |
| **选定市场的消费者需求量** | | | | | | | | |
| 印度 | 159.8 | 131.0 | 218.7 | ↓ -18% | 6,127.2 | 5,304.7 | 9,942.1 | ↓ -13% |
| 中国 | 214.1 | 183.7 | 251.3 | ↓ -14% | 8,208.7 | 7,439.5 | 11,282.1 | ↓ -9% |
| 中东 | 72.2 | 57.4 | 79.1 | ↓ -20% | 2,767.5 | 2,326.4 | 3,573.3 | ↓ -16% |
| 美国 | 38.0 | 50.7 | 45.2 | ↑ 33% | 1,455.5 | 2,052.1 | 2,043.2 | ↑ 41% |
| 独联体以外的欧洲国家 | 59.8 | 59.3 | 81.4 | ↓ -1% | 2,291.1 | 2,401.2 | 3,724.7 | ↑ 5% |
| **供应量** | | | | | | | | |
| **总供应量** | 1,041.7 | 1,144.6 | 1,115.6 | ↑ 10% | 39,935.2 | 46,354.0 | 50,482.2 | ↑ 16% |
| 矿山总供应量 | 774.4 | 816.9 | 770.2 | ↑ 5% | 29,685.8 | 33,083.7 | 34,481.1 | ↑ 11% |
| 再生金量 | 267.4 | 327.7 | 345.5 | ↑ 23% | 10,249.4 | 13,270.3 | 16,001.1 | ↑ 29% |
| **黄金价格** | | | | | | | | |
| LBMA黄金定价(美元/盎司) | 1,192.4 | 1,259.6 | - | ↑ 6% | - | - | - | - |

资料来源:Metals Focus, GFMS, 汤森路透, 洲际交易所基准管理机构, 世界黄金协会

**图2 2016年第二季度黄金需求统计数据细节**

投资需求方面,世界黄金协会指出,2016年上半年,黄金ETF资产增加69%(相当于381亿美元),达到930亿美元,为2013年三季度以来最高水平。

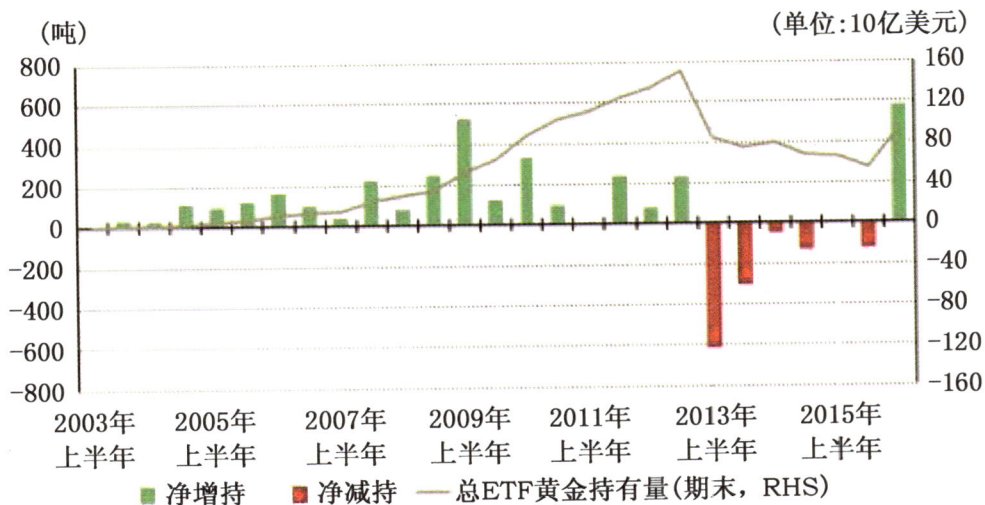

注:有关黄金ETF持有量的月度汇总数据和图表,请访问 http://www.gold.org/statistics。
数据来源:各ETP供应商、ICE基准管理机构和世界黄金协会。

**图3 2016年上半年黄金ETF增持创历史最高水平**

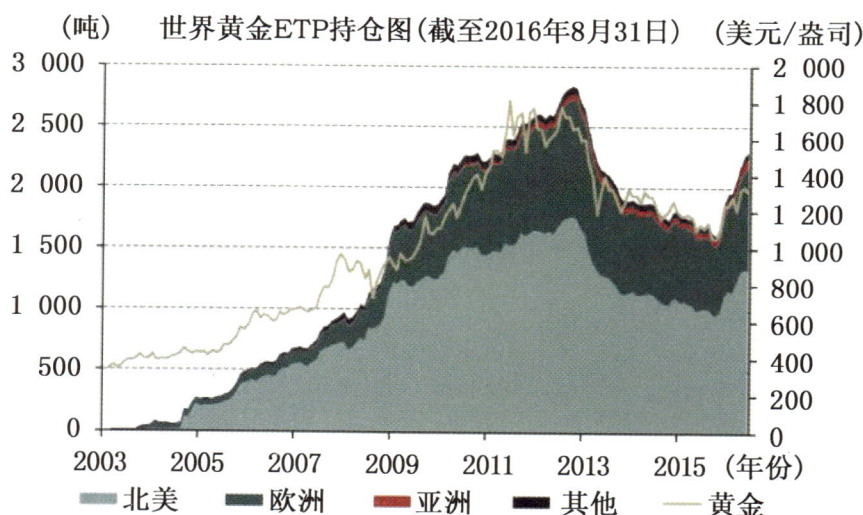

（吨）　　　世界黄金ETP持仓图（截至2016年8月31日）　（美元/盎司）

数据来源：ETP 供应商、彭博、伦敦金银协会、世界黄金协会等。

**图 4　世界黄金 ETP 持仓图**

　　黄金投资需求来源主要是西方投资者，2016 年上半年，西方国家市场的不确定性居高不下，包括经济前景的不明朗。与此同时，全球货币政策宽松程度也达到了前所未有的水平，比如全球大范围实行的负利率政策。

　　此外，英国退欧公投及美国大选等重大政治事件的不确定性刺激了投资者的避险需求，加上美国不断地推迟进一步加息，使黄金等无息资产获得支撑，成为投资者所青睐和追捧的对象。

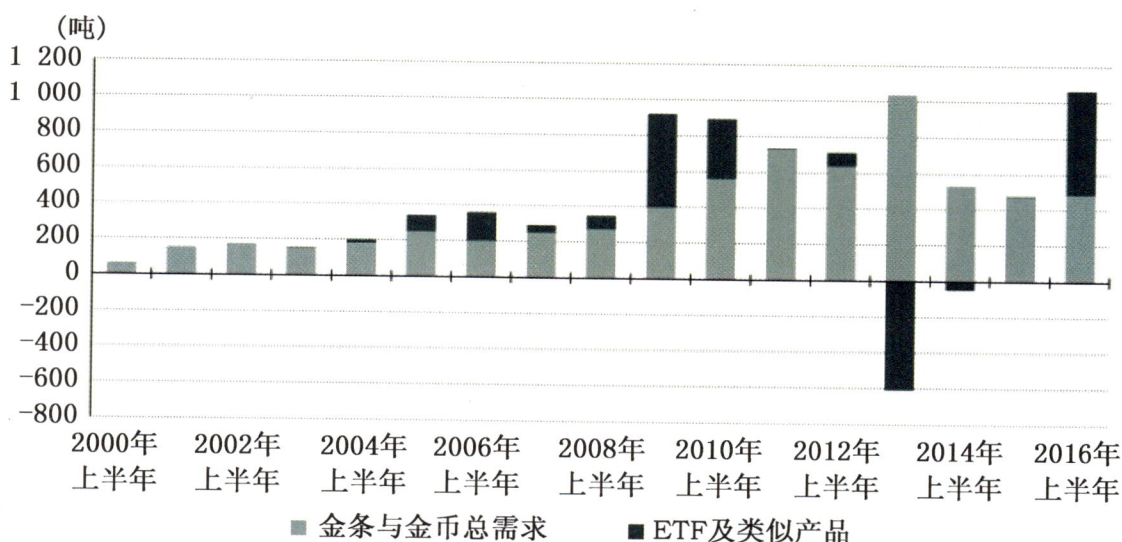

数据来源：Metau Focus、GFMS.汤森路透和世界黄金协会。

**图 5　2016 年上半年金币、金条需求与 ETF 及类似产品需求**

然而,与火热的投资需求相比,2016年上半年全球金饰需求却跌入2010年来的谷底,总需求价值仅为363亿美元。

世界黄金协会报告显示,2016年第二季度的金饰需求仅为444.1吨,为自2010年第二季度以来历史季度新低。同时,2016年上半年金饰需求同比下降了185.5吨,其中的149.4吨是由中印两个世界最大的黄金消费大国市场需求疲软导致。

印度黄金需求的疲软主要是因上半年国际金价快速上涨、农村收入减少及政府调控的原因。其中,印度政府征收消费税导致金饰商持续罢工,市场需求受到压制,印度金饰长期折价销售也无人问津。

至于中国方面,金价高企及经济增长放缓是金饰需求低迷的主要原因。另外,中国消费者品味和观念的变化也对需求量产生了影响,追求时尚的年轻人对传统的24K金饰不热衷,反而喜欢设计美观的18K金饰或镶嵌产品。

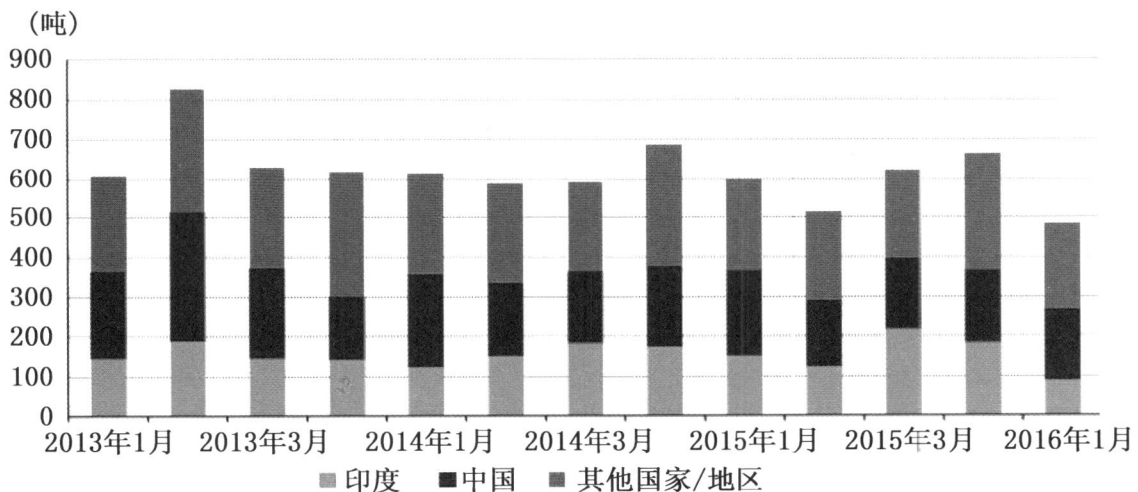

资料来源:Metals Focus,黄金矿业服务公司、汤森路透、世界黄金协会。

**图6 2013年1月~2016年1月印度、中国及其他国家/地区金饰需求**

根据汤森路透黄金矿业服务公司(GFMS)2016年7月发布的调查,2016年中国对黄金的需求减少517吨,同比下跌36%,至903吨。其中,首饰用金下跌至641吨;金条用金下降至171吨,同比下跌53%;金币及相关类用金15吨,同比下降30%;工业及其他相关用金75吨,同比下跌7%。

**2. 黄金供给平稳,再生金活跃**

据世界黄金协会报告,2016年上半年黄金总供给量增长平稳,其中第二季度黄金总供给量达到1 144.6吨,同比2015年第二季度的1 041.7吨上涨10%。同时,第二季度金矿产量达到786.9吨,与2015年第二季度的789.6吨相比,几乎保持不变。

过去数年,黄金矿业产业重点实施成本管理,致使产量继续保持稳定。现有项目与新建项目保持高产,抵消了因大型项目产量下滑引起的产量减少。

世界黄金协会报告显示,2016年第二季度加拿大黄金产量同比增长3吨;墨西哥黄金产量受益于Fresnillo产量同比增长20%,约1.1吨,再次实现年同比增长;圭亚那新立项目Aurora与Karouni金矿也实现产量增长,同比产量增加2吨并创下新高。

此外,许多新兴金矿的出现对总体金矿产量做出了积极贡献,但影响并不显著。项目渠道继续受到限制,已投产的新金矿2016年产量预计为2015年的一半左右。蒙古黄金产量年同比下降6吨,印尼市场下降12吨,秘鲁产量再次下降,Yanacocha首当其冲,其产量比2015年第二季度相比减少了1.6吨。

由于金价上涨过快,刺激了再生金的增长。世界黄金协会报告显示,2016年第二季度再生金供应量为327.7吨,同比上涨23%,环比上涨10%。

| 吨 | 2015年第二季度 | 2016年第二季度 | 年同比变化 | 年内迄今变化 |
|---|---|---|---|---|
| 总供应量 | 1,041.7 | 1,144.6 | ↑ 10% | ↑ 8% |
| 金矿总产量 | 789.6 | 786.9 | ↓ 0% | ↑ 1% |
| 生产商净套保 | -15.2 | 30.0 | - | - |
| 再生金量 | 267.4 | 327.7 | ↑ 23% | ↑ 10% |

资料来源:世界黄金协会。

**图7　2016年第二季度黄金总供应量**

所谓再生金,即来自黄金首饰回收,这也是市场供给的一个重要因素。2016年上半年,从再生金市场产生的黄金供应占据整个市场黄金供应的将近三分之一。通常,金价上涨时,再生金交易也会越发活跃。

## 3. 全球央行放慢黄金储备购买步伐

据世界黄金协会的统计数据显示,2016年第二季度全球各国央行的黄金储备购买为77吨,较2015年同期大幅减少,为2011年来的最低水平。同时,这也是央行黄金需求连续三个季度下降,为至少5年来的最长跌势。目前全球央行共持有约32 900吨的黄金储备。

| 吨 | 2015年<br>第2季度 | 2016年<br>第2季度 | 年同比<br>变化 | 年内迄今<br>变化 |
|---|---|---|---|---|
| 各国央行<br>和其他机构 | 127.3 | 76.9 | ↓ -40% | ↓ -23% |

资料来源:世界黄金协会。

**图8    2016年第二季度各国央行和其他机构黄金储备购买量**

资料来源:彭博。

**图9    各国央行连续三个季度减少黄金储备购买**

据世界黄金协会报告,2016年第二季度各国央行黄金净购买量达76.9吨,季度同比下降40%。同时,2016年上半年各国央行实现黄金净购买量185.1吨,同比下降23%。

因2016年上半年黄金价格上涨25%,各国央行黄金持有量总价值大幅提高。数据显示,截至2016年6月末,全球官方黄金持有32 800吨,价值约1.4万亿美元,达到2013年第一季度以来的峰值,当时黄金均价比第二季度均价高出30%左右。

各国央行购买黄金储备一直给予金价重要的支撑,特别是自2008年金融危机后。事实上,自2008年起,各国央行就停止了此前近20年的抛售黄金之举,之后每年都是黄金的净买家,而这也一度推动金价在2011年创下1 921美元/盎司的历史高位。

不过,尽管俄罗斯、中国以及哈萨克斯坦仍然是全球黄金储备购买的主要国家,但2016年5月中国和俄罗斯分别中止和放缓了购金步伐,这在一定程度上影响了第二季度总量,但两国在2016年6月又恢复了正常购金。

与此同时,2016年第二季度其他国家,尤其是新兴市场的央行购买黄金数量则更加有限,约旦、白俄罗斯以及乌克兰成为黄金净出口国。德国因其目前正在进行的铸币计划,第二季度售出 2.7 吨。

事实上,2016 年各国央行的黄金购买步伐有所放慢,特别是一些进口下降的国家。根据国际货币基金组织(IMF)的数据,截至 2016 年 4 月,全球一般贸易已跌至 2010 年来的最低水平。另外,数据还显示,全球外汇储备也从两年前的纪录高位下跌接近 8%。

例如,中国不仅仅是全球第二大经济体,还是第六大黄金储备国,但疲软的出口限制了中国政府投资在国债和黄金等资产方面的现金流入。数据显示,2015 年中时,中国的经常账户盈余曾触及 6 年高位,但过去 1 年已经下跌了超过 25%。同时,中国的外汇储备也从 2014 年的约 4 万亿美元下降五分之一。

根据中国人民银行的公告,中国央行 2016 年 5 月份曾停止购买黄金储备,尽管之后在 2016 年 6 月有所反弹,但 2016 年 7 月的购买量是一年中的次低。

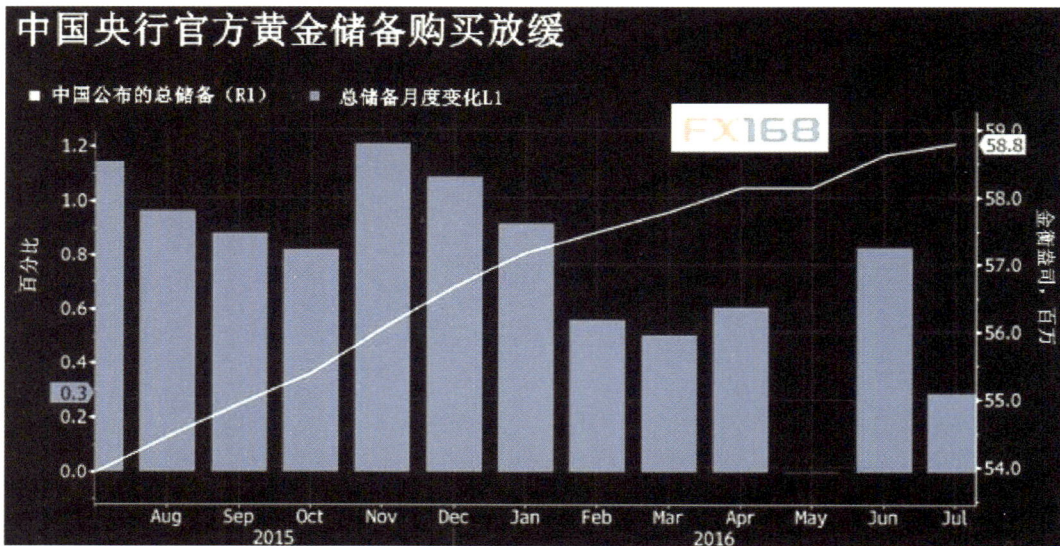

资料来源:彭博。

**图 10　中国央行黄金购买步伐放慢**

世界黄金协会表示,随着全球多个地方的国债收益率跌至负值,对央行而言,黄金依然是具有吸引力的对冲工具,这也是为什么央行仍在继续净买入黄金的理由之一。

据世界黄金协会提供的数据显示,截至 2016 年 9 月,全球官方黄金储备共计 32 924.2 吨,其中,欧元区(包括欧洲央行)共计 10 786.2 吨,占总比重的 57.6%;央行售金协议(CBGA)签约国共计 11 952 吨,占总比重的 33.4%。

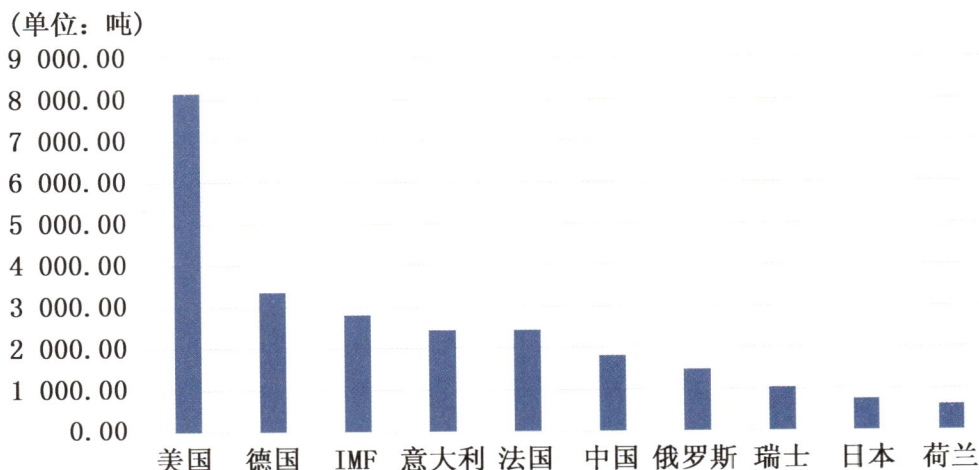

（单位：吨）

数据来源：世界黄金协会。

**图 11　世界前十大黄金储备国**

### 4. 行业并购活动升温，中企抄底全球金矿

继 2011 年触顶之后，金价连续 4 年下滑，2015 年大部分时间黄金价格承压，曾降至 1 046 美元/盎司的低点，为 2010 年以来的最低水平，因此，矿业公司纷纷开始关注任何可行的成本控制计划，削减维持和发展资本，降低勘探开支，并剥离资产。

（1）矿企并购活动升温抛售，非核心资产续命

2016 年 4 月 28 日在京发布的《全球黄金年鉴 2016》（中文版）提供的信息表明，全球黄金生产行业的总维持成本下跌 8%，至 897 美元/盎司，平均总现金成本降至 660 美元/盎司，降幅为 7%。成本削减主要得益于美元走强、各地货币计价的营业开支得到有力削减和全球能源价格的下跌。随着美元走强并未出现根本转向，预计 2016 年矿产金成本将继续下降。

咨询机构 SNL Metals & Mining 在最新发布的报告中也指出，2016 年一季度全球黄金生产商依然在削减成本，全球最大的 17 家黄金生产商的全部维持成本（AISC）都有所下降，全球顶尖黄金生产商成本下滑逾 7%。

SNL 的报告指出，2016 年一季度这些大矿企平均全部维持成本为 833 美元/盎司，而汤森路透黄金矿业服务公司在 2015 年编撰的同期成本价为 900 美元/盎司。

报告显示，2016 年一季度世界最大的黄金矿企、巴里克黄金公司（Barrick Gold Corp）的全部维持成本只有 706 美元/盎司，是这些矿企中最低的。仅次于巴里克的为 Northern Star Resources，其一季度全部维持成本只有 712 美元/盎司，这一水平环比下降 5%，同比大降 30%。排名第三低的为 Newcrest，其一季度的全部维持成本为 723

数据截至2016年5月16日

资料来源：SNL Metals & Mining。

**图 12　各大矿企 2016 年每盎司全部维持成本与均价**

美元/盎司。

巴里克黄金公司近期一直致力于削减开支，将一些非核心的资产摆上货架进行销售。该公司计划在 2016 年内削减 30 亿美元债务，以进一步优化该公司资产负债表，应对黄金以及整个大宗商品市场近期的价格低迷大环境。

巴里克黄金公司 2015 年底在年会上宣布，该公司已经就两处在美国内华达州的非核心运营金矿达成卖出交易，将获得总共 7.2 亿美元。

不过，随着 2016 年以来国际金价的反弹，目前包括巴里克黄金公司等一些大型金矿企业已不再像之前那样渴求削减成本和债务，它们甚至已经准备好进行扩张，这也是过去五年来首次出现这样的情况。另一方面，金矿企业的财务状况相比之前也更为稳健。

《全球黄金年鉴 2016》提供的信息表明，2015 年全球黄金矿业兼并与收购活动剧增，共计达成价值 134 亿美元的并购协议，较 2014 年增长 39%，是 2011 年以来的最高水平。

2015 年最大的一笔并购交易是 Wandle 控股公司以 58 亿美元收购了极地黄金公司。极地黄金 2015 年产金量为 55 吨，使其成为俄罗斯最大、位列全球第 9 位的黄金生产商。

与此同时，Kinross Gold 在 2016 年 3 月决定扩大毛里塔尼亚金矿，这是金矿企业动起来的最初迹象。此外，2016 年 5 月，Goldcorp 也支付 5.2 亿加元（4.064 4 亿美元）收购加拿大北极圈金矿项目。

巴里克黄金 2016 年 7 月底宣布计划卖出其在澳大利亚最大露天黄金矿场 Kalgoorlie Super Pit 50％的股份,其合营方纽蒙特矿业(Newmont)已释放信号,如果价钱合适的话将买下这些股份。据知情人士称,这些股份或以 10 亿美元出售,而分析师计算这些股份的估值在 4 亿到 15 亿美元的范围内。

2016 年上半年已完成或仍在磋商中的黄金行业并购交易价值为 90 亿美元,包括纽蒙特矿业以 13.2 亿美元的对价将印度尼西亚一处铜金矿 48.5％的股权出售给当地财团,及加拿大矿业公司 Centerra Gold 以 11 亿美元收购美国矿商 Thompson Creek Metals。

过去五年,许多矿业公司都在不断削减债务和费用以积累现金流,加上 2016 年金价上涨,这些资金可以用于增产。

不过,金矿企业资产负债表的改善已经吸引到投资者,他们重新看到黄金类股的希望,这其中就包括亿万富翁索罗斯(George Soros)。

2016 年金矿商的股价大涨,Philadelphia Gold and Silver Index 更是飙升 98％,而标准普尔 500 指数同期涨幅仅有 3.5％。

不过,鉴于上次牛市期间开矿和并购定价过高导致资产负债表恶化的记忆萦绕心头,矿商对动荡的金价犹存三分忌惮。

(2)中企抄底收购全球金矿,2016 年并购额或创史上最高纪录

中国是全球最大的黄金生产国,同时也是全球最大的黄金消费国之一,中国黄金生产行业正在向全球金矿发起收购攻势,且 2016 年的并购额可能会创下史上最高纪录。"十三五"或将成为国内黄金企业资源储备扩张的关键期。

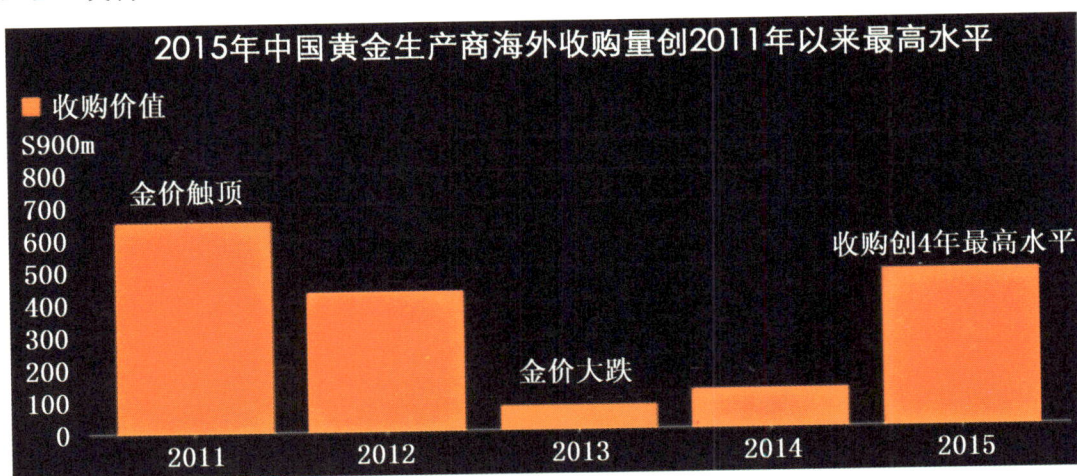

资料来源:彭博。

**图 13　2015 年中国黄金生产商海外收购量创 2011 年以来最高水平**

数据显示,2015年中国黄金生产商海外收购资产的价值创下2011年以来最高水平,而2011年正是金价触及顶部之时。

据彭博社统计,总部设在中国本土的企业投资海外金矿的金额在2011年达到6.49亿美元,一度达到顶点。那之后虽然一度陷入增长停滞,但2015年在紫金矿业及该公司从加拿大巴里克黄金公司以2.98亿美元获得50%权益的巴布亚新几内亚波格拉金矿的引领下,恢复至4.83亿美元。

2016年4月,中国黄金确认收购加拿大埃尔拉多黄金公司旗下位于我国贵州省南部的锦丰金矿82%的股权,完成了企业最大的一次跨境并购。资料显示,该矿山已探明金储量约52.8吨,服务年限为14年。

首战告捷后,中国黄金并购步伐不减。有消息称,嘉能可旗下估价待售的哈萨克斯坦金矿也在其竞购计划之列。

我国资源储量排名第三的山东黄金也在谋划海外并购。山东黄金矿业股份有限公司总经理王培月表示,集团公司层面会有海外并购计划,2016年最重要的事情是完成重大资产重组。

山东黄金集团在"十三五"规划中提出,到2020年,集团的黄金业务板块矿产金产量超过55吨,进入世界黄金矿业企业前十。2015年,山东黄金集团年产量36吨,排名世界第十七,要想赶超仍有一定距离。这意味着未来5年内,公司肯定会出海收购一部分矿产。

2015年成功抄底海外矿产的紫金矿业也不甘落后。"未来主要关注的是金和铜资源,目标地区和国家是矿产资源丰富的非洲、澳洲、俄罗斯、加拿大以及其他亚洲国家,倾向于后期成熟的、已经投产的大规模项目。"紫金矿业集团国际事业部副总经理黄晓虹在谈及规划时说。

除了中国黄金矿企巨头之外,新兴矿企也寻求收购海外矿产。澳大利亚第二大黄金生产商 Evolution Mining 近期表示将把位于北昆士兰州的 Pajingog 矿以及附近的勘探权以最高4 000万美元的价格出售给一家中国新兴矿企。澳大利亚金矿商 Evolution Mining 和 Northern Star Resources 签订了两笔关键交易,出售它们一些高成本的当地运营项目,交易价值总计7 400万美元。

此外,黄金行业的海外矿产并购也契合了国家层面的"一带一路"战略。公开资料显示,"一带一路"沿线国家黄金储量总和高达2.1万吨,占全球总储量超过40%,全球80%的黄金制造业用金都集中在这片区域。

面对黄金"一带一路"的巨大潜力,上海黄金交易所牵头,山金金控资本管理有限公司、陕西黄金集团联手兴业银行等国内大型金融机构共同发起设立了丝路专项基金"丝绸之路黄金基金",该基金规划规模达 1 000 亿元,期限 5~7 年,预计将成为国内最大专项基金。该基金将通过市场化运作,打造囊括地质勘探、采掘冶炼、金品销售、黄金租赁、黄金交易和黄金投资等在内的综合性产业链体系。

## (二)全球央行争相放水,负利率时代下黄金"吃香"

自 2016 年年初以来,金价已经累计上涨近 25%,而价格暴涨背后的原因之一,是越来越多的央行加入了"负利率俱乐部"。2016 年 1 月底,日本央行将银行存款准备金利率下调到-0.1%,而欧元区的瑞士、瑞典和丹麦也采取了类似的政策。事实上,全球GDP 中几乎有 27%的贡献是来自于目前实行负利率政策的经济体。

如果央行被迫实行扶持措施,这些措施的形式很可能是进一步加强其临时措施、新的降息或延迟计划中的加息。美国 2016 年 6 月糟糕的非农以及经济数据已经使美联储加息的预期推后到了 2016 年末。另外,英国 2016 年 6 月公投脱离欧盟将很可能使美联储加息预期进一步推后。一些央行可能还会进一步将利率推入负值区域,这为买入并持有如养老基金等的投资者带来了更大的投资挑战。

眼下全球的印钞者们都在货币宽松的道路上前进,而"负利率"的创新实验,未来前景如何还很难预测。不过,央行降息甚至是实施负利率对黄金而言无疑是利好,因为这将大大降低持有黄金这类无息资产的机会成本。

### 1. 日银加入负利率"大家庭",欧洲央行越陷越深

伴随着全球经济持续下降且通缩不断加剧,日本央行终于在 2016 年 1 月宣布实行-0.1%的负利率,自 2016 年 2 月 16 日起执行。这是继瑞士央行、欧洲央行之后,"负利率大家庭"又加入了一位重量级的成员。负利率要求金融机构为趋出法定准备金的央行存款付费,这一度在央行官员眼中是不可想象的政策,如今却已经被瑞典、丹麦、瑞士以及欧洲央行所采纳,目的是促进银行放贷和企业支出。

与此同时,在 2015 年 12 月进一步下调存款利率至-0.3%后,欧洲央行 2016 年 3 月又进一步将存款利率下调至-0.4%,并宣布 2016 年 4 月起扩大月度主权债购买金额 200 亿欧元至 800 亿欧元。另外,欧洲央行还计划新的长期定向再融资操作(TL-TRO Ⅱ),为四年期,自 2016 年 6 月起推出。新的四年期 TLTRO 利率可能与存款利率一样低。

尽管宽松货币举措从未停过,但欧洲和日本的经济却并未受到明显的提振。日本政府 2016 年 8 月公布的数据显示,继一季度强劲增长后,受出口和资本支出疲软拖累,日本经济增长在 2016 年 4~6 月减速至接近停滞,这凸显出经济复苏的脆弱。

同时,受近 2 年油价崩跌影响,从欧洲到日本,总体通胀率目前仍徘徊在零附近,甚至还在下滑。部分分析师预计,欧元区 2016 年总体通胀率将低于零,而且也不再认为跌至负值只是某个月的偶尔现象。

此外,欧洲央行 2016 年 9 月 8 日略微下修 2017 年经济成长和通货膨胀预估,并预测欧洲央行虽祭出非常规刺激措施,2018 年底前物价增幅仍将低于欧银目标。

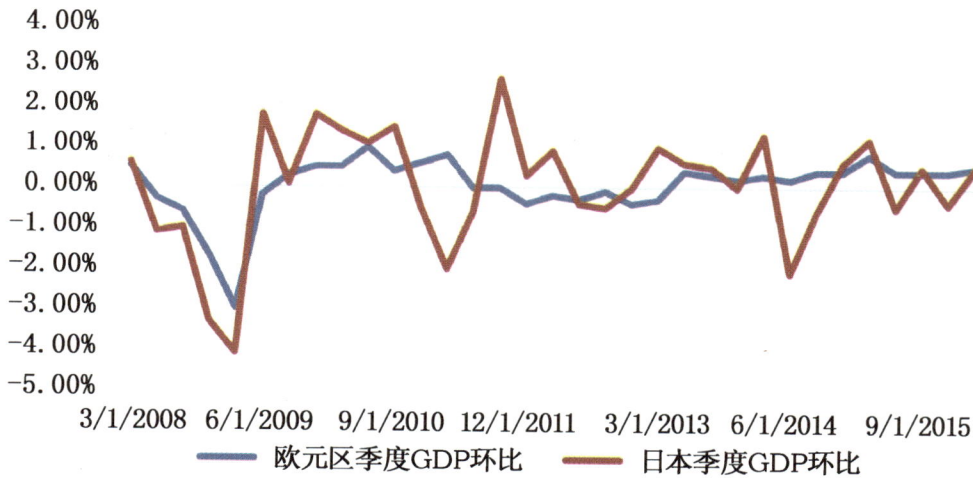

图 14　欧元区与日本 GDP 季率

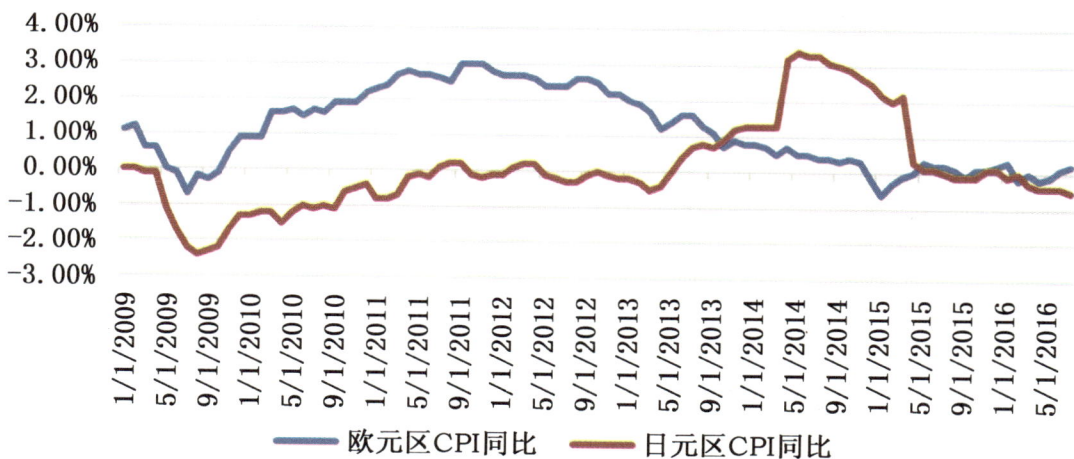

图 15　欧元区与日本 CPI 月率

由于担心低通胀可能会影响消费者和企业行为,使他们推迟消费,等着将来商品降价,各央行在竭力引导通胀预期,希望使它回到 2% 左右的目标水平。那么,他们唯一的办法似乎就是竭尽全力放松货币政策,让所有人相信他们最终会成功实现通胀目标。

黄金往往在经济前景不明朗和不景气的环境下表现突出。采用负利率是因为经济增长持续放缓、通胀率低和金融市场波动。因此,全球最大的一些央行采取的货币政策的转变鼓励了资金向黄金的流动。

虽然欧洲央行和日本央行在最近的几次货币政策会议上并未再次调低利率,但负利率还是有可能会更低。日本央行行长黑田东彦曾在2016年2月表示,将采取一切手段实行宽松货币政策,而这样的措辞也进一步促进了黄金需求。

**2. 美联储加息一拖再拖,2016年12月有望采取行动**

2015年12月,美联储曾启动近10年来的首次加息,宣布将联邦基金利率上调25个基点至0.25%～0.5%的区间,当时的美联储对经济扩张雄心勃勃,并预计2016年将会加息4次以上。然而,进入2016年之后,受到中国经济放缓和全球金融市场动荡的冲击,美联储的加息蓝图也被打乱。

2016年年初至年中以来,美国经济数据表现疲软,特别是2016年5月非农就业人数创下2010年以来最小增幅,美联储在2016年6月的货币政策会议上维持指标利率不变,并将2016年加息次数的预期下调至2次,同时还将2016年经济增长预估从之前的2.2%下调至2.0%,将2017年的增长预估从2.1%下调至2.0%。

从美联储2016年6月会议的"点阵图"来看,决策者下调其对2016年加息路径的预期,并暗示其在年底后收紧货币政策的步幅将不再那么积极。在17位理事和地区联储主席中,有6位预计2016年仅加息1次,3个月前发布的预期中,仅有1位做出这样的预期。

在那之后,美联储的噩梦并未结束,英国于2016年6月23日意外公投退欧,进一步加剧了全球的不确定性升温,美联储2016年7月也被迫继续按兵不动。同时,美联储还将联邦基金利率的长期预期下调25个基点至3%,从而导致市场对美联储第二次加息的预期推迟到2017年。

不过,随着美国2016年6、7月非农数据逐步转好,美联储鹰派又再一次蠢蠢欲动。虽然2016年8月非农数据不及预期,但多位联储官员依然表示,美国劳动力市场已经接近充分就业,应当在合适的时候加息。

## 美联储决策者利率预期

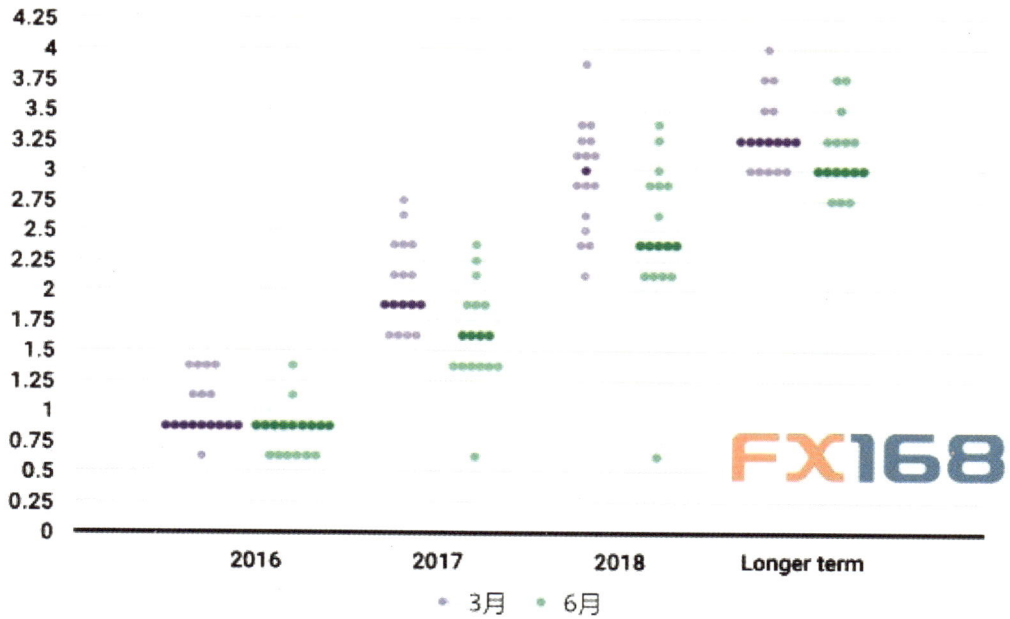

资料来源：Business Insider。

**图 16　美联储"点阵图"**

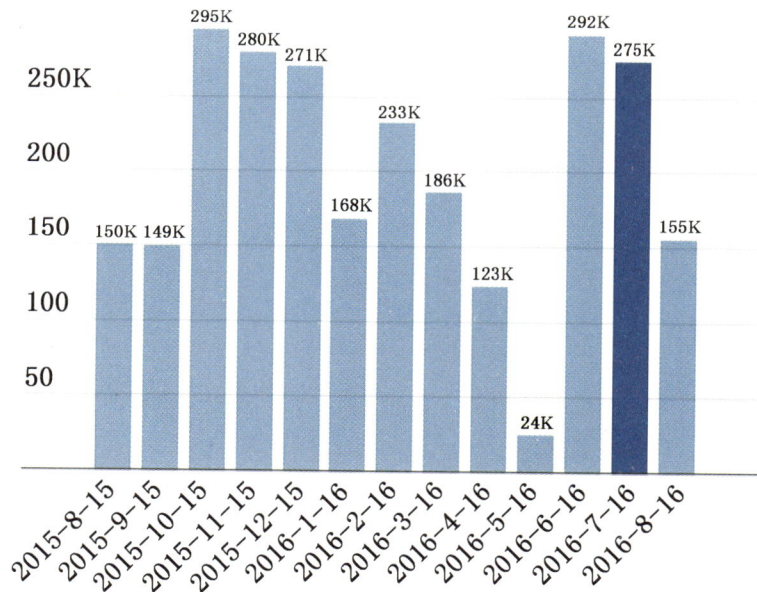

资料来源：美国劳工部、CNBC。

**图 17　美国非农就业人口走势**

90

资料来源：Zerohedge。

**图 18 美国平均小时工资走势**

2016 年 FOMC 票委对升息态度一览（见表 1）：

表 1                **2016 年 FOMC 票委对升息态度一览**

| 成员 | 派别 | 对升息的最新态度 |
|------|------|------------------|
| 耶伦 | 鸽派 | 近几个月升息的可能性增强 |
| 费希尔 | 中立 | 就业市场接近充分就业状态,加息步伐将取决于经济表现 |
| 鲍威尔 | 中立 | 应该循序渐进加息,但加息没有任何预设的路径 |
| 塔鲁洛 | 鸽派 | 希望在升息前看到更多通胀向联储2％目标持续回升的迹象 |
| 布雷纳德 | 鸽派 | 劳动力市场脚步已放缓,不要过早地加息 |
| 杜德利 | 鸽派 | 正在进一步迈向我认为适合加息的时点 |
| 布拉德 | 鹰派 | 若其他人在2016年9月会上同意加息,可能表示支持 |
| 乔治 | 鹰派 | 就业市场处于或接近充分就业状态,支持加息 |

91

| 成员 | 派别 | 对升息的最新态度 |
|------|------|------------------|
| 梅斯特 | 鹰派 | 就业市场处于充分就业状态,需逐步加息 |
| 罗森格伦 | 鸽派 | 美国经济极具韧性,不应过长保持政策不变 |

目前市场对美联储在 2016 年 12 月会议上加息的预期还在升温,候任总统特朗普的上台对加息轨迹并未产生大的影响,但美元强势可能会让美联储的决策者重新考虑是否加息。

### 3. 降息! 降息! 全球其他央行宽松不停

2016 年以来,除了欧洲和日本以外,全球其他央行也几乎同样在进行着一场宽松竞赛,从英国、瑞典、新西兰、澳洲到新加坡、韩国等央行均相继宣布降息。据统计,自 2008 年"雷曼时刻"以来,全球央行已经降息 667 次。

2016 年 2 月 11 日,瑞典央行下调指标利率至−0.5%,降幅超出市场预期。央行并称在全球经济成长的担忧环境下,已准备好采取更多措施来提振疲软的通胀。

2016 年 2 月 29 日,中国央行(PBOC)宣布普遍下调金融机构人民币存款准备金率 0.5 个百分点,此举令市场颇感意外。

2016 年 4 月 14 日,新加坡金管局(MAS)意外将新加坡元汇率政策区间斜率设为零,从 2016 年 4 月 14 日开始实施,MAS 并表示 2016 年的经济扩张速度预计将慢于此前预期。

2016 年 6 月 9 日,韩国央行意外宣布降息 25 个基点至 1.25%。韩国央行称,降息主要是因为韩国企业重组导致的对经济的担忧,以及全球贸易的不景气。

2016 年 6 月 10 日,俄罗斯央行宣布降息 50 个基点至 10.5%。

2016 年 6 月 16 日,印尼央行意外降息 25 个基点,该央行副行长 Perry Warjiyo 表示,若有空间,央行将进一步放宽货币政策。

2016 年 7 月 13 日,马来西亚央行宣布将隔夜政策利率从 3.25% 下调至 3.00%。该央行称,英国退欧后全球市场动荡,但马来西亚经济似乎很有韧性,尽管经济增速稍有下滑,但内需保持坚挺。

2016 年 8 月 2 日,澳洲联储将现金利率目标自 1.75% 下调 25 个基点,至 1.50%,再次刷新历史新低,成为英国 2016 年 6 月公投退欧后首个降息的主要央行。

2016 年 8 月 4 日,英国央行宣布将基准利率降至 0.25%,并实施包括购买 600 亿英镑政府债券、购买 100 亿英镑公司债券,以及 4 350 亿英镑资产购买计划在内的量化宽松政策,这也是英国央行逾 7 年以来的首次降息。英国央行表示,鉴于 2016 年 6 月意外公投退欧,英国经济将在 2016 年剩余时间里停滞不前,并将于 2017 年一整年里走弱。

2016 年 8 月 11 日,新西兰联储一如市场预期,降息 25 个基点,至纪录低位之后,该国央行也就成为 2016 年 6 月迄今第 5 家降息的央行。

2016 年 8 月 23 日,土耳其央行决定隔夜借贷利率下调 25 个基点,这也是该行连续 6 个月降低利率。虽然土耳其面临高通胀率现状,并且担忧信用评级可能降低,但土耳其总统埃尔多安(Tayyip Erdogan)希望看到强劲的消费主导经济增长,所以一再强调要削减信贷利率。

事实上,央行降息不仅仅会降低持有黄金的机会成本,同时还削弱了对法定货币的信心,导致本币出现贬值。2016 年以来,黄金价格兑许多主要国家货币均出现大幅上涨。

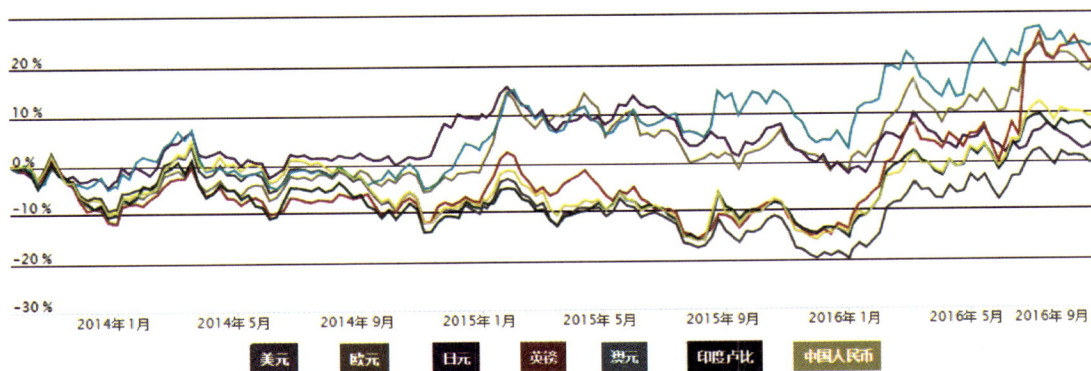

资料来源:世界黄金协会。

图 19　黄金兑主要国家货币上涨

根据世界黄金协会的研究,在低利率环境下,黄金的回报是长期平均值的 2 倍。只要短期利率低于 4%(指实际利率),黄金的平均回报率就是积极的。

## (三)英国退欧引爆避险情绪,金市重拾信心

### 1. 英国意外公投退欧,新的危机正在临近

(1)英国退欧公投大事记

2013 年 1 月 23 日,英国首相卡梅伦首次提出退欧公投,该提案在此后三年多的时间中逐步发展成行。

2015 年 5 月 28 日,英国政府向下议院承诺将在 2017 年底之前举行投票。

2016 年 2 月 21 日,英国伦敦市长鲍里斯·约翰逊在住宅外接受采访,支持英国退欧。

2016 年 6 月 23 日,英国退欧公投于当地时间上午 7:00 至下午 10:00 投票。

2016 年 6 月 24 日,退欧阵营赢得公投,时任英国首相卡梅伦宣布将辞职。

2016 年 6 月 25 日,欧盟领导人可能采取史无前例的紧急措施:呼吁召开没有英国代表出席的紧急情况峰会。

2016 年 6 月 27 日,法国财长表示法德两国均认为英国应尽快启动退欧程序。

2016 年 6 月 30 日,保守党内退欧领袖鲍里斯·约翰逊表示将退出保守党党魁的竞选。新一任保守党党魁将接任卡梅伦成为下一任英国首相。

2016 年 7 月 14 日,英国首相卡梅伦正式辞职,特雷莎·梅被正式任命为英国第 13 任首相;原英国外交大臣菲利普·哈蒙德被任命为英国新一任财政大臣;鲍里斯·约翰逊被任命为英国外交大臣;Amber Rudd 被任命为英国内政大臣;David Davis 将被任命为英国退欧大主管;Liam Fox 将担任英国新国际贸易部门主管。

2016 年 7 月 19 日,尽管德国和法国均表示希望英国今早开启退欧程序,英国政府仍表示 2016 年不会正式启动退欧程序《里斯本条约》第 50 条。

2016 年 7 月 22 日,英国首相特雷莎·梅相信英国会成功实现退欧,目前需要时间来为退欧谈判做准备,并强调英法两国将通力合作,致力于深化两国友谊。她表示两国将加强国防伙伴关系,更承诺法国公民可以继续在英国工作。

2016 年 8 月 4 日,英国央行行长卡尼宣布降息 25 个基点,利息由 0.5% 降至 0.25%。这是英国央行 7 年来首次降息。

2016 年 9 月 7 日,有消息表示英国财政大臣将会晤金融机构高管共同商讨退欧行动方案。

2016 年 9 月 8 日,英国公投退欧后经济回升,扩大至房产市场和就业。调查显示,英国中小型企业信心未受退欧公投打击,英国房产市场在退欧公投后回归平静。

2016 年 9 月 9 日,欧洲央行行长德拉吉称,欧元区的经济恢复被英国退欧不确定性抑制。德国总理默克尔表示,英国退欧不应该花费数年时间,但德国并不力求在很短的时间框架内完成该流程。英国退欧的相关协商必须按部就班地在良好氛围下进行,英德仍将是密切的伙伴,双方仍将在经济上密切相连。

(2)英国意外公投退欧结果震撼金融市场

全球金融市场对英国公投退欧反应激烈,引发了大规模避险交易,黄金等安全资产大幅上涨,英镑跌至 30 多年来最低水平,全球股市市值损失大约 3 万亿美元,MSCI 世界指数下跌 4.8%,创 2011 年 8 月以来最大跌幅。美国国债收益率创下 4 年多来最大跌幅,波动率飙升,CBOE 的波动率指数上涨 43%。

英国公投退欧后各大资产反应:

英镑/美元一度惨跌11%,至1.322 9,为1985年以来最低;日元兑美元一度升至99.02,是2013年以来首次破100关口;美元即期汇率指数上涨1.8%;英国FTSE 100指数一度下跌8.7%,创2008年以来最大跌幅,收盘下跌3.2%;欧洲股市暴跌7%,创金融危机以来最大跌幅。

美股道指崩跌逾600点,创2015年8月以来最大跌幅;标普500指数收盘下跌3.6%,是2016年8月以来最大跌幅,并抹去2016年的所有涨幅;纳指下跌4.1%,为2011年以来最大跌幅。

金价一度上涨8.1%,突破1 300美元/盎司关口,至1 358.54美元/盎司,成交量是日均值的2倍。

美国十年期国债收益率一度下挫至1.40%。

美国原油期货一度重挫6.8%,至46.70美元/桶。

另外,国际评级机构标准普尔将英国"AAA"的最高信用评级下调两个级距至"AA",并警告称未来可能会继续下调;7月1日,标普(S&P)将欧盟信用评级由AA+降至AA。

(3)英国公投退欧或引发"多米诺效应"

围绕英国退欧的公众辩论所展现出来的政治不满情绪可谓根深蒂固,并可能在其他国家得到呼应。英国退欧的结果无可逆转地分裂了欧盟,其金融和政治影响或持续数年。

退欧阵营以51.9%：48.1%意外获胜。公投结果一经公布,时任英国首相卡梅伦便宣布辞职。与此同时,苏格兰首席部长斯特金表示,苏格兰很有可能举行第二次独立公投,并表示苏格兰将采取必要措施确保自身在欧盟的位置。

值得注意的是,在英国退欧公投中,苏格兰地区62%的人支持"留欧"。苏格兰曾在2014年9月举行过一次独立公投,当时独立派在公投中落败。不过主导公投的苏格兰民族党一直未放弃"苏独"理念。斯特金在英国退欧公投前就多次警告,如果英国脱离欧盟,苏格兰将再次举行独立公投。

雪上加霜的是,就在英国公投结果出炉后,爱尔兰的新芬党(Sinn Fein)立即呼吁就北爱尔兰和爱尔兰统一的问题进行公投。

退欧公投结果给第二次世界大战后欧洲统一进程带来最严重打击。有观点认为,英国退欧可能标志着欧盟解体的开始。外界担忧英国退欧可能会在欧洲引发"多米诺效应"。

欧洲未来一段时间内将有大量大选进行。西班牙自2015年12月未能构建政府之后将于 2016 年 6 月 26 日再度举行投票选举。荷兰、法国和德国也将举行选举。受到英国退欧的影响,这三个国家内极右翼民粹主义党派愈发受到欢迎。

法国极右翼民粹主义政党国民阵线党领袖 Marine Le Pen 称,英国退欧公投是一次"胜利",她向选民承诺一旦入驻爱丽舍宫,将针对法国是否退出欧盟举行公投。

鉴于英国退欧阵营获胜,荷兰的极右翼政党自由党(Party for Freedom)领导人 Geert Wilders 呼吁本国也举行退欧公投。

此外,奥地利在 2016 年 5 月大选中就差点迎来第二次世界大战以来首位极右翼欧洲领导人。疑欧派政党五星运动(Five Star Movement)在意大利近期的地方选举中是大赢家。

(4)英国退欧增加全球经济不确定性

英国退欧的结果出炉后,全球金融市场经历了"恐怖波动性",美联储前主席格林斯潘在谈及英国退欧公投结果时指出,当前的时期是他平生见过的"最糟糕时期",从严重程度来看甚至超出了臭名昭著的"黑色星期一"。有观点认为,英国退欧可能将对美国和新兴市场造成影响。

英国意外退欧的决定让全球金融市场陷入混乱,这或许意味着美联储 2016 年加息 2 次的计划被迫搁置。英国脱离欧盟将丧失其作为欧盟第二大经济体的地位,以及经济上最自由的国家之一的地位。美联储为了安慰市场,表示将利用与其他国家央行的互换额度来提供必要流动性,其中包括英国央行。

在欧元区,英国退欧的扩散效应将从贸易、金融及信心等方面渗入。整体而言,欧元区 2017 年国内生产总值(GDP)增长率预估下调至 0.5%~1.0%。

各大评级机构在公投结果公布后相继下调了英国及欧盟的信用评级,英国银行体系的展望也被下调至负面。预计英国央行所采取的货币政策仅能对其国内经济起到暂时的支撑,而退欧也将使欧元区经济增长低于此前预期。

有担忧认为,公投结果可能会令英国经济元气大伤。第一,英国贸易方面可能会被挫伤,特别对于英国向欧盟出口高附加值服务(包括金融服务)的商品。从长远角度看,这可能是英国退欧引起的最大剧震。由于目前还不明确英国最终向欧洲单一市场出口商品的总量,因此退欧在此方面的影响程度仍高度不确定。

第二,长远的不确定可能会使英国企业投资面临短期性的增长承压。有一项对庞大经济体的研究表明,不确定性冲击对宏观经济效应有巨大的负面影响。因受英国增长的短期阻力影响,欧盟经济体面临着不确定性冲击。

第三,在英国外围方面,主要的传导渠道是英国对进口的需求弱化,更加特别重要的是通过走强的汇率和更低的风险资产定价,金融环境收紧。

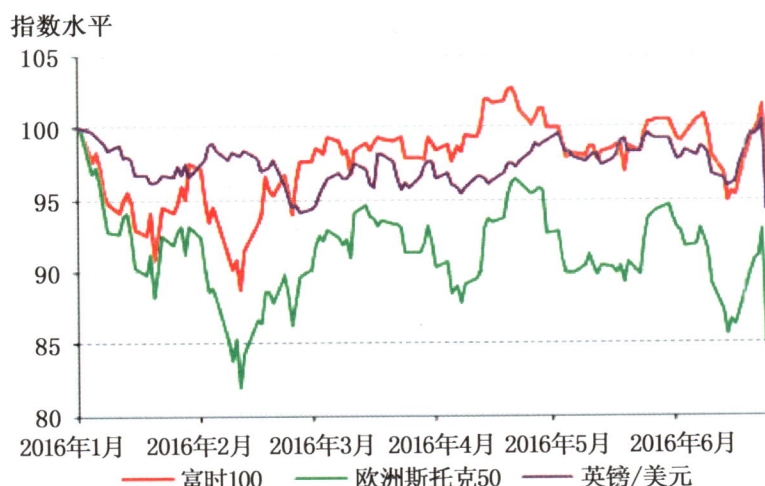

指数水平

2016年1月　2016年2月　2016年3月　2016年4月　2016年5月　2016年6月

—— 富时100　　—— 欧洲斯托克50　　—— 英镑/美元

资料来源：彭博、世界黄金协会。

**图 20　英国股市、欧洲股市和英镑指数**

作为一种高品质的流动性资产,黄金将为投资者提供应对市场不确定性及经济、政治的风险对冲。退欧事件并没有先例,但其他系统性风险事件为黄金在极端风险事件下可以发挥的财富保值作用提供了一些见解。在欧洲主权债务危机期间,由于对危机恶化的担忧加剧,黄金价格上涨了 12％。而英国退欧后的风险可能更大。

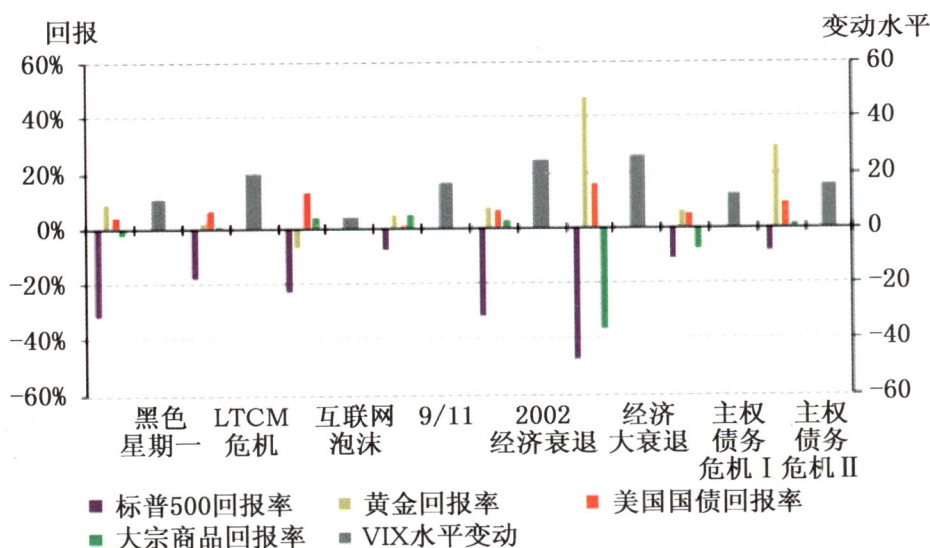

回报　　　　　　　　　　　　　　　　　　　　　　　　变动水平

黑色　　LTCM　　互联网　　9/11　　2002　　经济　　主权　　主权
星期一　危机　　泡沫　　　　　　经济衰退　大衰退　债务　　债务
　　　　　　　　　　　　　　　　　　　　　　　　　危机 I　危机 II

■ 标普500回报率　　■ 黄金回报率　　■ 美国国债回报率
■ 大宗商品回报率　　■ VIX水平变动

注：系统性风险时期的收益率,第一次海湾战争,Q3 1990；LTCM 事件,Q3 1998；互联网泡沫破碎,Q1 2001；9·11 事件,Q3 2001,2002；经济衰退,Q2/Q3 2002；美国信贷危机,Q4 2008/Q1 2009；欧洲主权债务危机,Q2 2010。

资料来源：彭博、世界黄金协会。

**图 21　黄金在系统性危机期间表现突出**

因英国退欧带来的不确定性促使投资者抛售股票等风险资产,并涌入黄金这类避险资产。

然而也有观点认为,大宗商品投资者对于英国退欧反应过度,全球经济衰退的风险很低,失去一些英国原材料消费不会对全球需求构成显著影响。

### 2. ISIS 肆虐欧洲,中东战乱不断

近年来,ISIS 逐渐崛起,并在全世界范围内肆虐。2016 年上半年,欧洲各国发生多起恐怖袭击事件:

2016 年 3 月 22 日,比利时布鲁塞尔发生自杀式爆炸袭击,造成 34 人遇难。

2016 年 5 月 10 日,德国慕尼黑地区一处火车站发生持刀袭击事件,造成 1 人遇难。

2016 年 6 月 13 日,一名男子持刀杀害了一对法国警察夫妇,他们 3 岁的儿子幸免于难。

2016 年 7 月 14 日,法国尼斯发生恐怖袭击事件,法国国庆日庆祝活动遭袭,造成 84 人遇难,202 人受伤。有 2 名中国公民在此袭击中受伤。

2016 年 7 月 18 日,德国火车站发生持刀伤人事件。

2016 年 7 月 22 日,德国慕尼黑发生枪击事件。

2016 年 8 月 29 日,比利时布鲁塞尔一所犯罪研究所外发生爆炸袭击,未造成人员伤亡。

2016 年欧洲地区恐怖袭击频发,造成民众恐慌,社会分裂问题也愈发突出。根据"德国人的担忧 2016"调查报告,2016 年以来欧洲一些国家出现的恐怖袭击令德国人的焦虑骤增,73％的受访者对恐怖主义表示担忧,较前一年增长 21 个百分点。

频发的恐怖事件对于欧洲的政治和经济稳定性都造成了一定的影响。欧元区经济复苏受到冲击,加之英国在此时退欧,令欧元区经济前景更是雪上加霜。

另外,除了欧洲地区,中东地区也同样遭受了恐怖袭击的威胁:

2016 年 1 月 7 日,利比亚西部城市兹利坦发生爆炸事件。

2016 年 1 月 11 日,伊拉克首都巴格达市发生爆炸袭击。

2016 年 5 月 23 日,叙利亚西北部沿海城市杰卜莱和塔尔图斯遭遇多起自杀式袭击。

2016 年 7 月 3 日,伊拉克首都巴格达发生自杀式爆炸袭击。

2016 年 7 月 15 日,土耳其当地时间午夜,部分军方人员企图发动军事政变,但最终局势获得控制。在这场持续不到 24 小时的未遂政变中,共造成超过 200 名军人、警察和平民死亡,1 000 多人受伤。土耳其政府在一个月内拘留了 40 029 人,逮捕了

20 355人。

土耳其是中东地区大国,拥有该地区顶尖军队,人口、经济、工农业等也在本地区领先。政变发生后,资本市场气氛再次凝重,激发了市场避险浪潮。尽管成功镇压了政变,土耳其政府的信用评级仍然受到波及并被下调。

中东地区的恐怖袭击事件,在给社会和民众造成恐慌和伤害之外,也增加了当地的政治不稳定性。部分袭击甚至针对油田或炼油厂等相关设施,造成了当地政府严重的经济损失,也使得国际石油市场遭受冲击。

### 3. 黄金 ETF 持仓飙升,CFTC 净多头规模创纪录高位

随着投资者对全球经济增长放缓、美联储可能按兵不动,以及英国公投退欧可能造成的动荡的担忧情绪日益升温,截至 2016 年第二季度,全球黄金持仓自 2016 年 1 月触底以来增长了超过 500 吨,为 2013 年 8 月以来的最高水平。与此同时,截至 2016 年 9 月 8 日,全球最大的黄金 ETF——SPDR 黄金 ETF 持仓量从 2016 年初的 1 074.61 吨,增长至 1 338.3 吨,涨幅接近 25%。

值得注意的是,据美国证券交易委员会(SEC)2016 年 5 月 16 日公布的监管文件显示,以国际知名金融家索罗斯为首的大型投资人多年后首次重拾黄金,这波势头一度推动金价在一季度升至 12 个月高位。

曾经称黄金为"终极泡沫"的索罗斯在离开三年后重返金市,并购入 105 万份全球最大黄金上市交易基金(ETF)——SPDR Gold Trust,价值约 1.235 亿美元。此前索罗斯旗下 Soros Fund Management 曾在 2013 年一季度出售了 53.1 万份该基金,价值 8 200 万美元。

在索罗斯的"号召"之下,其他投资者跟随着进入金市,不过规模则略小一些,其中包括私募股权投资公司 Jana Partners 买进 5 万份 SPDR Gold Trust,价值约 590 万美元。

除了 2016 年 5 月 16 日 SEC 文件,之前 2016 年 5 月 6 日的文件也显示,CI Investments Inc 增持 SPDR Gold Trust 基金持仓将近 3 倍,成为第六大股东,该公司为多伦多 CI Financial Corp 旗下的投资管理公司。Eric Mindich 旗下 Eton Park Capital Management 一季度也买入了 359 万股的 SPDR 黄金 ETF。

黄金正在履行其作为避险资产的经典角色,并且其表现也正如在公投前许多买入黄金的投资者所期望的那样。黄金 ETF 大幅增持,且随着个人和机构投资者重新分配资金投资黄金,预计这一趋势会不断加速。公投前数月已大幅上升的小散户投资者的金币购买量也将会进一步增长。

不过,进入 2016 年 7 月下旬之后,投资者对黄金的兴趣开始逐渐消退。2016 年开

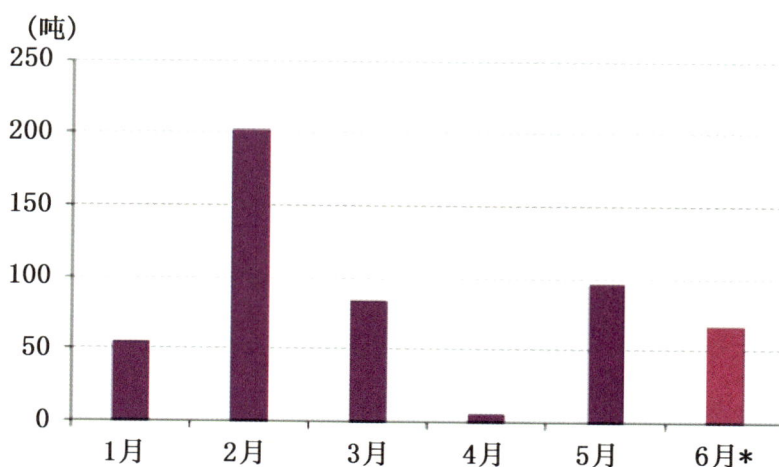

资料来源：彭博、各 ETF 提供商、世界黄金协会。

**图 22　黄金 ETF 持仓流动**

局涨势绚丽的黄金眼下也开始显露疲态。在美国经济动能增强并打压避险需求的同时，黄金价格 2016 年 8 月以来下跌约 1％。美国 2016 年 7 月非农就业大幅增加，薪资水平也有提高，预示着对于就业市场将支撑下半年消费者支出的乐观情绪再次升温。

数据显示，全球黄金 ETF 持仓量 2016 年 8 月 12 日下降几近 13 吨至 2 026.9 吨，创 2016 年最大降幅。与此同时，全球最大黄金上市交易基金（ETF）——SPDR Gold Trust 黄金持仓量 2016 年 8 月 12 日减少 1.22％，至 960.45 吨，2016 年 8 月 16 日持仓量略微增加 0.19％，至 962.23 吨。

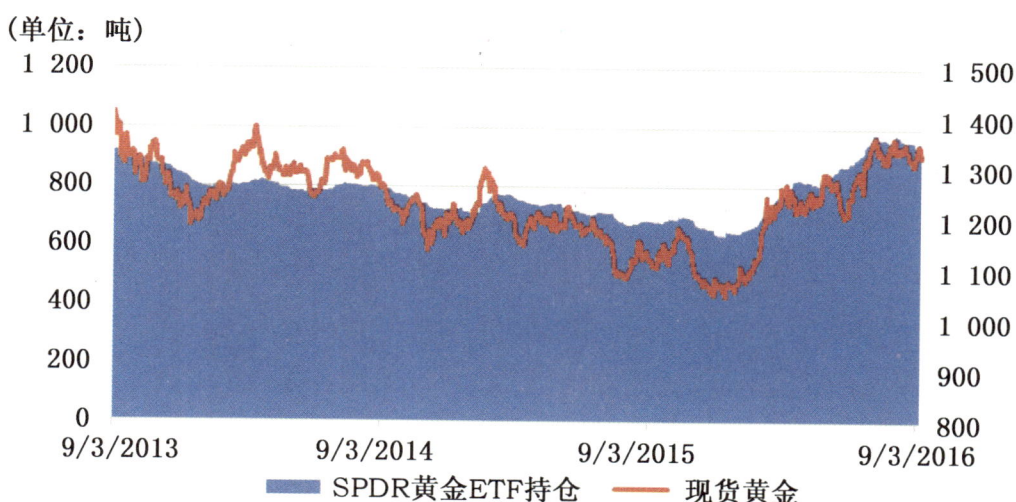

数据来源：FX168 财经网。

**图 23　SPDR 黄金 ETF 持仓与现货黄金价格**

另外,由于人们担心英国退欧的公投决定可能引发全球经济萎靡。据美国商品期货交易委员会(CFTC)数据显示,截至 2016 年 7 月 5 日当周,因英国公投支持退欧之后避险需求增加,对冲基金和基金经理增持 Comex 黄金净多头头寸至 286 921 手,创下 2006 年有数据以来的最高水平。与此同时,数据还显示,在截至 2016 年 7 月 5 日的五周内,黄金净多头仓位飙升了 84%。然而,在 7 月中旬后,CFTC 多头持仓的增长趋势开始逆转。伴随着金价的回落,在截至 2016 年 7 月 12 日的一周里,黄金期货和期权净多头头寸减少了 5.4%,至 271 529 份合约。

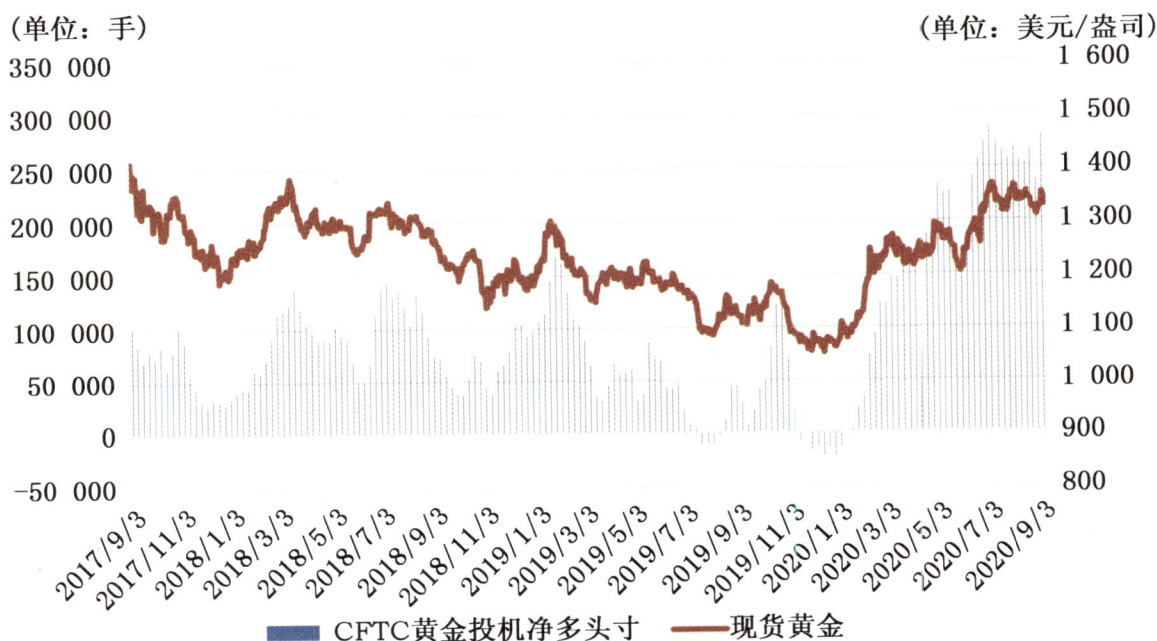

资料来源:CFTC,FX168 财经网。

**图 24  黄金投机净多头头寸与现货黄金价格**

整体来看,2016 年以来黄金 ETF 依然拥有强势的流入量,且 CFTC 投机净多头规模也远远超出过去数年,这些都足以证明黄金仍受到多数投资者的追捧。即便三季度开始趋势有逆转的迹象,但并不妨碍黄金市场走出过去 3 年阴霾的决心。另一方面,眼下全球不确定性短期难以消除,预计 ETF 持仓有望逐步企稳,并为金价提供强劲的支撑。

**4. 美国股市高处不胜寒,债市收益率破"零"**

(1)欧美主要股市大事记

2015 年标普 500 指数曾创下纪录新高也曾大跌,2015 年令投资者感到担忧的许多风险因素 2016 年仍然首当其冲。

2016 年 1 月 1 日,以下挫为走势震荡的美股 2015 年收官,能源股全年大跌 24%。

2016 年 1 月 9 日,全球股市遭遇危机,投资者单周撤资规模高达 88 亿美元。

2016 年 1 月 20 日,华尔街老将表示美股具备陷入危机前的所有特征。

2016 年 2 月 6 日,因科技公司财测疲软,纳指收于 2014 年 10 月以来最低水准。

2016 年 3 月 23 日,因布鲁塞尔恐袭,欧洲主要股指盘初普跌。泛欧斯托克 600 指数一度下跌逾 1.2%;英国富时 100 指数下跌 0.46%,报 6 156.21 点;德国 DAX 指数下跌 0.69%,报 9 879.76 点;法国 CAC 40 指数下跌 0.77%,报 4 393.90 点。美股盘初受恐怖袭击影响走低,不过仍基本收平。

2016 年 4 月 7 日,纪要显示美联储 2016 年 6 月之前恐按兵不动,美股跳升。

2016 年 6 月 23 日,英国退欧公投拉开帷幕,欧洲股市开盘走高,泛欧斯托克 600 指数高开 0.4%,英国富时 100 指数高开 0.7%,法国 CAC 40 指数高开 0.8%,德国 DAX 指数高开 0.6%。亚太股市收盘涨跌不一,日经 225 指数收盘涨 1.1%,韩国首尔综指收盘跌 0.3%;沪指收跌 0.47% 失守 2 900 点,全天宽幅震荡,香港恒指现涨 0.2%。

2016 年 6 月 24 日,受英国退欧影响,欧股盘初暴跌 10%。泛欧斯托克 50 指数现跌 10.59%;英国 FTSE100 指数暴跌 7.99%,其中银行股崩跌,巴克莱、劳埃德银行下跌 30%,苏格兰皇家银行下跌 34%;法国 CAC 指数跌 10.09%;德国 DAX 指数暴跌 9.22%;美股遭遇 10 个月来最惨烈抛售。

2016 年 6 月 28 日,欧股续写英国退欧悲歌,美股录得约十个月最大两日跌幅。

2016 年 7 月 16 日,土耳其军事政变消息致全球股指期货下跌,但道指收位创纪录新高。欧股多半走低,唯有伦敦股市因日本软件银行宣布收购英国晶片设计厂安谋公司而获得支撑。

2016 年 8 月 5 日,英国央行宣布降息后,泛欧 STOXX 600 指数收高 0.7%,但 2016 年迄今仍跌 7.7%;英股富时 100 指数收高 1.59%;法股 CAC 40 指数和德股 DAX 指数均收升 0.57%;美股变化不大。

2016 年 8 月 27 日,美联储主席耶伦与副主席费希尔联袂掀起加息风暴,美股大多收低。

2016 年 9 月 1 日,受油价下挫拖累收低,标普 500 录得 2 月来首个月线跌幅。

不可否认的是,2016 年市场变得更加动荡不安。芝加哥期权交易所的波动率指数(VIX)平均水平较去年高 32%。自 2015 年 12 月结束以来的 48 个交易日中,标普 500 指数波动超过 1% 的交易日有 26 个,若这种情况持续下去,将是美国股市 1938 年以来最动荡的年份。

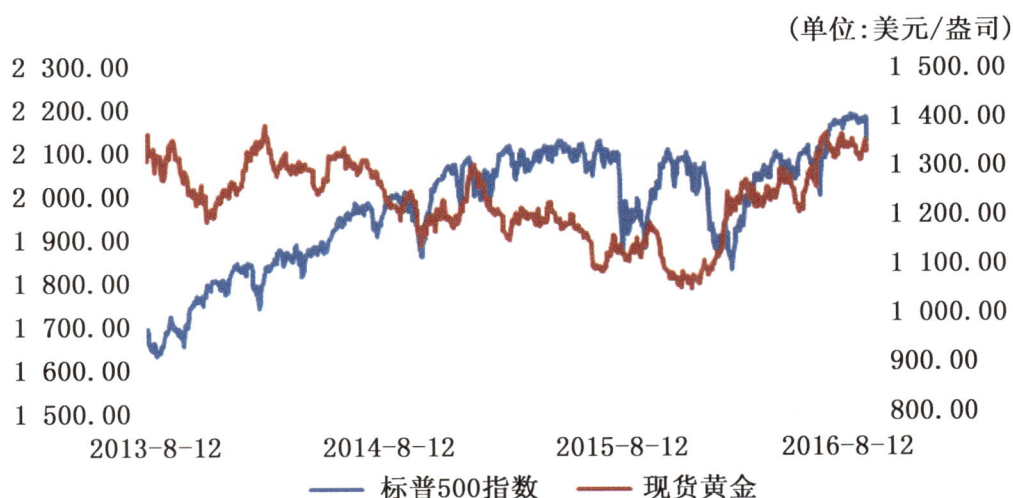

図 25 標普 500 指数与現货黄金

（単位：美元/盎司）

2 300.00　　　　　　　　　　　　　　　1 500.00
2 200.00　　　　　　　　　　　　　　　1 400.00
2 100.00　　　　　　　　　　　　　　　1 300.00
2 000.00　　　　　　　　　　　　　　　1 200.00
1 900.00　　　　　　　　　　　　　　　1 100.00
1 800.00　　　　　　　　　　　　　　　1 000.00
1 700.00
1 600.00　　　　　　　　　　　　　　　900.00
1 500.00　　　　　　　　　　　　　　　800.00

2013-8-12　　　2014-8-12　　　2015-8-12　　　2016-8-12

—— 标普500指数　　　—— 现货黄金

资料来源：FX168 财经网。

**图 25　标普 500 指数与现货黄金**

美国股市牛市已经进入第 8 个年头，但企业和个人对股票需求的两极分化正在达到史无前例的程度，凸显出上市公司回购股票对维持牛市是多么关键。美联储量化宽松已经结束逾 1 年，利率正常化开始启动，投资者获得的支持不比从前。

由于不确定性增加，2016 年 3 月小企业信心达到了 2 年新低。世界大型企业联合会发布的 4 月消费者信心相比前值大幅下滑，密西根大学发布的消费者信心指数也连续第 4 个月下降。油价的上窜让消费者不堪重负。2016 年 4 月，228 亿美元流向应税债券，59 亿美元流向市政债券基金，而所有股票板块都保持流出。

2016 年上半年，欧洲发生的各种事件，也对欧股和美股造成了一定程度的打击。布鲁塞尔恐袭造成欧股受挫，美股盘初大跌；英国退欧令欧股暴跌，银行股崩跌，同时也拖累美股四连阴并遭遇 10 个月来最惨烈抛售。

与此同时，新兴市场也雪上加霜：巴西陷入衰退，低油价和经济制裁使俄罗斯陷入挣扎。在如此环境下，投资者很难找到亮点来抵消美国低迷经济的影响。尽管市场仍存在诸多不确定性，股票价格依然不断攀升，股票价值仍处于高位。

耶鲁大学教授 Robert Shiller 提供的可以追溯到 1900 年的股票价格比数据显示，当前的情况是前所未有的。10 年期债券名义收益如此之低，而股票价值却如此高昂，上一次达到如此高的比例已是 1929 年。不过，这并不意味着世界经济又一次处于大萧条的风口浪尖，但是投资组合的风险的确大幅上升，而且没有几种资产能够抵消风险。

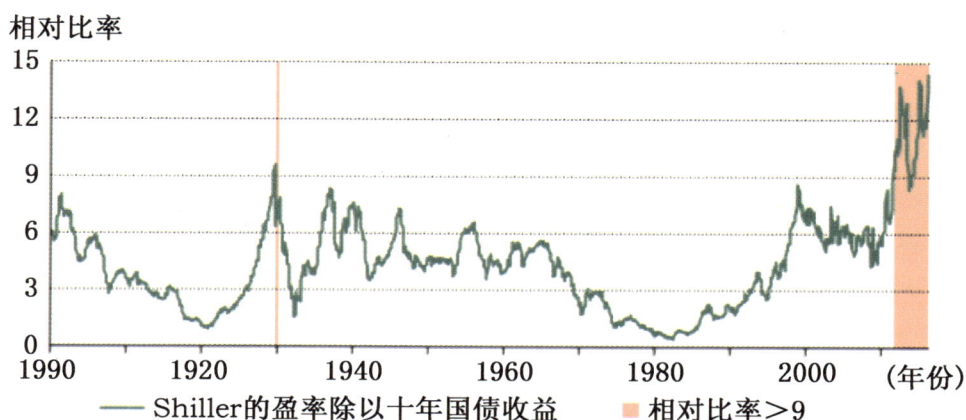

相对比率

注：* Shiller 的周期调整市盈率（CAPE）是相对估值的衡量方法。
相对于到期十年国债收益的利率比。

资料来源：美国联邦储备局；Robert Shiller；世界黄金协会。

**图 26　股票市盈率居于创纪录高位**

（2）全球债券进入负收益率时代

在 2016 年伊始便有分析认为，全球债券市场回报率可能会让投资者失望。因国际油价下滑、希腊协议以及英国退欧等事件的影响，美债和欧债收益率重挫，日本和德国短期国债甚至还出现了负收益率的现象。

总的来说，目前 1/3 的发达市场主权债券都是以负利润形式进行交易，另外 2/3 的利润率也低于 1%。德国和法国所有 5 年期以内的主权债券收益均为负值。瑞士和日本的债券仅有 30 年期的有正值的收益。

美国的情况也不甚乐观。虽然美国经济正在展示活力，但是平均而言，利率依然处于数十年来的较低水平。名义上是正收益，但是除了 30 年长期债券之外，所有的收益率都低于 2%。美国三年期及以下的债券实际收益全都是负值。

在此背景下，一份来自世界黄金协会的分析报告显示，债券的优势似乎很有限：低收益意味着债券价格不能像六、七年前那样大幅上涨，因为当前价格已经接近票面价格。另外，当前收益以及曲线斜率，历来都是未来回报的准确预测依据。

这意味着投资者在真实回报层面，无论是短期还是中期债券都将亏损。即使是长期债券，能赚到的也是微乎其微，而且还要承担长期持债的风险。因此，投资者应重新考虑资产构成，尤其应当慎重考虑风险管理的问题。这将很大程度上影响着投资者获取金融收益所需耗费的时间。

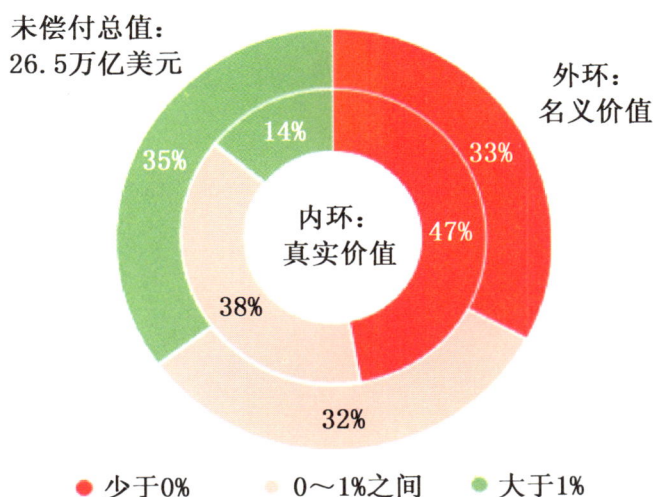

未偿付总值：
26.5万亿美元

外环：
名义价值

内环：
真实价值

14%

35%

33%

47%

38%

32%

● 少于0%　　● 0～1%之间　　● 大于1%

注：* 截至 2016 年 5 月 23 日。以上数据包括来自澳大利亚、加拿大、丹麦、欧元区（投资级别）、日本、瑞典、瑞士、英国和美国的主权债务。实际收益系由票面收益减去最新年同比 CPI 通胀率计算。由于四舍五入，总和可能不等于 100％。

资料来源：彭博、世界黄金协会。

**图 27　大部分主权债收益率为负**

## （四）黄金完成周线级别上破，新牛市的开端

从技术面上来看，进入 2016 年，黄金可谓涨势如虹，仅仅 2 个月的时间就相继突破了 1 100 美元/盎司与 1 200 美元/盎司的整数大关。此后，黄金还突破了自 2013 年 6 月来形成的下降楔形上轨阻力，并自 2013 年 9 月来首次收在 100 周均线上方，成功将该水平转化为支撑位。而 2016 年 6 月下旬的英国退欧公投更是将本轮涨势推向一个高潮，金价在突破了 200 周均线阻力后，刷新了 1 375 美元/盎司的近 2 年高位。

截至 2016 年 9 月末，金价的涨幅依然超过 20％，符合技术性牛市的定义。另外，从前两次的上涨来看，金价正形成一个看涨旗型的连续形态，意味着一旦金价突破前期高点的阻力，可能触发新一轮可观的涨幅。

让我们再回过头来看看基本面，眼下全球除美国以外的多数主要央行都在绞尽脑汁放宽政策，以提振低迷的经济和通胀，有些甚至在负利率的道路上愈行愈远（比如欧洲央行）。同时，虽然美联储 2016 年仍可能进行一次小幅度的加息，但这较 2015 年预期的 4 次加息早已大打折扣，意味着美联储会将全球经济形势纳入考虑，并放宽了收紧货币政策的步伐。事实上，黄金由于自身不产生利息，整体宽松的利率环境对其而言再好不过。

**图 28　现货黄金周线**

此外,英国 2016 年 6 月意外公投退欧所引发的全球范围内的不确定性也让投资者神经紧绷,避险情绪大行其道,这无疑是黄金上涨的传统催化剂。

根据对以往牛熊市周期的历史分析得出的结论也鼓舞人心。自 20 世纪 70 年代以来,黄金市场经历了 5 轮牛市和随后的 5 轮熊市。先前的熊市(不包括 2011 年以来的熊市)时长的中值为 52 个月,在此期间黄金价格下跌 35%～55%。截至 2015 年 12 月,金价的回落已符合以往熊市的中位长度和量级。

历史数据还表明,通常金价连续两个季度的高回报都会引起更持久的上涨。截至 2016 年上半年为止,因宏观经济环境仍能支持投资和央行需求,金价连续二个季度录得强劲的表现。另外,全球金融市场的互联也增加了连续性经济危机和市场蔓延的可能性,而长期的低(甚至负)利率也从根本上改变了投资者对风险的看法。

| 牛市 | | | 熊市 | | |
|---|---|---|---|---|---|
| 日期 | 月 | 累计回报 | 日期 | 月 | 累计回报 |
| 1/70-1/75 | 61 | 451.4% | 1/75-9/76 | 20 | -46.4% |
| 10/76-2/80 | 41 | 721.3% | 2/80-3/85 | 61 | -55.9% |
| 3/85-12/87 | 33 | 75.8% | 12/87-3/93 | 63 | -34.7% |
| 4/93-2/96 | 35 | 27.2% | 2/96-9/99 | 43 | -39.1% |
| 10/99-9/11 | 144 | 649.6% | 9/11-12/15 | 52 | -44.1% |
| **平均值** | **63** | **385.1%** | **平均值†** | **47** | **-44.0%** |
| **中值** | **41** | **451.4%** | **中值†** | **52** | **-42.7%** |

注:我们将牛市定义为,以美元计价的黄金价格至少连续两年上涨的时期,将熊市定义为随后价格持续下跌的一段时间。

月＝按月计算的时间长度。

†不包含从2011年9月到2015年12月的时间段。

资料来源:彭博,洲际交易所基准管理机构,世界黄金协会。

**图 29　黄金经历 5 轮熊、牛市周期**

表 1 部分机构对黄金价格的预测 单位:美元/盎司

| 机 构 | 2016 年末 | 2016 年均 | 2017 年中 | 2017 年末 | 2017 年均 | 2018 年均 | 2019 年均 | 2020 年均 |
|---|---|---|---|---|---|---|---|---|
| 摩根大通 | 1 400 | | 1 425 | | | | | |
| 高盛集团 | 1 280 | 1 260 | 1 250 | | 1 261 | 1 250 | | |
| 摩根士丹利 | | 1 270 | | | 1 300 | | | |
| 瑞银集团 | 1 340 | 1 280 | 1 275 | | | | | |
| 荷兰银行 | 1 370 | 1 272 | | 1 450 | 1 366 | | | |
| BMO | 1 400 | | | | | | | |
| 法国外贸银行 | 1 300 | 1 275 | | | | | | |
| 盛宝银行 | 1 400 | | | | | | | |
| 澳新银行 | | | 1 400 | | | | | |
| 汇丰银行 | | 1 275 | | | 1 310 | 1270 | | |
| 花旗 | 1 280 | | | | | | | |
| 美银美林 | | | | 1 500 | | | | |
| 星展银行 | 1 500 | | | | | | | |

| 机 构 | 2016年末 | 2016年均 | 2017年中 | 2017年末 | 2017年均 | 2018年均 | 2019年均 | 2020年均 |
|---|---|---|---|---|---|---|---|---|
| 法国巴黎银行 | | 1 245 | | | 1 195 | | | |
| 华侨银行 | 1 400 | | | | | | | |
| 德国商业银行 | 1 350 | | | 1 450 | | | | |
| BMI Research | | 1 300 | | | 1 400 | | | 1 500 |
| 瑞士信贷 | 1 475 | | 1 500 | | | | | |
| RBC | | 1 258 | | | 1 241 | | | |
| RBCCM | 1 325 | | | 1 500 | | 1 500 | 1 400 | 1 300 |

# （五）人民币与国内金价

中国是全球最大的黄金生产国,也是最大的黄金消费国,在 2013 年金价大跌的一年中,中国大妈们的抢金曾经是黄金市场的一大热点,甚至在过去 3 年黄金市场的持续走低中,来自中国和印度这两大实物黄金需求国的黄金需求是金价为数不多的支撑因素。但与此相对的却是中国在黄金定价权中的缺失,此前,黄金定价权的争夺战主要在伦敦和纽约之间展开,这两大市场都是以美元定价,定价单位是盎司;国际黄金期货定价中心在纽约,现货定价中心在伦敦。

2016 年 4 月 19 日起,上海黄金交易所正式挂牌"上海金"集中定价合约是中国走向定价权的一步,也反映出了中国对黄金日渐增长的需求。

中国人民银行行长助理杨子强于 2016 年 7 月 27 日表示,要加快实现黄金市场标准规范,完善实物交割标准,做大做强黄金国际板,完善上海黄金交易所挂牌的"上海金"定价机制,努力成为市场定价。

另一方面,2016 年 10 月 1 日起,人民币将正式纳入国际货币基金组织的特别提款权(SDR)篮中,权重为 10.92%。美元相对权重保持在 41.73% 不变,欧元、日元以及英镑权重分别下降至 30.93%、8.33% 和 8.09%。此次决定以来,美元兑这些货币大幅升值。

中国政府一直在推动人民币在国际市场的使用,并在为人民币正式纳入 SDR 货币一篮子做最后的准备。中国外汇交易中心首次发布了人民币兑欧元、英镑、日元的参考汇率。分析人士认为,这将为发行以人民币结算的 SDR 债券扫清障碍。

中国外汇交易中心官方网站称,自 2016 年 8 月 25 日起,每个交易日公布 11:00 和 15:00 两个时点人民币对欧元、日元和英镑参考汇率。

中国央行 2016 年 4 月 7 日表示,从 2016 年 4 月开始,人民银行同时发布以美元和 SDR 作为报告货币的外汇储备数据,SDR 作为一篮子货币,其汇率比单一货币更为稳定。

央行网站刊登的新闻稿称,以 SDR 作为外汇储备的报告货币,有助于降低主要国家汇率经常大幅波动引发的估值变动,更为客观地反映外汇储备的综合价值,也有助于增强 SDR 作为记账单位的作用。

人民币加入 SDR 将通过倒逼国内改革与增强人民币的国际影响力两方面,进一步推动人民币国际化。一方面,国内的一系列金融改革提升了利率与汇率的市场化程度,有助于人民币在国际计价、国际结算以及投融资方面的使用;另一方面,人民币加入 SDR 货币一篮子增加了人民币的国际公信力与信誉度,进一步鼓励各国央行与主权财富基金持有人民币计价的资产,从市场机制提升人民币作为储备货币的地位。

然而,需要认识到的是,货币国际化是一个长期过程,最终必须得到国际市场自发的普遍认同与自愿采纳,短期内借助 SDR 的深化使用来大幅提升人民币的影响并不现实。同时,人民币加入 SDR 也会对维持人民币汇率和中国金融市场的稳定提出更多的挑战。

山东黄金首席分析师蒋舒表示:"人民币黄金定盘价的推出,有助于'上海金'与'伦敦金'以及'纽约金'三足鼎立格局的形成。"

蒋舒指出:"参与'上海金'的机构是国内银行和大型黄金企业,这一价格是按照中国 Au99.99 的标准来报,更能体现中国市场的供需,并非国际盘的变种,推出这一品种的初衷也并不希望它完全跟从伦敦、纽约的价格波动,更重要的是发出中国的定价声音。"

在蒋舒看来,"上海金"的推出可能会影响国内珠宝行业的定价基准,定价盘可能成为金店报价基础,另外一些衍生品的设计也可能以"上海金"作为基准。

不过就现阶段而言,还没有到形成规模性人民币国际资产定价交易的阶段。比如日元计价的黄金,早就是国际板了,参与者也很多,但日元计价的黄金目前在全球的影响力依然比较小,整个日元计价的黄金还必须得看美元黄金的脸色。究其原因,日元在国际清算、贸易、储备、金融交易等领域,依然落后于美元。

尤其是对黄金的定价权,实际上体现的是整个货币的国际影响力,人民币对黄金的定价权,是人民币国际化的"果",而不是"因"。但增加黄金储备和吸引黄金交易者,有助于提升人民币国际化步伐,问题在于中国还需要做一些真正能够吸引参与者的制度改革,比如加速人民币自由兑换,提升对持有人民币资产的国际投资者的保护措施,加快资本市场开放等。单一的一个领域的改革和进步,很难说会起到多大的效果。

但无论怎么说,黄金国际板具有划时代的意义,就像美元自1944年布雷顿森林体系之后跟黄金强行挂钩一样,对美元的历史地位产生了重大影响。中国目前的官方黄金储备非常之少,央行仅仅拥有1 054吨的黄金储备,甚至少于俄罗斯(要知道中国的美元外汇储备是俄罗斯的7倍),而当年美元实施国际化战略、采取"金汇兑"本位制时,美国的黄金储备超过2万吨。要提升人民币的含金量,除了中国经济的综合能力之外,增加黄金等战略资源储备是不可忽视的。

# 第六部分　原油走势分析及 2017 展望

2016 年以来国际油价的走势可谓波涛汹涌,极其容易受到供应端消息面的影响,而市场也早已对单日幅度达 3％～5％的涨跌司空见惯。2016 年 1～2 月,由于供应过剩进一步加剧,且中国经济放缓的忧虑削弱了需求前景,布伦特原油和美国原油期货(WTI)曾分别在 2016 年 1 月 20 日与 2 月 11 日刷新 27.10 美元/桶和 26 美元/桶的逾 10 年来的低位。然而,这之后油价便开启了一波壮丽的反弹,仅仅用了一个月的时间就上涨超过 60％,且在 2016 年 6 月初突破 50 美元/桶大关,触及年内高位。

油价本轮始于 2016 年 2 月初反弹,主要是因为当时俄罗斯、沙特、委内瑞拉及卡塔尔联合提出一份倡议,建议各产油国将产量冻结在 2016 年 1 月水平,以支持油价。随后石油输出国组织(OPEC)宣布将于 2016 年 4 月份在多哈召开冻产谈判,但因沙特与伊朗之间就产量问题争执不断,2016 年 4 月的多哈会谈最终以失败告终。但令人惊讶的是,油价非但没有下跌,反而进一步涨向 50 美元/桶关口。期间,加拿大、尼日利亚和利比亚频频曝出供应中断的消息,更是点燃了投资者对油市平衡提前的预期,油价在一片"涨声"中顺利突破 50 美元/桶大关,几乎较年内低点反弹了一倍。

可惜的是,油价的反弹使得沙特等 OPEC 产油国暂时失去了减产的欲望,2016 年 6 月的 OPEC 半年度会议在一片"欢声笑语"中度过,会上并未提及任何限产措施,令前期多头大失所望,并相继开始撤退,油价在 2016 年 6～8 月初回吐超过 20％的涨幅,其中美国原油期货还曾一度跌破 40 美元/桶。

眼看油价又有重新回落的趋势,委内瑞拉等重度依赖石油的 OPEC 成员国再度发声,希望能够尽快促成冻产协议。同时,在 2016 年 1 月解除国际制裁后,伊朗一直在增产以夺回失去的市场份额,但近期该国的态度也开始软化。这令原油多头嗅到了一丝契机,油价从 2016 年 8 月初起再度走高,期间波幅也进一步扩大。

事实上,从年内油价的走势中不难看出,OPEC 成员国对于冻产的态度成为左右油价的关键。在 OPEC 2016 年 8 月宣布于 2016 年 9 月 28 日将在阿尔及利亚首都阿尔及尔举行会谈之后的几周时间里,油价涨幅一度高达 16％,延续了从 4 个月低点反弹的势头,虽然伊朗、伊拉克的增产愿望使得限产协议能否签署受到质疑。

另一方面,美国商品期货交易委员 2016 年 9 月 9 日的数据显示,继产油国表示要在阿尔及尔举行会议之后,截至 2016 年 8 月 30 日的 3 周,WTI 空头头寸大幅削减了

124 819 手,跌幅高达 57%。

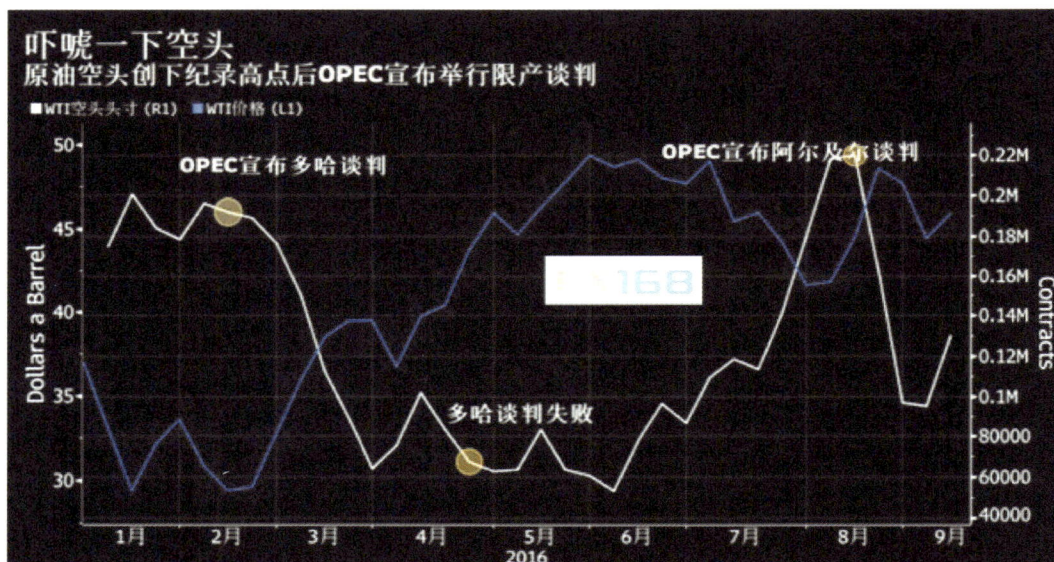

资料来源:彭博。

图 1　原油空头创纪录高点后 OPEC 宣布举行限产谈判

所幸的是,2016 年 9 月 28 日 OPEC 内部在阿尔及利亚会议上达成八年来首份减产协议框架,将产量目标下调至 3 250~3 300 万桶/日,并将在 2016 年 11 月 30 日的维也纳会议敲定各国产量的配额。此消息也一度刺激国际油价升至逾 1 年高位。根据这份协议框架,伊朗、利比亚及尼日利亚将获得限产的豁免权。

然而,之后情况却并没有向好的一面发展。伊拉克在 2016 年 10 月初要求额外获得限产的豁免权,同时沙特与伊朗这两个老对手之间也再次萌生嫌隙。同时,在 2016 年 10 月中旬的一次专家会议上,OPEC 与俄罗斯等非 OPEC 产油国未能就限产达成一致,后者要求 OPEC 优先解决内部的矛盾,为 2016 年 11 月 30 日会议上落实减产协议蒙上阴影。

另外需要注意的是,截至 2016 年 8 月,包括 OPEC 成员国以及俄罗斯在内的原油产量均处在历史高位,不少分析师认为,即便最终达成限产协议,对油价基本面也难以起到改善的作用。

# (一)原油市场面临三大基本面利空

## 基本面利空之一:供应过剩状况未见改善

随着 2016 年初油价跌至数年来的低位,不少高成本的能源企业(尤其是美国)都因不堪重负而陷入困境,这也正是以沙特为主导的 OPEC 想要看到的。2015 年 OPEC 坚持维持高产量,以捍卫市场份额的方法,挤压以美国页岩油为代表的高成本生产商,效果自然十分显著,自 2015 年末开始美国原油产量开始出现下滑的迹象。

然而,随着新油田陆续投入运营,且美国页岩油厂商极具韧性,加之 OPEC 产油国持续提高产量,市场供应过剩的情况不但没有缓解,反而有过之而无不及。更糟糕的是,全球经济增速的下降也令石油需求前景蒙上了阴影。

国际能源署(IEA)在 2016 年 9 月月报中提到,全球原油需求增长大幅放缓,再加上库存和供应激增,意味着油市将保持供应过剩,至少到 2017 年上半年。国际能源署早些时候曾预测,2016 年下半年市场将不会出现供应过剩。

国际能源署指出,2017 年全球原油库存将持续上升,将是连续第 4 年出现供应过量。2016 年第三季度,需求增速降至 2 年低点,中国和印度的需求下降;同时 OPEC 的海湾成员国产量创纪录,加剧供应过量的状况。

值得注意的是,就在 2016 年 8 月,国际能源署还预计原油市场将于年内恢复平衡。但该机构现将 2017 年全球石油需求预期下调 20 万桶/天,至 9 730 万桶/天。同时,国际能源署还将 2016 年的增长预估下调 10 万桶/天,至 130 万桶/天,原因包括中国和印度本季度需求增幅急剧放慢,且发达经济体需求停滞不前。

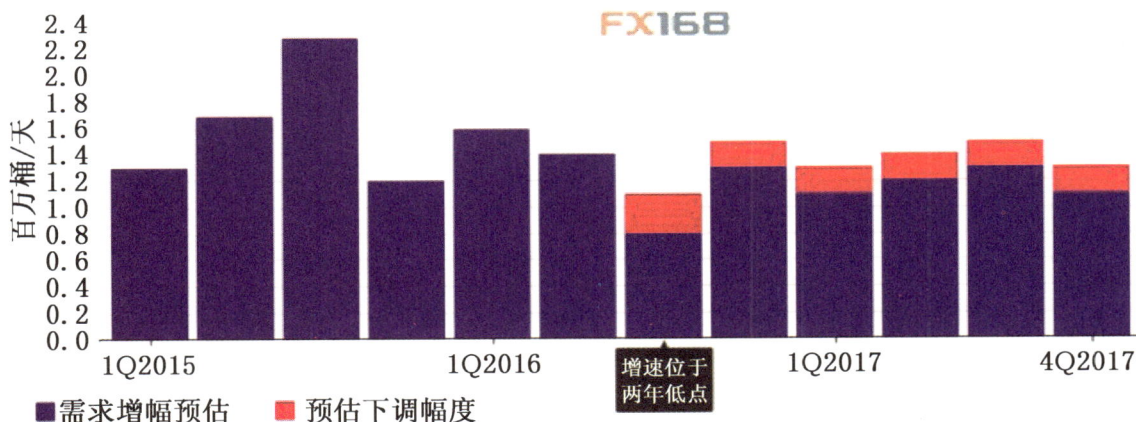

图 2　石油需求增幅下滑

资料来源:国际能源署。

与此同时,OPEC 也在 2016 年 9 月月报中上调了对非 OPEC 国家 2017 年原油供应的预估,因新油田陆续投入运营,且美国页岩油厂商对低油价的适应能力比预期高,表明 2017 年油市供应过剩程度将更高。

据 OPEC 从二手消息来源处收集的数据显示,2016 年 8 月 OPEC 自身产量维持在数年高位附近,日产量达 3 324 万桶,比 2016 年 7 月日产量低 2.3 万桶。预计 2017 年全球原油供应过剩为 76 万桶/天。此外,2016 年 8 月据沙特上报的日产量较上月减少 4.27 万桶至 1 063 万桶,但 2016 年 8 月据伊朗上报的日产量较上月增加 1 万桶至 363 万桶。

不过,OPEC 预计 2016 年全球石油日需求将上升 123 万桶至 9 427 万桶/天,还预计 2017 年将上升 115 万桶/天至 9 542 万桶/天。

近期原油市场上存在着这样一种担忧,即油价下跌、能源企业大幅削减资产资本以及数以千计的行业裁员,最终可能会导致原油供应短缺。然而,分析师却指出,对于那些全球最大的石油和天然气公司而言,产量创纪录的情形仍将持续至 2020 年代。

虽然油价在 2014 年中期以来已下跌过半,导致大型石油公司因为营业收入下滑而苦苦支撑,但因之前已经获批的项目陆续投产,因此产量却一直保持增长。分析师估计,全球七大油气公司的总产量在 2015～2018 年期间增长约 9%。

根据巴克莱的分析,2017 年石油业的资本支出预计从 2013 年 2 200 亿美元的纪录水平下降至约 1 400 亿美元,之后才会温和复苏。但在大砍资本支出与数以万计的工作岗位后,企业已学会开源节流。同时,钻机的使用等服务成本,在这波下行期间也大幅下降。

### 基本面利空之二:原油库存依旧高企 油品产能严重过剩

尽管近期原油库存整体有回落的迹象,但仍处在历史高位附近。此外,柴油、汽油等成品油库存也依然高企。由于陆上储油罐已经爆满,贸易商不得不改用海上油轮来储油。

美国能源信息署(EIA)2016 年 8 月初公布的数据显示,美国汽油库存为 2.38 亿桶,较五年季节性平均水平高出 5%,汽油库存在 2016 年早些时候曾触及记录高位。另外,包括煤油、航空燃油、柴油及其他油品的美国馏分油库存为 1.53 亿桶,较 5 年季节性平均水平高出 36%。

原油市场遭受全球供应过剩困扰已有 2 年时间,而油品的全球过剩局面则是相对较新的现象,这是 2015 年至 2016 年初炼厂增产以享受低价原油供应及高利润率的结果。

事实上,全球炼油企业生产的柴油、汽油和航煤之多,即便是夏季驾车高峰季也消费不完。目前,美国、欧洲和亚洲的燃料库存满得快要溢出,欧洲贸易商现改用海上油轮来储存柴油,因岸上油库再次挑战极限。

根据 PJK International,阿姆斯特丹—鹿特丹—安特卫普地区(ARA)的欧洲油品

（单位：千桶）　　　　　　　美国原油库存位于记录高位　　　（单位：美元/桶）

数据来源：FX168 财经网。

图 3　美国原油库存位于纪录高位

库存也较高，独立仓库的汽油库存为 116 万吨，接近纪录高位，较 1 年前增长逾 17%。

另外，在亚洲主要的原油和成品油交易中心——新加坡，多数陆上库存都处于或接近纪录高位，并采用浮式储油以应对供应过剩的局面。

海上储油量反弹、陆地储油罐爆满，而需求增长却在萎缩，凸显原油价格近期将很难持续反弹，尽管原油产量本身也在逐渐下降。

**基本面利空之三：美国活跃石油钻机数持续反弹，页岩油产量复苏**

据美国油服公司贝克休斯（Baker Hughes）2016 年 9 月 9 日公布数据显示，截至 2016 年 9 月 9 日当周美国活跃钻井数增加 7 座至 414 座，过去 11 周内第 10 周录得增加。更多数据显示，截至 2016 年 9 月 9 日当周美国石油和天然气活跃钻井总数增加 11 座至 508 座，较 2015 年同期减少 340 座。

原油交易商指出，2015 年美国活跃石油钻井数一共减少了 963 座，为 2002 年以来首次出现年度下降，同时年度降幅也达到 1988 年以来最大。在 2010 年至 2014 年的 5 年内，美国活跃石油钻井数平均每年增加 216 座。美国活跃石油钻井数曾于 2014 年 10 月触及 1 609 座高位，目前已经减少逾 3/4。

从图 4 我们可以看到，当油价于 2016 年初跌破 30 美元/桶后，美国活跃石油钻井数也是跌至纪录新低。然而，自油价 2016 年 6 月份反弹至 50 美元/桶水平后，活跃石油钻井数逐步触底向上反弹。

（单位：座）                                （单位：美元/桶）

数据来源：FX168 财经网。

**图 4　美国活跃石油钻井数量与 WTI 油价**

花旗集团(Citigroup)表示，若 WTI 价格处在 50 美元/桶水平，半完工的油井(即只完成钻探的油井)的完成率将加快。而若油价重返 60 美元/桶，美国活跃钻井数量将增加。

根据美国能源信息署 2016 年 8 月发布的短期能源报告称，2016 年和 2017 年的美国原油产量降幅将小于预期，因担心美国原油企业钻井活动增加将帮助产量回升。

在报告中，美国能源信息署将 2016 年美国原油产量预估上调至 877 万桶/天，预估降幅缩小至 65 万桶/日，同时上调 2017 年美国原油产量预估至 851 万桶/天，预估降幅缩小至 26 万桶/天。此次上调产量预估主要是受到近期油价反弹的影响，市场担心油价走高将诱使美国页岩油生产商重新推高产量。

美国能源信息署署长 Adam Sieminski 在一份声明中指出："美国 2016、2017 两年的原油产量降幅预计将小于之前预估，因开采效率和钻井活动均出现增长。"国际能源署能源市场和安全主管 Keisuke Sadamori 表示，在 2016 年下降 40 万桶/日之后，美国原油产量将在 2017 年逐步复苏。2015～2021 年期间，美国仍将是全球原油供应增长的最大贡献国，同期产量将增长的国家还包括巴西、加拿大，而俄罗斯、中国的产量将下滑。

## (二)OPEC 冻产协议扑朔迷离

2016 年 2 月，沙特、俄罗斯、卡塔尔及委内瑞拉曾提议将产量冻结在 2016 年 1 月水平，但 2016 年 4 月多哈会谈上，刚刚在 2016 年 1 月解除国际制裁的伊朗坚持要将产量提高至制裁前水平后,才会考虑冻产,这令OPEC的老大哥沙特十分不满。沙特当时强调,如果伊朗不加入冻产,该国也不会加入,最后导致多哈冻产会谈在一片不愉快的气氛中不了了之。

值得注意的是,在2016年4月的多哈会谈后,沙特国王萨勒曼于2016年5月7日宣布沙特阿美董事长法利赫接替此前老资格的欧那密成为该国新任石油部长,坐镇新成立的能源、工业和自然资源部,负责国家能源政策。

布伦特原油价格从2011年至2014年期间逾100美元/桶的年均水平下跌了一半以上,增加了沙特和该地区的其他产油国推动改革的迫切性。不过,油价自2016年1月跌至12年低点以来,已经上涨逾60%。有迹象表明,在法利赫的带领下,沙特阿拉伯很可能将原油产量维持在纪录高点附近,因这个全球最大的石油出口国将会坚持前任石油大臣的政策,捍卫市场份额,狙击成本更高的页岩油。

到了2016年6月的OPEC半年度大会上,各成员国依然未能就石油产量策略达成明确协议,伊朗依然坚持该国要大幅增产,不过新上任的沙特能源部长却承诺不会向市场大量过度供油,并试图修复组织内部的关系。

沙特和俄罗斯在2016年9月5日的G20峰会间隙签署合作协议,同意在油市方面进行合作,称双方不会立即采取行动,但未来可能会限制产量。法利赫认为,市场已迈向正确的方向,不需要对其进行重大干预。

事实上,很多分析师均指出,2016年8月OPEC的原油产量创下纪录新高,因海湾成员国的产量增加,弥补了尼日利亚和利比亚的产量损失。同时,俄罗斯等非OPEC产油国也在拼命加大产能,即便此时达成冻产协议,也不过是将产量限制在纪录高位附近,在没有任何事实减产的行动下,油价的反应可能不会太大。

## (三)油价显露筑底迹象,但基本面难言乐观

2016年2月1日,WTI原油曾跌至26美元/桶的10多年低位,较本轮跌势的起点107美元/桶足足下跌了超过75%。不过,随着产油国从2016年2月起提议将产量冻结在2016年1月水平,以提振市场后,油价便开始向上发起强势的反弹,并在2016年6月重返50美元/桶上方,自2016年2月低点来几乎翻了一倍。期间除了有冻产相关的消息支持外,尼日利亚、利比亚和加拿大等地区的供应出现中断也助燃了油价此轮涨势。

从技术面来看,本轮涨势上方受到100周均线的压制,但油价2016年6~8月初的回撤也在50周均线附近获得支撑。整体来看,未来油价有走出头肩底形态的可能性,但在形态未能形成之前,短期的上行空间有限,长期趋势仍旧偏向下方。

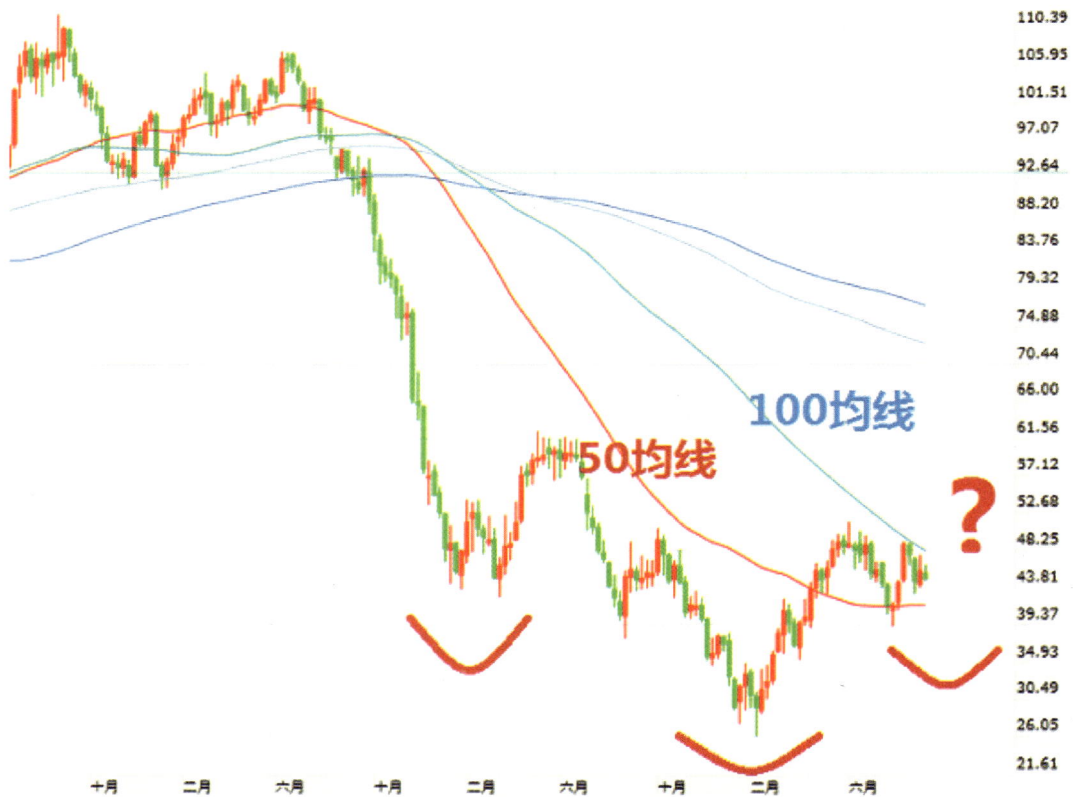

图 5　WTI 原油期货周线

　　另外,从供需基本面角度来看,目前主要产油国仍在马不停蹄地最大化产能,以捍卫自身的市场份额。供应持续不断的攀升,加之石油需求有所减少,原油市场供应过剩的格局短期内难以缓解。

表 1　　　　　　　　　　　　　部分机构对原油价格预测　　　　　　　　　　　　单位:美元/桶

| | 2016 美油 | 2016 布油 | 2017 美油 | 2017 布油 | 2018 布油 | 观　点 |
|---|---|---|---|---|---|---|
| 摩根大通 | 54 | 54 | | | | 尽管维持更长期价格预期不变,但是年末预期严重倾向下行 |
| 法巴银行 | 42 | 44 | 50 | 49 | | 预计全球库存将进一步温和增长,打压油价 |
| 瑞士信贷 | 43.59 | 44.53 | 55 | 56.25 | | 预期 2017 年原油需求增长放缓 |
| 摩根士丹利 | 40 | 40 | | | | 基本面未改善,油价反弹难以持续 |
| 野村证券 | | 40 | | | | 短期全球利率较低水平,油价可能上行 |
| 瑞银集团 | 43.8 | | 57 | | | |
| 高盛 | 45 | 45 | 53 | 55 | 60 | 重申油价和基本面的反弹依然脆弱 |

| | 2016 美油 | 2016 布油 | 2017 美油 | 2017 布油 | 2018 布油 | 观　点 |
|---|---|---|---|---|---|---|
| RBC | 45～55 | | | | | 因宏观经济面临逆风且美元走强等,油价难破 50 美元 |
| 澳新银行 | 45～55 | | | | | 原油市场预计将在四季度进入供应赤字 |
| 美银美林 | 54 | | | 61 | | 随着原油市场重新平衡,油价将上涨 |
| 法兴银行 | 48.5 | 50 | 54.7 | 56.25 | | 秋季原油和成品油需求通胀走软,不利于油价 |
| 巴克莱 | 43 | 44 | 56 | 57 | 77 | 非 OPEC 产量下降足够抵消较弱的需求前景 |
| 花旗 | | 50 | | 65 | | 原油市场在 2016 年中进入平衡 |
| BMI Research | 46.5 | | | | | |

# 第七部分　专题研究

## 大宗商品交易市场的监管路径分析(西南财经大学　田野)

我国大宗商品交易市场是要素市场的重要组成部分,对促进我国经济发展具有战略性的价值和意义。截至 2015 年底,我国共有大宗商品交易所 1 000 余家,实物交割 30 余万亿,涉及农产品、能源、贵金属等二十多个行业。目前大宗商品交易所的发展更是如火如荼,2015 年新增交易所数量同比增长 38.2%,呈现井喷之势。[①] 然而与此不相匹配的是,这一经济价值与战略价值巨大的市场在监管领域乱象丛生,事故频现。代表性案件有云南泛亚事件、山东龙鼎事件等,在造成了极其恶劣的社会影响的同时,也为整个大宗商品市场的监管安全敲响了警钟。

从云南泛亚、山东龙鼎等事件中,我们看到大宗商品交易市场主要存在如下问题:(1)交易所涉嫌非法集资;(2)交易所操纵价格诈骗投资者;(3)恶意诱导投资者投资,骗取手续费;(4)虚假宣传,承诺收益;(5)多级代理的"传销"经营模式;(6)合格投资人规则形同虚设。上述问题在实践中极大地损害了大宗商品交易市场的公共信誉,使之沦为"骗子市场",影响了大宗商品交易市场的健康发展。

监管部门为何没能及时堵住上述监管漏洞、做出有效监管?原因主要出在对大宗商品交易市场定位不准、定位不明上。从目前该领域的国情来看,我国对大宗商品交易市场的监管形成了地方政府监管为主,商务部、证监会等监管为辅的监管格局。但是由于业界对我国大宗商品交易所的认识与理解不够深刻,所以现阶段的监管立法未能跟进,致使一方面监管工作无法有效开展,另一方面出现大量的监管空白,让投机者有机可乘。监管完善的大宗商品交易市场始终未能形成。

我国现阶段对大宗商品交易市场的基本定位是现货交易市场,这是将其监管权放置在商务部的重要原因。然而在实践中,正是由于这种定位导致了监管力量的缺失。大宗商品交易市场并不仅仅是简单的电子商务、交易撮合的现货交易市场,而且是具有价格发现、保值、增值、投资套利的衍生品市场。正是这种将大宗商品交易市场"一刀切"的简单定位导致了我国大宗商品交易市场的发展乱象与监管困局。简单

---

① 数据来源于中国物流与采购联合会大宗商品流通分会。

的现货交易市场定位并不符合大宗商品交易市场的发展趋势。这种定位抹杀了多层次商品交易市场与多层次衍生品交易市场之间的空白领域,形成了市场真空,显然有违商品经济发展的大趋势。同时,该种简单草率的定位也不利于我国大宗商品交易市场积极推动经济发展与国家战略的实现。我国大宗商品交易所最基础的作用应为撮合商品交易、进行价格发现,其次是实现远期商品的套期保值、规避风险,最后大宗商品交易市场如能形成中国自己在相关领域的定价机制,则可以有效对抗国家市场的资源定价权,最大限度地维护国家利益,是国家战略的重要环节。在对大宗商品交易市场在我国的基本定位有上述认识的基础上,我们才可以就其发展与监管路径作出更加务实的选择。

大宗商品市场的监管与发展间应该是自洽的关系,监管应当给发展与创新留出足够的空间,避免"一管就死、一放就乱"的野蛮生长。大宗商品交易市场较为突出的监管问题即是难以区分远期交易与期货交易之间的关系。从我国业界现状来看,原油、贵金属等大宗商品远期交易多数没有进行现货交割,而选择了对冲平仓。根据传统民法理论,远期交易的核心是达成转移商品所有权的合约,而期货交易则是风险的转移。但是美国 Transnor 案则认定了这两种产品设计其实并无本质不同,也就是说,大宗商品的远期交易实际上就是一种期货交易的方式。对此,美国商品期货交易委员会(CFTC)对大宗商品的远期交易作出了一定的限制,以此区别于场内期货交易市场。如对冲交易并非合约一开始就固有的权利,需要交易双方单独进行磋商,交易方需具备履行合约所带来的风险承受能力等。大宗商品的远期交易与场内期货交易市场的区别主要产生在标准化等领域,而从交易手法和产品设计上并无较大差距。针对这种情况,美国建立了多层次衍生品交易市场,对不同层级的衍生品市场规定了不同的交易品类、市场参与者等来控制风险。这种监管制度安排是建立在对市场充分理解的基础之上的。

回到我国的现实监管困境。首先,大宗商品的现货交易部分由商务部等部门负责,没有实践上与法律上的障碍。同时,现货交易的风险相对较小,更多地被定义为一种快速撮合交易的电子商务行为。而对于远期交易部分,其类期货的衍生品性质决定了应将之纳入金融监管的范畴内。其次,该部分是由中央统一管理还是由地方政府管理?该问题的答案近年来已经比较明确,大宗商品交易市场的管理权已经下放给地方政府。大宗商品交易市场由于其明显依赖当地资源禀赋的地域性,由地方政府协调管理能够带来相对较好的监管效果。而对于中央监管层而言,在监管的人力、物力等都不能有效满足的现实条件约束下,同时监管全国上千家交易所根本是一个不可能完成的任务。

综合上述两点,在地方政府层面上进行大宗商品交易市场的金融监管是目前最恰当的监管路径设计。现实情况是,各地政府也的确想要落实该监管路径,但由于立法的空白,以及缺乏相关监管权限和适宜的监管手段等,具体工作的推进却不甚乐观。比如许多省份并不明确应将大宗商品市场具体放到哪个部门监管更加合适,于是监管部门五花八门,金融办、商务厅、经信委等都被委以监管重任。至于上述机构是否能够进行专业的金融监管则让人质疑。上述部门均有自身的本职工作,根据霍尔姆斯和米尔格罗姆(1991)①的多任务委托代理理论,在这种情况下机构会自发地主动选择更重要、更紧迫和更加具有成效的工作,而附随任务的执行则更容易沦为运动型执法。此外,上述机构监管的专业性也有待商榷。事实上,大宗商品交易市场作为场外要素市场的组成部分,其远期交易的类期货性质更加适合证监会等专业金融监管机构进行监管。

最后,我们将视野回归到中国金融监管框架改革的大背景中。中国在现阶段需要建立中央与地方互补的双层金融监管体系。从中央监管层的视角来说,监管的重点更多放在宏观审慎监管,即防范系统性金融风险上。而对于地方政府而言,地方金融监管的定位更多在于配套发展地方经济,防范区域性金融风险。大宗商品交易市场行业性、地域性强的特征也从侧面佐证了这个事实。大宗商品交易市场属于地方政府积极发展、配套地方经济的产物。地方政府具有很强的驱动性积极管理该市场。而反观中央监管,则更加关注系统性风险。鉴于此,我们可以灵活借鉴美国大宗商品市场的层级化风险设置,建立多层次的大宗商品现货市场、场外商品衍生品市场,进行分级监管。对战略性资源商品以及风险性较强的远期交易产品等,可由中央监管层进行宏观审慎监管;而微观审慎监管、行为监管、消费者保护等则可由地方政府进行监管。地方金融监管亟须改变的是现阶段监管权责不明的现状。地方政府虽然有能力、有动力作出监管,但是由于法律配套的不健全,怎么做、做哪些,权责能事项则令其无从下手。因此,必须从立法层面上完善地方金融监管权的设计,建立独立的地方金融监管力量,进行区域性金融产品监管,让地方金融监管有法可依,有章可循。从机构配置上,我们需要建立独立的地方金融监管机构,招纳专业化的监管人才,积极促进地方金融监管健康发展,为地方经济做出贡献。专业化的地方金融监管机构对地方要素市场、初级的场外衍生品市场进行监管,有助于积极协调构建多层次现货市场与多层次场外衍生品市场的共同

① Multitask Principal-Agent Analyses: Incentive Contracts, Asset Ownership, and Job Design Author(s): Bengt Holmstrom and Paul Milgrom Source: Journal of Law, Economics, & Organization, Vol. 7, Special Issue: Papers from the Conference on the New Science of Organization, January 1991 (1991), pp. 24—52 Published by: Oxford University Press.

发展,实现现货市场与期货市场的协调统一。同时还要注重中央与地方的协调监管,将宏观审慎与微观审慎有机结合。

　　一言以蔽之,以地方金融监管为主的双层金融监管体制是大宗商品市场监管发展的必由之路。

西南财经大学　田野

2016 年 10 月

# 第八部分　附　录

## (一)相关网址

上海黄金交易所:http://www.sge.com.cn

上海期货交易所:http://www.shfe.com.cn

香港交易所:http://www.hkex.com.hk/eng/index.html

北京市金融工作局:http://www.bjjrj.gov.cn

山东省金融工作办公室:http://www.sdjrb.gov.cn

江苏省人民政府金融工作办公室:http://www.jsjrb.gov.cn/s/21/main.jspy

广州市金融工作局:http://www.gzjr.gov.cn

天津贵金属交易所:http://www.tjpme.com

广东省贵金属交易中心:https://www.pmec.com

## (二)特别鸣谢为本蓝皮书提供支持的机构(按首字母顺序)

ACY 稀万国际、ADS 达汇、AETOS 艾拓思、AVATrade、BFS、Blackwell Global、BMFN、Capstone Global Limited 凯石全球、EasyMarkets 易信、FXBTG、FXCM 福汇集团、FxPro、GKFX 捷凯金融、Global Market Index、Goldland Capital Group、GOMarkets、HYCM 兴业投资、IC MARKETS、KVB 昆仑国际、上海国际金融中心研究院、上海财经大学现代金融研究中心、上海对外经贸大学战略性大宗商品研究院、SVSFX、Swissquote 瑞讯、TeraFX、天津贵金属交易所、ThinkMarkets、USG、Vantage 万致、XM、XCOQ 爱客金融、西南财经大学、银天下、Z.COM Trade、中国社会科学院世界经济与政治研究所。

# 天津贵金属交易所

www.tjpme.com TEL: 4009-220-100

以诚信铸就品牌基础 以创新引领市场脉动 以安全承载投资信心

## 开拓创新 奉公守法
## 规范交易 防范风险

TPME Tianjin Precious Metals Exchange
天津贵金属交易所

# 天津贵金属交易所

www.tjpme.com          TEL: 4009-220-100

　　天津贵金属交易所（以下简称"津贵所"）是根据国务院关于《推进滨海新区开发开放有关问题的意见》（国发〔2006〕20号）的政策精神，经天津市政府批准，由天津产权交易中心发起设立的公司制交易所。津贵所注册资本金为一亿元人民币，由中国中信集团控股，天津产权交易中心、中国黄金集团公司等企业参股。津贵所营业范围为"贵金属（含黄金、白银）、有色金属、黑色金属、金属材料、钢材及其制品、矿产品及其原料（不含煤炭）、化学产品(不含危险化学品)、农副产品现货批发、零售、延期交收，并为其提供电子交易平台；自有房屋租赁；以上相关的咨询服务（依法须经批准的项目，经相关部门批准后方可开展经营活动）"。

　　津贵所立足于为大宗商品现货交易和风险管理提供综合性解决方案，津贵所于2010年2月开始试运行，2012年2月正式运行。

　　2016年6月6日，津贵所创新性地推出现货挂牌模式，以"LeadingEX"现货交易交收系统为平台，以非标准化产品的挂牌摘牌交易为核心，辅以物流、金融、定制等配套性综合服务，将更有效满足参与方的现货贸易及风险管理需求，服务实体经济。

　　津贵所的设立是滨海新区金融先行先试的重要创新实践之一，是对我国贵金属市场体系的补充和对商品市场体系的完善，有利于规范和引导场外贵金属交易市场发展。未来津贵所将不断完善会员服务和定价机制，继续领航国内交易市场，并在国际市场中占有一席之地。通过津贵所的交易交收体系的完善及交易品种的丰富，达到促进商品流通的交易所服务职能，增强交易所在行业中的竞争力，打造津贵品牌特色，切实做到大宗商品市场服务实体经济的政策要求。

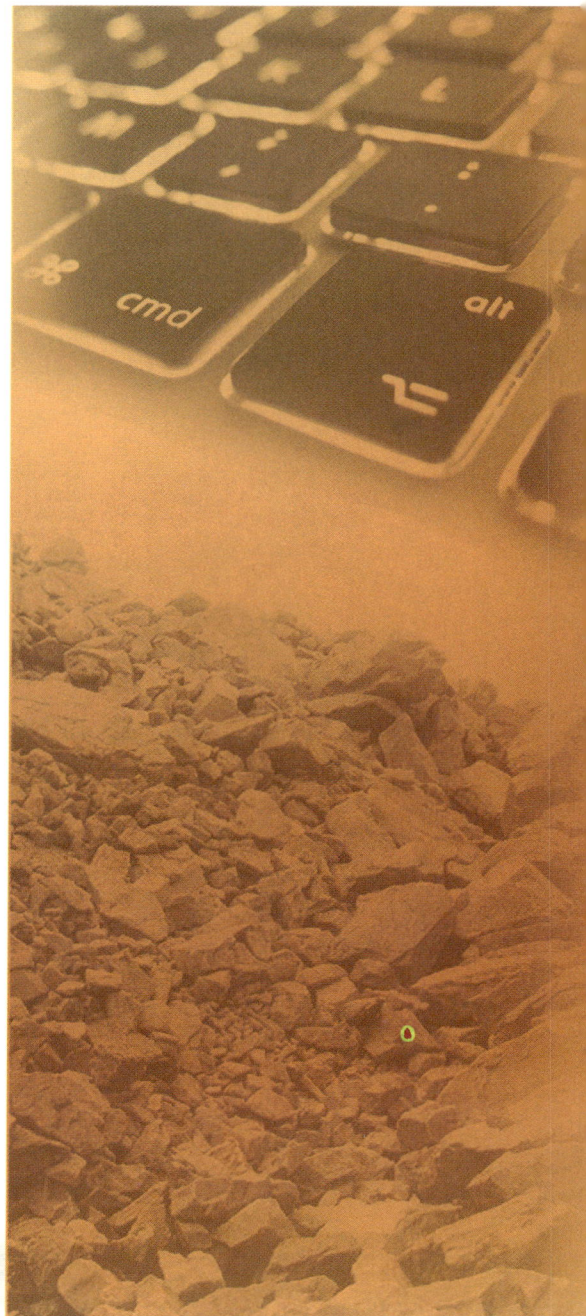

TPME　Tianjin Precious Metals Exchange
天津贵金属交易所

# 规范 有序 健康 发展

## 中国生产力商品流通工作委员会

中国生产力商品流通工作委员会是经中国生产力促进中心协会批准设立的行业团体。由全国商品流通行业各流通型企业、事业单位及其相关的机构、社团自愿组成的全国性、非营利性、自律性组织，是跨地区、跨部门、跨所有制的全国性行业社团，是联系政府，服务社会的桥梁和纽带。负责全国生产力商品流通管理行业工作。主要职责是从事和商品流通领域有关的行业自律、信息交流、政策辅导、标准制定、学术研究、咨询服务、教育培训、展览展示等工作。现有全国副会长单位三十余家、专业人才教学基地数十个。

委员会负责管理培训由中华人民共和国人力资源和社会保障部中国职工教育和职业培训协会颁发的：《贵金属交易师》、《原油交易师》、《外汇资产管理师》、《珠宝玉石交易师》职业技能培训项目。经培训考试合格者颁发相应的专业能力证书，证书可在中国职工教育与职业培训网和中国生产力商品流通工作委员会网站查询。

联系方式：
通信地址：北京朝阳区东三环中路39号建外SOHO15号楼1906
联系电话：
010-58472331  龚老师 咸老师
010-58472332  刘老师 贾老师
委员会官网：www.zgsplt.org.cn
电子邮箱：zghmpx@126.com
微信公众号： 惠民技术培训

中国外汇市场及贵金属暨原油大宗商品
行业发展蓝皮书

·上册·

— 2016 —
# 中国外汇市场蓝皮书

FX168金融研究院　编

上海财经大学出版社

**图书在版编目(CIP)数据**

2016中国外汇市场及贵金属暨原油大宗商品行业发展蓝皮书/FX168金融研究院编.—上海:上海财经大学出版社,2016.12
ISBN 978-7-5642-2597-1/F·2597

Ⅰ.①2… Ⅱ.①F… Ⅲ.①外汇市场-研究报告-中国-2016②商品市场-研究报告-中国-2016 Ⅳ.①F832.52②F723.8

中国版本图书馆CIP数据核字(2016)第274998号

□ 责任编辑 石兴凤
□ 封面设计 JUN Studio

2016ZHONGGUO WAIHUI SHICHANG JI GUIJINSHU JI YUANYOU DAZONG SHANGPIN HANGYE FAZHAN LANPISHU
**2016中国外汇市场及贵金属暨原油大宗商品行业发展蓝皮书**
FX168金融研究院 编

(上)

上海财经大学出版社出版发行
(上海市武东路321号乙 邮编200434)
网 址:http://www.sufep.com
电子邮箱:webmaster @ sufep.com
全国新华书店经销
上海景条印刷有限公司印刷装订
2016年12月第1版 2016年12月第1次印刷

889mm×1194mm 1/16 20.25印张 383千字
定价:168.00元

# 编辑说明

一、《2016 中国外汇市场蓝皮书》是由 FX168 财经集团发布的关于中国外汇市场的综合研究报告。《中国外汇市场蓝皮书》目前已经出版五册,首次发行是在 2012 年,每年一册。第五册将由上海财经大学出版社出版,也是本蓝皮书首次通过出版社对外出版发行。

二、本书共分为八个部分:第一部分,综述;第二部分,国内零售外汇市场结构分析;第三部分,国内外外汇行业热点与趋势;第四部分,境外主要外汇经纪商动态;第五部分,国际外汇市场综述;第六部分,人民币;第七部分,专题研究及行业投稿;第八部分,附录。

三、本书的内容和数据(截止时间为 2016 年 9 月,有些则更早)均由 FX168 财经集团通过公开渠道和专项访问采集、编辑,力求真实有效。

四、本书在编辑过程中得到各金融机构和个人投资者的大力支持和协助,在此一并致谢。愿中国外汇行业在大家的共同努力下蓬勃发展。

《2016 中国外汇市场蓝皮书》编委会
2016 年 10 月

# 序

## 关注未来危机中的避险货币

虽然美联储加息的"靴子"落下推迟了,但2016年和2017年国内外的不确定性加大了。2016年末的美国总统大选,英国退欧的"余震"还在持续,德国在难民问题上态度的反复,中国的房地产泡沫绑架地方政府债务杠杆愈演愈烈。总之,国与国之间的危机"外溢"和"传染"必然通过外汇市场有所体现。高盛集团在离岸人民币市场做空人民币已经启动,全球外汇市场的危机爆发概率加大。在汇市"哀鸿遍野"中,资产分散化是无可奈何的选择,为此作为外汇市场的投资者要关注那些"避险货币"的排序。

国际上对"避险货币"的定义尚未统一。现在只是在经验上做了证明。首先,作为避险货币的国家的海外投资额占该国总资产的比重较大,这样即便全球局部爆发金融危机,该国货币资产收益率至少是全球资产收益率的"均值",不至于遭受"灭顶之灾";其次,该国货币一定是可自由兑换的,也就是说,没有严格的资本项目管制,或者说是可以容易获得的(从这点上说人民币还不是避险货币)流动性强的货币;再次,该国金融市场有一定的深度,尤其是债券市场上能形成利率收益率曲线,该国货币的预期性比较清晰;最后,对避险货币的类型还需进一步细化:避险货币的利率较低,也就是获取的成本较低。然而,利率低的国家则从另一方面说明该国经济尚未"正常化"。这些国家还需要从"流动性陷阱"里面爬出来。

虽然说全球公认的"避险货币"有两种,那就是美元和日元,但这两种货币的表现形式大相径庭。美元是通过捆绑大宗商品标价,垄断了世界货币的宝座。在全球经济陷入大衰退时期,对大宗商品的需求降低,大宗商品价格锐减。此时美元飙升,金融危机时资金流入支撑了美国的金融市场,美国则"因祸得福"。日元的模式与美国的不同。每次日本的自然灾害(地震、海啸、核泄漏等),日元都是升值的,日资企业将资金调入国内促成了日元在危机时候升值。为此上述两种货币的共性是:它们成为金融危机中被"哄抢"的对象;使得避险货币国家在危机时候出现资金涌入,资产价格不至于"大跌";暂时获得喘息机会。

当然，全球不仅仅只是以美元和日元作为避险货币，还有许多货币也可以归属为避险货币。例如，瑞士法郎等其他货币也有其特殊的方式显示其避险货币的功能。事物都有其两面性，"避险货币"在危机后也有"副产品"。这些避险货币在危机中的升值使得它们丧失了部分出口竞争力。其实危机本身就是应该通过贬值来调整经济结构的。与此同时，避险货币国家的货币政策的有效性也受到"干扰"。作为外汇市场的理性投资者要将那些避险货币排序。在预测全球金融危机的同时做好避险货币的"功课"。

FX168是中国最早提供实时外汇交易资讯和国际财经新闻的机构。近年来，因为工作关系与FX168接触较多，也深刻地感受到其所提供的服务对于投资者在投资"避险"上的帮助。适逢FX168《2016中国外汇市场蓝皮书》出版之际，谨以此为序，希望这本记载中国外汇市场发展史的蓝皮书能受到各界更多关注，也祝愿FX168越办越好。

上海国际金融中心研究院副院长
上海财经大学现代金融研究中心主任 丁剑平
2016年9月

# 寄　语

身为本行业最资深的从业人员之一，虽然这几年和 FX168 渐行渐远，但心中对其仍是充满感情的。FX168 从最早期的只有报道国际金融和外汇的内容，到现在原油贵金属期权交易所、境内的和境外的无所不包，俨然渐渐朝着全方位的、具有整合性的金融网站的方向迈进。

每年到了这个时候，行业内大伙儿最期待的就是这本蓝皮书的发布，除了有吃、有喝、有晚宴、有表演，也很感谢 FX168 愿意花时间和资源，为行业留下记录，为未来记下出处。从 5 年前出版的第一本蓝皮书到现在，从蓝皮书的内容和厚度，我们都可以深刻地感受到行业的挑战、改变和进步。

过去的这五年，可以说是我们外汇行业最苦的五年，好不容易我们"阻挡"了各地贵金属原油交易所的攻城略地，却又来了 P2P 理财的资金分流以及部分不良平台的诈骗游戏，我们排除万难熬过了"二元期权"的野蛮成长，但还是得面对微盘这些"虎豹豺狼"。不过，话说回来，没有一个行业是真的容易，能够心安理得地拿份薪水回家，每天早上打满鸡血地面对工作挑战，这已经比世界上大部分的人幸福和幸运很多了。

还好有 FX168 的蓝皮书，让我对这个行业仍葆有情怀，也幸好有 FX168 的蓝皮书，让我对这份工作仍充满希望。竞争对手来来去去、花招各式各样，但是行业和工作的本质是不会改变的，能留到最后的那群人，也是当初真心热爱外汇市场的这群人。

真心希望 FX168 的《中国外汇市场蓝皮书》能一本初衷，维持一贯的品质和坚持，越做越好。它将中国外汇行业的发展现况如实记录、诚实报道，让外国朋友也能理解，今天中国的外汇市场已经不再是一个有外汇经纪商、专业代理公司、财经媒体、无数的分析师和网红、EA 交易者和私募基金、原生的平台技术和流动性提供商，还有纪录片和微电影，这样一个完整的行业生态圈。任何一家只是想来中国淘金又不愿意投放资源和不想认真经营的外汇公司，在中国是没有机会的。

最后，本人谨代表 ADS Prime 达汇以及阿布扎比证券集团，预祝发布会顺利成功，我们明年蓝皮书再见。

ADS 达汇亚太区董事总经理 Francis Lee

2016 年 9 月

# 目　录

# 第一部分　综　述

## (一)2016 年中国外汇市场发展概述

### 1. 政策监管

为加强外汇管理,促进国际收支平衡,促进国民经济健康发展,国家外汇管理局及中国外汇交易中心先后推出各项外汇管理法规、条例和指南,以完善相关法律体系的建设。其中,2015 年 1 月至 2016 年 9 月推出的相关政策法规见表1。

表 1　　　　　2015～2016 年中国推出的外汇相关政策法规目录(截至 2016 年 9 月底)

| 推出时间 | 法规名称 |
| --- | --- |
| 2015 年 1 月 6 日 | 国家外汇管理局关于组织开展银行外汇业务合规经营专项检查的通知 |
| 2015 年 1 月 26 日 | 国家外汇管理局关于印发《保险业务外汇管理指引》的通知 |
| 2015 年 1 月 29 日 | 国家外汇管理局关于开展支付机构跨境外汇支付业务试点的通知 |
| 2015 年 2 月 13 日 | 国家外汇管理局关于进一步简化和改进直接投资外汇管理政策的通知 |
| 2015 年 3 月 30 日 | 国家外汇管理局关于改革外商投资企业外汇资本金结汇管理方式的通知 |
| 2015 年 5 月 4 日 | 国家外汇管理局关于废止和修改涉及注册资本登记制度改革相关规范性文件的通知 |
| 2015 年 6 月 17 日 | 国家外汇管理局关于修订《银行执行外汇管理规定情况考核办法》相关事宜的通知 |
| 2015 年 7 月 31 日 | 国家外汇管理局关于境外交易者和境外经纪机构从事境内特定品种期货交易外汇管理有关问题的通知 |
| 2015 年 9 月 1 日 | 中国人民银行关于加强远期售汇宏观审慎管理的通知 |
| 2015 年 9 月 11 日 | 中国人民银行关于进一步便利跨国企业集团开展跨境双向人民币资金池业务的通知 |
| 2015 年 9 月 28 日 | 中国人民银行上海总部关于印发《中国(上海)自由贸易试验区跨境同业存单境内发行人操作指引》和《中国(上海)自由贸易试验区跨境同业存单境外发行人操作指引》的通知 |
| 2015 年 10 月 22 日 | 国家外汇管理局综合司关于开展个人外汇业务监测系统试运行有关工作的通知 |

| 推出时间 | 法规名称 |
|---|---|
| 2015 年 10 月 30 日 | 中国人民银行、商务部、银监会、证监会、保监会、外汇局、上海市人民政府关于印发《进一步推进中国(上海)自由贸易试验区金融开放创新试点 加快上海国际金融中心建设方案》的通知 |
| 2015 年 11 月 4 日 | 国家外汇管理局关于境外中央银行类机构投资银行间市场外汇账户管理有关问题的通知 |
| 2015 年 11 月 9 日 | 中国人民银行、国家外汇管理局制定了《内地与香港证券投资基金跨境发行销售资金管理操作指引》 |
| 2015 年 12 月 2 日 | 国家外汇管理局关于个人本外币兑换特许机构通过互联网办理兑换业务有关问题的通知 |
| 2015 年 12 月 8 日 | 国家外汇管理局综合司关于上线保险业务数据报送系统的通知 |
| 2015 年 12 月 23 日 | 中国人民银行、国家外汇管理局关于延长外汇交易时间和进一步引入合格境外主体有关事宜公告 |
| 2015 年 12 月 28 日 | 国家外汇管理局关于印发《境内机构外币现钞收付管理办法》的通知 |
| 2015 年 12 月 31 日 | 国家外汇管理局关于进一步完善个人外汇管理有关问题的通知 |
| 2016 年 1 月 14 日 | 国家外汇管理局关于印发《贸易信贷调查制度》的通知 |
| 2016 年 2 月 4 日 | 国家外汇管理局关于《合格境外机构投资者境内证券投资外汇管理规定》的公告 |
| 2016 年 3 月 10 日 | 国家外汇管理局综合司关于印发《银行执行外汇管理规定情况考核内容及评分标准(2016 年)》的通知 |
| 2016 年 3 月 29 日 | 国家外汇管理局关于印发《通过银行进行国际收支统计申报业务指引(2016 年版)》的通知 |
| 2016 年 4 月 29 日 | 国家外汇管理局关于进一步促进贸易投资便利化完善真实性审核的通知 |
| 2016 年 5 月 26 日 | 国家外汇管理局关于印发《外币代兑机构和自助兑换机业务管理规定》的通知 |
| 2016 年 5 月 27 日 | 国家外汇管理局关于境外机构投资者投资银行间债券市场有关外汇管理问题的通知 |
| 2016 年 6 月 15 日 | 国家外汇管理局关于改革和规范资本项目结汇管理政策的通知 |
| 2016 年 9 月 5 日 | 中国人民银行、国家外汇管理局关于人民币合格境外机构投资者境内证券投资管理有关问题的通知 |

资料来源:国家外汇管理局、FX168 财经网。

## 2. 银行间外汇交易

银行间外汇市场是指经国家外汇管理局批准可以经营外汇业务的境内金融机构(包括银行、非银行金融机构和外资金融机构)之间通过中国外汇交易中心进行人民币与外币之间的交易市场。银行间外汇市场正处于逐步发展与完善中。

近年来,银行间外汇市场可交易的货币种类越来越多,参与交易的主体范围也逐步扩大。2015 年 11 月 25 日以及 2016 年 1 月 12 日,先后两批境外央行类机构在中国外汇交易中心完成备案,正式进入中国银行间外汇市场,这有利于稳步推动中国外汇市场对外开放。2015 年 12 月 23 日,央行发布公告称,自 2016 年 1 月 4 日起,银行间外汇市场交易系统每日运行时间延长至北京时间 23:30,人民币汇率中间价及浮动幅度、做市商报价等市场管理制度适用时间相应延长。

表 2　　　　　　　　　2016 年外汇货币对交易量统计(截至 2016 年 9 月底)

| 时间 | | 澳元 | 欧日 | 欧元 | 英镑 | 加元 | 瑞郎 | 港元 | 日元 | 坡元 |
|---|---|---|---|---|---|---|---|---|---|---|
| 2015 年 9 月 | 交易量(亿美元) | 5.06 | 0.96 | 16.49 | 2.69 | 1.07 | 0.23 | 5.22 | 5.32 | 0.29 |
| | 占比(%) | 13.54 | 2.58 | 44.18 | 7.20 | 2.87 | 0.63 | 13.98 | 14.24 | 0.78 |
| 2015 年 10 月 | 交易量(亿美元) | 5.15 | 0.18 | 25.50 | 2.62 | 0.50 | 0.29 | 4.60 | 3.93 | 0.08 |
| | 占比(%) | 12.02 | 0.42 | 59.52 | 6.10 | 1.17 | 0.67 | 10.74 | 9.17 | 0.18 |
| 2015 年 11 月 | 交易量(亿美元) | 8.13 | 0.22 | 39.79 | 3.82 | 1.03 | 0.31 | 5.54 | 4.01 | 0.07 |
| | 占比(%) | 12.92 | 0.35 | 63.24 | 6.07 | 1.64 | 0.48 | 8.80 | 6.36 | 0.11 |
| 2015 年 12 月 | 交易量(亿美元) | 8.45 | 0.16 | 34.95 | 2.25 | 0.95 | 0.27 | 23.71 | 8.72 | 0.26 |
| | 占比(%) | 10.60 | 0.20 | 43.85 | 2.82 | 1.20 | 0.33 | 29.75 | 10.93 | 0.32 |
| 2016 年 1 月 | 交易量(亿美元) | 9.06 | 0.29 | 27.30 | 3.20 | 1.82 | 0.45 | 15.22 | 13.27 | 0.30 |
| | 占比(%) | 12.78 | 0.40 | 38.50 | 4.52 | 2.57 | 0.63 | 21.46 | 18.72 | 0.42 |
| 2016 年 2 月 | 交易量(亿美元) | 5.51 | 0.27 | 19.68 | 2.52 | 2.38 | 0.12 | 7.74 | 14.20 | 0.18 |
| | 占比(%) | 10.48 | 0.52 | 37.41 | 4.78 | 4.53 | 0.22 | 14.72 | 27.00 | 0.34 |
| 2016 年 3 月 | 交易量(亿美元) | 8.05 | 0.20 | 28.50 | 1.93 | 0.70 | 0.01 | 13.46 | 11.22 | 0.07 |
| | 占比(%) | 12.56 | 0.31 | 44.43 | 3.01 | 1.09 | 0.02 | 20.99 | 17.49 | 0.10 |
| 2016 年 4 月 | 交易量(亿美元) | 15.47 | 0.12 | 30.02 | 3.53 | 1.21 | 0.28 | 23.69 | 18.46 | 0.19 |
| | 占比(%) | 16.64 | 0.13 | 32.29 | 3.79 | 1.30 | 0.30 | 25.48 | 19.85 | 0.21 |
| 2016 年 5 月 | 交易量(亿美元) | 14.87 | 0.35 | 38.35 | 4.58 | 0.50 | 0.37 | 9.53 | 17.77 | 0.48 |
| | 占比(%) | 17.13 | 0.40 | 44.19 | 5.27 | 0.57 | 0.42 | 10.98 | 20.48 | 0.56 |
| 2016 年 6 月 | 交易量(亿美元) | 8.26 | 0.19 | 34.44 | 9.36 | 0.88 | 0.16 | 11.02 | 23.91 | 0.07 |
| | 占比(%) | 9.36 | 0.22 | 39.01 | 10.60 | 1.00 | 0.18 | 12.48 | 27.08 | 0.08 |
| 2016 年 7 月 | 交易量(亿美元) | 13.85 | 0.18 | 16.68 | 8.19 | 1.25 | 0.44 | 17.88 | 24.93 | 0.13 |
| | 占比(%) | 16.58 | 0.21 | 19.97 | 9.80 | 1.50 | 0.52 | 21.41 | 29.85 | 0.15 |
| 2016 年 8 月 | 交易量(亿美元) | 15.63 | 0.05 | 16.91 | 4.64 | 0.92 | 0.37 | 7.14 | 25.94 | 0.11 |
| | 占比(%) | 21.80 | 0.08 | 23.57 | 6.48 | 1.28 | 0.51 | 9.95 | 36.17 | 0.15 |
| 2016 年 9 月 | 交易量(亿美元) | 5.52 | 0.08 | 12.49 | 5.37 | 0.83 | 0.08 | 8.90 | 14.37 | 0.02 |
| | 占比(%) | 11.58 | 0.16 | 26.21 | 11.27 | 1.74 | 0.17 | 18.68 | 30.15 | 0.04 |

资料来源:中国外汇交易中心、FX168 财经网。

　　根据中国外汇交易中心发布的数据,在外汇货币对交易中,交易量较高的货币对有

3

欧元兑美元、美元兑港元、美元兑日元和澳元兑美元,占比最高的仍然是欧元兑美元交易。

**表 3**                    **2016 年外汇掉期统计(截至 2016 年 9 月底)**

| 时间 | 期限品种 | 合计折美元 | | 美元兑人民币 | |
|---|---|---|---|---|---|
| | | 成交量(亿美元) | 成交笔数 | 基准货币成交量(亿元) | 成交笔数 |
| 2015 年 9 月 | 隔夜 | 4 932.23 | 9 971 | 4 932.18 | 9 970 |
| | 即/远 | 1 905.23 | 6 356 | 1 904.65 | 6 347 |
| | 远/远 | 339.38 | 998 | 338.01 | 983 |
| | 合计 | 7 176.83 | 17 325 | 7 174.84 | 17 300 |
| 2015 年 10 月 | 隔夜 | 6 700.35 | 12 119 | 6 700.35 | 12 119 |
| | 即/远 | 1 861.44 | 5 683 | 1 861.25 | 5 678 |
| | 远/远 | 318.14 | 801 | 318.04 | 794 |
| | 合计 | 8 879.93 | 18 603 | 8 879.64 | 18 591 |
| 2015 年 11 月 | 隔夜 | 7 411.66 | 12 869 | 7 411.58 | 12 868 |
| | 即/远 | 2 284.39 | 7 091 | 2 283.70 | 7 076 |
| | 远/远 | 449.59 | 1 154 | 449.00 | 1 150 |
| | 合计 | 10 145.64 | 21 114 | 10 144.28 | 21 094 |
| 2015 年 12 月 | 隔夜 | 7 004.57 | 12 766 | 7 004.47 | 12 761 |
| | 即/远 | 1 999.51 | 6 418 | 1 999.39 | 6 411 |
| | 远/远 | 359.09 | 921 | 355.83 | 902 |
| | 合计 | 9 363.17 | 20 105 | 9 359.68 | 20 074 |
| 2016 年 1 月 | 隔夜 | 4 633.80 | 9 409 | 4 633.72 | 9 403 |
| | 即/远 | 2 213.69 | 8 473 | 2 209.95 | 8 444 |
| | 远/远 | 413.46 | 1 033 | 410.90 | 1 020 |
| | 合计 | 7 260.95 | 18 915 | 7 254.57 | 18 867 |
| 2016 年 2 月 | 隔夜 | 3 092.97 | 6 569 | 3 092.96 | 6 568 |
| | 即/远 | 1 576.78 | 6 181 | 1 576.14 | 6 163 |
| | 远/远 | 285.11 | 823 | 284.19 | 807 |
| | 合计 | 4 954.86 | 13 573 | 4 953.29 | 13 538 |
| 2016 年 3 月 | 隔夜 | 5 164.08 | 11 019 | 5 162.73 | 11 011 |
| | 即/远 | 2 964.57 | 10 589 | 2 964.49 | 10 583 |
| | 远/远 | 444.43 | 1 216 | 443.47 | 1 203 |
| | 合计 | 8 573.09 | 22 824 | 8 570.69 | 22 797 |

| 时间 | 期限品种 | 合计折美元 | | 美元兑人民币 | |
|---|---|---|---|---|---|
| | | 成交量(亿美元) | 成交笔数 | 基准货币成交量(亿元) | 成交笔数 |
| 2016 年 4 月 | 隔夜 | 4 870.39 | 11 271 | 4 870.37 | 11 269 |
| | 即/远 | 2 641.86 | 10 367 | 2 641.47 | 10 361 |
| | 远/远 | 310.66 | 937 | 310.14 | 926 |
| | 合计 | 7 822.91 | 22 575 | 7 821.98 | 22 556 |
| 2016 年 5 月 | 隔夜 | 4 997.40 | 10 878 | 4 997.40 | 10 877 |
| | 即/远 | 2 597.54 | 11 468 | 2 597.52 | 11 465 |
| | 远/远 | 348.98 | 997 | 344.73 | 981 |
| | 合计 | 7 943.92 | 23 343 | 7 939.65 | 23 323 |
| 2016 年 6 月 | 隔夜 | 5 071.50 | 11 015 | 5 070.81 | 11 010 |
| | 即/远 | 2 311.58 | 10 334 | 2 311.32 | 10 328 |
| | 远/远 | 340.20 | 921 | 337.38 | 906 |
| | 合计 | 7 723.27 | 22 270 | 7 719.51 | 22 244 |
| 2016 年 7 月 | 隔夜 | 4 805.93 | 10 844 | 4 805.92 | 10 841 |
| | 即/远 | 2 935.52 | 11 680 | 2 930.77 | 11 659 |
| | 远/远 | 448.12 | 1 104 | 437.32 | 1 083 |
| | 合计 | 8 189.58 | 23 628 | 8 174.01 | 23 583 |
| 2016 年 8 月 | 隔夜 | 5 204.26 | 12 359 | 5 204.25 | 12 358 |
| | 即/远 | 3 110.83 | 12 079 | 3 110.28 | 12 062 |
| | 远/远 | 536.84 | 1 159 | 535.87 | 1 142 |
| | 合计 | 8 851.93 | 25 597 | 8 850.41 | 25 562 |
| 2016 年 9 月 | 隔夜 | 4 551.60 | 10 314 | 4 551.60 | 10 313 |
| | 即/远 | 3 500.07 | 13 120 | 3 499.99 | 13 116 |
| | 远/远 | 535.35 | 1 464 | 534.42 | 1 458 |
| | 合计 | 8 587.02 | 24 898 | 8 586.01 | 24 887 |

资料来源:中国外汇交易中心、FX168 财经网。

根据中国外汇交易中心的数据,过去一年以来,尤其是在 2015 年的 8·11 汇改之后,美元兑人民币掉期交易总量持续走高,表明人民币汇率加剧波动的大背景之下,银行间外汇市场交投同样加剧。

表 4 　　　　　　　　　　**2016 年外汇远期统计(截至 2016 年 9 月底)**

| 时间 | 期限品种 | 合计折美元 | | 美元兑人民币 | |
|---|---|---|---|---|---|
| | | 成交量(百万美元) | 成交笔数 | 基准货币成交量(百万元) | 成交笔数 |
| 2015 年 9 月 | 1D | 206.39 | 16 | 206.37 | 15 |
| | 1W | 112.44 | 7 | 112.42 | 6 |
| | 1M | 390.94 | 25 | 390.94 | 25 |
| | 3M | 100.84 | 9 | 40.46 | 7 |
| | 6M | 20.02 | 2 | 20.00 | 1 |
| | 1Y | 63.74 | 9 | 62.95 | 8 |
| | 其他 | 693.34 | 108 | 662.63 | 87 |
| | 合计 | 1 587.72 | 176 | 1 495.77 | 149 |
| 2015 年 10 月 | 1D | 362.27 | 24 | 362.27 | 52 |
| | 1W | 58.02 | 4 | 58.02 | 4 |
| | 1M | 354.15 | 35 | 353.23 | 32 |
| | 3M | 21.50 | 5 | 21.50 | 5 |
| | 6M | 8.99 | 2 | 5.58 | 1 |
| | 9M | 21.00 | 3 | 21.00 | 3 |
| | 1Y | 228.84 | 21 | 228.05 | 20 |
| | 其他 | 402.54 | 100 | 387.52 | 69 |
| | 合计 | 1 457.31 | 194 | 1 437.18 | 158 |
| 2015 年 11 月 | 1D | 588.13 | 43 | 588.13 | 43 |
| | 1W | 210.11 | 9 | 210.11 | 9 |
| | 1M | 205.45 | 12 | 205.45 | 12 |
| | 3M | 181.95 | 20 | 181.95 | 20 |
| | 6M | 166.54 | 19 | 160.00 | 18 |
| | 9M | 34.00 | 4 | 34.00 | 4 |
| | 1Y | 148.00 | 18 | 132.26 | 17 |
| | 其他 | 545.65 | 137 | 536.26 | 118 |
| | 合计 | 2 079.83 | 262 | 2 048.16 | 241 |

| 时间 | 期限品种 | 合计折美元 | | 美元兑人民币 | |
|---|---|---|---|---|---|
| | | 成交量(百万美元) | 成交笔数 | 基准货币成交量(百万元) | 成交笔数 |
| 2015 年 12 月 | 1D | 2 978.87 | 113 | 2 978.40 | 112 |
| | 1W | 125.17 | 8 | 125.17 | 8 |
| | 1M | 285.28 | 34 | 284.54 | 33 |
| | 3M | 358.87 | 33 | 358.87 | 33 |
| | 6M | 124.32 | 11 | 121.02 | 10 |
| | 9M | 95.00 | 10 | 95.00 | 10 |
| | 1Y | 189.36 | 19 | 184.96 | 18 |
| | 其他 | 1 576.19 | 218 | 1 552.92 | 202 |
| | 合计 | 5 733.05 | 446 | 5 700.88 | 426 |
| 2016 年 1 月 | 1D | 298.76 | 31 | 296.91 | 30 |
| | 1W | 74.72 | 8 | 72.56 | 7 |
| | 1M | 307.75 | 26 | 307.50 | 25 |
| | 3M | 2 104.04 | 39 | 2 101.89 | 38 |
| | 6M | 1 149.10 | 28 | 1 149.10 | 28 |
| | 9M | 76.00 | 5 | 76.00 | 5 |
| | 1Y | 747.05 | 45 | 740.91 | 43 |
| | 其他 | 2 247.82 | 243 | 2 008.30 | 224 |
| | 合计 | 7 005.24 | 425 | 6 763.15 | 400 |
| 2016 年 2 月 | 1D | 101.50 | 7 | 101.50 | 7 |
| | 1W | 23.50 | 4 | 23.50 | 4 |
| | 1M | 265.00 | 30 | 265.00 | 30 |
| | 3M | 302.98 | 15 | 302.98 | 15 |
| | 6M | 288.40 | 8 | 288.40 | 8 |
| | 9M | 14.00 | 4 | 14.00 | 4 |
| | 1Y | 42.18 | 7 | 40.40 | 5 |
| | 其他 | 1 744.90 | 203 | 1 701.36 | 180 |
| | 合计 | 2 782.46 | 278 | 2 737.14 | 253 |

| 时间 | 期限品种 | 合计折美元 | | 美元兑人民币 | |
|---|---|---|---|---|---|
| | | 成交量（百万美元） | 成交笔数 | 基准货币成交量（百万元） | 成交笔数 |
| 2016 年 3 月 | 1D | 122.58 | 12 | 122.58 | 12 |
| | 1W | 130.65 | 15 | 130.65 | 15 |
| | 1M | 342.70 | 18 | 342.70 | 18 |
| | 3M | 408.25 | 31 | 408.25 | 31 |
| | 6M | 95.50 | 9 | 95.50 | 9 |
| | 9M | 10.00 | 3 | 10.00 | 3 |
| | 1Y | 286.41 | 22 | 285.63 | 21 |
| | 其他 | 1 441.56 | 248 | 1 344.15 | 220 |
| | 合计 | 2 837.64 | 358 | 2 739.45 | 329 |
| 2016 年 4 月 | 1D | 531.15 | 21 | 530.77 | 19 |
| | 1W | 2.34 | 1 | 2.34 | 1 |
| | 1M | 342.23 | 28 | 342.18 | 27 |
| | 3M | 306.65 | 30 | 306.52 | 29 |
| | 6M | 136.56 | 12 | 136.56 | 12 |
| | 9M | 5.00 | 1 | 5.00 | 1 |
| | 1Y | 60.88 | 14 | 60.09 | 13 |
| | 其他 | 1 317.76 | 200 | 996.45 | 167 |
| | 合计 | 2 702.57 | 307 | 2 379.90 | 269 |
| 2016 年 5 月 | 1D | 8 507.43 | 889 | 8 507.43 | 889 |
| | 1W | 706.51 | 73 | 705.95 | 72 |
| | 1M | 431.96 | 42 | 431.96 | 42 |
| | 3M | 150.48 | 21 | 150.48 | 21 |
| | 6M | 247.77 | 17 | 247.77 | 17 |
| | 9M | 76.36 | 7 | 76.36 | 7 |
| | 1Y | 448.21 | 51 | 439.47 | 48 |
| | 其他 | 1 927.17 | 260 | 1 838.31 | 227 |
| | 合计 | 12 495.89 | 1 360 | 12 397.74 | 1 323 |

| 时间 | 期限品种 | 合计折美元 | | 美元兑人民币 | |
|---|---|---|---|---|---|
| | | 成交量(百万美元) | 成交笔数 | 基准货币成交量(百万元) | 成交笔数 |
| 2016 年 6 月 | 1D | 8 945.60 | 853 | 8 945.60 | 850 |
| | 1W | 1 764.41 | 67 | 1 764.41 | 67 |
| | 1M | 2 394.36 | 86 | 2 394.12 | 85 |
| | 3M | 439.93 | 41 | 419.93 | 41 |
| | 6M | 405.30 | 16 | 405.30 | 16 |
| | 9M | 50.00 | 6 | 50.00 | 6 |
| | 1Y | 152.77 | 29 | 151.97 | 28 |
| | 其他 | 2 189.53 | 216 | 2 088.17 | 192 |
| | 合计 | 16 328.71 | 1 314 | 16 219.50 | 1 285 |
| 2016 年 7 月 | 1D | 14 377.34 | 1 469 | 14 371.63 | 1 468 |
| | 1W | 606.55 | 54 | 606.55 | 54 |
| | 1M | 2 085.25 | 79 | 2 085.25 | 79 |
| | 3M | 160.22 | 12 | 160.19 | 12 |
| | 6M | 98.43 | 12 | 98.43 | 12 |
| | 9M | 10.00 | 1 | 10.00 | 1 |
| | 1Y | 275.18 | 30 | 274.40 | 29 |
| | 其他 | 1 521.13 | 221 | 1 468.78 | 190 |
| | 合计 | 19 134.10 | 1 878 | 19 075.23 | 1 844 |
| 2016 年 8 月 | 1D | 10 890.33 | 1 169 | 10 885.30 | 1166 |
| | 1W | 1 168.50 | 88 | 1 168.50 | 88 |
| | 1M | 1 686.89 | 90 | 1 686.85 | 89 |
| | 3M | 161.97 | 25 | 161.97 | 25 |
| | 6M | 105.00 | 13 | 105.00 | 13 |
| | 9M | 43.90 | 6 | 43.90 | 6 |
| | 1Y | 166.08 | 20 | 165.30 | 19 |
| | 其他 | 1 086.63 | 245 | 1 068.01 | 207 |
| | 合计 | 15 309.31 | 1 656 | 15 284.83 | 1 613 |

| 时间 | 期限品种 | 合计折美元 | | 美元兑人民币 | |
|---|---|---|---|---|---|
| | | 成交量(百万美元) | 成交笔数 | 基准货币成交量(百万元) | 成交笔数 |
| 2016年9月 | 1D | 5 950.69 | 570 | 5 950.20 | 569 |
| | 1W | 163.09 | 19 | 157.00 | 16 |
| | 1M | 237.60 | 23 | 235.10 | 21 |
| | 3M | 84.07 | 7 | 84.07 | 7 |
| | 6M | 128.66 | 9 | 128.28 | 8 |
| | 9M | 43.10 | 3 | 43.10 | 3 |
| | 1Y | 408.20 | 58 | 407.41 | 57 |
| | 其他 | 1 867.38 | 196 | 1 654.57 | 150 |
| | 合计 | 8 882.80 | 885 | 8 659.74 | 831 |

资料来源:中国外汇交易中心、FX168财经网。

## (二)中国外汇市场发展大事记

2001年8月,中国首届互联网在线外汇模拟交易大赛开赛,该大赛由交通银行上海市分行主办、FX168承办。

2002年10月30日,上海黄金交易所正式开业。上海黄金交易所相继推出黄金、白银、铂等贵金属交易品种,并以国内商业银行作为其金融类会员单位,大力发展银行间贵金属交易市场。近几年,上海黄金交易所的贵金属延期交易业务发展迅猛,被视为导致银行间外汇交易萎缩的一个重要诱因。

2003年11月17日,中国建设银行上海市分行推出以"汇得盈"命名的个人外汇结构存款理财产品,这是中国商业银行推出的首款外币理财产品。

2005年1月,中国银监会批准CMC集团在北京设立代表处,这是首家获银监会批准的非银行外汇保证金交易公司。

2005年7月21日,人民币汇价由挂钩美元改为参考一篮子外币,人民币兑美元汇率实时升值2%,报8.11元人民币。自此,人民币兑美元汇率开启了持续3年的单边上扬走势。

2005年10月,瑞富公司(REFCO)申请破产保护。

2007年2月9日,中国银监会特批丹麦盛宝银行(Saxo Bank)在北京成立代表处,这是中国首次批准的从事资本市场金融产品交易的银行。经中国银行业监督管理委员会批准,丹麦盛宝银行有限公司北京代表处于2007年8月5日开业。

2008 年 6 月 6 日,银监会下发文件全面叫停银行外汇保证金业务,原因是银行业金融机构的客户对此业务的风险认知能力、风险承受能力和银行自身风险控制能力仍然不足。

2008 年 12 月,嘉盛集团宣布退出中国大陆。嘉盛客户可选择转户到 FXCM,若拒绝转户,则需在当年 12 月 13 日前关闭所有开仓头寸。

2009 年 7 月,中国银行广东省分行首家推出"双向宝"交易品种。双向宝包括外汇、黄金双向宝,是继银监会叫停银行保证金业务后银行间市场推出的首款具有做多、做空双向交易的投资品种,但保证金比例是 1∶1,不可放大。

2010 年 6 月 19 日,中国人民银行宣布:"将进一步推进人民币汇率形成机制改革,增强人民币汇率弹性,对人民币汇率浮动进行动态管理和调节。"此举被视为人民币二次汇改。

2011 年 3 月 9 日,嘉盛集团获中国银监会批准在北京设立代表处。

2011 年 7 月 19 日,美国百利集团获中国银监会批准在上海设立代表处。

2011 年 10 月 31 日,曼氏金融(MF)申请破产保护。

2012 年 7 月,中银国际证券获准在中国大陆开展外汇保证金交易业务,中银国际证券为中国银行全资子公司。

2013 年 11 月 26 日,福汇集团在上海设立外汇培训中心,该中心将为不同程度的外汇交易者免费提供一流的市场资讯和资源。

2014 年 2 月 18 日,上海自贸区启动支付机构跨境人民币支付业务。

2014 年 2 月 21 日,上海自贸区《扩大人民币跨境使用细则》发布。

2014 年 2 月 26 日,中国人民银行在上海自贸区放开小额外币存款利率上限。

2014 年 2 月 28 日,《上海自贸区外汇管理细则》发布,探索资本项目可兑换。

2014 年 3 月 6 日,中国证监会官员向中国外汇监管部门建议放开券商外汇业务。

2014 年 3 月 14 日,银行间即期外汇市场人民币兑美元交易价浮动幅度由 1% 扩大至 2%。

2014 年 3 月 28 日,中国人民银行与德意志联邦银行签署了在法兰克福建立人民币清算安排的合作备忘录。

2014 年 3 月 31 日,中国人民银行与英格兰银行签署在伦敦建立人民币清算安排的合作备忘录。

2014 年 4 月 29 日,港交所和上交所分别发布沪港通的实施细则,细则规定,沪港通交易将统一用人民币结算。沪股通以人民币报价和交易,港股通以港币报价、以人民币交收。

2014年5月28日，中国金融期货交易所董事长张慎峰表示，中金所将根据人民币汇率市场化形成机制改革进程，适时推出交叉汇率期货及人民币外汇期货产品。

2014年6月18日，中央电视台曝光外汇黑平台，机构不规范操作引发关注。

2014年6月28日，中国人民银行与卢森堡中央银行签署在卢森堡建立人民币清算安排的合作备忘录；与法兰西银行签署在巴黎建立人民币清算安排的合作备忘录。

2014年7月3日，中国人民银行与韩国银行签署在首尔建立人民币清算安排的合作备忘录。

2014年7月28日，河南首例非法"炒外汇"案被追究刑事责任，5人被判刑。

2015年1月15日，瑞士央行突然取消实施3年之久的1.20瑞郎兑1欧元的汇率上限，在此之前瑞郎空头头寸的规模达到18个月来最高水平，这在国际汇市引发巨震。全球首屈一指的外汇交易平台提供商福汇集团(FXCM)虽然已在第一时间关闭了瑞郎交易，但仍蒙受了2.25亿美元的巨额损失。

2015年1月16日，受瑞士央行放弃瑞郎汇率上限影响，汇市遭遇剧烈动荡，欧洲老牌外汇经纪商英国艾福瑞(Alpari UK)因资不抵债，正式宣布破产。

2015年1月22日，塞浦路斯利马索尔地区法院收到中国区客户及介绍经纪商(IB)对铁汇提起诉讼，铁汇以"违规套利交易"为由，拒绝超过150个账户的出金申请，这部分的客户资金总额近125万美元。

2015年1月30日，中信证券披露收购昆仑国际金融(Kunlun Financial Group Limited，KVB)60％的股权，使得KVB身份发生新的实质性转变，成为国际上首家具备"中国国有属性"的外汇经纪商。

2015年3月13日，澳大利亚证券投资委员会暂时撤销已更名的聚宝金融(GSM)的金融服务牌照。此前聚宝金融疑在中国陷入金额高达400亿元人民币金融传销诈骗事件。

2015年6月27日，中国人民银行与匈牙利中央银行签署了在匈牙利建立人民币清算安排的合作备忘录。

2015年8月11日，中国人民银行决定完善人民币兑美元汇率中间价报价，人民币兑美元汇率中间价较上日贬值近2％，中国人民银行称，这是人民币中间价与市场汇率点差的一次性校正。

2015年9月17日，中国人民银行与阿根廷中央银行签署了在阿根廷建立人民币清算安排的合作备忘录。

2015年10月20日，中国人民银行在伦敦采用簿记建档方式，成功发行了50亿元人民币央行票据，期限1年，票面利率3.1％。此次央行票据发行是中国人民银行首次在中国以外地区发行以人民币计价的央行票据。

2015 年 11 月 9 日,经中国人民银行授权,中国外汇交易中心宣布在银行间外汇市场开展人民币对瑞士法郎直接交易。

2015 年 11 月 25 日,首批境外央行类机构在中国外汇交易中心完成备案,正式进入中国银行间外汇市场,这有利于稳步推动中国外汇市场对外开放。

2015 年 12 月 11 日,中国外汇交易中心在中国货币网正式发布 CFETS 人民币汇率指数,对推动社会观察人民币汇率视角的转变具有重要意义。CFETS 人民币汇率指数参考 CFETS 货币篮子,具体包括中国外汇交易中心挂牌的各人民币对外汇交易币种,样本货币权重采用考虑转口贸易因素的贸易权重法计算而得。

2016 年 1 月 12 日,第二批境外央行类机构在中国外汇交易中心完成备案,正式进入中国银行间外汇市场。

2016 年 6 月 17 日,经中国人民银行授权,中国外汇交易中心宣布在银行间外汇市场开展人民币对南非兰特直接交易。

2016 年 6 月 24 日,全国外汇市场自律机制在上海宣告成立,并召开了第一次工作会议。

2016 年 6 月 24 日,经中国人民银行授权,中国外汇交易中心宣布在银行间外汇市场开展人民币对韩元直接交易。

2016 年 6 月 25 日,中国人民银行与俄罗斯中央银行签署了在俄罗斯建立人民币清算安排的合作备忘录。俄罗斯人民币清算安排的建立,有利于中、俄两国企业和金融机构使用人民币进行跨境交易,进一步促进双边贸易、投资便利化。

2016 年 8 月 17 日,中国警方公布 EUROFX/FXCAP 诈骗案,据悉该案是国内近几十年来最大的"金字塔"诈骗案,总损失至少 4.55 亿元人民币(约合 7 000 万美元)。

2016 年 9 月 21 日,中国人民银行决定授权中国银行纽约分行担任美国人民币业务清算行。

2016 年 9 月 26 日,经中国人民银行授权,中国外汇交易中心宣布在银行间外汇市场开展人民币对沙特里亚尔、人民币对阿联酋迪拉姆直接交易。

2016 年 9 月 30 日,国际货币基金组织(IMF)宣布纳入人民币的特别提款权(SDR)新货币篮子于 10 月 1 日正式生效。新的 SDR 货币篮子包含美元、欧元、人民币、日元和英镑 5 种货币,权重分别为 41.73%、30.93%、10.92%、8.33% 和 8.09%,对应的货币数量分别为 0.582 52、0.386 71、1.017 4、11.900、0.085 946。人民币纳入 SDR 是人民币国际化的里程碑。

## (三)2016 年中国外汇市场新动向

2016 年是中国外汇市场迎来大事件的一年:人民币 10 月 1 日正式加入 SDR、人民币国际化、中国外汇市场改革等。外汇市场进一步开放和透明,外汇市场参与者类型得到扩大,外汇衍生产品工具更加丰富,交易、清算、信息等基础设施愈发完善,从而提升了中国外汇市场的深度和广度。

### 1. IMF:人民币 2016 年 10 月 1 日加入 SDR(特别提款权)

北京时间 2015 年 12 月 1 日凌晨 1:00,IMF(国际货币基金组织)正式宣布,人民币 2016 年 10 月 1 日加入 SDR(特别提款权)。距离上一轮评估历时整整 5 年,IMF 终于批准人民币进入 SDR。IMF 总裁拉加德在发布会上表示:"人民币进入 SDR 将是中国经济融入全球金融体系的重要里程碑,这也是过去几年中国政府在货币和金融体系改革方面所取得的进步的认可。"

该决议的通过,是一个被载入史册的事件,将会对中国的金融改革和人民币汇率走势产生重要影响。同时,人民币成为与美元、欧元、英镑和日元并列的第五种 SDR 篮子货币。

对中国而言,人民币加入 SDR 既是 IMF 对人民币国际化进程的认可,也是中国对继续推动包括资本账户开放在内的金融改革的承诺。

人民币纳入 SDR 将被解读为 IMF 对人民币作为自由可使用货币的官方背书,同时也标志着中国在国际金融市场中日益凸显的重要性得到了国际认可,这将进一步推动中国国内金融改革以及资本项目开放进程。

IMF 网站刊发的新闻稿指出,可以将人民币加入 SDR 货币篮子视作中国与全球金融体系融合过程中的一个重要里程碑,它对中国的持续改革进程起到确认和强化作用。人民币的加入还将提高特别提款权作为国际储备资产的吸引力,因为特别提款权篮子将更加多元化,篮子构成将更能代表世界主要货币。

此次调整将是 1999 年欧元取代德国马克和法国法郎以来,SDR 货币篮子的构成首度发生变化。这也是人民币数十年来逐步树立起国际公信力进程中的一个里程碑——创建于第二次世界大战结束后的人民币曾经长时间只能在中国大陆内部使用。

IMF 表示,新的货币篮子于 2016 年 10 月 1 日正式生效。该组织宣布,人民币在新货币篮子中的权重将为 10.92%。生效以后,美元的权重为 41.73%,欧元为 30.93%,日元为 8.33%,英镑为 8.09%。目前,美元、欧元、英镑和日元在货币篮子中的权重分别为 41.9%、37.4%、11.3%和 9.4%。

## 2. 中国外汇交易中心发布 CFETS 人民币汇率指数

中国外汇交易中心网站"中国货币网"2015年12月11日发布了 CFETS(中国外汇交易中心)人民币汇率指数。

CFETS 人民币汇率指数参考 CFETS 货币篮子,具体包括中国外汇交易中心挂牌的各人民币对外汇交易币种,主要包括美元、日元、欧元等13种样本货币,样本货币权重采用考虑转口贸易因素的贸易权重法计算而得。

为便于市场从不同角度观察人民币有效汇率的变化情况,中国外汇交易中心还于同日公布了参考 BIS 货币篮子、SDR 货币篮子计算的人民币汇率指数。

人民币汇率不应仅以美元为参考,也要参考一篮子货币。汇率指数作为一种加权平均汇率,主要用来综合计算一国货币对一篮子外国货币加权平均汇率的变动,能够更加全面地反映一国货币的价值变化。参考一篮子货币较参考单一货币,更能反映一国商品和服务的综合竞争力,也更能发挥汇率调节进出口、投资及国际收支的作用。

中国货币网特约评论员认为,中国外汇交易中心定期公布 CFETS 人民币汇率指数,对推动社会观察人民币汇率视角的转变具有重要意义,有助于引导市场改变过去主要关注人民币对美元双边汇率的习惯,逐渐把参考一篮子货币计算的有效汇率作为人民币汇率水平的主要参照系,有利于保持人民币汇率在合理均衡水平上的基本稳定。

## 3. 银行间外汇市场运行时间自 2016 年 1 月 4 日起延长至北京时间 23:30

2015年12月23日,央行发布公告称,自2016年1月4日起,银行间外汇市场交易系统每日运行时间延长至北京时间23:30,人民币汇率中间价及浮动幅度、做市商报价等市场管理制度适用时间相应延长。

中国外汇交易中心对外公布北京时间16:30人民币兑美元即期询价成交价作为当日收盘价。同时,央行还将进一步引入合格境外主体。符合一定条件的人民币购售业务境外参加行经向中国外汇交易中心申请成为银行间外汇市场会员后,可以进入银行间外汇市场,通过中国外汇交易中心交易系统参与全部挂牌的交易品种。

人民币购售业务交易品种包括即期、远期、掉期和期权,境外主体应在人民币购售业务项下依法合规参与银行间外汇市场交易。

央行相关负责人表示,随着人民币汇率市场化、可兑换和国际化进程的加快,加快国内外汇市场发展特别是推动市场对外开放的需求日益上升。此次延长外汇交易时间和进一步引入合格境外主体,主要着眼于丰富境内外汇市场的参与主体、拓宽境内外市场主体的交易渠道,促进形成境内外一致的人民币汇率,这是深化外汇市场发展的改革举措。

央行认为,延长外汇交易时间后,市场流动性在较长一段时间内可能仍以日间交易为主,并且最大限度地反映中国外汇市场真实的供求状况。夜间交易的流动性相对较差,可能使市场出现较大波动,汇率容易失真甚至有被操纵的可能。若以北京时间23:30的汇率作为收盘价,做市商参考这一价格为次日中间价报价,可能削弱中间价的基准性和代表性。而且,如果做市商因为收盘价代表性不足而不参考进行次日中间价报价,又会影响中间价报价机制的权威性,造成收盘价与次日中间价的结构性偏离。因此,延长外汇交易时间后银行间外汇市场收盘价仍沿用北京时间16:30的成交价。

对于合格境外主体成为银行间外汇市场会员是有资质要求的,央行称,现阶段,进入银行间外汇市场的合格境外主体主要考虑人民币购售业务规模较大、有国际影响力和地域代表性的境外参加行,由中国外汇交易中心按照市场自愿原则,依法具体实施市场准入。合格境外主体成为银行间外汇市场会员的申请流程、技术标准和收费安排等与现有银行间外汇市场会员标准相同。

### 4. 上海自贸区 FT 账户首笔人民币外汇货币掉期成交

上海自贸区网站 2016 年 5 月 30 日刊登公告称,5 月 25 日,中国银行上海市分行为上海自贸区张江高科技片区内某企业在其 FTE 账户下叙做分账核算单元下的首笔人民币外汇货币掉期(CCS)业务。该笔 CCS 业务为美元兑人民币品种,期限 5 年。

公告显示,"人民币外汇货币掉期业务"是指银行与客户在约定期限内交换约定数量人民币与外币本金,同时定期交换两种货币利息的交易协议。通过该类交易,客户可以实现外币债务(或存款)与人民币债务(或存款)的转变。

据了解,该企业需要从 FTE 账户下取得长期人民币融资,并拟在融资期内使用美元经营收入偿还对应的人民币融资,因此面临较大的汇率和利率风险。

通过叙做该笔自贸区 CCS 交易,企业不仅能够将其人民币债务转换为美元债务,更好地管理汇率风险,同时还能规避美元利率上行的风险,有效锁定企业财务成本。

公告并指出,此次 FT 项下对客 CCS 业务的推出,为中国银行更好地服务自贸区企业开拓了新的业务空间,也进一步巩固了中国银行在自贸区金融市场产品创新方面的领先地位。

### 5. 人民币国际化征程中"里程碑式事件"——美国首获中国 RQFII 额度

2016 年 6 月 7 日,为期两天的中美战略与经济对话落下帷幕,"最耀眼"成果可能当属中国首次赋予美国人民币合格境外机构投资者(RQFII)额度,并准备在美国设立人民币清算行。市场人士认为,这是人民币国际化征程中的一个里程碑式事件。

此次中美战略与经济对话结束后,中国表示将向美国的机构投资者提供 2 500 亿元人民币的 RQFII 额度。此外,中国还将允许美国一家银行(未披露名称)担任境外的人民币清算行。美国财长雅各布·卢(Jacob Lew)表示,参与人民币市场打开了"一扇重要的大门"。

中国人民银行(PBOC)副行长易纲当日表示,中国将向美国提供 2 500 亿元人民币(约合 380 亿美元)RQFII 额度。易纲在北京举行中美战略与经济对话期间发表了上述声明,但未提供有关时间框架的更多细节。易纲称:"中国决定提供美国 2 500 亿元人民币 RQFII 额度,如果我们能用人民币进行投资将降低企业成本,提高效率。"RQFII 是指境外机构投资人可将批准额度内的外汇结汇投资于境内的证券市场。

这是中国首次授予美国这一额度。通过 RQFII 机制,海外机构可以使用在离岸市场募集到的人民币资金,投资于中国境内的资本市场。

对于此次给予美国 2 500 亿元的 RQFII 额度,易纲表示,中方高度评价美方小组和中方有关市场合作,将共同推进人民币业务在北美开展。人民币国际化是市场驱动的过程,市场对人民币业务有需求,货物贸易与对手方用人民币清算更方便,节约交易成本,用人民币投资可以节约有关企业的财务成本。

外媒根据中国央行的公告统计,从 2011 年底 RQFII 推出至今,央行共授予近 20 个国家和地区逾万亿元人民币的 RQFII 额度。

根据官方披露,截至 2016 年 5 月底,外管局向 165 家金融机构发放了 5 020 亿元人民币的 RQFII 额度,其中,中国香港以 2 700 亿元人民币高居榜首。值得注意的是,全球头号经济体——美国一直缺席人民币迈向全球的这一进程。

中国将向美国提供 2 500 亿元人民币 RQFII 投资额度,规模仅次于中国香港,显示了中国政府正努力拓展人民币的海外使用,并吸引资金回流境内。此外,全球头号经济体——美国参与人民币国际化进程,意义尤为重大。

**6. 中国成立外汇市场自律机制,对人民币中间价报价行为等进行自律管理**

据中国外汇交易中心网站 2016 年 6 月 27 日发布的公告,6 月 24 日全国外汇市场自律机制在上海宣告成立并召开了第一次工作会议。该自律机制由银行间外汇市场成员组成,对人民币汇率中间价报价行为,以及银行间市场和银行柜台市场交易行为进行自律管理。

公告称,为适应我国外汇市场发展,更好地发挥金融机构在市场建设方面的作用,2016 年 6 月 24 日,全国外汇市场自律机制在上海宣告成立并召开了第一次工作会议。

公告指出,外汇市场自律机制是由银行间外汇市场成员组成的市场自律和协调机制,在符合国家有关汇率政策和外汇管理规定的前提下,对人民币汇率中间价报价行为,以及银行间市场和银行柜台市场交易行为进行自律管理,维护市场正当竞争秩序,促进外汇市场有序运作和健康发展。

会议审议通过了《外汇市场自律机制工作指引》,明确了外汇市场自律机制的职责、组织架构和工作机制。

会议选举中国银行行长陈四清担任首任外汇市场自律机制主任委员。外汇市场自律机制在中国外汇交易中心设立秘书处,中国外汇交易中心副总裁孙杰担任秘书长。

中国银行、工商银行、中信银行等 14 家成员机构代表参加了会议。中国人民银行和国家外汇管理局有关领导出席会议并讲话。

### 7. 外汇交易中心:境外金融机构的境外远期卖汇头寸平盘后需交纳风险准备金

中国外汇交易中心 2016 年 7 月 6 日称,将加强境外金融机构进入银行间外汇市场开展人民币购售业务宏观审慎管理,自 8 月 15 日起,银行间外汇市场的境外金融机构在境外与其客户开展远期卖汇业务产生的头寸在银行间外汇市场平盘后,应按月对其上一月平盘额交纳 20% 的外汇风险准备金,准备金利率为零。

中国货币网通知称,外汇风险准备金须存入中国外汇交易中心开立的专用账户。

通知称,进入银行间外汇市场的境外金融机构包括按照《中国人民银行国家外汇管理局公告》(〔2015〕第 40 号)所规定可以进入银行间外汇市场进行交易的人民币购售业务境外参加行,以及境外人民币业务清算行。

通知要求,进入银行间外汇市场的境外金融机构应将外汇风险准备金交存基数及应交存外汇风险准备金数报送交易中心,在北京时间每月 15 日前(遇节假日顺延)将外汇风险准备金(美元)划至交易中心指定账户。各种货币之间的折算率按每月国家外汇管理局公布的《各种货币对美元折算率》计算。未公布折算率的,参照国家外汇管理局确定的各种货币对美元折算率的方法计算。

通知并称,进入银行间外汇市场的境外金融机构外汇风险准备金计算公式为:当月外汇风险准备金交存额=与境外客户开展远期卖汇业务产生的头寸在银行间外汇市场上一月平盘额×外汇风险准备金率。外汇风险准备金冻结期为 1 年,交易中心将在北京时间期满当月 15 日(遇节假日顺延)退划资金。

### 8. 境外央行类机构首次进入中国银行间外汇市场

2015 年 11 月 25 日以及 2016 年 1 月 12 日,先后两批境外央行类机构在中国外汇交易中心完成备案,正式进入中国银行间外汇市场,这有利于稳步推动中国外汇市场对外开放。

首批境外央行类机构包括中国香港金融管理局、澳大利亚储备银行、匈牙利国家银行、国际复兴开发银行、国际开发协会、世界银行信托基金和新加坡政府投资公司,涵盖了境外央行(货币当局)和其他官方储备管理机构、国际金融组织、主权财富基金三种机构类别。以上境外央行类机构各自选择了直接成为中国银行间外汇市场境外会员、由中国银行间外汇市场会员代理和由中国人民银行代理的一种或多种交易方式,并选择即期、远期、掉期、货币掉期和期权中的一个或多个品种进行人民币外汇交易。

第二批境外央行类机构包括印度储备银行、韩国银行、新加坡金管局、印度尼西亚银行、泰国银行、国际清算银行、国际金融公司。以上境外央行类机构各自选择了直接成为中国银行间外汇市场境外会员、由中国银行间外汇市场会员代理和由中国人民银行代理的一种或多种交易方式,并选择即期、远期、掉期、货币掉期和期权中的一个或多个品种进行人民币外汇交易。

截至目前,共有14家境外央行类机构完成备案,正式进入中国银行间外汇市场。

# 第二部分　国内零售外汇市场结构分析

为了了解和分析中国外汇市场投资者结构，FX168财经集团每年通过不同的形式收集数据，以此对行业进行进一步的深入研究，并借此探索行业发展的方向。2016年，我们继续将FX168"投资英雄"年度运行数据纳入并进行分析，同时延续了2015年的做法，继续面向国际经纪商进行问卷调查，选择了数十家在中国市场活跃且有代表性的经纪商进行调研。以下为本年度收集到的数据的分析结果，在此特别感谢各大机构对FX168蓝皮书的大力支持。

## （一）投资者结构分析（数据来自FX168"投资英雄"）

### 1. 男性投资者比例略高，男女比例相差不大

FX168"投资英雄"的数据显示，54.15%的外汇投资者为男性，其余为女性，男女几乎平分秋色。

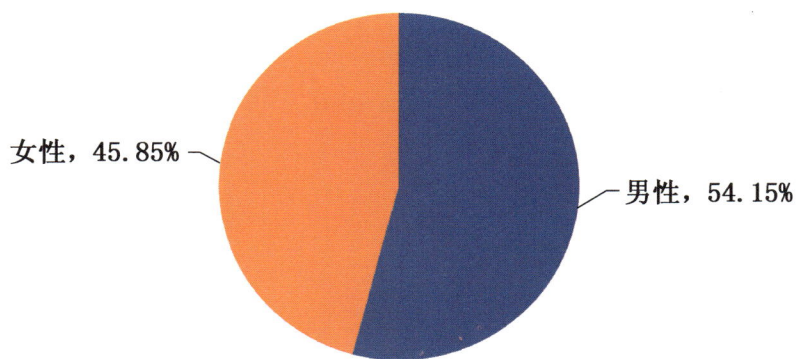

**图1　投资者性别分布**

### 2. 25～54岁投资者投资需求最为强烈，55岁以上投资者占比大幅增长

数据显示，六成多的投资者年龄在25～54岁之间，显示处于就业及创业关键年龄段的人们投资需求更为强烈。但55岁以上的投资者占15%左右，此数据远高于2015年FX168的调查结果，当时50岁以上的投资者占比仅为5.2%。中国开始步入越老越

富的阶段,老年人的投资需求不可忽视。

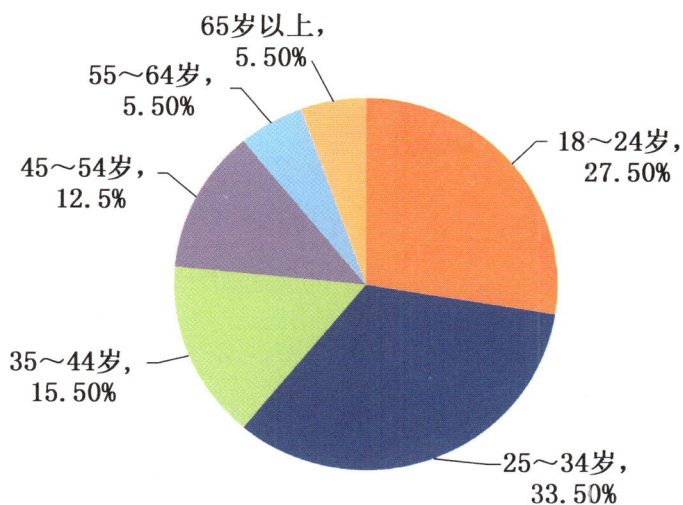

**图 2　投资者年龄分布**

### 3. 经济发达地区投资者居多,湖北、河南两地异军突起

数据显示,外汇投资者仍主要集中在北、上、广及长三角经济发达地区,但地处中部的湖北及中原地带的河南可谓异军突起,占比突出,分别为 18％和 4％,显示这两个区域的金融投资趋于活跃,或将是兵家必争之地。

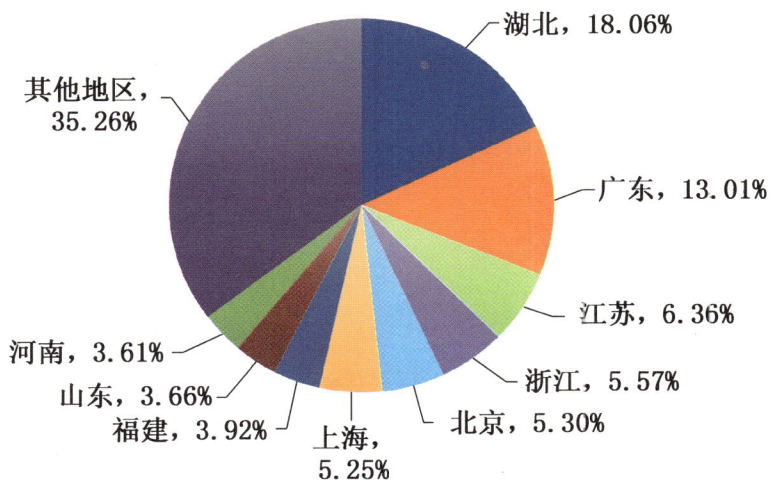

**图 3　投资者地区分布**

## 4. 欧洲时段超越北美时段,成为交易最活跃时段

数据显示,96％的交易都是在欧洲及北美交易时间段完成的,其中,49％在欧洲盘完成,47％在北美盘完成,欧洲盘交易超越北美盘交易,排名第一。在英国退欧而美联储迟迟不加息的情况下,欧洲盘的波动性超过北美盘也在意料之中。需要看到的是,仅有4％的交易发生在亚洲时间段,说明尽管中国因素对市场的影响越来越大,但真正利用中国因素引发的波动进行及时交易的并不多,显示中国因素的真正市场影响力还处于发展中。

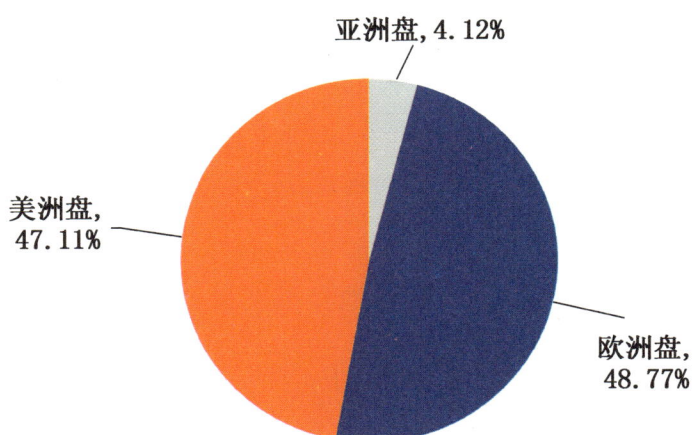

图 4　交易时间段分布

## 5. 英镑超欧元成主力,加元异军突起,黄金和原油让人"大跌眼镜"

交易数据显示,欧系货币对(如英镑兑美元、欧元兑美元)的交易占比占绝对地位,超过平台总交易量的60％,尤其是英镑兑美元,受英国退欧激发的市场波动性影响,该货币对2016年表现异常突出。2015年最受欢迎的货币对是欧元兑美元。然而,出人意料的是,美元兑加元的占比达31％,加元素有"油元"之称,加元交易量的大增或许与原油价格的大幅波动有关。更令人意外的是,黄金和原油的交易量并没有传说中的大,甚至很小,总占比不足3％。

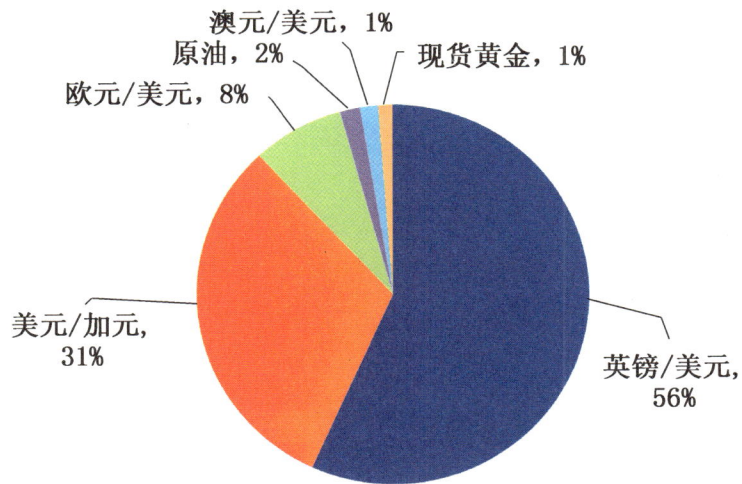

**图 5　交易品种分布**

## 6. 盈亏比三七开，系统性培训可助投资者减少亏损

　　数据显示，70%的投资者亏损，23%的投资者是盈利的，另有7%的投资者账户处于持平状态。这一结果好于一般的二八定律，这跟"投资英雄"作为训练平台的功能有关，该平台有约10%的活跃投资者接受过FX168财经学院的系统性培训。这一结果也再一次说明，系统性培训是可以帮助投资者减少或避免亏损的。

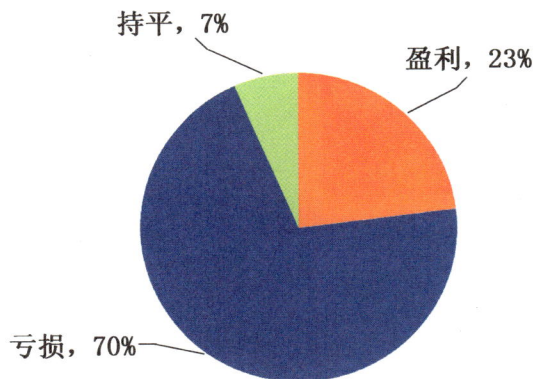

**图 6　投资者盈亏分布**

## (二)经纪商平台情况(机构定向调查结果)

### 1. 近七成经纪商账户数量及客户交易量均逾 20% 的速度增长

相比较 2015 年的运营情况,2016 年近七成的外汇经纪商在账户数量和客户交易量上都录得 20% 以上的增长,而近九成的经纪商在中国大陆地区的新开发客户数量也优于 2015 年。

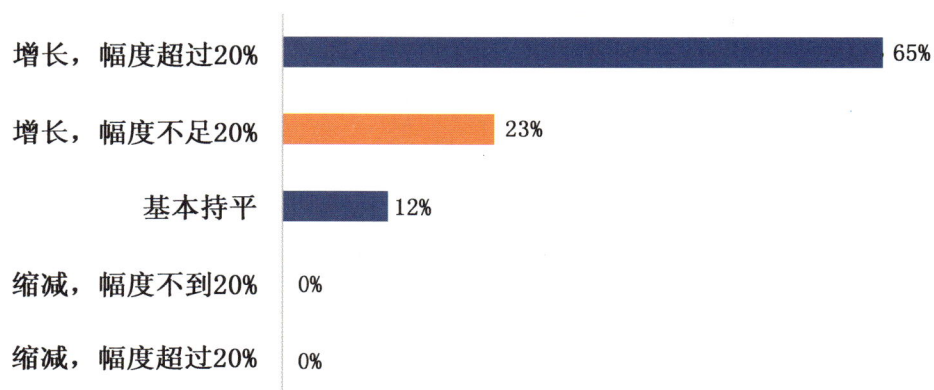

**图 7　2016 年外汇经纪商在中国大陆地区的整体账户数量变动情况**

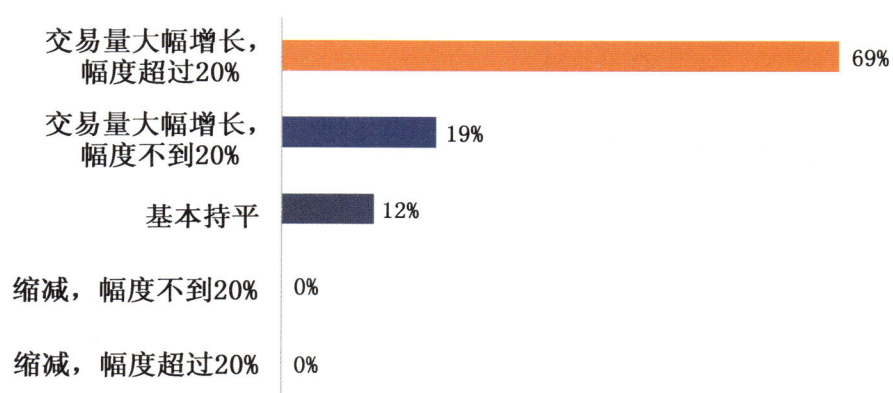

**图 8　2016 年外汇经纪商在中国大陆地区的客户交易量变动情况**

### 2. 近四成平台中国区月均交易量集中在 100 亿~500 亿美元

调查显示,有 33% 的交易商平台表示其中国区月均交易量在 100 亿~500 亿美元之间,25% 的交易商平台中国区月均交易量在 1 000 亿~2 000 亿美元之间。

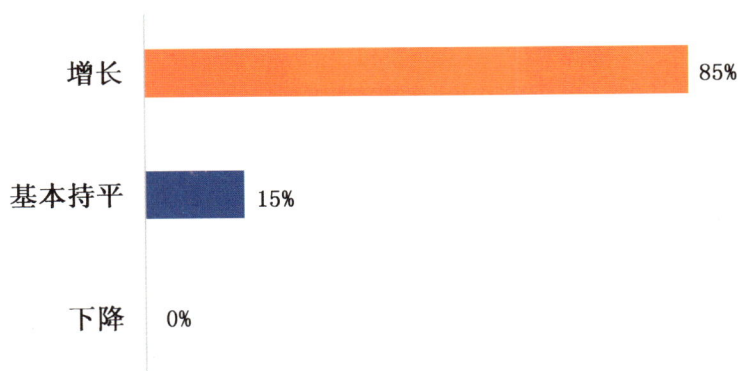

**图9　2016 年外汇经纪商在中国大陆地区的新增客户数变动情况**

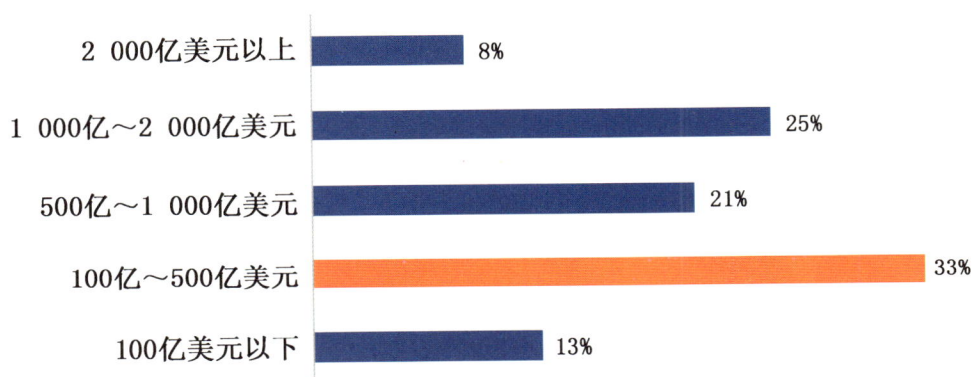

**图 10　交易商平台中国区月均交易量情况**

### 3. 单个客户初次入金量出现分化，平台吸金能力差距正在拉大

41％的交易平台反映 2016 年度的客户初次入金量平均在 2 000 美元左右，还有 37％的交易平台表示初次入金量为 5 000 美元左右，19％的平台反映客户初次入金量 为 10 000 美元左右，另有 4％的平台反映客户入金量平均超过 20 000 美元。与 2015 年 的调查数据相比，虽然入金量在 10 000 美元的投资者比例大幅下降（2015 年占到 43.75％），但部分平台上投资者平均入金超过 20 000 美元，显示交易平台的吸金能力的 差距正在拉大。

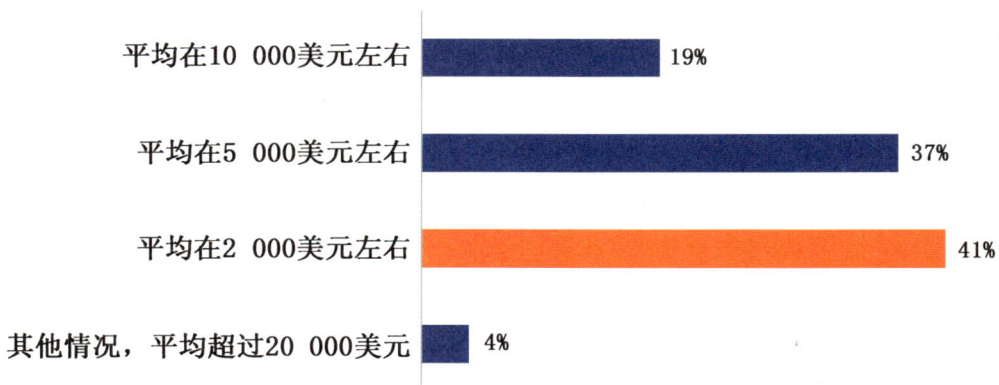

图 11　单个客户入金量

各交易平台首次入金量数据虽有所分化,但是交易平台客户账户平均资金规模总体都维持在 10 000 美元左右。

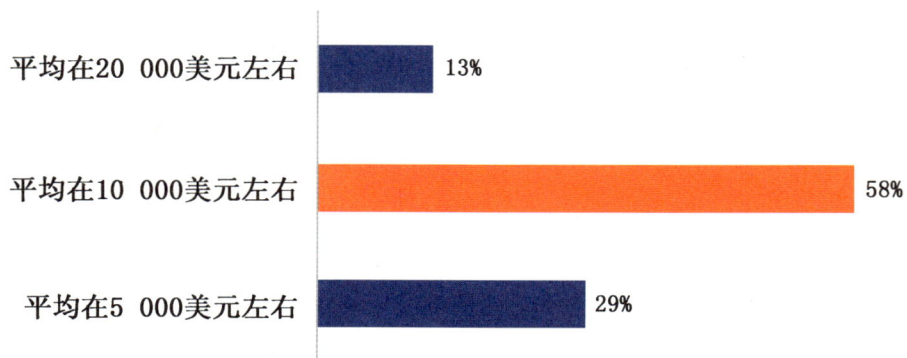

图 12　交易平台客户账户平均资金规模

## 4. 客户活跃性继续保持在较高水平

调查结果显示,经纪商平台上投资者的活跃性仍然保持在较高水平,四成经纪商表示 80% 以上的客户都很活跃,与 2015 年的统计结果基本一致。活跃性是指从总体上看客户的交易间隔不超过 2 周。

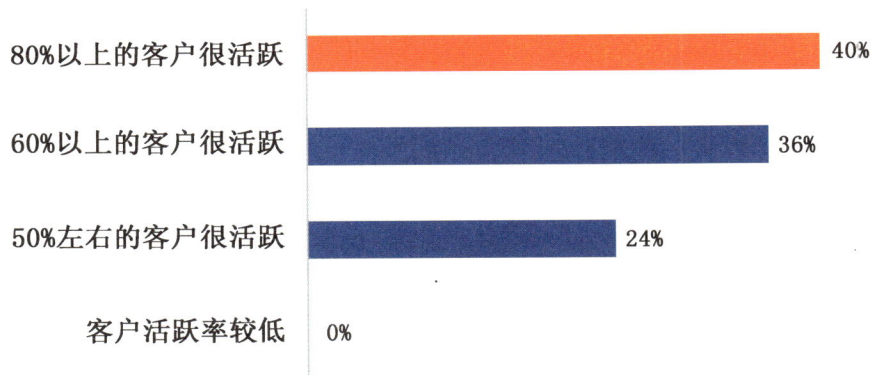

**表 13　交易平台活跃账户调查**

## 5. 外汇交易量继续占据榜首,欧系货币称王

调查结果显示,近八成经纪商反映其交易平台的投资者以外汇交易为主,外汇交易仍然以较大的比例悬殊占据了平台成交量的榜首,与过往几年的调查结果保持一致。

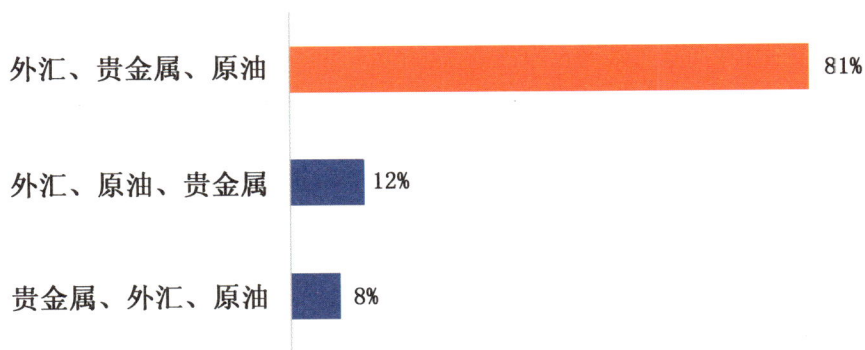

**图 14　交易平台投资标的物成交量占比排名**

在所有外汇货币对交易中,欧系货币仍然是投资者最偏好的选择。

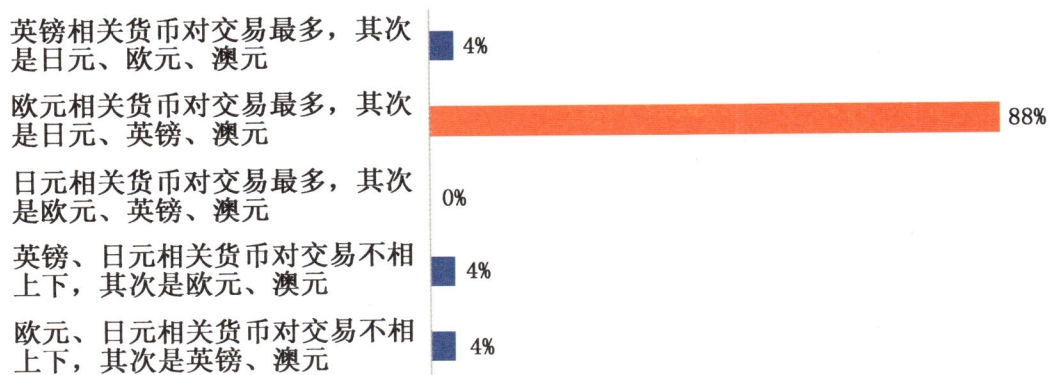

**图 15　交易平台投资者货币对交易偏好调查**

## 6. 客户依然最关心资金安全和平台稳定性

调查结果显示,资金安全和平台稳定性是所有受访交易平台客户最关心的问题,监管情况和出入金周期紧随其后。

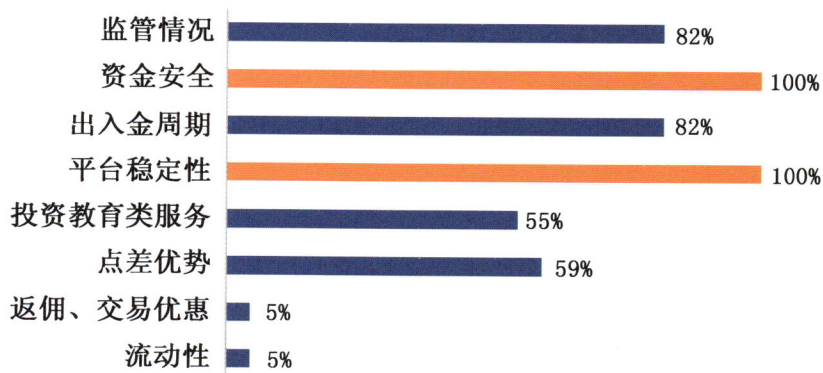

图 16 交易平台投资者最关心的问题

## 7. 客户来源主要渠道依次是 IB 代理、搜索引擎、线下活动

调查结果显示,几乎所有的经纪商都认为 IB 代理是公司客户来源的重要渠道,这与 2015 年的调查结果一致,紧随其后的是搜索引擎和线下活动。经纪商 2016 年的问卷结果同时显示,电话销售的效果略好于垂直媒体广告。

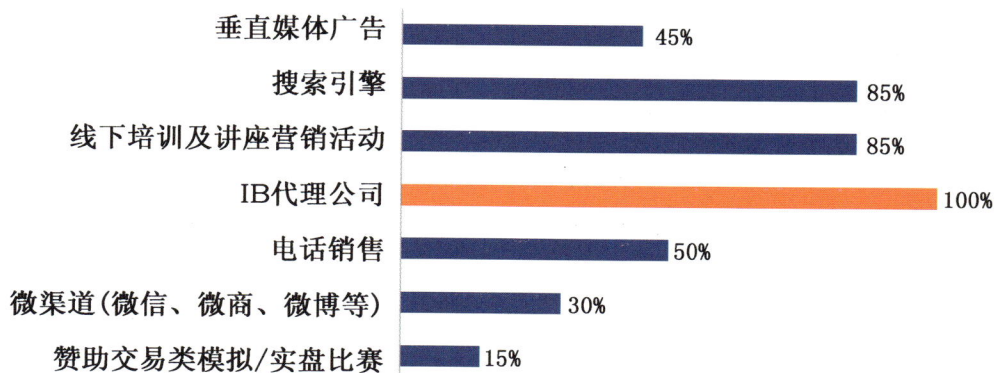

图 17 客户来源重要渠道排名

## 8. 移动交易逐年上升,八成交易商移动端交易占比为 10%～50%

接受调查的经纪商反映移动交易量占比超过一半的约为 19%,基本与 2015 年数

28

据一致。但值得注意的是,认为移动交易占比不足 10% 的平台数量大大减少,2015 年为 18.75%,2016 年数据为 0。近八成机构表示移动交易占比在 10%～50% 之间。

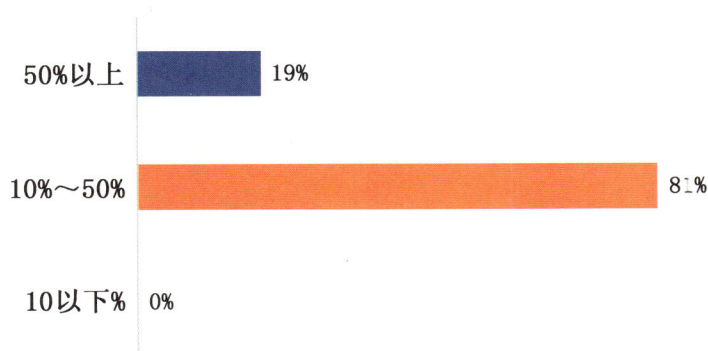

**图 18　移动平台交易量占比情况**

## 9. 中国区业务在经纪商全球业务版图中举足轻重,地位依旧

调查结果显示,只有 8% 的经纪商表示中国区业务在其全球业务中的占比不足 10%,而中国区业务占比在 10%～30% 以及占比在 30% 以上的均为 46%。

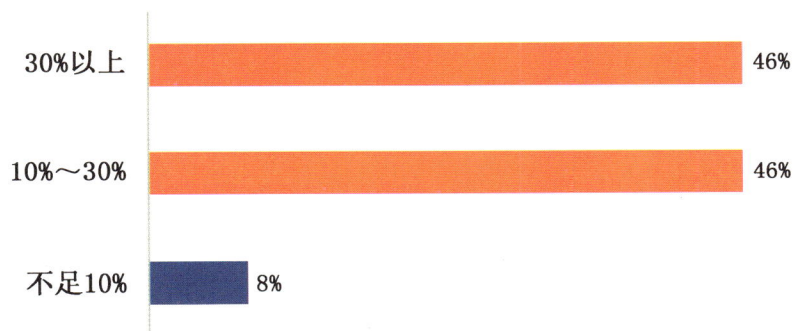

**图 19　中国区业务在全球业务中的占比**

## 10. 半数交易商单个客户开发成本在 1 000～3 000 元之间

调查显示,在华开展业务的交易平台,有半数表示单个客户的开发成本在 1 000～3 000 元之间,近两成平台表示开发成本可以控制在 300 元以内,也有 9% 的受访平台指出其开发成本在 3 000 元以上,行业内客户开发成本差异较大。

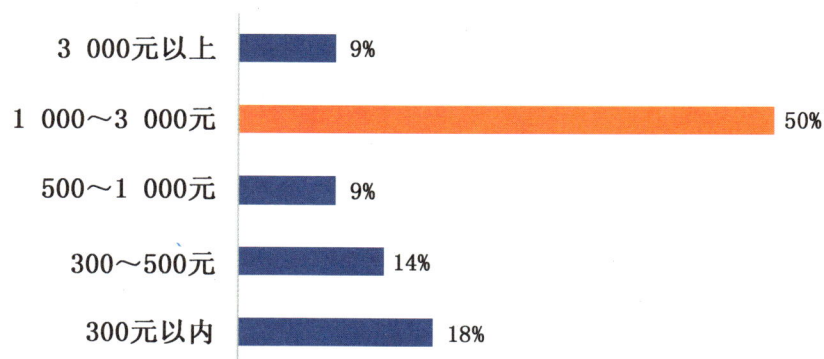

图 20　中国市场单个客户开发成本

## 11. 2017 年营销预算不等,近四成预算在 1 000 万元以上

展望 2017 年,各交易平台对将投放在中国地区市场的营销预算相对来说分布比较平均,35％的平台表示预算规模将在 1 000 万～3 000 万元之间,23％的平台预算控制在 500 万～1 000 万元,预算在 300 万～500 万元和 300 万元以内的平台各为 19％。只有极个别平台预算预计将在 3 000 万元以上。

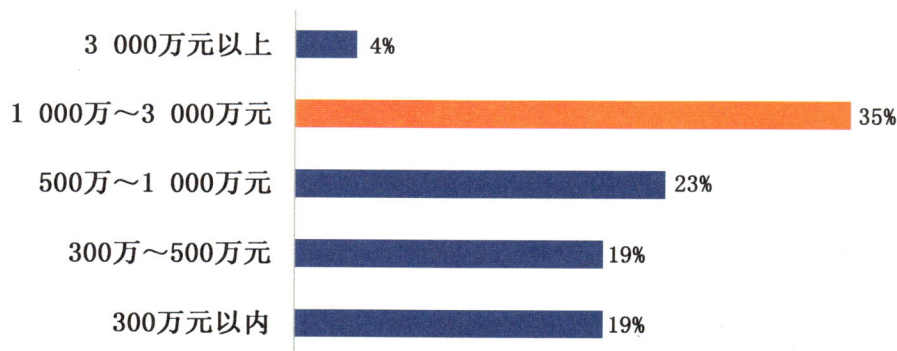

图 21　2017 年中国区市场营销预算

## 12. 经纪商看市场:技术革新优胜劣汰是必然,服务好客户才是根本

多数经纪商认为,随着互联网技术的发展,经纪商应当更加注重在手机端的技术投入和研发。与此同时,经纪商也需要对平台功能进行不断地革新。产品多元化、细致化,行为导向便捷化是必然趋势,一成不变的可复制模式将慢慢一去不返,批量老式平台将逐步退出舞台。

对 2016 年中国外汇市场的发展,不少经纪商用到了类似"百花齐放"这样的修饰词,但在交易平台快速发展的同时,也暴露出当下市场竞争力不足、资质良莠不齐的现况。多数经纪商认为,在机遇和挑战并存的当下,中国外汇交易客户数量显著增长,经纪商更应当完善自身机制,更好地为投资者服务。

展望 2017 年,多数经纪商期望当局能够出台更多的规范制度,加强对外汇市场的监管。同时,也希望整个行业能够更加自律、团结。在这一过程中,必然会有一些不符合要求的经纪商被淘汰出局,但这是外汇交易市场发展必经的过程。经纪商们认为,来年中国外汇市场将更具潜力,投资群体也将会进一步扩大,相信会有更多的平台陆续进入中国市场。而对于现有经纪商来说,如何脚踏实地地做好全方位的服务工作才是应该考虑的问题。

# 第三部分　国内外外汇行业热点与趋势

## (一)全球首部外汇交易行为准则重磅出炉

全球第一部外汇交易行为准则于 2016 年 5 月 26 日正式出炉,该准则明令禁止交易员说谎与制造不实谣言。这些新的方针指引旨在重建外界对外汇市场的信任。对丑闻与操控市场的指控已令汇市备受打击。

最新发布的这份文件是之前所使用的几套区域行为准则的进化版,内容主要聚焦于银行对于客户订单的处理方式,以及市场参与者之间能交流和不能交流的内容。光是这些问题就包含二三十条针对个人的指导方针,这些指令包含在 11 项广泛"原则"之中,以及就讨论市场走势之适当或不当方式的额外附加特定实例之下。

在日交易量 5.3 万亿美元的外汇市场上,大型机构正面临挑战。尽管交易员们赖以产生利润的外汇波动升至 5 年来最高,但这种波动主要由一些国家央行意外举措等事件所引发,很难为交易员所捕捉。2015 年,华尔街裁减超过 2 万个职位,交易岗位首当其冲。

澳洲联储助理主席德贝尔(Guy Debelle)在电话会议中对记者表示:"外汇行业深受缺乏信任之苦,市场有必要重建这样的信任。"德贝尔担任由 21 家央行组成的讨论小组主席,这个小组从 2015 年 7 月开始进行这份文件的拟定事宜。

2015 年,因为监管机构发现交易员合谋操纵基准利率,5 家国际大行付出约 90 亿美元罚款和处罚的代价。这一丑闻令外汇业务产生"地震",给这一日交易规模 5.3 万亿美元的行业抹了黑。根据美国司法部,花旗集团、摩根大通、巴克莱、苏格兰皇家银行、瑞银集团遭到重罚。

这部行为准则是外汇行业对操控市场及滥用客户下单机密资讯等指控的因应举措之一,相关指控使得七家全球最大银行在受到大规模全球性的调查后,于 2015 年被处以约 100 亿美元罚款。

德贝尔称,准则的第二部分将在 12 个月内完成,将进一步涵盖执行、交易和平台、机构经纪和管理以及风险管理和合规方面。

总部位于纽约的 CLS Group Holdings AG 的首席执行官 David Puth 说道,在过去 3 年因丑闻遭受打击之后,他希望这部准则可以让日交易量超过 5 万亿美元的外汇市场再度增长。Puth 参与了这份准则的制定。

## (二)花旗蝉联全球外汇交易市场霸主地位,昔日冠军德意志银行沉沦

据欧洲货币杂志《Euromoney》2016 年 5 月 25 日公布的年度行业调查显示,在日成交金额达到 5 万亿美元的全球外汇交易市场,新加入的、规模较小的参与者抢占更大的份额,而世界规模最大的几家外汇交易银行正失去对这一全球最大金融市场的掌控。不过,花旗依然是当今全球外汇交易市场的霸主。

根据该杂志对外汇市场参与者进行的年度调查,花旗以 12.9％的份额排在全球外汇交易市场的第一位,并且是连续第三年占据榜首位置,但低于 2015 年调查时 16.1％的份额。

《Euromoney》的年度调查报告备受整个外汇行业的关注。2009 年榜单上的前五大银行控制着全球外汇交易市场 61.5％的占有份额,前十大银行的占有份额则接近 80％。

由于监管收紧,交易环境严峻,加上自动化程度提高,这些排在前五位的银行的总体市场份额也降至 44.7％的纪录低点。值得注意的是,德意志银行(Deutsche Bank)的市场份额降低几乎一半至 7.9％,市场占有率排名从《Euromoney》的 2015 年排行榜第二位降至第四位。

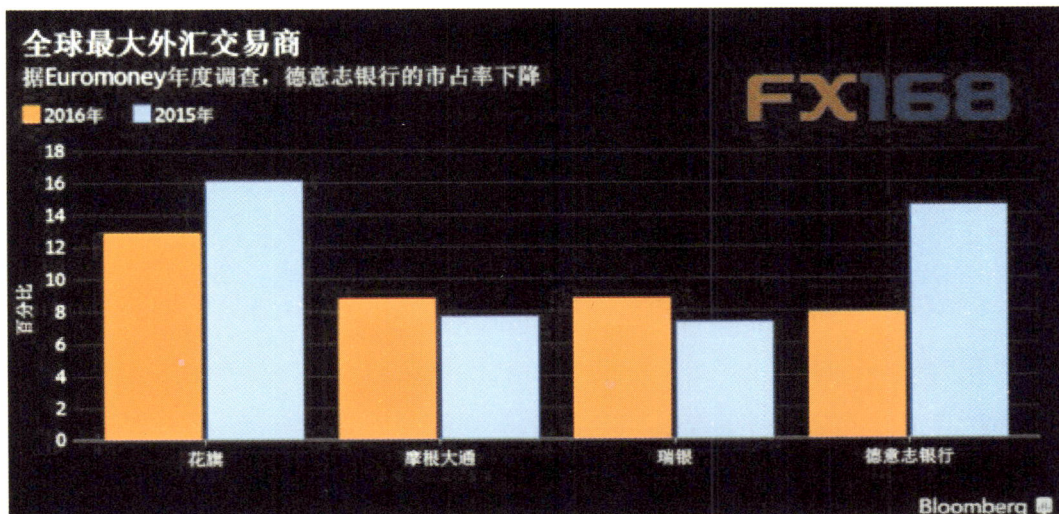

资料来源:彭博。

**图 1  全球最大外汇交易商**

值得注意的是,德意志银行在 2005～2013 年期间曾稳居冠军宝座,随后宝座之位

便被花旗集团抢掉。

据数据分析公司 Coalition 称,2016 年一季度,12 家投资银行在外汇、债券和大宗商品交易的收益较 5 年前同期下滑 49%,相关员工人数减少 32%。

调查还显示,美国银行业抢占了欧洲同行的份额。外汇交易市场排名前十位的银行中有 5 家来自美国,花旗排名第一,其他 4 家的排名也在上升。

在 2015 年的前十名榜单中,欧洲银行业者占据了六席,但 2016 年有 2 家跌出榜单,3 家的排名下降。

表 1 为《Euromoney》2016 年度调查的外汇市场份额排名前十位交易商:

**表 1**                         **外汇交易量机构排行榜**

|  | 2016 排名 | 排名调整 |
| --- | --- | --- |
| 花旗 | 1 | — |
| 摩根大通 | 2 | +2 |
| 瑞银 | 3 | +2 |
| 德意志银行 | 4 | −2 |
| 美银美林 | 5 | +1 |
| 巴克莱 | 6 | −3 |
| 高盛 | 7 | +2 |
| 汇丰 | 8 | −1 |
| XTX Markets | 9 | 最新进入排名榜 |
| 摩根士丹利 | 10 | +3 |

资料来源:Euromoney。

## (三)投行频遭交易员起诉,汇率操纵案上演"罗生门"

随着汇率操纵丑闻的爆发,引发银行大面积裁员和内部争端,一批外汇交易员在最近几个月起诉前雇主。

花旗集团日本的一位前交易员 2016 年 5 月上诉东京法庭,自己因涉嫌试图操纵汇率、违反内部政策而被开除,是当了替罪羊,他的行为是雇主纵容的。这呼应了数位花旗前雇员在全球各地法院提出的申诉。此前,前交易员 Perry Stimpson、Carly McWilliams 和 Robert Hoodless 都对该行提起诉讼。这位前交易员起诉了总部位于纽约的花旗,指控其不当解雇。根据 2016 年 3 月 23 日提交给东京地区法院的诉状概要,其在执行捍卫期权合约头寸的交易时,从未收到花旗的任何警告。在全球调查外汇操纵案期间,花旗集团还开除了一些伦敦和新加坡的交易员,这些人在近几个月里纷纷起诉该行,称导致自己被开除的行为在该公司实属平常。花旗集团坚称,开除这些交易员是因为他们违反了公司的行为准则。

在这宗官司的发生地——日本,当局迄今仍未就汇率操纵问题惩罚任何一家银行。之前因为外汇交易的丑闻,全球的监管机构已经向大型银行业者开出了 100 亿美元的罚款。

花旗就此官司申辩称,2015 年 1 月开除这位驻东京的交易员,是因为发现了他与一位新加坡同事 2011～2013 年的电子对话记录。而所涉同事是一位期权交易员,于 2015 年 5 月也被花旗开除,又于 2015 年 8 月在新加坡就不当解雇提告,主张这些对话反映的是习惯做法。

花旗全球市场日本公司向该交易员下达因故解雇通知书称,这些对话显示出了如下"不当"意图:通过在确定期权合约所用的汇率基准之前做交易,来影响即期外汇市场。这封通知书已提交法院。通知书中称,虽然这些交易的规模很小,不足以直接影响价格,但这样做的意图严重违反了该公司的行为规范。

这位 2015 年 2 月在日本提起诉讼的交易员声称,他的行为并未违规,并要求恢复原职。他为花旗工作了 4 年,而且作为外汇交易员从业已有 15 年之久。

除了花旗集团之外,摩根大通也遭到外汇交易员控告,加入一连串外汇交易员类似行动的行列。据法庭文件,2015 年 8 月份从摩根大通离职的执行董事 Patrice Ktorza 也起诉该行不公平解雇。

## (四)感谢屡屡制造意外的全球"央妈",全球外汇交易量攀升

各国央行调查表明,从东京到伦敦再到纽约,全球央行货币政策让投资者"防不胜防",全球主要外汇交易中心的成交量在截至 2016 年 4 月的 6 个月中均呈现增长。

据英国央行的外汇联合常务委员会(Foreign Exchange Joint Standing Committee)称,在全球最大外汇市场——英国,日均交易量较 2015 年 10 月攀升 5%,至 2.21 万亿美元,其中美元/日元交易量大涨 27%,涨幅位居首位。

英国央行的调查还显示,在英国进行退欧公投前的几个月,英镑/美元成交额增加,澳元和人民币的成交额减少。

最新的数据显示,自英国退欧公投以来,外汇成交额已有所回升。据结算机构持续联系结算及交付系统(CLS)显示,在英国 2016 年 6 月 23 日公投前后,英镑和其他主要货币的波动性飙升,交易平台称这段时间的成交额较正常水平高出 1 倍,这推动 2016 年 6 月的全球外汇成交额从 2016 年 5 月的每日 4.61 万亿美元攀升至 5.19 万亿美元。

美联储公布的数据显示,北美外汇日均成交量从 2015 年 10 月的 8 090 亿美元升

至 8 930 亿美元,升幅达到 10％,较 2014 年同期也上升 1％。美国外汇成交额上升主要归因于掉期交易跳增,其成交额较 2014 年 10 月调查结果增加 23％。

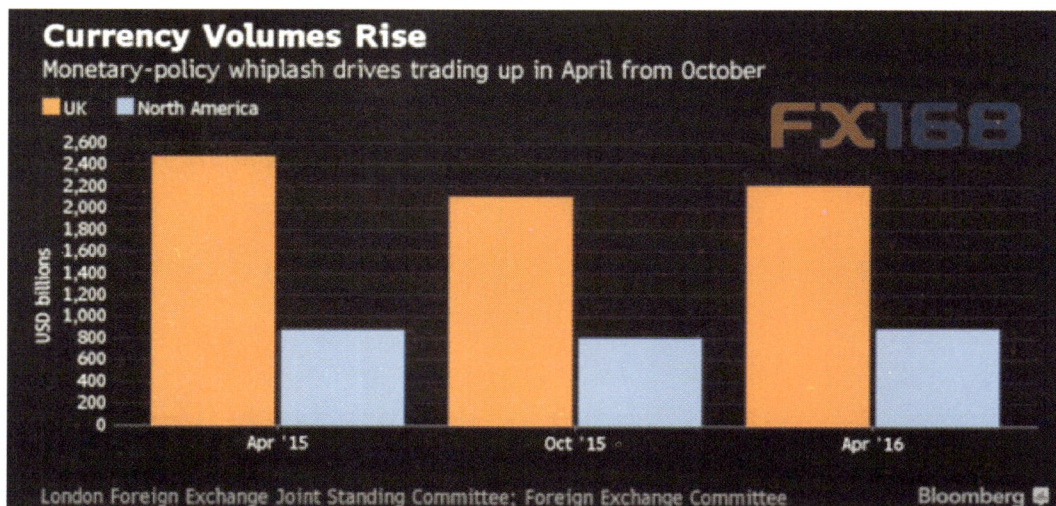

资料来源:彭博。

**图 2　全球外汇交易量上升**

约 2/3 的全球外汇交易流经伦敦,英国央行和美联储公布外汇交易调查之际,外界还在热切期待国际清算银行(BIS)2016 年 9 月公布三年一度的全球外汇交易成交额报告。

在日本以及澳大利亚,包括现汇、远汇、期权和互换在内,成交量分别增长 5.1％和 6％。分析师指出,此前错误估计日本央行和美联储政策决定的交易员了结仓位,可能导致成交量增长。

多伦多道明银行(Toronto Dominion Bank)驻伦敦欧洲外汇策略部门主管 Ned Rumpeltin 表示:"一切都是由于货币政策,我们看到市场此前在很大程度上预计日本央行 2016 年 4 月会祭出新一轮宽松措施。当这一希望遭到破灭之后,当时尚未了结的美元/日元多头头寸就面临极大的压力。"

巴克莱驻纽约的外汇和利率策略师 Andres Jaime 指出,日元交易量激增也要归因于日元之前相对于其他货币更加便宜。

在新加坡,该国的外汇市场委员会(Foreign Exchange Market Committee)在一份声明中指出,2016 年 4 月份日均交易量为 4 190 亿美元,较 6 个月前攀升 36％。数据并显示,2016 年 4 月份日本的日均交易量跳升 28％,至 618 亿美元;澳大利亚则上涨 19％。

美元/日元交易量飙升以及整体外汇交易量攀升与汇率波动性上升的态势相吻合。根据摩根大通公布的一项指数,截至 2016 年 4 月的 6 个月中七国集团(G7)平均汇率波动性达到 10.35%,6 个月前为 9.85%。

尽管伦敦的交易量较 6 个月前有所攀升,但较 2015 年同期依然下滑 9%。巴克莱的 Jaime 认为,银行业削减承担风险的活动可能是交易量下滑的原因之一。

## (五)千呼万唤始出来,"比特币之父"真实身份曝光

澳大利亚科技企业家 Craig Steven Wright 2016 年 5 月 2 日宣称,自己就是各方寻找的"比特币创始人",并提交了自己的密钥作为证据。2008 年,一个自称"中本聪"的人发表了一篇论文,论述了对比特币的构想。

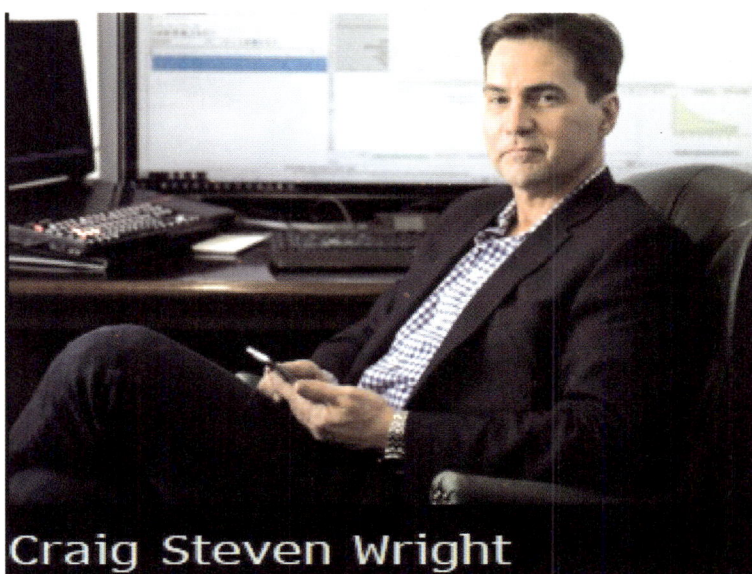

图 3　Craig Steven Wright

比特币是当前风靡网络的一种电子货币,其概念在 2008 年由一个化名"中本聪"的人提出,2009 年全球首款比特币算法软件出现。此后比特币成为全球最常用的虚拟货币,引起银行、投机者、罪犯和监管者的兴趣。

一些评论人士暗示,比特币的创始人或可帮助解决比特币软件开发商之间的激烈争议,而这种争议威胁比特币的未来。但 Wright 在接受英国广播公司采访时未提及这些争议,并且由于比特币是开源的,不会被任何人控制,因此还不清楚他是否能够影响到开发比特币的方式。

BBC 称,Wright 通过使用属于比特币创始人所拥有的比特币,从技术角度对自己创造者的身份进行了证实。

比特币最常见的一个定义是"一种由开放源代码的 P2P 软件产生的电子货币"。

通俗一点讲,即有一台计算机,下载运行特定软件,经过若干计算完成特定数学问题,就能获得一定的比特币。这一获得比特币的过程被称为"挖矿"。

当然,"挖矿"对计算机的硬件(如显卡)有一定要求,更重要的是,所计算的数学问题也非常复杂。根据算法,现存比特币数量越多,制造新的比特币难度就越大。据计算,到 2140 年之前,比特币总量将达到上限——2 100 万个。

据澳大利亚媒体报道,Wright 今年 46 岁,是一位企业家。2015 年行为低调、深居简出的 Wright 在一个比特币投资者大会上自我介绍时说,他曾是一位学者,从事商业研究,拥有法律博士和统计学硕士学位。

Wright 在一份新闻公报中说,作出公开自己身份的决定并不容易,而促使自己澄清事实的原因是他对自己工作的热爱和关心。他希望借此消除围绕比特币的不实传说和担忧。

目前,居住在伦敦的 Wright 对英国广播公司表示:"我是比特币主要创始人,有其他人帮助了我。一些人会相信,一些人不会。说真的,对此我并不在乎。"

## (六)"个人操纵第一案",汇市操纵调查进入新阶段

汇丰控股的一名高管原本打算 2016 年 7 月 19 日晚在纽约肯尼迪国际机场搭乘班机,但美国联邦监管机构意外以涉嫌外汇交易欺诈而将其逮捕。业内人士指出,这标志着美国司法部对国际投行操纵汇率基准进行的长达 3 年调查进入了一个新阶段。

据称,被捕的是汇丰驻伦敦的外汇现金交易全球主管 Mark Johnson,他也是在此次调查中被指控的首个个人。他被控在一家客户的 35 亿美元外汇交易之前抢先交易(front-running)。

**图 4　Mark Johnson**

Johnson 和汇丰欧洲、中东与非洲现汇交易前主管 Stuart Scott，是因银行汇率操纵调查而面临美国刑事指控的第一批人。

这项调查 2015 年导致 4 家国际大行认罪，承认共谋操纵汇率。尽管汇丰不在这 4 家银行之列，但在 2014 年同意支付 6.18 亿美元和解美国和英国监管机构的相关调查。

美国司法部持续进行调查，而汇丰已经拨备 12 亿美元来支应各项外汇相关调查带来的费用。

美国检方表示，Johnson 和 Scott 在 2011 年滥用一家客户提供的信息。该客户雇用汇丰把 35 亿美元兑换成英镑，这与客户计划出售一家外国子公司有关联。检方称，被告随后利用自己掌握的内幕消息，抢先在客户交易之前进行交易，导致英镑汇率上涨，从而损害这家客户的利益。法院文件没有提及这家客户名称，但消息人士透露，这家客户就是英国石油公司 Cairn Energy。

检方指出，汇丰总计从其汇市交易员抢先进行的交易中获利 300 万美元，通过执行客户交易获利 500 万美元。不过，Mark Johnson 2016 年 8 月 29 日对于参与欺诈的指控拒绝认罪，这令"汇市个人操纵第一案"也变得悬念突生。

Johnson 关于通信欺诈和共谋指控的抗辩，是由其律师 Frank Wohl 在布鲁克林联邦法院提出的。Wohl 在听证后表示："他不认罪，因为他没罪，他并没有做过任何错事。"

## (七)10 亿美元跨国外汇庞氏骗局震惊世界

EUROFX/FXCAP 诈骗案是国内近几十年来最大的"金字塔"诈骗案。到目前(2016 年 7 月)为止，中国 9 个省的警方记录显示，他们接到至少 319 起客户对这起诈骗案的投诉。警方估计总损失至少 4.55 亿元人民币(约合 7 000 万美元)，并对在中国非法筹资发出 23 份逮捕令。而有些投资者称，这些投诉只是"冰山一角"。一个上海投资者团体收集了至少 3 700 名中国被骗者的详细信息。此外，从美国到墨西哥等 9 个国家，也有人掉入"陷阱"，他们宣称的损失总额超过 10 亿美元。

EUROFX/FXCAP 是近来在中国数以百万计的新富人群中爆出的一系列骗局之一。但就因为它打的是英国牌，才尤为吸引眼球。中国官方正在处理的 10 桩疑似诈骗案中，这是第一桩有西方公司和西方人牵涉的案件。

中国投资者称，他们最先听说 EUROFX 是在 2012 年 6 月。根据当时发放的全彩色印刷的中文宣传册，宣称投资将带来丰厚回报。根据宣传册的描述，投资 1 万美元，投资者每月预计可得到 6% 的回报，而如果投资 10 万美元，则每月回报率将升到 12%。几个月后，EUROFX 又推出了另一项产品，宣称投资 25 万美元可获得 16% 的回报。

中国执法机构现将此类投资称为"庞氏骗局",即利用高回报、低风险来吸引投资者及其家属朋友,以外汇交易方式特殊的理由来解释其成功模式。

宣传册鼓吹 EUROFX 在外汇交易领域拥有 13 年的专业经验。事实上,根本就没有叫"EUROFX"的公司。宣传册上称 EUROFX 是 Euro Forex Investment Ltd 的品牌简称。然而,根据负责这项交易的公司所成立中介机构 Eurofinanzza 的说法,Euro Forex Investment Ltd 是一家已经被清算的破产公司,仅在一个月之前被澳洲商人 Bryan Cook 买下。

资料来源:FX168 财经网。

**图 5　EUROFX**

银行对账单显示,在 2012 年及 2013 年,投资人将资金汇给好几家企业及在香港地区的银行账户。他们所支付的金额会显示在 EUROFX 线上账户,资金结余数字会每天上升,理论上反映了在外汇交易中获得利润。

一些投资人表示,为了将获利提领出来,他们在 EUROFX 指定的银行开设账户。早期的投资人确实能够从这些账户领钱出来。但在 2013 年 7 月时,EUROFX 告知投资人要暂停外汇交易。在那之后,投资人无法动用任何资金。他们在 EUROFX 户头的资金结余被"冻结",看起来没有任何交易。

2013 年 7 月 20 日,EUROFX 在其网站上称,将暂停现有账户交易,"以遵守日益严格的国际反洗钱规章"。从那天起,投资者就无法动用账户资金了。而 2013 年 9 月 18 日,EUROFX 在其官网发布公告:公司将与来自该行业的几家公司合并为更大的实体,但并未透露具体与哪家公司合并。EUROFX 合并后,更名为 FXCAP,并推出了名为 FXCAP 的网站。

在该网站上能查到关于 FXCAP 的介绍仅有一两段话,在寥寥数言中,FXCAP 声称"2013 年(公司)为帮助顾客实现财务自由而创建,并将于 2015 年前成为全球最大的金融服务机构之一,为 100 多万名客户提供服务。FXCAP 注册于全世界多个税务优惠司法权区。这种复杂的构架赋予了FXCAP独特的优势以发展其外汇交易,金融、资金和资产管理投资组合"。

合并后的公司FXCAP承诺给EUROFX的投资者发放借记卡,以购买他们的基金。投资者称,几周之后有些投资者收到了卡片,却只是余额为零的预付卡。FXCAP/EUROFX的公司网站称将在几个月之内发新卡,但实际上根本没有这么做。

投资人当初汇钱过去的那些公司之中,有两家在2014年解散,它们的印度董事已无法联络到。2014年4月,7位上海投资者赴伦敦调查。这群投资者中牵头的人士说,他们参观了EUROFX此前声称有合作关系的两家公司的办公室。这两家公司称他们与EUROFX毫无关系。

根据该投资者团体所提供的屏幕截图,2015年8月,这家被并购的公司在网站上发布一条信息表示:"由于过去几个月交易环境不佳,FXCAP申请破产。"客户账户"交由外部会计公司进行审计"。

## (八)外管局加大打击地下钱庄,非银金融机构纳入调查

中国国家外汇局管理检查司司长张生会2016年2月表示,2015年外管局和多部门联合展开的打击利用离岸公司和地下钱庄转移赃款,成效显著。其中,外管局直接参与破获案件共计60余起,涉及地下钱庄交易金额上万亿元人民币。

张生会说,2016年仍会继续打击地下钱庄的专项行动。银行作为执行外汇管理政策的重要环节,近年来承担的职责也日益复杂。特别是银行审核职能弱化的问题日益严重,也影响外汇管理改革推进和风险防范。他表示,2016年除了将针对金融机构展开全面性的专项检查、提高对银行真实性审核等代客业务的检查频率,也将扩大对违规银行的处罚。

外汇检查部门将从客户身份识别、可疑交易报告、内控管理等多个角度,对银行外汇业务展业原则进行充实和完善。此外,还将展开对证券、保险、第三方支付机构等非银行金融机构的调查。

中国国家外汇管理局2016年5月份发布2015年年报,以专栏形式指出,2015年大力打击外汇领域违法违规交易行为,参与跨部门打击利用离岸公司和地下钱庄转移赃款专项行动,严厉打击逃骗汇等各类违法违规行为。2015年,配合公安机关共破获地下钱庄案件60余起,涉案金额上万亿元人民币。

下一步,国家外汇管理局将与相关部门保持紧密合作,加强部门间的沟通协作和信息共享,加大对地下钱庄等外汇违法犯罪活动的打击力度,深入追查参与地下钱庄违法交易的主体,同时进一步提升贸易投资便利化程度,满足涉外主体正常的贸易投资需

求,疏堵并举,综合治理,净化经济金融环境。

外管局 2015 年年报称,2016 年要继续把风险防范放在投资和管理工作的中心,加强外汇储备流动性监测与管理,保障外汇储备安全、流动和保值增值。

要点概述如下:

(1)在有序推进资本项目可兑换的过程中,重点推进外汇管理方式改革,继续健全宏观审慎框架下的外债和跨境资本流动管理体系。

(2)要创新和丰富外汇管理政策工具,提高风险管理的有效性和针对性,有效防范和应对跨境资本流动风险。

(3)严厉打击地下钱庄等外汇违法犯罪活动,提升外汇检查的精准性,坚守不发生系统性、区域性金融风险的底线。

(4)继续深化外汇市场发展,改进银行结售汇管理,重点是丰富外汇产品、扩大参与主体、推动对外开放、完善基础设施。

(5)2016 年中国国际收支将继续呈现"经常账户顺差,资本和金融账户逆差"的格局,跨境资本流动有望总体趋稳。

(6)因美元总体强势和全球需求不振,国际大宗商品价格或还会在低位震荡,使 2016 年进口价格较难反弹;同时,我国内需还会保持相对稳定,进口变化可能不大,进口规模仍会低于出口。

(7)总的来看,2016 年,经常账户将在货物贸易主导下持续顺差,与 GDP 之比仍会处于国际公认的合理区间。

(8)主要经济体货币政策继续分化,不确定因素进一步增多,如美联储加息时点和节奏不定,欧元区和日本央行相继推出负利率政策,国际金融市场可能受到反复冲击,市场情绪起伏较大,将加剧国际资本流动的短期波动。

(9)我国外汇储备仍较充裕,境内主体经过近两年的债务去杠杆化调整,已明显降低了未来的对外偿付风险。

## (九)中国银行间外汇市场迎来两家重磅级会员——IMF 和亚投行

2016 年 4 月 26 日,中国货币网公告,宣布国际货币基金组织(IMF)和亚洲开发银行(ADB)获批自 2016 年 4 月 25 日起成为银行间外汇市场会员,可从事即期、远期、掉期及货币掉期交易。

中国货币网公告指出,国际货币基金组织符合银行间外汇市场会员条件,批准自 2016 年 4 月 25 日起成为银行间外汇市场会员,可从事即期、远期、掉期、货币掉期及期权交易。

中国货币网同时宣布批准亚洲开发银行成为银行间外汇市场会员,公告指出:亚洲开发银行符合银行间外汇市场会员条件,批准自 2016 年 4 月 25 日起成为银行间外汇市场会员,可从事即期、远期、掉期及货币掉期交易。

2015 年 11 月,中国人民银行发布公告称,首批境外央行类机构在中国外汇交易中心完成备案,正式进入中国银行间外汇市场。专家表示,这有利于稳步推动中国外汇市场对外开放。

此前公布的这些境外央行类机构包括中国香港金融管理局、澳大利亚储备银行、匈牙利国家银行、国际复兴开发银行、国际开发协会、世界银行信托基金和新加坡政府投资公司,涵盖了境外央行和其他官方储备管理机构、国际金融组织、主权财富基金三种机构类别。

且上述机构各自选择了直接成为银行间外汇市场境外会员、由银行间外汇市场会员代理和由中国人民银行代理的一种或多种交易方式,并选择即期、远期、掉期、货币掉期和期权中的一个或多个品种进行人民币外汇交易。

截至 2016 年 8 月 22 日,共有 6 批 23 家境外央行类机构已在中国外汇交易中心完成备案,进入银行间外汇市场。

目前,境外央行类会员已覆盖 5 大洲,其中,亚洲地区 11 家、北美洲 6 家、欧洲 3 家、非洲 2 家及澳洲 1 家。

## (十)中国成立外汇市场自律机制

据中国外汇交易中心网站 2016 年 6 月 27 日发布的公告,2016 年 6 月 24 日全国外汇市场自律机制在上海宣告成立并召开了第一次工作会议。该自律机制由银行间外汇市场成员组成,对人民币汇率中间价报价行为以及银行间市场和银行柜台市场交易行为进行自律管理。

公告称,为了适应我国外汇市场发展,更好地发挥金融机构在市场建设方面的作用,2016 年 6 月 24 日,全国外汇市场自律机制在上海宣告成立并召开了第一次工作会议。

公告指出,外汇市场自律机制是由银行间外汇市场成员组成的市场自律和协调机制,在符合国家有关汇率政策和外汇管理规定的前提下,对人民币汇率中间价报价行为以及银行间市场和银行柜台市场交易行为进行自律管理,维护市场正当竞争秩序,促进外汇市场有序运作和健康发展。

会议审议通过了《外汇市场自律机制工作指引》,明确了外汇市场自律机制的职责、组织架构和工作机制。会议选举中国银行行长陈四清担任首任外汇市场自律机制主任委员。外汇市场自律机制在中国外汇交易中心设立秘书处,中国外汇交易中心副总裁孙杰担任秘书长。中国银行、中国工商银行、中信银行等14家成员机构代表参加了会议。中国人民银行和国家外汇管理局有关领导出席会议并讲话。

中国外汇交易中心2016年8月1日发布新闻稿称,中国外汇市场自律机制的成立标志着中国外汇市场正在由过去的以他律为主转向他律和自律并重,建立外汇自律机制有助于以更低的社会成本、更有效的管理方式来维护市场秩序。

该新闻稿指出,外汇市场自律机制是由银行间外汇市场成员组成的市场自律和协调机制,在符合国家有关汇率政策和外汇管理规定的前提下,对人民币汇率中间价报价行为以及银行间市场和银行柜台市场交易进行自律管理,维护市场正当竞争秩序,促进外汇市场有序运作和健康发展。

新闻稿显示:"自律机制的成立标志着中国外汇市场正在由过去的以他律为主转向他律和自律并重,对中国外汇市场改革和发展具有重大意义。"

据介绍,全国外汇自律机制分为核心成员、基础成员和观察成员三层,不同的成员享有不同的权利和义务。其中,核心成员共14家,是指在外汇方面系统重要性程度高、市场影响力大、业务流程规范、内控机制完善、综合实力比较显著的金融机构。

核心成员享有自律规则制定权、优先获取外汇市场新产品、新交易方式等市场创新先行先试的权利以及更大的跨境融资空间;同时,履行核心成员的义务,积极参与外汇自律机制的建设,协助推动外汇市场的发展包括产品创新、手段丰富等。

自律机制成立初期,下设三个工作小组,分别为汇率工作小组、银行间市场交易规范工作小组、外汇和跨境人民币展业工作小组。未来根据履职需要,可增设其他专门工作小组。

## (十一)时隔10年,华为成银行间汇市第二家非金融会员

华为技术有限公司2016年9月14日正式进入中国银行间外汇市场,成为第二家非金融企业类型即期会员。值得指出的是,华为此次入市,距离中国首次批准非金融企业进入银行间外汇市场已经有十年时间。

中国货币网2016年9月12日发布公告称,华为技术有限公司已获国家外汇管理局备案同意,将于2016年9月14日进入银行间人民币外汇市场,成为银行间外汇市场第二家非金融企业类型即期会员。公告指出,非金融企业入市进一步丰富了银行间外汇市场主体类型,有利于金融服务实体经济,对支持企业进行汇率风险管理等方面都具有积极意义。

此前很长一段时间,中国外汇交易市场交易不活跃、交易量小、汇率市场化程度低,市场主体单一被认为是导致这些问题的一大原因。

三菱东京日联银行(中国)首席金融市场分析师李刘阳在采访中称,直接入市交易外汇有利于企业获得更好的价格。这与企业交易需求大小有关,否则节省的成本不够维持交易团队和外汇市场会员费等支出。李刘阳称,华为进出口量都很大,有足够的结售汇需求;预计今后会有更多企业直接进入外汇市场交易。李刘阳提到,监管要求非金融企业入市后的即期交易以"实需"原则下的结售汇平盘为主,不能进行自营交易。李刘阳并指出,扩大外汇市场交易主体、允许非金融企业和非银行金融机构入市的文件早在2005年就已经出台,不过多数企业以集团旗下财务公司作为参与主体,以非银行金融机构身份进入外汇市场的企业会员较少;综合考虑税负等因素,财务公司的综合成本更低。

公开资料显示,首家进入银行间外汇市场的非金融企业是中化集团,其入市时间为2005年12月。根据中国外汇交易中心数据,截至2016年9月12日,外汇即期市场共有会员554家,其中有财务公司68家;仅有重庆力帆实业(集团)进出口有限公司1家非金融企业会员。

李刘阳认为,对于银行而言,大企业直接进入外汇市场,会损失相应的外汇业务收入,需要更多服务于那些不那么大的企业,这会形成挑战。

交通银行首席经济学家连平对此则表示,市场主体扩容是银行间外汇市场结构改革的一个方向。从国外来看,外汇市场参与主体普遍比较多,而中国长期以来仅以银行为主。连平说道:"近年来,我国已经逐步开放境内外汇市场,允许央行类外资机构进入。除了引入境外机构,在境内引入实体企业,能够使我国整个外汇市场的构成更加多元,有助于市场更加平稳发展。"

华为技术有限公司在一份声明中称,以非金融企业身份加入中国银行间人民币外汇市场,有利于华为有效控制外汇相关风险,支持其境内外业务的快速发展。声明称,随着人民币国际化提速,人民币对其他货币的汇率波动加大,对公司外汇管理形成挑战。华为指出,加入银行间外汇市场,加深了企业和银行的互动,帮助华为提升外汇交易效率。

## (十二)中国证监会警示"二元期权"交易风险

中国证监会于2016年4月28日在官方网站针对"二元期权"发表风险警示,提醒广大投资者注意风险。

警示称,根据中国《期货交易管理条例》的规定,期权合约是指期货交易场所统一制定的、规定买方有权在将来某一时间以特定价格买入或者卖出约定标的物的标准化合约。简单来说,期权是一种以股票、期货等品种的价格为标的,在期货交易场所进行交易的金融产品,在交易过程中需完成买卖双方权利的转移,具有规避价格风险、服务实

45

体经济的功能。

证监会指出,近期出现了很多"二元期权"网站平台,这些平台打着"交易简单、便捷、回报快"等口号,利用互联网招揽投资者参与"二元期权"交易。经了解,这些网络平台交易的"二元期权"是从境外博彩业演变而来,其交易对象为未来某段时间外汇、股票等品种的价格走势,交易双方为网络平台与投资者,交易价格与收益事前确定,其实质是创造风险供投资者进行投机,不具备规避价格风险、服务实体经济的功能,与证监会监管的期权及金融衍生品交易有着本质区别,其交易行为类似于赌博。目前,已有地方公安机关以诈骗罪对二元期权网络平台进行立案查处。

警示并显示,需要注意的是,这些网站大多注册在境外,在国内无网络备案信息、无实际办公地址,投资者一旦上当受骗,损失很难追回。证监会提醒投资者不要参与此类网络"二元期权"交易,以免遭受损失;如投资者受到此类行为侵害,应尽快向当地公安机关报案。

## (十三)2015～2016年线下营销活动频繁,上海仍是兵家必争之地

根据FX168的统计,2015年9月至2016年8月这一年内,中国外汇、贵金属类线下活动频繁,区域分布多集中于华东、华南、华中和华北地区,其中华东地区最高,占23%,其次是华南,占比20%,华中和华北分别占19%和15%,四大区域相加占到总线下活动的77%。西南、西北、东北占比相对较小,分别占11%、7%和6%。

城市分布上,华东地区的上海虽然竞争激烈,但该地区仍然是"兵家必争之地",单个城市的线下活动场次在所有城市中排名第一,广州排名第二,青岛、福州、郑州、长沙、成都、重庆、西安、深圳、大连、武汉等城市的活动次数也排名靠前。整体来看,金融类线下活动已经覆盖至全国各地。

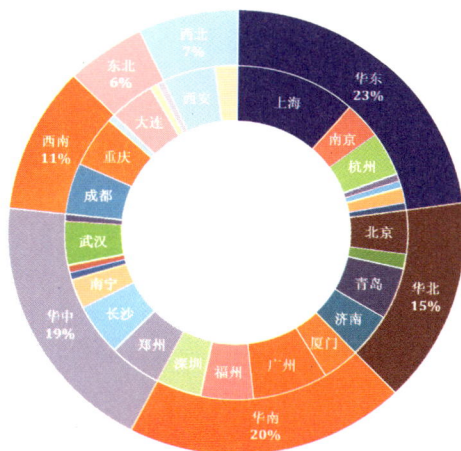

图6    2015～2016年外汇、贵金属类线下营销活动区域分布情况

46

# 第四部分　境外主要外汇经纪商动态

## (一)CFTC 在册经纪商过去一年资金量变化情况

2016 年 6 月 23 日的英国退欧公投无疑为 2016 年上半年金融市场最为关注的事件之一,其在很大程度上影响着金融市场的走势。英国公投前的不确定性导致现汇交易量下滑、流动性枯竭。鉴于这一公投的不确定性与高风险性,包括福汇在内的各大外汇交易平台运营商纷纷对参与交易的保证金要求做出调整。

美国商品期货交易委员会(Commodity Futures Trading Commission)最新发布(2016 年 8 月)的月度报告显示,一如 2016 年初以来,2016 年 6 月美国零售外汇经纪商的客户资产总量表现依然不佳,从 5 月的约 5.16 亿美元锐减至 5.06 亿美元,跌幅达2%,为连续两个月位于 5 亿美元上方。4 月份一度跌至 4.93 亿美元,为数年来首次跌破 5 亿美元大关。按年来看,2015 年 6 月客户资产总量达 5.61 亿美元,高出 2016 年同期 9.9%。

福汇、嘉盛与安达等美国大型经纪商仍牢牢控制着美国市场。当前,这三大顶级零售外汇交易经纪商占据美国市场总额的 85% 左右,意味着美国零售外汇交易员的选择余地非常小。旨在保护美国投资者的政府法规的效果适得其反,竞争的缺乏显然令美国投资者受到伤害。

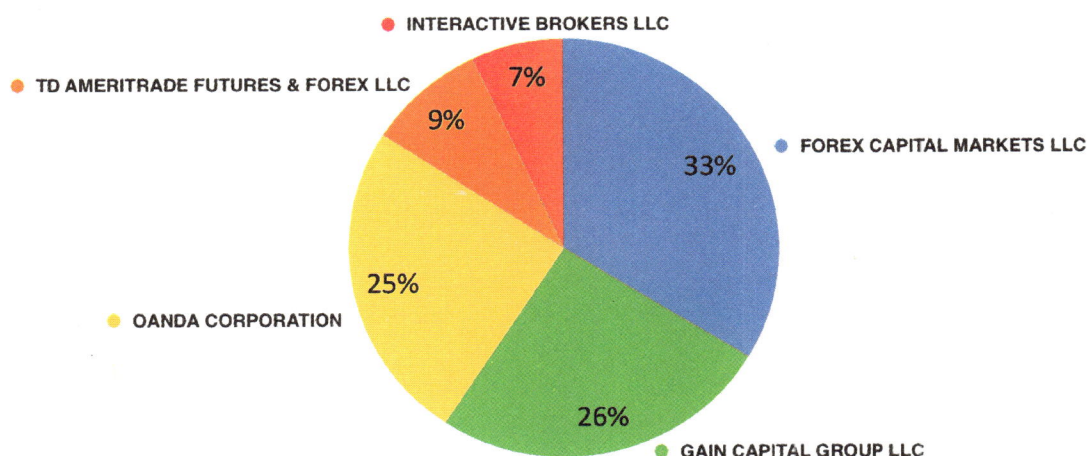

图 1　美国零售外汇经纪商客户资产量

2016 年以来,榜单中最大的变化来自 IBFX,公司将客户全部转让给安达(OAN-DA)后,其 CFTC 的期货经纪商牌照 FCM 已无效。而 IBFX 超过 3 000 万美元以上的资产数量开始显示在安达的账面上,安达也一度借此超越嘉盛占据榜单第二的位置,但嘉盛随后很快重新夺回榜眼。而福汇依然是美国市场最大的外汇经纪商。

而 2016 年 2 月份 MB Trading 从榜单列表剔除对整体数据起到最为显著的冲击,因 2015 年 11 月 MB Trading 的外汇客户资产通过折扣股票经纪公司 TradeKing 白标业务转移到嘉盛集团,嘉盛资本的客户资产实现增长。

表 1 为美国商品期货交易委员会(Commodity Futures Trading Commission)在册经纪商最为看重的资本和客户参与度数据,读者可一窥行业在一年时间内所经历的洗牌过程:

**表 1**                         **CFTC 在册经纪商净资本及零售客户资金量**

| CFTC 在册经纪商（英文简称） | 季调后净资本（单位：美元） | | 零售客户资金量（单位：美元） | |
|---|---|---|---|---|
| | 2015 年 7 月 | 2016 年 6 月 | 2015 年 7 月 | 2016 年 6 月 |
| 福汇(FXCM) | 55 716 625 | 53 187 254 | 188 154 855 | 174 991 480 |
| 安达(OANDA) | 80 361 892 | 93 209 390 | 115 839 158 | 126 991 487 |
| 嘉盛(Gain Capital) | 37 042 058 | 42 136 984 | 108 967 198 | 129 705 882 |
| 盈透证券(Interactive Brokers) | 2 257 239 195 | 2 923 386 601 | 65 803 563 | 31 835 244 |
| IBFX Inc | 35 979 606 | 客户转给安达 | 47 638 065 | 客户转给安达 |
| Wedbush Securities Inc | 126 980 930 | 161 637 613 | 49 443 594 | 原因不详 |
| RJ Obrien Associates Llc | 198 173 892 | 211 424 079 | 1 971 006 | 已退出市场 |

业内运营能力首屈一指的福汇集团(FXCM)小幅下滑:季调后净资本从 5 571 余万美元小幅下滑至 5 318 余万美元,降幅约 4.5%;零售客户资金量自 1.88 亿美元小幅下降至约 1.75 亿美元,降幅约 7%。

安达(OANDA)的两项财务指标均表现强劲:季调后净资本大幅增加约 1 285 万美元,增幅高达近 16%;零售客户资金量自约 1.16 亿美元急剧增加至约 1.27 亿美元,增幅高达逾 11%。

长期位居经纪商客户资金量排名三甲的嘉盛集团也有长足的进步,净资本自 3 704 余万美元增加至 4 214 余万美元,增加逾 509 万美元,增幅达近 14%;零售客户资金量大幅增加了逾 2 000 万美元。

"一半是海水,一半是火焰",资金实力雄厚的盈透证券在这轮行业洗牌中急速扩张,季调后净资本从近 22.6 亿美元扩张至逾 29.2 亿美元,但零售外汇客户资金量却从约 6 580 万美元骤降至约 3 184 万美元,跌幅高达 52％。

另外,规模相对较小的 Wedbush 也取得了长足进步,季调后净资本大幅增加了约 3 466万美元,增幅高达 27％。

## (二)过去一年各大经纪商财务数据以及 2016 年 7 月美国零售外汇资产情况

### 1.各大经纪商 2015 年 7 月至 2016 年 6 月财务数据

FX168 通过公开渠道收集了 2015 年 7 月至 2016 年 6 月各大经纪商的财务数据,从这些数据中可以看出行业经营的近况。虽然英国退欧事件冲击力巨大,但各大公司总体上依然平稳运营。

表 2　　　　　　　　　　各大经纪商 2015 年下半年零售客户资金量

| 排名 | 机构 | | 2015 年下半年月末零售客户资金量(单位:美元) | | | | | |
|---|---|---|---|---|---|---|---|---|
| | 中文/简称 | | 7 月 | 8 月 | 9 月 | 10 月 | 11 月 | 12 月 |
| 1 | Forex Capital Markets | 福汇(FXCM) | 188 154 855 | 175 522 956 | 187 415 797 | 182 209 034 | 188 305 336 | 175 650 526 |
| 2 | OANDA Corporation | 安达(OANDA) | 115 839 158 | 104 227 784 | 100 996 412 | 101 016 970 | 100 976 464 | 98 046 686 |
| 3 | Gain Capital Group | 嘉盛集团 | 108 967 198 | 111 718 853 | 115 599 413 | 133 727 082 | 136 612 728 | 132 757 532 |
| 4 | Interactive Brokers | 盈透 | 65 803 563 | 52 016 992 | 52 654 379 | 55 206 699 | 45 621 933 | 44 069 537 |
| 5 | IBFX Inc | IBFX | 47 638 065 | 47 148 380 | 48 140 877 | 51 356 097 | 51 645 473 | 48 803 105 |
| 6 | Wedbush Securities Inc | Wedbush | 49 443 594 | 42 383 622 | 42 991 944 | 44 494 493 | 47 777 572 | 44 759 668 |
| 7 | RJ Obrien Associates | RJO | 1 971 006 | 1 634 849 | 1 547 940 | 4 208 | 已退出市场 | 已退出市场 |

表 3　　　　　　　　　　各大经纪商 2016 年上半年零售客户资金量

| 排名 | 机构 | | 2016 年上半年月末零售客户资金量(单位:美元) | | | | | |
|---|---|---|---|---|---|---|---|---|
| | 中文/简称 | | 1 月 | 2 月 | 3 月 | 4 月 | 5 月 | 6 月 |
| 1 | Forex Capital Markets | 福汇(FXCM) | 176 516 399 | 176 554 674 | 168 242 531 | 168 524 258 | 182 071 774 | 174 991 480 |
| 2 | OANDA Corporation | 安达(OANDA) | 97 133 939 | 94 818 495 | 130 363 278 | 127 263 901 | 129 838 726 | 126 991 487 |
| 3 | Gain Capital Group | 嘉盛集团 | 135 259 767 | 128 725 139 | 137 342 681 | 126 048571 | 130 536 391 | 129 705 882 |
| 4 | Interactive Brokers | 盈透 | 37 130 215 | 35 129 896 | 36 429 818 | 33 507 509 | 32 470 517 | 31 835 244 |
| 5 | IBFX Inc | IBFX | 48 979 331 | 43 118 441 | 171 675 | 客户转给安达 | 客户转给安达 | 客户转给安达 |
| 6 | Wedbush Securities Inc | Wedbush | 4 319 433 | 40 598 869 | 原因不详 | 原因不详 | 原因不详 | 原因不详 |
| 7 | RJ Obrien Associates | RJO | 已退出市场 | 已退出市场 | 已退出市场 | 已退出市场 | 已退出市场 | 已退出市场 |

注:(1)RJ 这家机构 2015 年晚些时候已经退出零售外汇市场,因此自 2015 年 11 月之后的零售客户资金总量为 0。

(2)IBFX 将客户全部转让给安达后,其 CFTC 的期货经纪商牌照 FCM 已无效,所以零售客户资金量没有数据。

49

表 4

**各大经纪商 2015 年下半年月末净资本**

| 排名 | 机构 | | 2015 年下半年月末净资本（单位：美元） | | | | | |
|---|---|---|---|---|---|---|---|---|
| | 中文/简称 | | 7 月 | 8 月 | 9 月 | 10 月 | 11 月 | 12 月 |
| 1 | Forex Capital Markets | 福汇 | 55 716 625 | 54 224 750 | 48 331 225 | 48 310 838 | 41 315 912 | 47 244 914 |
| 2 | OANDA Corporation | 安达(OANDA) | 37 042 058 | 85 056 332 | 85 469 491 | 97 358 566 | 95 540 578 | 95 288 968 |
| 3 | Gain Capital Group | 嘉盛集团 | 80 361 892 | 35 352 816 | 42 335 008 | 39 276 355 | 40 407 240 | 36 345 782 |
| 4 | Interactive Brokers | 盈透 | 2 257 239 195 | 2 318 234 664 | 2 321 739 849 | 2 257 091 885 | 2 276 353 621 | 2 366 981 224 |
| 5 | IBFX Inc | IBFX | 35 979 606 | 37 228 263 | 35 617 348 | 35 668 862 | 61 319 367 | 45 678 880 |
| 6 | Wedbush Securities Inc | Wedbush | 126 980 930 | 122 354 826 | 126 365 847 | 124 978 480 | 137 407 176 | 143 860 937 |
| 7 | RJ Obrien Associates | RJO | 198 173 892 | 192 141 836 | 195 045 138 | 197 033 111 | 197 844 635 | 198 820 189 |

表 5

**各大经纪商 2016 年上半年月末净资本**

| 排名 | 机构 | | 2016 年上半年月末净资本（单位：美元） | | | | | |
|---|---|---|---|---|---|---|---|---|
| | 中文/简称 | | 1 月 | 2 月 | 3 月 | 4 月 | 5 月 | 6 月 |
| 1 | Forex Capital Markets | 福汇 | 61 104 373 | 54 711 426 | 56 749 855 | 58 264 892 | 53 031 677 | 53 187 254 |
| 2 | OANDA Corporation | 安达 | 95 915 772 | 90 979 729 | 92 218 852 | 92 749 399 | 89 686 662 | 93 209 390 |
| 3 | Gain Capital Group | 嘉盛集团 | 40 663 353 | 44 961 100 | 43 089 863 | 41 778 306 | 40 886 203 | 42 136 984 |
| 4 | Interactive Brokers | 盈透 | 2 590 323 110 | 2 669 320 103 | 2 617 809 930 | 2 678 442 161 | 3 008 220 916 | 2 923 386 601 |
| 5 | IBFX Inc | IBFX | 55 601 676 | 58 987 463 | 31 801 322 | 客户转给安达 | 客户转给安达 | 客户转给安达 |
| 6 | Wedbush Securities Inc | WEDBUSH | 143 922 873 | 144 235 936 | 原因不详 | 149 058 186 | 150 132 253 | 161 637 613 |
| 7 | RJ Obrien Associates | RJO | 199 769 393 | 199 340 845 | 203 447 258 | 209 084 814 | 212 454 659 | 211 424 079 |

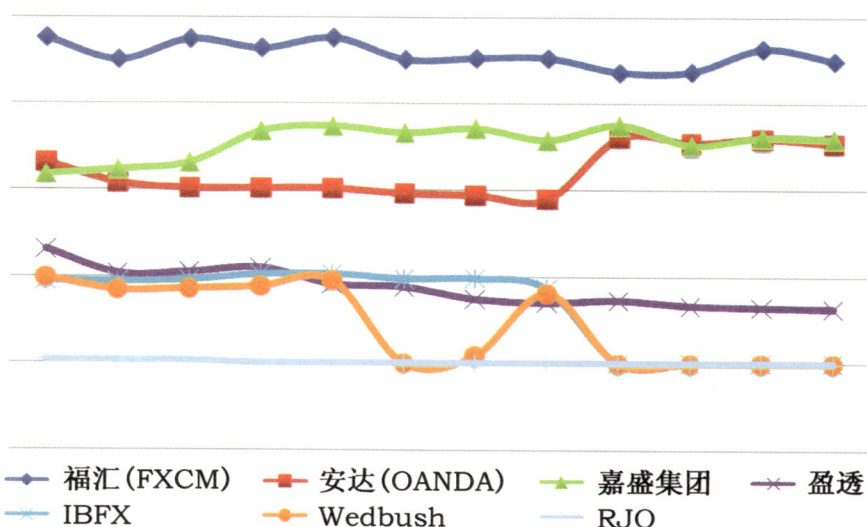

图 2　经纪商截至 2016 年 6 月零售客户资金量

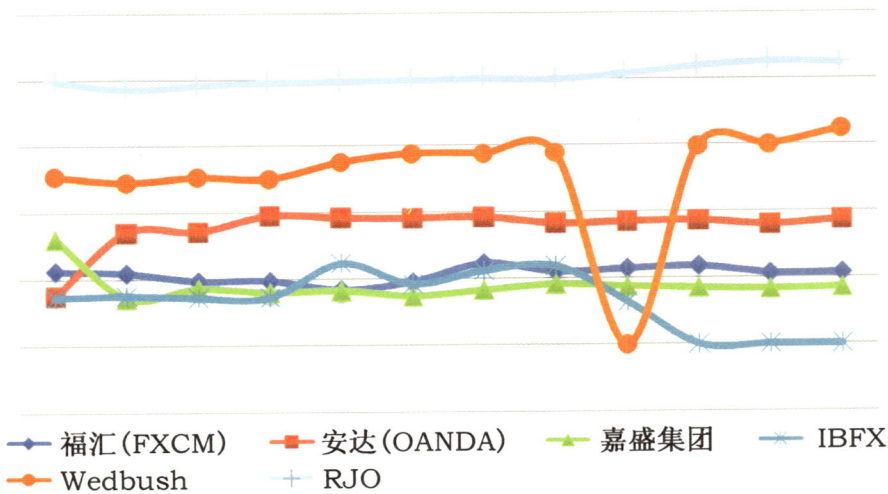

图3　经纪商截至 2016 年 6 月末净资本折线图（不包含盈透证券）

图例：福汇（FXCM）　安达（OANDA）　嘉盛集团　IBFX　Wedbush　RJO

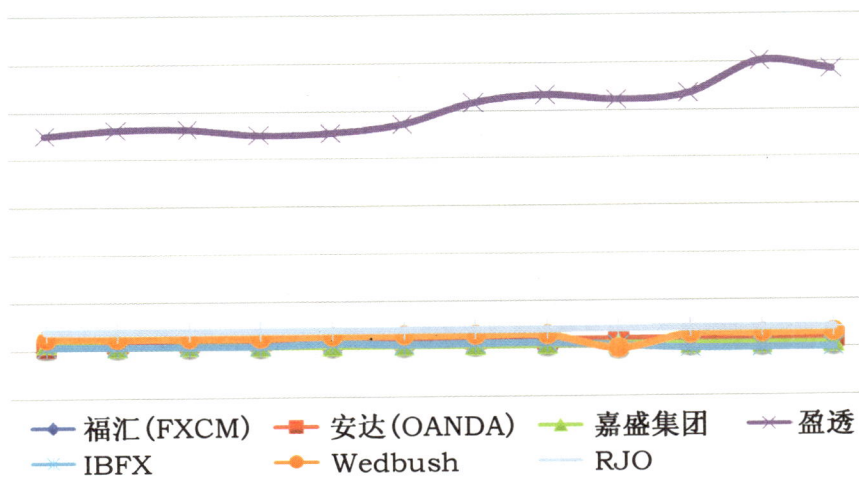

图例：福汇（FXCM）　安达（OANDA）　嘉盛集团　盈透　IBFX　Wedbush　RJO

图4　经纪商截至 2016 年 6 月末净资本折线图（包含盈透证券）

从以上数据可以看出，业界领先的综合零售交易平台运营商福汇集团（FXCM）在客户资金方面呈现出较大的波动性，从 2015 年 7 月的 1.88 亿美元震荡下滑至约 1.75 亿美元；另一项财务数据也表现出一定程度的波动性，虽然历经一年后仅小幅下降了约 250 万美元，但 2015 年晚些时候一度大幅下挫至 4 100 万美元，而 2016 年 1 月份则一度大幅攀升至 6 000 万美元上方，随后震荡下滑。

综观行业数据"底牌"，整体上，英国退欧事件令外汇行业受到冲击，但主流平台均较为顺利地熬过了这一非常时期，福汇集团也表现出了一定的韧性。

## 2. 美国7月零售外汇资产微增,福汇、嘉盛与安达三分天下

据美国商品期货交易委员会(CFTC)从美国零售外汇经纪商获得的数据显示,2016年7月份美国零售外汇资产微幅增加0.94%。值得注意的是,由于盈透证券即将从该零售期货经纪商(FCM)名单中移除,因此这也是最后一份涵盖盈透证券资产的报告。

由于美国监管机构规定,持有证券公司和期货经纪商双重执照的公司不能在美国开展外汇业务。因此,盈透证券2016年6月已告知客户,将不再服务在美的零售外汇交易者。

数据显示,2016年7月美国零售外汇客户资产较2016年6月增加0.94%,至510 516 952美元,为连续第三个月超过5亿美元,但不及2015年同期的5.78亿美元。2016年4月份,美国零售外汇客户资产曾跌破5亿美元,为7年来首次。

**(单位:百万美元)**

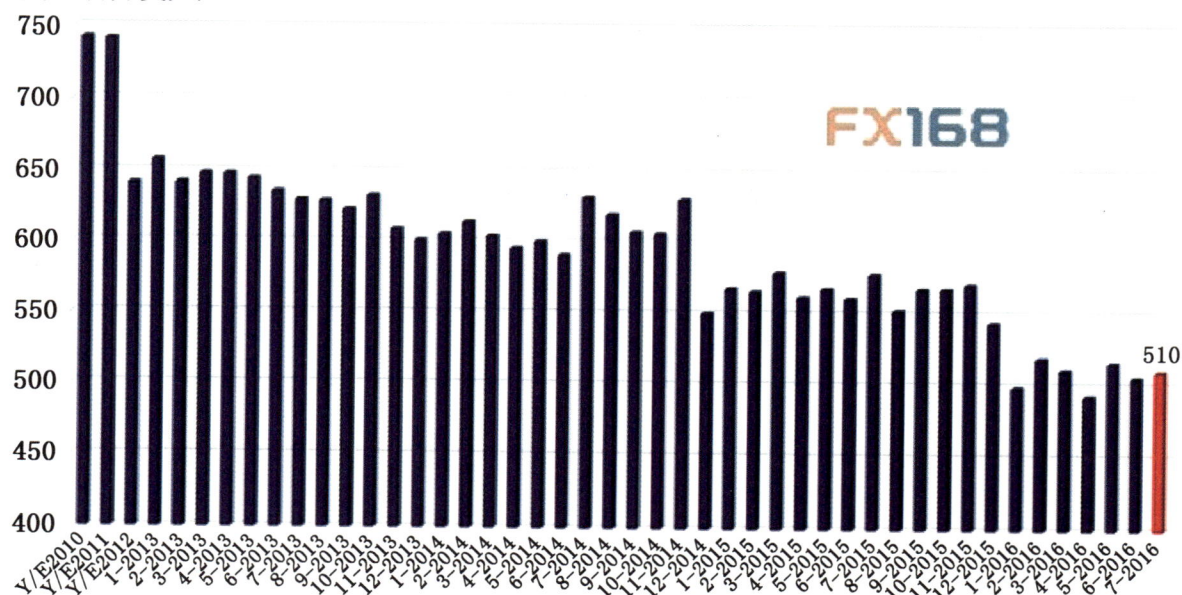

**图5 美国零售外汇客户资产**

当前,福汇、嘉盛和安达依旧主宰着整个美国零售外汇市场,排名第四的是经纪商TD Ameritrade。

以下是美国五大零售外汇经纪商2016年6月和7月的资产及变化情况:

**表 6**　　　　　　美国五大零售外汇经纪商 2016 年 6～7 月资产及变化情况

| 美国外汇经纪商月度资产 | 2016 年 6 月 | 2016 年 7 月 | 变化（%） |
|---|---|---|---|
| 福汇 | 174 991 480 | 173 920 320 | －0.61 |
| 嘉盛 | 129 705 882 | 130 422 644 | 55.00 |
| 盈透证券 | 31 835 244 | 34 556 079 | 855.00 |
| 安达 | 126 991 487 | 127 267 004 | 22.00 |
| TD Ameritrade Future & Forex | 42 248 861 | 44 350 905 | 4.98 |
| 总　计 | 505 772 954 | 510 516 952 | 0.94 |

# (三)2016 年行业并购案例

## 1. Euromoney 收购 FastMarkets，增强旗下 Metal Bulletin 的实时数据传输功能

欧洲货币机构投资公司（Euromoney Institutional Investor PLC）2016 年 8 月宣布收购了 FastMarkets 公司 100％的股份。欧洲货币机构投资公司旗下还拥有全球金属矿物报价机构 Metal Bulletin。FastMarkets 是一家提供金属市场实时信息的领先机构，它将与 Metal Bulletin 以及 American Metal Market 共同成为欧洲货币机构投资公司不可分割的一部分，主要为数字产品定价提供广泛的投资组合。此次收购与公司年初制定的战略是一致的。这将有利于 Metal Bulletin 为金属和矿物市场供应链的客户提供更有深度的信息。

## 2. 汤森路透以 35.5 亿美元出售知识产权(IP)与科学业务

汤森路透（Thomson Reuters Corp）2016 年 7 月 11 日表示，已同意将旗下知识产权(IP)与科学业务，以 35.5 亿美元现金出售给私募股权公司 Onex Corp 及霸菱亚洲投资（Baring Private Equity Asia）。分析师曾预计，这一业务价值超过 30 亿美元，或超过未计利息、税项、折旧及摊销之利润（EBITDA）的 10 倍。Guggenheim Securities 与摩根大通证券（J.P. Morgan Securities）担任汤森路透的顾问，法律顾问为安理国际律师事务所（Allen & Overy LLP）。

## 3. Ally Financial 以 2.75 亿美元收购 TradeKing

券商 TradeKing 被金融服务控股公司 Ally Financial 收购，交易价格为 2.75 亿美元，在收购的净资产基础上溢价 2.5 亿美元。这笔交易预计会在 2016 年第三季度完

成。TradeKing 业务包括一个财富公司机构，也是 Ally Financial 最看中的部分。除此之外，Ally Financial 也会得到一家在线券商，后者在 2015 年 8 月收购了多元资产经纪商 MB Trading 的客户资产。TradeKing 继而下架外汇业务交易执照，把客户外汇交易导向其中介经纪商 GAIN Capital。协议还包括 TradeKing 数字化投资组合管理平台和公司的教育内容和社会合作渠道。美国金融业监管局(FINRA)还未批准收购，由于额外清算，《哈特—斯科特—罗迪诺反垄断改进法案》(Hart-Scott-Rodino Antitrust Improvements Act)的合规有待完成。

### 4. 巴兹全球市场收购 ETF.com 作为独立子公司

美国主要股票交易运营商巴兹全球市场(Bats Global Markets)与 ETF 行业信息领导者 ETF.com 签署协议正式收购该网站为独立子公司。事务交接将根据各项注资条件在 2016 年 4 月 1 日正式开始。根据该公司发布的新闻稿，ETF 网站的首席执行官 David Lichtblau 将保留原先职位，向直接上级巴兹全球市场执行副总裁和美国市场主管布莱恩·哈金斯(Bryan Harkins)汇报工作。协议中的财务条款尚未公布。在巴兹全球市场运营的美国四大股票交易所中，ETF 基金所占的市场份额是最大的。

### 5. 美国 IHS 同意收购伦敦金融数据服务商 Markit

美国 IHS Inc 2016 年 3 月 21 日宣布，同意收购伦敦金融数据供应商 Markit Ltd，打造价值 130 亿美元的数据和商业研究公司，总部设在伦敦，这是美国企业将总部转至企业税率较低地区的又一例证。Markit 向投资者提供金融数据，其竞争对手为汤森路透和美国彭博资讯。两家公司称，完成这次全股票交易后，IHS 股东将持有合并后公司的约 57% 股权。该交易对 Markit 作价约 59 亿美元。

## (四)英国退欧风暴下的经纪商

2016 年 6 月 23 日的英国退欧公投让全球外汇经纪商严阵以待，这是近 25 年来市场最为震荡的 24 小时。投票在北京时间 2016 年 6 月 24 日凌晨五点停止后，投票结果陆续流出，花旗(Citi)、德意志银行(Deutsche Bank)、摩根大通(JPMorgan)、高盛(Goldman Sachs)、汇丰(HSBC)、巴克莱(Barclays)、苏格兰皇家银行(Royal Bank of Scotland)和莱斯银行(Lloyds)等均安排其资深员工和交易员当天在伦敦彻夜工作或随时待命。

一些银行为公投当夜"武装到牙齿"，以确保交易员处于最佳备战状态，比如提供整晚的餐饮，在附近的酒店订房，让值班的交易员能获得短暂的休息。

退欧公投的应对反映了经纪商在风险事件的应对上更为成熟,具体应对措施见表 7:

表 7 经纪商或银行如何备战英国退欧公投

| 经纪商/银行 | 应对开始时间 | 应对措施 |
| --- | --- | --- |
| 丹斯克银行(Danske Bank) | | 建议客户进行外汇损失对冲操作,而且不局限于英镑。对冲对象包括:英镑兑欧元走软以及欧元兑美元和瑞士法郎下跌。 |
| 盛宝银行(Saxo Bank) | 2016 年 5 月中旬 | 不仅将双英镑保证金调到 6%～8% 的水平,也推出了许多关于英国是否退出欧盟的网页投票,以更好地在公投前后为客户服务。 |
| RoboForex | 2016 年 6 月 13 日 | 限制英镑在 MT4、MT5 和 cTrader 平台交易上的杠杆,而客户只能了结英镑在 MT4 和 MT5 上的头寸。<br>2016 年 6 月 20 日至 6 月 24 日将限制以下应用:<br>仅能关闭英镑在 MT4 和 MT5 平台上的交易头寸,不能新开头寸;<br>所有英镑的交易工具均不能在 RAMM 的投资平台上使用。<br>2016 年 6 月 23 日和 24 日,以下更改将应用到英镑的交易工具上:<br>MT4 和 MT5 在 ECN 账户上的杠杆将低于目前水平的 6 倍;MT4 和 MT5 的标准账户和分账户将低于当前水平的 20 倍;<br>cTrader 账户的最高杠杆将限于 1∶50,无关当前的水平;<br>2016 年 6 月 27 日将恢复到以往的交易条件。 |
| easyMarkets | | 决定背离当前各大经纪商限制杠杆、要求客户追加保证金这一趋势,并且表示计划将英镑杠杆维持在 200∶1 的水平(即 0.5% 的保证金要求),其他货币对英镑也如此。<br>easyMarkets 还表示将为零售外汇交易客户提供有保证的止损和息差。 |
| 莫斯科交易所(Moscow Exchange) | 2016 年 6 月 15 日 | 莫斯科交易所对欧元/美元及英镑/美元期货合约的保证金要求做出上调:<br>自当地时间 2016 年 6 月 20 日 19:00 开始将欧元/美元的保证金比率从 4.0% 提升至 5.5%;自当地时间 6 月 21 日 19:00 开始将英镑/美元的保证金比率从 5.5% 提升至 7.0%;在公投结果发布后,交易所还将重审保证金要求。 |
| 福汇(FXCM) | 2016 年 6 月 17 日 | 退欧公投如箭在弦,福汇大幅调高英镑、欧元货币对保证金要求;<br>进一步提高指定金融工具的保证金要求,以于英国公投前就市场波动性做好准备。<br>福汇还提醒投资者,需密切监察可用保证金,确保它维持在零以上。建议投资者的可用保证金金额最少为账户净值(可用保证金加占用保证金)的 80%。 |

| 经纪商/银行 | 应对开始时间 | 应对措施 |
|---|---|---|
| DMMFX Australia | | 为限制客户交易风险,将关闭英镑和欧元多个交易货币对交易,这些币种包括:英镑/美元、英镑/澳元、英镑/加元、英镑/瑞郎、英镑/纽元、英镑/日元,欧元/澳元、欧元/美元、欧元/纽元、欧元/加元、欧元/瑞郎、欧元/日元和欧元/英镑。<br>这些币种的交易计划于 2016 年 6 月 27 日恢复,不过为了保护客户账户安全,公司将根据情况延长或缩短暂停交易的时间。 |
| FOREX CLUB LLC | 2016 年 6 月 22 日 | 自 2016 年 6 月 22 日起将货币对的最大杠杆率调整至 20：1。 |

# (五)移动技术在外汇交易上的应用

## 1. 汤森路透旗下 Eikon 平台首个亚洲 Apps 上线

汤森路透(Thomson Reuters)与亚洲金融技术初创公司 Amareos 和 Oddup 合作开发的两个 App 应用于 2016 年 8 月上线,汤森路透旗下 Eikon 的客户能在 Eikon 平台上直接使用这两个应用。

本部位于中国香港的 Amareos 通过构建工具来分析数百万计的新闻和社交媒体文章,帮助投资者了解全球市场的心理状态。而 Oddup 则是一个数据驱动的研究平台,提供创业公司的分析和评级,使投资者能够做出更明智的投资决策。

伴随着金融行业逐渐转向开放的技术标准,以推动在复杂商业愿景中的创新。App Studio 允许第三方机构引用汤森路透的领先新闻、市场数据和专业研究分析工具,以供其创造自用的 App,或用于其他更广泛的行业。

Amareos 的 App 应用通过简易的指标和图表向投资者提供新闻和情绪分析。该系统每天会解析 200 万篇以上的新闻咨询,来源包括新闻、博客、论坛和社交媒体平台,同时还会创造超过 9 000 种标的的情绪指标。

Amareos 的 App 应用则提供各个初创公司评级,基于该公司的产品、团队和潜在增长情况予以打分。

## 2. Direct FX 新网站上线与 DriveWealth 合作推出 MT4 美股交易

受澳大利亚证券投资委员会(ASIC)监管的零售外汇经纪商 Direct FX 的新网站正式上线。同时,该经纪商还与受美国金融监管局(FINRA)监管的经纪商 DriveWealth 合作,在 MT4 上推出美国上市公司股票与期货交易。

该平台将使用 oneZero 技术，由 DriveWealth 提供美国上市公司股票交易，并由 Direct FX 提供期货、外汇、差价合约（CFDs）以及"二元期权"交易。

## 3. FXPRIMUS 提供新的原油交易工具包括欧美期货及现货

接受塞浦路斯证券交易委员会（CySEC）监管的知名外汇经纪商 FXPRIMUS 于 2016 年 6 月宣布，已引入一系列新的可交易工具，包括布伦特原油、美国西德州原油以及现货原油，后者不设到期日。

FXPRIMUS 此举紧跟着先前的"三大支柱策略"出台，三大支柱策略指的是通过"教育"和"技术"提供"安全服务"的战略，同时公司更重视为客户提供最高质量的服务和产品。布伦特和西德州原油被 FXPRIMUS 引入为可交易工具，主要原因是两大品种的交易参与度愈发提高，而有意参与原油行情的客户亦可借此出手。为应对日渐热门的石油和其他商品的相关交易，客户可注册交易期货 CFD 和无到期日的石油现货，投资者可从一系列颇具竞争力的交易条件中获利——包括公司提供的低至 0.02 美元的点差水平。

## 4. 主要经纪商中第一家：FXDD 引入革命性 RoboX 交易系统遴选工具

知名零售外汇交易平台运营商 FXDD Global 和技术提供商 Tradency 于 2016 年 5 月宣布，FXDD 将成为第一个提供投资者连接 Tradency 全新 RoboX 外汇机器交易工具的主要经纪商。RoboX 于 2016 年 3 月份上线，是 Tradency 根据一套自营交易策略推出的算法交易工具。这些交易策略还包括自营风险匹配引擎。通过一份简短的问卷调查，RoboX 将交易者的个人风险承受力和交易风格关联起来，然后通过自营算法定制最适合每个交易者的投资组合产品。

## 5. 千呼万唤始出来，福汇 Trading Station 移动终端上线

全球最大外汇交易商成员之一福汇集团（Forex Capital Markets FXCM）2016 年 5 月上线了备受期待的交易平台更新。福汇旗下著名的 Trading Station 移动端交易系统自 2015 年 1 月来没有更新调整，2015 年 1 月份也是瑞郎"废限门""黑天鹅事件"爆发进而冲击公司经营的时期。福汇在 Android 和 iOS 移动操作平台双双上线了 Trading Station Mobile 最新版本，这无疑是热衷该交易系统的投资者的一大福音。据悉，移动端新版系统的正式提升在于差价合约（CFD）方面，最新的 App 提供 CFD 合约十进制工具支持。有行业分析人士指出，很显然，一段时间以来的首个功能提升将是一连串功能升级的第一步。

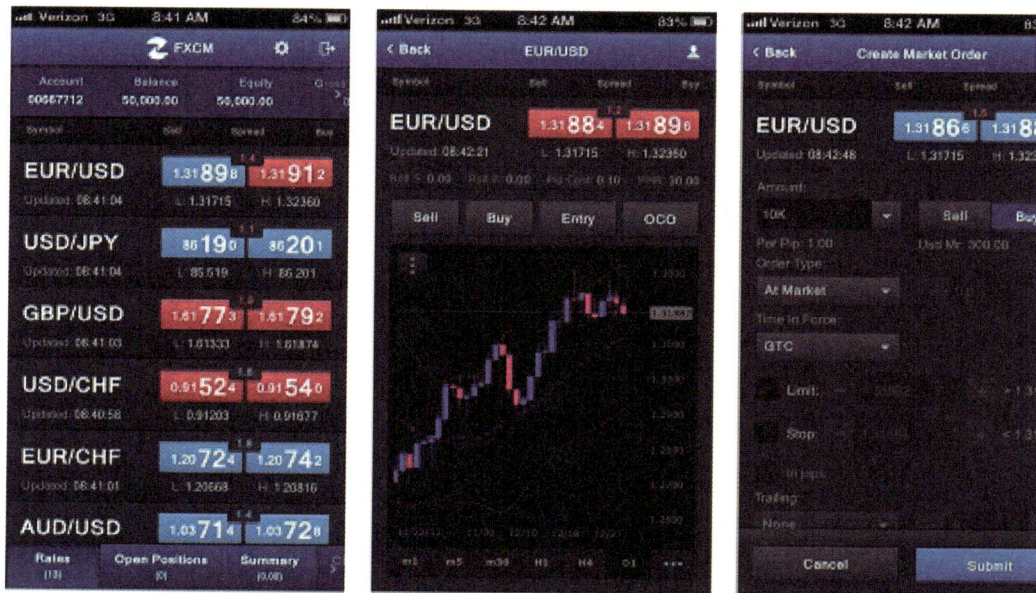

**图 7**

福汇 Trading Station Mobile 系统提供外汇和 CFD 合约,交易者同样能够参与实时交易,并使用交互式 K 线图、竹节图和线形图,并利用技术指标、趋势线和斐波那契回撤位作图工具。投资者也可获得实时资讯和经济日历,该系统用户可同时使用简介或者高阶的分析系统。新应用已有英语、法语、德语、意大利语、日语、俄语、简体和繁体中文、西班牙语、土耳其语等多种版本。

## 6. MetaQuotes 2016 年系列革命性功能上线

(1)MT5 网页版平台正式发布,新增"市场深度"功能

国际知名交易软件提供商 MetaQuotes 于 2016 年 7 月 5 日正式发布了 MT5 平台的网页版本,交易者可通过任何浏览器和操作系统在 MT5 网页版平台上进行外汇交易,同时还新增了"市场深度"(depth of market)功能。

MT5 一直在根据交易者的要求和反馈不断地提供新功能。MT5 网页版平台不仅具备桌面平台的主要优势(高速、支持多个市场以及广泛的交易功能),同时还融合了网络终端跨平台的便利性。MT5 网页版平台与桌面平台一样具备技术分析和交易操作等功能,且无需安装其他软件,唯一的要求是联网。该应用具备单边系统和锁仓系统、31 种技术指标、23 种分析对象、一键交易和完整系列的交易订单。程序界面已经翻译成 41 种语言。新推出的 MT5 网页版平台的主要特点是新增了"市场深度"这一功能,该功能此前未在 MT5 网页测试版本中出现,它允许一键设置市价单和挂单来买卖股

58

票、外汇、期货和差价合约(CFDs)。

(2)MetaQuotes 发布 MT5 新功能,帮助用户分析外汇市场

继此前发布 MT5 网页版交易平台后,MetaQuotes 于 2016 年 7 月 20 日又正式发布名为 Time & Sales 的新功能,该选项位于 MT5 平台的市场深度(Market Depth)窗口,用户可以通过 Time & Sales 功能实时浏览所有的外汇交易列表。Time & Sales 列表提供包括时间纪录、方向、价格以及每笔交易量的深度交易数据。交易量将通过直方图显示,不同的交易方向有对应的颜色编码。投资者可通过 Time & Sales 观察各种价格水平的详细交易活动,比如买卖活动升温通常预示着证券价格即将到来的上涨或下跌,交易量和交易频率也可以反映当前的市场情绪以及重要的价格水平。尽管 Time & Sales 主要用于日内交易,但长线交易者也可以从中获得有用的数据。

(3)MetaQuotes 趁热打铁上线 iOS,MT5 平台新增一革命性功能

MetaQuotes Software 公布了最新版本的移动端 Meta Trader 5(MT5),一项重要革新也成为一连串 MT5 操作平台升级的点睛之笔。MetaQuotes 最新宣布,上线 MT5 build 1261 iOS 平台版本,新版 App 将加入对冲功能,这意味着投资者可在 MT5 平台上持有同一交易品种多空反向的两张头寸。目前对冲交易只能在试用(demo)账户的 MetaQuotes-Demo 服务器上操作,各大经纪商将在不久的将来获得对冲交易功能的支持。不过尽管上述解决方案和老牌的 MT4 平台的对冲功能类似,但 MT5 只能提供净额结算系统模式(netting system),当交易员在同一标的上设立两个方向相反的头寸,系统会自动计算净值并将活跃订单完全或部分了结。

# (六)自救中的福汇

自 2015 年初的"瑞郎黑天鹅"事件中,福汇遭遇巨亏,随后被迫接受 Leucadia National 提供的 3 亿美元、2 年期的救助贷款,之后福汇集团开展了一系列的自救措施。

## 1. 福汇集团 1∶10 并股计划 2015 年 9 月 29 日正式生效

全球领先在线外汇交易平台运营商福汇集团(FXCM Inc.)于 2015 年 9 月 29 日正式宣布,此前 1∶10 的并股计划将生效。

福汇称,自 2015 年 10 月 1 日起,公司纽约证券交易所上市股份将进行 1∶10 的缩股动作,公司代码仍为"FXCM",不过新的美国证券库斯普号码修改为 302693205。并股动作完成后,福汇的普通股股份数将从约 53 726 664 股减至 5 372 666 股。

福汇在 2015 年 10 月 3 日接获纽约证交所通知,称前者的普通股平均收市价曾连续 30 个交易日的期间内跌至低于每股 1.00 美元,这不符合纽交所上市公司手册的

规定。

福汇于 2015 年 9 月 21 日如期召开了特殊股东大会,对公司进行 1：10 反向股票分割进行投票。反向股票分割后,福汇股东手中的每 10 股普通股将缩成 1 股,这种方式能在保持公司市值不变的情况下,大幅提高股价。

据悉,在此次并股动作中,福汇不会产生零股的情况,取而代之的,公司将退回给股东相当于每股普通股股价的现金,股价将参照并股日前一交易日的报价。

福汇股东将收到来自美国股票转让与信托公司(American Stock Transfer & Trust Company LLC)关于股权拥有情况以及零股折现处理的相关消息。

### 2. 福汇亚洲正式更名为乐天证券香港有限公司

福汇集团(FXCM Inc)的前子公司福汇亚洲(FXCM Asia)和乐天证券的全资子公司(Rakuten Securities)于 2016 年 3 月 16 日正式宣布重塑企业形象。

福汇亚洲有限公司(FXCM Asia Limited)于 2016 年 4 月 21 日正式改名为乐天证券香港有限公司(Rakuten Securities Hong Kong Limited),反映出 2015 年 9 月福汇亚洲和乐天证券的业务发展情况。2016 年 4 月 25 日,该公司还展示出一个全新的企业形象、标志和网站。乐天证券指出,尽管公司更名,但是客户的外汇交易和交易账户没有改变,公司的地址和电话号码也没有改变。

### 3. 福汇与 SwipeStox 达成合作

移动交易应用程序开发公司 SwipeStox 与美国著名外汇经纪商福汇(FXCM)于 2016 年 7 月达成合作。福汇的客户现在可以在 SwipeStox 的移动交易应用程序上进行所有主要外汇产品、国际指数、商品的相关交易。福汇成为第三个加入 SwipeStox 的外汇经纪商。

SwipeStox 的 CEO 表示:"我们也很荣幸能与福汇一起。交易员在使用我们的移动交易程序后,将会被提升到一个新的水平。"福汇纽约销售总监 Brandon Mulvihill 表示:"对我们来说,SwipeStox 可以提供一个真正的社会化交易工具,这个工具不仅使访问和处理变得简单,而且很有趣,它让我们的客户变得更活跃。很高兴它将我们的客户带到一个新的层面。"

### 4. 福汇 4 000 万美元出售旗下新闻研究网站 DailyFX

2016 年 9 月 30 日,福汇同意将新闻研究网站 DailyFX 以 4 000 万美元的价格售予网上交易全球领导者 IG 集团(IG)。根据 IG 最终批文以及惯例成交条件,该项交易预计将于 10 月底完成。IG 将会接收 DailyFX 包括全球及所在地域名、源代码和内容在内的所有业务。此项交易中，DailyFX 34 名现职员工将一同转至 IG 麾下。福汇将继续担任美国及加拿大居民访问的 DailyFX 英文网站的广告商。

一旦此项交易完成，以交接为目的过渡期将即刻启动，交易结束时福汇将获付 3 600 万美元，及于完成一定移交要求后获得另外 400 万美元。该项出售的所得款项将会用于偿还 Leucadia 的贷款。此项交易后福汇将偿还超过一半的债务共 1.57 亿美元予 Leucadia，并只剩余 1.53 亿美元的债务。

福汇行政总裁 Drew Niv 表示："虽然 DailyFX 是一个高质资产且该资产此前并未成为出售目标，但我们认为在机会来到时必须抓紧。我们目前并无计划出售任何其他零售外汇资产，同时相信所持的余下待售资产将足以偿还 Leucadia 剩余债务。"

# 第五部分 国际外汇市场综述

## (一)美元——市场聚焦升息时点

2016 年,美元的主线仍是美联储究竟何时升息。从非农数据、联储决议到官员喊话,任何因素对投资者来说都是升息时点的线索。美元的涨涨跌跌也均因此而起。美元 2016 年中关键点如下:

### 1.2016 年 2 月 3 日:杜德利令美元暴跌 200 点

纽约联储主席杜德利(William Dudley)2016 年 2 月 3 日表示,自美联储(FED)2015 年 12 月加息以来的几周时间里,金融形势已经显著收紧,假如这一现象持续,货币政策的制定者将不得不对此给予考虑。他在接受 MNI 采访时表示,全球经济前景趋于疲弱以及美元进一步走强,都可能对美国经济产生"明显影响"。杜德利说道:"我认为有一件事可以更加肯定,那就是金融形势明显比(2015 年)12 月会议时偏紧,因此,如果到(2016 年)3 月会议时金融形势依然如此,在货币政策决策方面我们将不得不对此进行考虑。"杜德利是美联储联邦公开市场委员会(FOMC)的永久投票委员,也是美联储的"三号人物"。受上述鸽派言论影响,ICE 美元指数 2016 年 2 月 3 日当天暴跌 1.6%,报 97.23,盘中跌至 3 个月来最低的 96.89。

路透社撰文指出,虽然美国 2016 年 1 月 ADP 就业人数好于预期,但随后的服务业数据低迷为经济前景蒙上阴影;纽约联储主席杜德利的讲话也让市场降低了其对美联储加息的预期,推动美元指数大跌超过 1%;此外,中国春节假期将至,黄金的需求有所增加,多种因素将带动黄金价格的上涨。

汇市表现跟债市有一拼,美国 10 年期国债收益率跌至一年最低水平,且利率期货发出了迄今为止最强的信号,显示交易员们认为美联储 2016 年会按兵不动。法国巴黎银行(BNP Paribas)驻纽约的外汇交易主管 Peter Gorra 说道:"汇市跟债市一直存在分歧,现在利率市场赢了;美联储说 2016 年要加息 4 次,而市场认为 2016 年加息可能 0.7 次,总有一方错了。"

## 2. 2016 年 3 月 16 日：决议失望意外偏鸽

美联储结束（2016 年）3 月 15～16 日两天的政策会议后发布声明称，联邦公开市场委员会维持联邦基金利率目标区间在 0.25％～0.5％不变。此次会议上，联储的利率前景预期发生了改变。大部分决策者现在表示，他们预计 2016 年底前加息 0.5 个百分点比较合适。

美联储决策者们每季度更新一次的利率预估值中位数显示，2016 年底基准利率预计在 0.875％，表明 2016 年会实施 2 次各 25 个基点的加息，而 2015 年 12 月份的预测是加息 4 次。市场之前的预期是在本次会议后美联储可能暗示年内加息 3 次。

被称作"点阵图"的美联储官员预测并显示，2017 年底联邦基金利率预计在 1.875％，2015 年 12 月的预期是 2.375％；2018 年底的预估则从 2015 年 12 月的 3.25％降至 3％；长期利率预估也从 3.5％降至 3.25％。

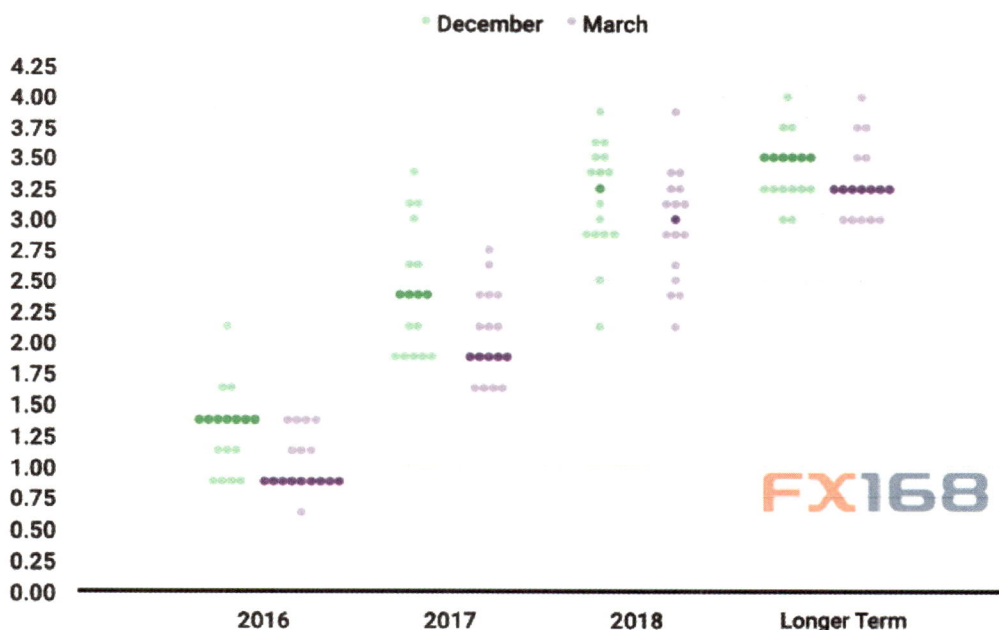

资料来源：Business Insider。

**图 1　美联储点阵图**

FOMC 表示："委员会目前预计，随着货币政策立场的逐渐调整，经济活动将温和扩张，劳动力市场指标将继续加强，不过，全球经济和金融动态继续带来风险。"

CIBC World Markets 外汇策略主管 Bipan Rai 表示，这个鸽派声明让市场措手不及，2 次加息与通胀压力下的温和言语加大了美元看跌性膝跳反射。

DriveWealth 市场首席策略师 Brian Dolan 指出,美联储声明的基调非常温和,下调了 2016 年加息轨迹的预期,美联储同时指出,美国经济表现总体强韧,无通胀压力,这提振了人们对风险资产的偏好和持有兴趣。

加拿大皇家资本市场(RBC Capital Markets)首席美国分析师 Tom Porcelli 称,美联储仍担心全球经济的不利因素,对此的第一感觉是声明较预期可能略倾向鸽派。

道明证券(TD Securities)分析师团队认为,FOMC"点阵图和通胀预测的鸽派色彩明显"。

MFR 经济学家 Joshua Shapiro 指出,企业盈利能力下降及由此引发的削减成本措施预计对劳动力市场造成不利影响。

安达(OANDA)资深汇市策略师 Alfonso Esparza 表示,声明对美元很不利,较之欧洲央行和其他央行的政策声明,美联储声明真的很温和,所以美元会下跌。

### 3. 2016 年 3 月 29 日:耶伦直指全球风险

美联储主席耶伦 2016 年 3 月 29 日表示,因美国经济仍面临全球风险,通胀是否会持续攀升仍不确定,美联储在加息问题上仍宜"谨慎"行事。美联储在两周前的政策会议上决定维持利率不变,这是耶伦在此次会议之后的首次公开讲话。

耶伦在纽约经济俱乐部(The Economic Club of New York)发表演讲时指出,经济和金融状况都不如美联储 2015 年 12 月份加息时的情形。她说道:"海外情势发展暗示,要达到我们的就业和通胀目标,联邦基金利率路径可能需要比(2015 年)12 月预期的慢一些。"美联储在(2015 年)12 月进行了十年来的第一次加息。

耶伦表示:"我认为委员会在调整政策时谨慎行事是妥当的,当联邦基金利率如此之低时,尤其需要这种谨慎的态度,因为此时联邦公开市场委员会使用传统货币政策响应经济扰动的能力是非对称的。"

耶伦在其讲话中提到两种风险。第一,中国经济增长正在放缓,有关中国将如何由出口型经济转向依赖国内需求仍存在不确定性。第二,大宗商品价格特别是油价的前景,油价进一步下跌可能给全球经济带来"不利效应"。

德意志银行制作的图 2 也显示了全球经济对于美联储决策的影响力越来越大:

资料来源：德意志银行。

图 2　耶伦讲话中提及的几个词的次数

### 4. 2016 年 4 月 13 日：美元无惧恐怖数据走高

美国在 2016 年 4 月 13 日公布的零售销售、PPI 以及企业库存数据均表现不佳，但美元指数依然自前一日的低点 93.63 持续反弹走高，突破 10 日均线阻力，并创下一周新高 94.81。市场分析人士认为，美元反弹受空头回补带动，同时部分投资者认为美联储加息预期并没有利率基金期货显示的那么悲观，因此他们选择逢低买入美元。

由于美国家庭减少了汽车购买，美国 2016 年 3 月零售销售意外下挫。作为经济占比最大的组成部分，零售销售疲软，可能暗示着全球第一大经济体——美国第一季度经济增速或出现"恐怖"情形。数据显示，美国 2016 年 3 月零售销售月率下降 0.3％，预期值为上升 0.1％，前值由下降 0.1％修正为持平。

资料来源：Zerohedge。

图 3　美国零售销售年率走势

**图 4　美指小时走势**

市场分析人士认为,美元反弹受空头回补带动,同时部分投资者认为美联储加息预期并没有利率基金期货显示的那么悲观,选择逢低买入美元。

### 5. 2016 年 4 月 27 日:FOMC 决议夜美元上蹿下跳

美联储联邦公开市场委员会(FOMC)2016 年 4 月 27 日会议一如预期,维持隔夜拆借利率目标区间在 0.25％～0.50％,并保留了 2016 年 6 月加息的可能性,不过也暗示在美国经济明显放缓的情况下,美联储并不急于收紧货币政策。

联邦公开市场委员会在声明中取消了之前声明中"全球经济和金融局势继续构成风险"的措辞,转而表示决策者将"密切关注"这些进展。委员会重申,可能"循序渐进"加息。自 2015 年 12 月份加息之后,美联储一直维持利率不变。FOMC 表示,通胀率一直低于美联储 2％的目标水平,基于市场的通胀补偿指标依然很低。

美联储的官员们连续第三次在会议中取消了对经济前景风险是否均衡的评估。他们在 2015 年 12 月份时表示风险均衡,而随着金融市场的动荡,他们在 2016 年 1 月份取消了"风险平衡"的内容。委员会在声明中形容就业市场不断改善,但承认经济增速看来已经放缓。

美联储声明公布之初,欧元/美元下跌,触及日低 1.127 4,但欧元很快便重拾升势,一度触及 6 天高位 1.136 1。美元/日元也坐上"过山车",声明公布之初一度触及日高 111.75,但尾盘上扬 0.12％,报 111.40,与声明公布前的水准变化不大。

资料来源：Zerohedge。

**图 5　美元/日元 15 分钟走势**

### 6. 2016 年 5 月 3 日：180°大反转！美元绝地反击

2016 年 5 月 3 日，金融市场再次上演反转剧情。受美联储洛克哈特讲话提振，美元指数在跌至 2015 年 1 月低位 91.92 之后探底回升，反弹幅度逾 100 点。随着美元展开反攻，非美货币短线坐上过山车，纷纷自稍早高位大幅回落。现货黄金日内一度站上 1 300 美元/盎司大关，但美市盘中，受美元回暖且多头获利了结影响，黄金呈现"断崖式"下滑。受美元指数反弹和供应过剩担忧影响，原油市场跌势卷土重来，美油跌幅扩大至逾 3％，最低触及 43.36 美元/桶，两日累计跌幅高达 5.4％。

由于美联储的悲观预期持续发酵，美元多头在（2016 年）5 月 3 日这天一度惨遭重创！不过，受美联储官员讲话提振，美元指数展开"绝地大反击"。随着美元探底回升，非美货币纷纷"拜倒"，现货黄金亦自高位回落。

美元的走弱很大一部分原因是因为（2016 年）4 月份议息会议美联储没有在加息前景给出明确的指示，而且近期美国经济数据表现不佳更是使得市场对美联储的加息进程极为悲观，但美联储官员的讲话给市场提供了些许支撑，这帮助美元暂缓跌势。

美联储哈克洛特当天（2016 年 5 月 3 日）表示，在 2016 年余下的 3 个季度中，美国 GDP 增速将反弹，市场可能低估了（2016 年）6 月采取行动的概率。这一乐观的讲话或许给予美元一些支撑。他说："两次加息当然是有可能的。我们还要开好几次会，但加不加息完全取决于经济的发展情况。"

美市盘中，受到空头回补带动，美元指数收复日内的跌幅并刷新日高至 92.94，日内稍早一度触及 91.92 的 15 个月低位。

图 6　美元指数小时走势

**7. 2016 年 6 月 3 日:奇差非农引爆市场**

　　数据显示,美国 2016 年 5 月非农就业人数仅仅增加 3.8 万人,创下 2010 年 9 月以来最低每月增幅,远不及市场预期的增加 16.0 万人,前值为增加 16.0 万人;美国 2016 年 5 月份失业率为 4.7%,预期为 4.9%,前值为 5.0%。美国劳工部还将 2016 年 4 月非农就业人数修正为增加 12.3 万人。

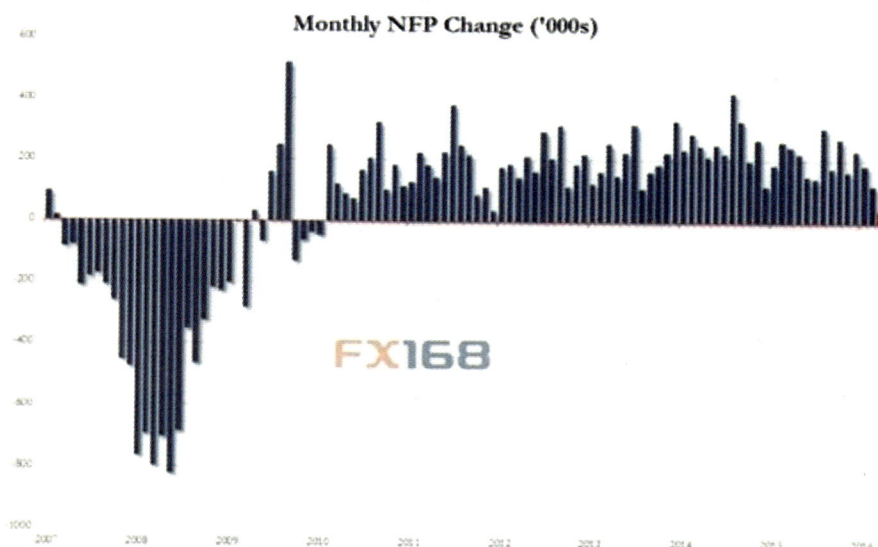

资料来源:Zerohedge。

图 7　美国非农就业人口走势

同时,数据显示,美国 2016 年 5 月平均每小时工资月率增长 0.2%,预期增长 0.2%,前值修正为增长 0.3%;美国 2016 年 5 月平均每小时工资年率增长 2.5%,预期增长 2.5%,前值为增长 2.5%。

数据公布之后,美指短线急挫约 150 点至 93.99。

根据 CME 美联储观察,美国联邦基金利率期货显示交易员预期美联储 2016 年 6 月加息几率仅为 6%,2016 年 5 月份非农公布前为 19%;2016 年 7 月加息几率为 42%,非农公布前为 59%。

高盛 Jan Hatzius 领衔的经济学家团队指出,在美国 2016 年 5 月非农就业人口仅增加 3.8 万的情况下修正美联储下次加息时间可能性的预期,称 2016 年 6 月份加息可能性完全为 0。

彭博报道,(2016 年 5 月)非农就业报告令联邦基金利率期货市场完全打消年内加息可能。

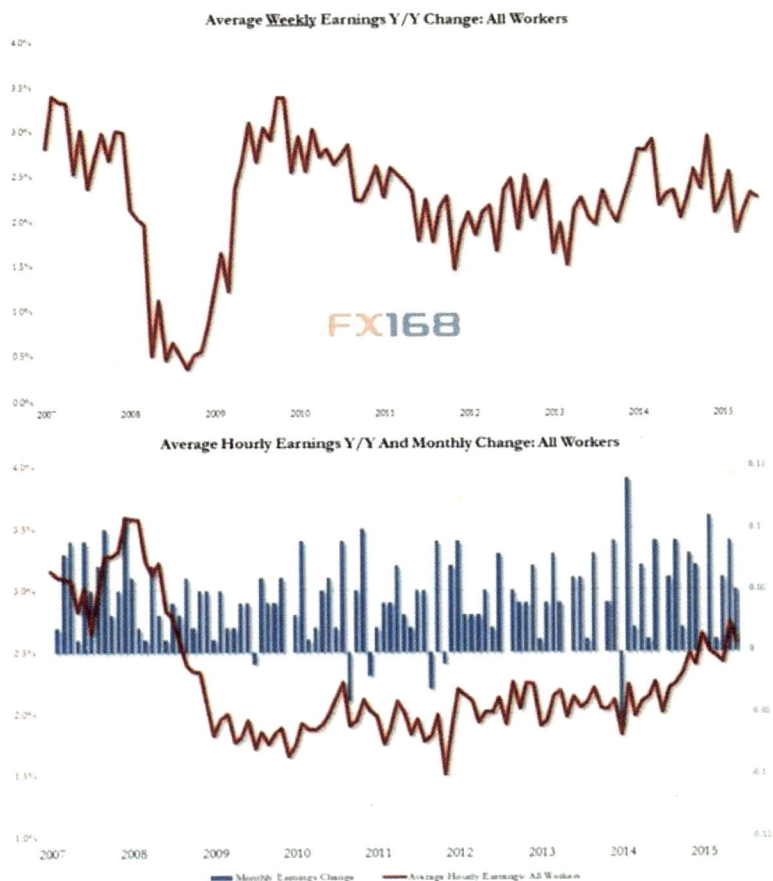

资料来源:Zerohedge。

图 8 美国平均每小时工资

图 9　美元指数 60 分钟图

### 8. 2016 年 8 月 5 日：美元等来非农"救星"

身陷困境的美元终于等来"救星"。美国劳工部 2016 年 8 月 5 日公布的 2016 年 7 月非农数据猛增 25.5 万人，远超市场预期的增加 18.0 万人，且 2016 年 7 月失业率持稳于 4.9%，美国劳工部还将 2016 年 6 月非农就业人数上修为增加 29.2 万人。特别值得注意的是，美国 2016 年 7 月平均每小时工资月率增长 0.3%，优于预期的增长 0.2%，也远优于上月的增长 0.1%。

强劲的非农报告令美联储加息预期迅速飙升。数据公布后，美元指数迅速跳涨至 96 关口上方，并刷新 96.24 日高；现货金一度跳水 15 美元至日低每盎司 1 344.70 美元，跌幅超过 1%。

蒙特利尔银行资本市场称，美国 2016 年 7 月非农报告强劲，加固了美国经济在改善的观点，尽管该国第二季度 GDP 增速不佳。这也可能会让市场认为，美国 2016 年 4 月和 5 月非农就业数据疲弱可能是特例，而 6 月的数据更与美国经济相一致。这加大了美联储近期（未来3～4个月）加息的概率。

### 9. 2016 年 9 月 2 日：非农"大爆冷门"，加息又成"悬案"

2016 年 9 月 2 日，超级周最重磅的"核弹"引爆全球！美国 2016 年 8 月非农仍然难逃魔咒，非农就业人口、失业率、薪资全面不及预期，美联储 9 月加息恐梦碎"魔咒"。不过，美国制造业随后传来喜讯，2016 年 7 月工厂新订单录得 9 个月来最大增幅，为此前深陷低迷的制造业带来了一丝曙光。数据出炉之后，全球金融市场坐上惊险过山车：美

元在短线跳水 50 点后收复失地转而上扬,非美货币与金银也随着美元走势走出倒 V
行情。

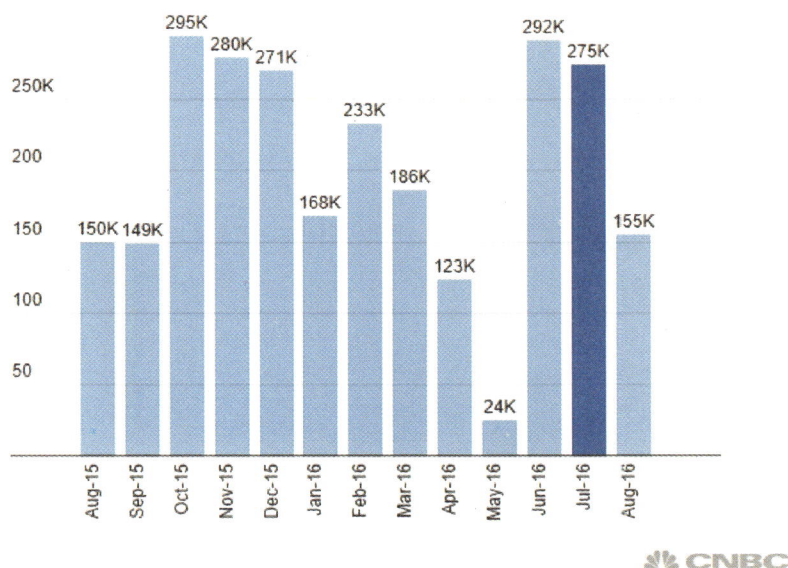

资料来源:美国劳工部,CNBC。

**图 10　美国非农就业人口变化情况**

数据显示,美国 2016 年 8 月就业报告爆出大冷门,非农就业人口仅仅增加 15.1
万,与此同时,薪资增速下降。这对于衡量就业和通胀来考虑货币政策路径的美联储来
说,无疑遭到重击。数据出炉之后,美联储在 2016 年 9 月加息预期直线下降。

美国 2016 年 8 月平均每小时工资月率增长 0.1%,预期增长 0.2%,前值增长
0.3%;美国 2016 年 8 月平均每小时工资年率上升 2.4%,预期增长 2.5%,前值修正为
上升 2.7%。

在非农数据出炉之后,联邦基金利率市场显示 2016 年 9 月加息概率为 22%,2016
年 12 月加息概率为 55.4%,2017 年 3 月加息概率为 63.2%。非农公布前联邦基金利
率市场显示加息概率:2016 年 9 月为 36%,2016 年 12 月为 59%,2017 年 3 月为
66.9%。

美元指数短线跳水 50 点至 95.22 低位之后快速反弹逾 70 点,收复全部跌势并刷
新日高至 95.96。

"整体趋势依然完好,如我们继续听到美联储官员更多的鹰派言论,我不会感到意
外",Silicon Valley Bank 高级外汇交易员 Minh Trang 指出,"起初的反应是因为就业
数据逊于预期。"

71

**图 11　美元指数 15 分钟走势**

汇丰称,市场普遍的逻辑是:劳动力市场更加趋紧,意味着薪资增速加快,推升通胀压力,进而美联储应该降低宽松程度。不过这种状况并没有发生,因而美国(2016 年)8 月非农就业报告并不能说服美联储加息。

加拿大皇家银行指出,"鉴于美联储官员最近发表的鹰派讲话,在这种良好的状况下,美国(2016 年)8 月非农报告算中等,该报告中并没有什么积极的迹象,一些关键的数据都很疲软,这份报告太疲软了"。

## (二)欧元——欧银与通胀同命运

欧洲经济仍令人担忧,特别是通胀表现。这令市场在 2016 年中持续关注欧银的政策倾向。此外,美国数据穿插其中,令欧元表现上蹿下跳。以下是本年中欧元的一些关键时刻:

### 1. 2016 年 3 月 10 日:欧银宽松德拉基"反击"

欧洲央行 2016 年 3 月 10 日意外下调三大利率,将主要再融资利率从 0.05% 下调至 0.00%;将存款机制利率从 −0.30% 下调至 −0.40%;将边际贷款利率从 0.30% 下调至 0.25%,引发欧元短线急挫。不过,随后德拉基讲话表示无进一步降息需要,也无必要设立两级利率体系,欧元/美元上演 V 形反转,狂飙近 300 点。

同时,欧洲央行还把每个月的 QE 规模扩大至 800 亿欧元,扩大 QE 合格资产范围,将包括非银行公司债券。

此外,欧洲央行还宣布实施新的定向长期再融资操作(TLTRO),期限为 4 年,从 2016 年 6 月开始实施。

德拉基表示:"欧洲央行预计没有进一步下调利率的需要,央行决定不设立两级利率体系。"

之前,市场分析人士指出,在欧洲央行下调三大利率之后,投资者担心欧银或还有降息的空间,但德拉基的这一表态让投资者消除了担忧,推动欧元上涨。

美银美林驻纽约的 G10 外汇策略师 Ian Gordon 表示,欧洲央行的行动应该支持风险人气,但也显示出央行政策的局限性。欧元最初下跌,之后反弹,凸显德拉基的讲话才是交易商关注的焦点。

法国农业信贷银行 G10 货币研究主管 Valentin Marinov 称,欧元反弹,此前德拉基表示,欧洲央行处于利率的下限,央行似乎不再关心欧元了。

Commonwealth Foreign Exchange 首席市场分析师 Omer Esiner 指出:"我们看到投资者纷纷回补空头,因为德拉基表示他预计不会进一步降息。但我认为,当尘埃落定,欧元仍会走低,因为欧洲央行今日使用的政策工具组合超过市场预期,且在今日欧洲央行会议前,市场做空欧元的力度远不及上次会议前。"

U.S.Bank Wealth Management 驻俄勒冈州波特兰的固定收益研究主管 Jennifer Vail 表示,欧洲央行推出的刺激措施没有达到自己想要的结果。

### 2. 2016 年 4 月 13 日:美国零售不佳,欧元反而遭殃

美国商务部公布的数据显示,美国 2016 年 3 月零售销售月率下降 0.3%,预期值为上升 0.1%,前值由下降 0.1%修正为持平。

非美货币全线回落,其中,欧元/美元跌势最为严重。因日内公布的欧元区工业产出数据不佳,且美元反弹,欧元/美元跌破 1.13 关口,最低触及 1.127 2,创两周以来的低位。受美元空头回补带动,且市场风险情绪回升,投资者抛售日元,美元兑日元升至一周高点 109.38。

市场分析人士认为,美元反弹受空头回补带动,同时部分投资者认为美联储加息预期并没有利率基金期货显示的那么悲观,选择逢低买入美元。

**图 12　欧元/美元小时走势**

据外媒报道,一位驻伦敦的交易员说,欧元/美元自 2016 年 3 月 10 日以来首次接近 21 日移动均线,下个支撑位在 2016 年 3 月 30 日低点 1.128 4。

荷兰合作银行新兴市场外汇策略师 Piotr Matys 表示,市场低估了美联储 2016 年内加息的可能性,目前可能是建立欧元空头头寸的好机会。

彭博技术分析师 Sejul Gokal 撰文称,欧元短线多头已经得到不少趋势可能逆转的警告,汇率已经连续 8 个交易日的开收盘价差极小,表示汇率处于趋势高位之际,上行动力正在日渐衰弱。

文章指出,欧元/美元近期下行情境已在美元指数触底迹象中得到印证,美元相对于其他主要货币两年期利率互换价差日益扩大,美元指数似也在迎头赶上;美元相对于其他主要货币两年期利率互换价差表明美元指数或已被低估逾 5%。

### 3. 2016 年 6 月 2 日:欧洲央行三大利率不变

欧洲央行 2016 年 6 月 2 日宣布维持隔夜存款利率在 -0.40% 不变,符合市场预期;维持主要再融资利率在 0 不变;维持隔夜贷款工具利率至 0.25% 不变;将从 2016 年

6月8日开始购买企业债,并在 2016 年 6 月 22 日开启定向长期再融资操作(TL-TRO)。

法国兴业银行分析师 Anatoli Annenkov 称:"考虑到企业债购买计划和 TLTRO Ⅱ尚未启动,而且整体通胀预计将上升,欧洲央行并不急于推出任何新举措。"

鉴于近期油价走高,本次货币政策会议的关键问题在于欧洲央行会在多大程度上提高 2016~2018 年通胀预期,以及这对 2017 年 3 月之后 QE 政策可能暗示着什么。

摩根大通分析师 Greg Fuzesi 称:"我们怀疑(欧洲央行)可能会在一定程度上容忍(对实现通胀目标的时间表放水),不过,我们也认为 2018 年通胀预估将为最终的宽松政策铺路,这些举措或许会在(2016 年)9 月宣布。"

利率决议出炉之后,欧元/美元震荡下挫,当日最低触及 1.116 6。

图 13　欧元/美元 5 分钟走势

**4. 2016 年 6 月 3 日:非农奇差,欧元急升**

数据显示,美国 2016 年 5 月非农就业人数仅仅增加 3.8 万人,创下 2010 年 9 月以来最低每月增幅,远不及市场预期增加 16.0 万人。欧元/美元短线急升逾 200 点至 1.134 9。

75

**图 14　欧元/美元 60 分钟走势**

### 5. 2016 年 9 月 8 日:马里奥超级反转王

"超级马里奥"不愧为"超级反转王"。2016 年 9 月 8 日,欧洲央行没有扩大量化宽松政策,也没有调整基准利率,且欧洲央行行长德拉基的言论一度令市场人士感到失望,欧元/美元一度升至两周高点。但随着德拉基讲话的进行,欧元自高位一路下滑。

德拉基对下一次行动的时机和方式三缄其口,令原本预计央行会毫不犹豫地采取鸽派立场的投资者备感失望,欧元/美元在德拉基讲话后一度触及 2016 年 8 月 26 日以来最高水平 1.132 6。但随着德拉基讲话的进行,欧元走势开始发生逆转。德拉基表示,已要求内部委员会评估各种政策选项,以确保资产购买计划顺利实施。这是有关央行下一步行动的最大线索。他在 2015 年 10 月会议后的记者会上也发表了措辞类似的讲话,六周后央行就推出了一篮子宽松举措。

Pioneer Investments 外汇策略主管 Paresh Upadhyaya 说道:"市场对欧洲央行没有披露任何信息感到失望;GDP 与通胀预期变化不大,加上没有新的政策举动,市场认为这是买入欧元的信号。"当日尾盘,欧元/美元上涨 0.2% 至 1.126 0,盘中最高为 1.132 6。

**图15 欧元/美元走势**

## (三)日元——没有最宽松,只等更宽松

安倍经济学是否失败?反正没有人敢说成功。日银保持一贯的宽松倾向,市场对此更是有进一步期待。可黑田反复令人失望,日银在 2016 年中的政策似乎变得更难琢磨。日银本年度关键事件如下:

### 1. 2016 年 1 月 29 日:日银加入负利率大家庭

日本央行 2016 年 1 月 29 日给市场带来了一个大意外。日银宣布实施负利率,引发日元暴跌,日股和日债飙升,并推动全球股市上扬。

在政策会议上,日本央行行长黑田东彦(Haruhiko Kuroda)领导的货币政策委员会决定对金融机构在央行的活期账户实施-0.1%的利率,决策者们以 5∶4 的投票结果通过该决定。日本央行表示,采取负利率政策,将针对金融机构存放在央行的超额准备金收取利息,若认为有必要,将进一步调降负利率。而此次采取行动的目的在于防范市场波动损及企业信心的风险。此外,日本央行以每年 80 万亿日元的速度扩大基础货币的目标不变;央行以 8∶1 的投票结果维持货币基础政策不变。

日银的这一举措完全出乎市场预料,之前毫无任何征兆,几乎没有投行发出过类似警告,这导致金融市场"措手不及"。消息公布之后,美元/日元如火箭发射,汇价自 118.50 附近最高一度飙升至 121.25,创下 2014 年 10 月份以来最大涨幅。之后汇价短

线回落,但仍持稳于 120 水平上方。

**图 16　美元/日元小时图**

日本农林中金总合研究所(Norinchukin Research Institute)首席经济学家 Takeshi Minami 表示:"此举将有效压低日元。预计日本央行将在 2016 年年中前后进一步放松政策,以确保在 2017 年 4 月将消费税上调至 10％之前,价格朝着目标水平上升,并战胜通缩。"

日本股市和债市也反应强烈。日经指数 225 指数短线暴跌超过 1 000 点,但很快收复跌幅。

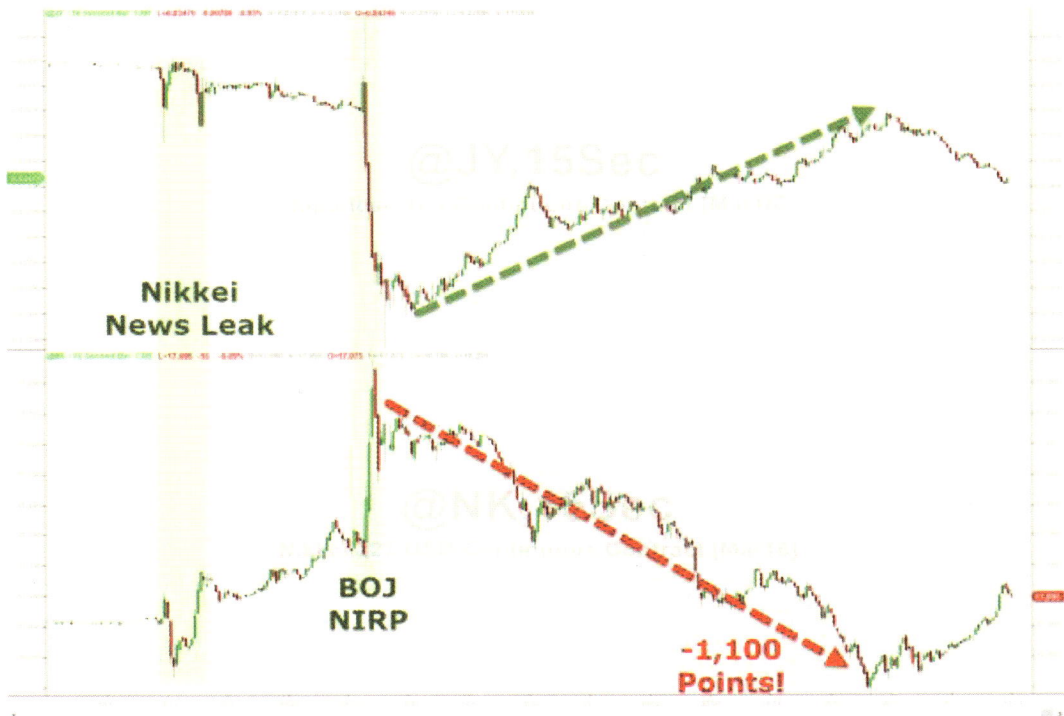

资料来源：Zerohedge。

**图 17　日经指数走势**

### 2. 2016 年 4 月 28 日："疯子"黑田放任日元狂飙

日本央行 2016 年 4 月 28 日意外维持货币政策不变,着实令市场一万个没想到！在市场上一致预期进一步宽松之下,日本央行此举令市场"大跌眼镜",引发金融市场剧烈波动:日元狂飙逾 350 点、日经指数闪崩 1 000 点、道指期货瞬间下挫 150 点。

尽管全球不利因素、强势日元和消费不振有可能打断脆弱的经济复苏,日本央行当天仍然按兵不动。货币政策委员会以 8∶1 的投票结果通过维持基础货币目标不变。此外,日本央行决定对金融机构存放在央行的部分超额准备金仍实施－0.1％的利率,这项决定则是以 7∶2 获得通过。日本央行木内登英和佐藤健裕反对负利率决定。

日本央行并未推出大多数投行预计的扩大股票 ETF 购买计划。这一意外之举,可谓是直接释放了日元多头的做多热情。消息出炉之后,美元/日元单日跌幅超过 3％。

**图 18　美元/日元 4 小时走势**

资料来源:Zerohedge。

**图 19　日经指数瞬间闪崩近 1 000 点**

据金融博客 Zerohedge 撰文称,日本央行决议出炉之后其官网即崩溃了,估计也被吓到……与此同时,全球市场,道指期货暴跌 150 点。

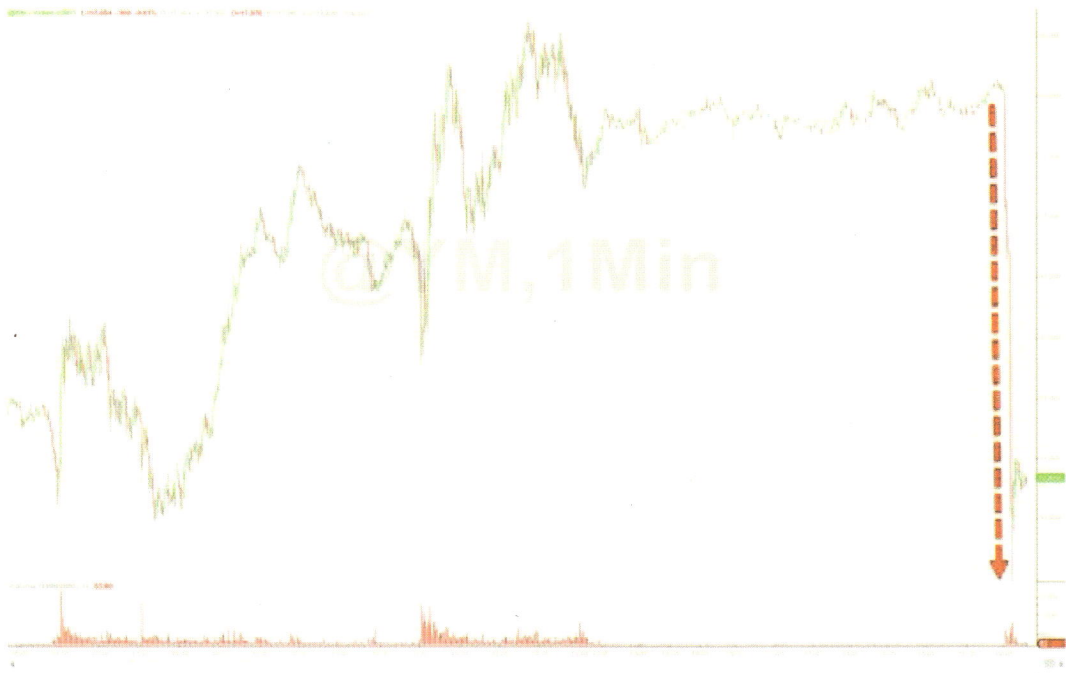

资料来源：Zerohedge。

**图 20　道指期货暴跌**

日本央行行长黑田东彦随后在记者会上表示，必要时日本央行会加码刺激措施。黑田东彦表示，他没有看到货币政策的极限；若有必要，可进一步调降负利率。

德国商业银行 Antje Praefcke 等分析师在之后的报告中称，日元大涨扇了日本央行"一个耳光"。市场正在惩罚该央行，因为它甚至不给出一丁点是否会进一步放松政策的暗示。德国商业银行表示，日本央行此次维持政策不变，可能是想要观察一下 2016 年 1 月份推出的负利率政策效果。目前的问题是，该央行还能容忍日元升值多久？报告指出，推迟加码宽松政策令通胀目标"似乎变得可笑"；市场将继续向日本央行施加压力，逼迫其采取行动。

### 3. 2016 年 7 月 29 日：大写的失望！宽松不及预期

日本央行 2016 年 7 月 29 日宣布进一步扩大货币政策计划，温和增加购买上市交易基金（ETF），向来自政府和金融市场要求其采取大胆行动刺激经济和通胀的压力低头。

日本央行把上市交易基金购买规模目标提高至 6 万亿日元，但央行继续以每年 80 万亿日元的速度扩大基础货币，包括日本政府公债在内的其他资产的购买速度也保持不变。央行维持对金融机构在央行部分超额准备金实施－0.1％的利率不变。

在几乎没有其他选择余地的情况下,这一次"疯子"黑田没有让市场"大跌眼镜",推出了货币宽松举措,但很明显,黑田最新的宽松举措远逊于此前市场的预期,这令日元惊天暴涨,美元/日元在决议后一度下跌幅度超过 2%,失守 103 关口。

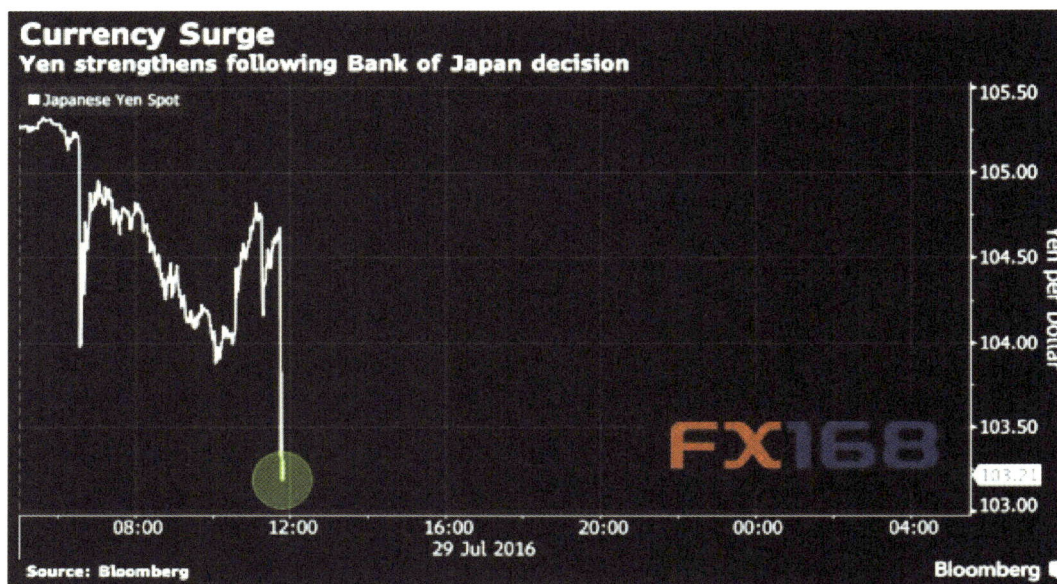

资料来源:彭博。

**图 21  美元/日元走势**

信金资产管理公司(Shinkin Asset Management)高级基金经理 Jun Kato 表示,日本央行的决策令投资者失望,其宣布的刺激规模仅达到投资者预期区间的低端。Kato常驻东京,他说,这一决定为央行在看到安倍政府经济刺激计划细节后进一步放松留下一些余地。

## (四)英镑——退欧成为"核爆"中心

退欧!退欧!还是退欧!英镑 2016 年的一切走势似乎均归结于此。和其他国家不一样,英国国内经济其实不错,退欧成为了英镑唯一的桎梏,英国央行政策的改变也完全归咎于此。英镑 2016 年关键时间点如下:

### 1. 2016 年 3 月 22 日:恐袭推高退欧风险

比利时首都布鲁塞尔 2016 年 3 月 22 日发生 3 起炸弹爆炸事件,导致至少 31 人死亡和超过 180 人受伤。

布鲁塞尔机场值机大厅早高峰时段发生两起爆炸;一小时后,距离欧盟总部不远的一个地铁站发生第三起爆炸。市场揣测布鲁塞尔遭遇的恐怖袭击可能让那些鼓吹英国脱离欧盟的人理由更加充分,受此影响,英镑当日在全球主要货币中跌幅最大。

支持英国退欧的政客们认为,移民让英国更容易受到攻击;而包括英国时任首相卡梅伦在内的反对者表示,留在欧盟有利于英国的安全。

## 2. 2016 年 5 月 3 日:制造业 PMI 不佳引发多头平仓

2016 年 5 月 3 日发布的英国制造业采购经理人指数(PMI)不佳引发多头获利平仓,英镑兑美元当日自 4 个月高位 1.476 8 大幅跳水,跌破 1.46 关口,最低触及 1.453 0。

数据显示,2016 年 4 月英国 Markit/CIPS 制造业采购经理人指数降至 49.2,为 2013 年 3 月以来首次跌破 50 的荣枯分水岭。英国 4 月制造业产出意外下降,降至 3 年低点,表明在就英国是否退出欧盟举行公投前,英国经济在放缓。2016 年 3 月该指数为 50.7。

图 22　英镑/美元小时走势

## 3. 2016 年 6 月 24 日:英国真的退欧

决定命运的一天终于来了:英国正式宣布退欧! 这一结果反映了民众对英国当权阶层的反对,也给了第二次世界大战以来欧洲大团结努力的最大一记打击。

BBC 计票统计,382 个计票区的统计结果中,支持留欧的有 16 141 241 人(占

48.1％），支持退欧的有 17 410 742（占 51.9％）人。英国选举委员会正式宣布：英国投票决定脱离欧盟。英国时任首相卡梅伦发表讲话并表示将辞职。

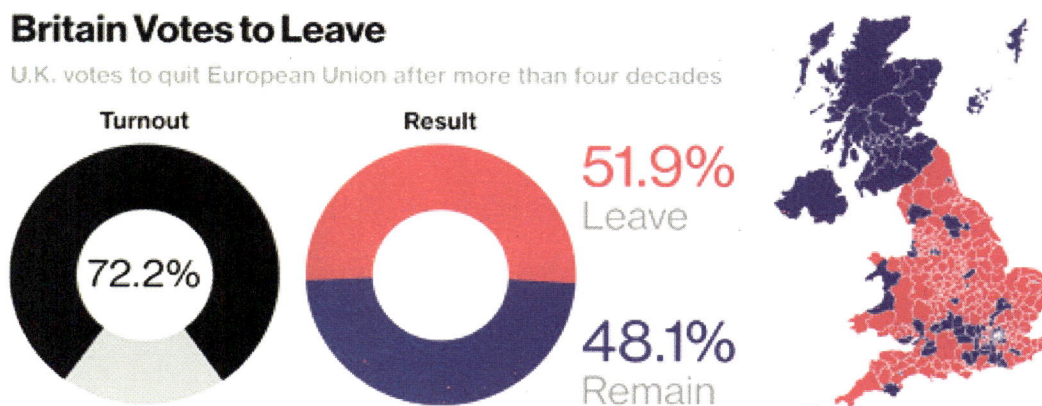

资料来源：彭博。

**图 23　英国投票退欧**

　　全球聚焦的退欧公投终于尘埃落定，金融市场遭受自 2008 年经济危机以来最大的一次冲击。英镑/美元创下历史上最大单日跌幅，欧元也创出自 1999 年面世以来的最大贬值幅度。

　　欧洲股市惨遭史上最黑暗一天：6 月 24 日早盘，泛欧斯托克 50 指数跌 10.59％，英国 FTSE100 指数暴跌 7.99％，法国 CAC 指数跌 10.09％，德国 DAX 指数暴跌 9.22％。银行股成为"重灾区"，巴克莱、劳埃德银行下跌 30％，苏格兰皇家银行下跌 34％。英镑/美元跌至1.345 9，创 1985 年 9 月来最低，自日内高点已经下跌逾 1 500 点！

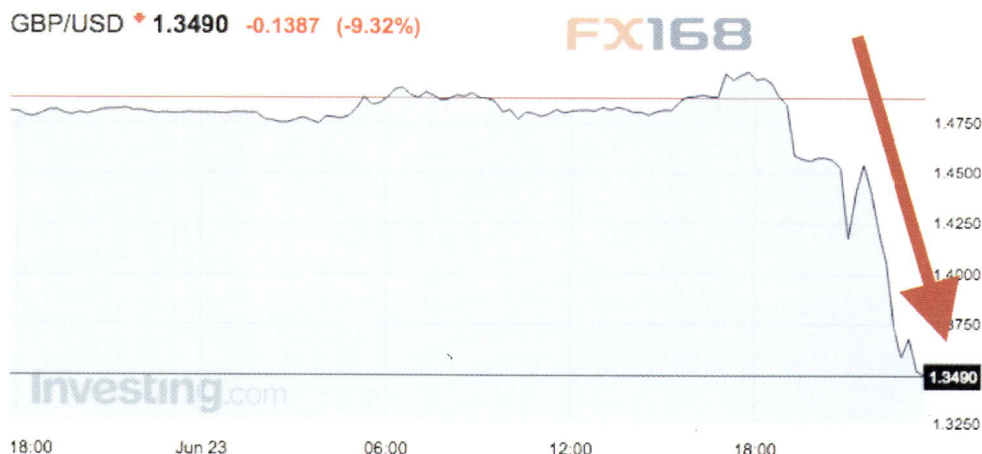

资料来源：Business Insider。

**图 24　英镑/美元走势**

英国确定退欧的第一时间,市场分析师均不看好英镑的走势(编辑注:截至目前英镑/美元最低价为1.182 1)。道明证券指出,预计英国在未来12个月内陷入衰退的几率为60%,年末英镑/美元目标指向1.20,英国10年期债券收益率将跌至0.5%,美联储加息时间转向2017年6月,减息几率为30%。

瑞银集团经济学家David Tinsley在报告中称,长期来看,英国退欧后英镑兑美元将跌至1.20,英镑兑欧元将实现平价。

瑞银集团表示:"一旦经济低迷程度在数据中开始体现出来,英国央行下调利率和恢复QE将被视为适宜之举。同时,进一步实施量化宽松的预期、国内避险需求高涨以及名义增长预期下滑可能对英国国债收益率构成压力。"

瑞士宝盛集团研究部门主管Christian Gattiker表示,由于英镑依赖资本流入,在英国投票脱离欧盟后,预计2016年下半年英镑兑美元将跌至平价。

高盛称,预计6个月后英镑/美元汇率将比公投前水平下跌10%~11%。

### 4. 2016年7月14日:英国央行按兵不动

2016年7月14日19时,英国央行7月利率决议准时出炉。在市场预期降息概率超过80%的情形之下,英国央行竟然按兵不动,令市场大感意外!决议出炉之后,英镑/美元飙升逾200点,最高触及1.346 2。

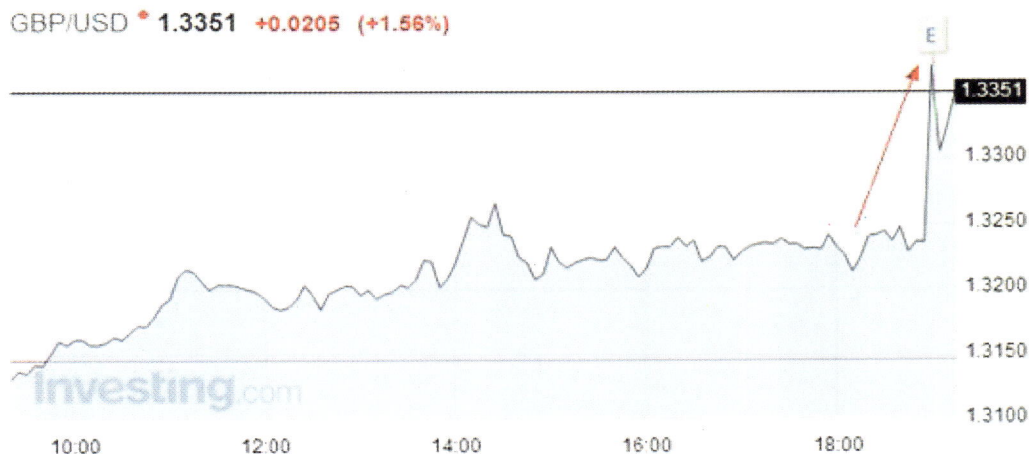

资料来源:Investing.com。

图25　英镑/美元5分钟走势

彭博技术分析师Sejul Gokal当日撰文写道,尽管英镑/美元价格回落,但该汇价仍然倾向上行;对短线动量交易员而言,MACD形态转为看涨,周四(当日)从极端低点形成看涨交叉。从技术面来看,英镑/美元日线图动量工具集体看涨,在接近超买关口前有进一步推动该汇率大幅上升的空间；周线图 RSI 也超卖，正尝试从 30 关口下方反弹。

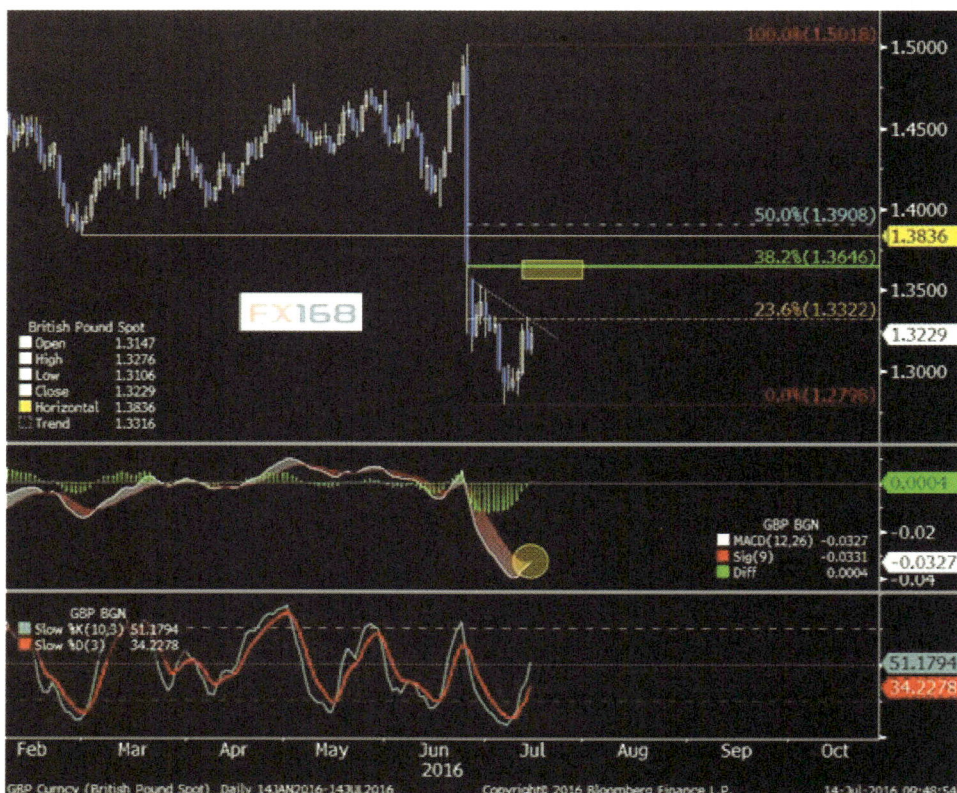

资料来源：彭博。

**图 26　英镑/美元走势**

荷兰银行经济学家 Nick Kounis 在报告中称，英国央行维持利率不变的决定令人吃惊，但 2016 年 8 月份实施激进的货币刺激仍然是很有可能的事情，预计届时会同时采取降息和量化宽松措施。

### 5. 2016 年 8 月 4 日：英国央行扩大宽松

2016 年 8 月 4 日 19 时，英国央行如期降息 25 个基点至 0.25％的纪录新低，且"意外"扩大量化宽松规模至 4 350 亿英镑。再加上英国央行行长卡尼称可以进一步下调利率，英镑/美元短线暴跌近 200 点，英国股市大涨近 1％，而 10 年期英债收益率崩跌至 0.68％的纪录新低。

英国央行货币政策委员会一致同意降息至 0.25％；以 8∶1 的投票比例通过了未来 18 个月购买 100 亿英镑的公司债；以 6∶3 的投票比例通过了扩大量化宽松规模至 4 350亿英镑。

会议决议出炉之后,英镑/美元短线暴跌逾100点,随后卡尼称可以进一步下调利率,该货币对扩大跌幅,累计跌幅超过200点,最低触及1.313 3,创下最近3个交易日以来的低位,且单日跌幅为2周之最。

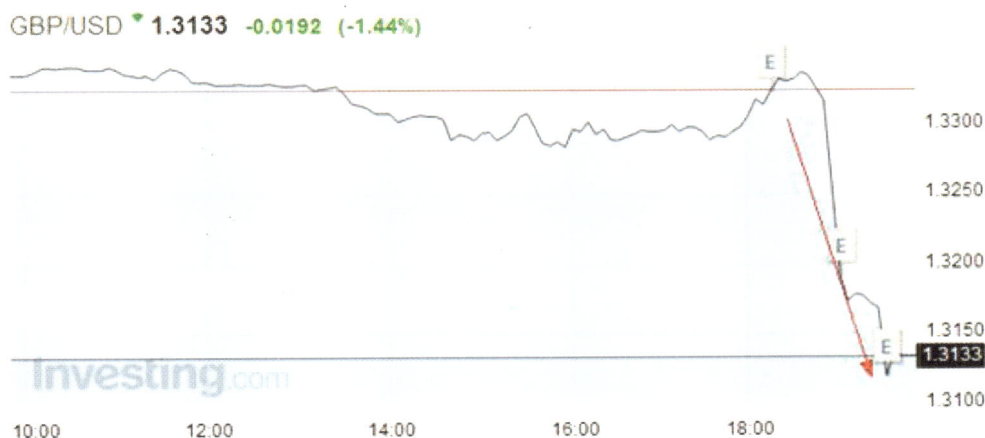

资料来源:Investing.com。

**图27   英镑/美元5分钟走势**

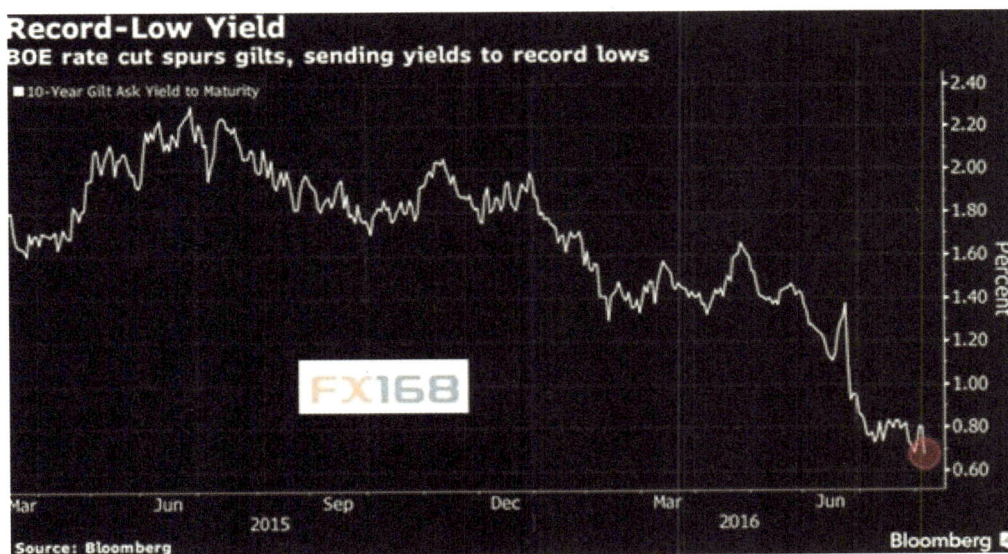

资料来源:彭博。

**图28   英国十年期债券收益率崩跌**

## (五)澳元——简单的2016,只需要看澳洲联储

澳元2016年走势还算清晰,至少澳洲国内经济总体还过得去,投资者只关注澳洲

联储政策的变化,而澳洲联储也只会降息。其他外部因素的影响都是零星的。澳元年内关键时点就是2次降息,具体如下:

## 1. 2016年5月3日:意外降息

澳洲联储2016年5月3日宣布降息25基点至1.75%,自2016年5月4日开始生效。

澳洲联储在会后声明中指出,全球经济继续增长,但速度略微慢于稍早的预期,最近预估进一步向下修正。虽然几个发达经济体的状况过去1年有所改善,但一些新兴市场经济的处境变得更加困难。中国经济增长速度在上半年进一步放缓。

该联储指出,金融市场人气有所改善,2016年年初有段时间波动剧烈,但围绕全球经济前景和主要国家政策决定方面仍存在不确定性。

澳洲联储还特别提及澳元汇率。声明显示,低利率一直在支撑需求,本币贬值整体上也对贸易领域有所帮助。过去一年左右,对家庭的信贷继续以温和步伐成长,对企业信贷有所加快。这些因素均有助于经济实现必要的调整,但澳元升值可能令情况复杂化。

据彭博调查显示,27位经济学家当中,15人预计本次澳洲联储会把现金利率维持在2%不变。而路透访问的51位分析师中,33位预计该联储将维持利率不变;18位分析师预计继第一季度澳洲通胀意外低迷之后,澳洲联储预计会降息25个基点。

降息决定出炉后,澳元/美元应声大跌1%报0.758 9,利率决定宣布前的汇价是0.770 9。

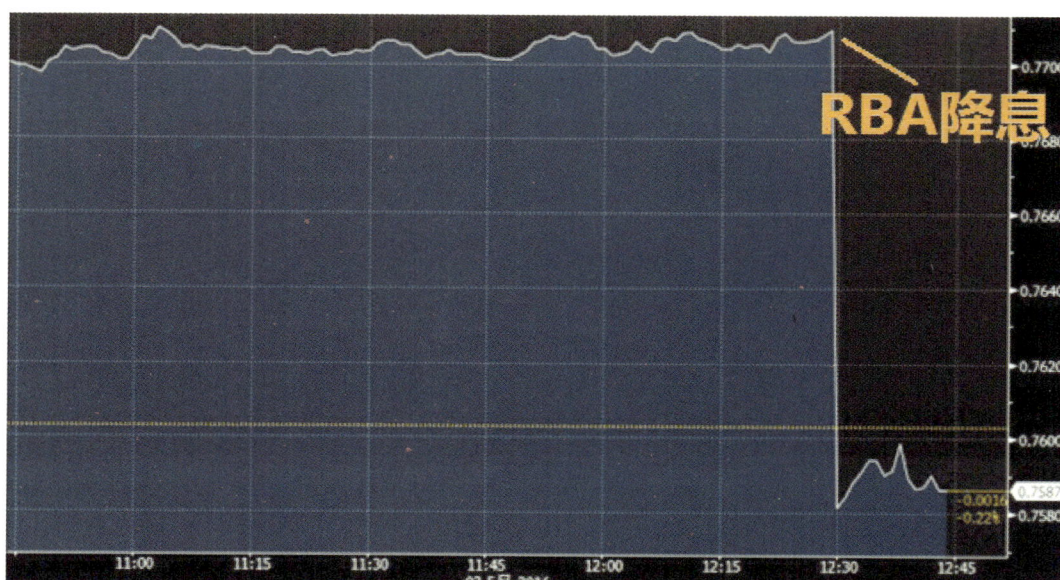

资料来源:彭博。

**图29　澳洲联储降息后澳元/美元走势**

## 2. 2016 年 8 月 2 日:澳洲联储降息之箭让市场措手不及

澳洲联储 2016 年 8 月 2 日将利率调降至历史新低,以应对通胀放缓局面,此举对于劳动力市场构成支撑。在澳洲联储降息之后,澳元应声急挫,让做多澳元的对冲基金措手不及。

澳洲联储主席史蒂文斯(Glenn Stevens,时任主席,现已卸任)及其货币政策委员会将现金利率下调 25 个基点至 1.5%,符合接受调查的 25 位经济学家中 20 位的预期,澳元兑 16 种主要货币应声走软。

澳大利亚第二季度整体消费物价涨幅降至 17 年低点,反映出工资增长停滞和全球价格疲软的压力。

资料来源:彭博。

**图 30 澳洲联储宣布降息后澳元/美元走势**

政策制订者正在努力引导澳大利亚经济安然渡过百年一遇的矿业繁荣终结的局面,利用低利率和从 2013 年高点回落的本币汇率来促进旅游和教育等服务业的增长。

澳新银行澳大利亚经济主管 Felicity Emmett 指出,澳洲联储降息说明"通胀率可能在较长时间内保持在低位,劳动力市场 2016 年可能已失去动力"。

本次会议是澳洲联储主席史蒂文斯的倒数第二次政策会议。他于 2016 年 9 月份卸任,现任副主席洛威(Philip Lowe)接替他的职务。

## (六)加元——没想象中糟糕甚至有惊喜

加元 2016 年并没有市场之前预想的那样糟糕,至少上半年的表现还算凌厉。油价并未进一步大幅走低是关键,而且年末还意外达成了冻产,振奋人心。加拿大年中遭遇山林大火,一度令市场对该国经济感到担忧,庆幸的是这毕竟是阶段性事件。加元年内关键时点如下:

### 1. 2016 年 4 月 13 日:加拿大央行上调经济预估

加拿大央行(BOC)上调对于国内经济增速预估,并称财政刺激的积极影响正在盖过低油价和全球经济增速放缓带来的拖累,但央行并未对加息预期做出明显指引。

加拿大央行行长波洛兹(Stephen Poloz)在会后的新闻发布会上向投资者和记者说道,加央行对于未来货币政策步伐的前景依然不确定。

自 2016 年 1 月 19 日触及 13 年低点以来,因油价反弹、加拿大经济数据意外强劲且美联储(FED)对加息事宜呈谨慎立场,加元兑美元已经飙升逾 12%。

加拿大丰业银行(Scotiabank)首席外汇策略师 Shaun Osborne 表示,加拿大央行与其他主要央行相比显得"特立独行",因其试图避免就货币政策提供前瞻指引。

### 2. 2016 年 5 月 4 日:山林大火阻碍经济

加拿大西部阿尔伯塔省迎来最恐怖、最有灾难性的一场火灾。约 10 万居民恐慌撤离,民众纷纷涌入数小时车程外的小村避难,消防人员持续奋战,希望控制肆虐油砂区的大火。

加拿大政府宣布阿尔伯塔省进入紧急状态。这个省份的大小与法国相当,境内有世界最庞大石油生产事业。加拿大总理特鲁多在首都渥太华告诉国会:"我们看到的画面显示,车辆在公路上疾驰,而四周都是一片火海,场面确实非常吓人。"

加拿大帝国银行(CIBC)发布报告称,比起阿尔伯塔大火引发的悲观情绪,加拿大可能近在咫尺的低迷数据才是加拿大帝国商业银行认为加拿大第二季度 GDP 会令人失望的原因。

该行指出,事实上,大火导致的银行预期下调幅度和外界一致。不过银行预测中的低起点意味着其预计 GDP 会面临衰退,而不是外界认为的小幅增长。

### 3. 2016 年 9 月 7 日:加拿大央行维持利率不变

加拿大央行维持利率不变,并称全球经济成长较预期疲弱,央行指出,即便加拿大出口反弹,但过去几个月的下滑使经济活动状况可能不及 2016 年 7 月货币政策报告的预期。

央行在声明中预计,受阿尔伯塔省野火后的重建工作和联邦刺激支出提振,下半年经济成长将"大幅反弹"。

但央行表示,美国企业投资前景不确定性增加,美国稳健的就业市场和强劲的消费支出支撑成长,但企业和住宅投资在第二季度萎缩。

一如预期,加拿大央行维持 0.5% 的隔夜利率不变,该利率自 2015 年 7 月以来一直未变。

央行还指出,尽管温哥华炙热的楼市出现了可能降温的初步迹象,但与家庭债务相关的财务脆弱程度仍高企,且继续上升。

加拿大央行维持当前利率不变后加元走软,美元/加元短线拉升逾 100 点,刷新日高至 1.293 3。

### 4. 2016 年 9 月 28 日:冻产协议提振加元

OPEC 自 2008 年来首次达成减产协议,OPEC 限产报道发布后布伦特油价一度飙涨逾 6%,并触及 48.96 美元/桶的 3 周高点。

消息一经发布,挪威克朗、加元、澳元和墨西哥比索等依赖能源或原材料出口的国家的货币兑美元走强,跟随油价升势。

布朗兄弟哈里曼(Brown Brothers Harriman)新兴市场汇市策略部门全球主管 Win Thin 谈及商品货币大涨时称:"走势显示市场感到有些意外,限产是否有持续的影响力,下一步要看实施的情况。"

不过部分分析师提出警告,减产协议仍缺乏重要细节,要到 2016 年 11 月下次 OPEC 正式会议才会决定各国产出水准,而届时联合减产的邀请也会延伸至俄罗斯等非 OPEC 国家。

## (七)港元——守住联系利率

港元在 2016 年的最大事件或许就是年初守住了联系利率。虽然年初一度暴跌且市场传言四起,但香港金管局做出完美应对。不过,香港经济方面,生活成本上升及强积金表现差强人意。此外,香港也成为离岸人民币的主战场。港元年内关键时点及相关信息如下:

### 1. 2016 年 1 月 15 日:港元创下 2003 年来最大周跌幅

2016 年 1 月 15 日,港元创下 2003 年来最大周跌幅,市场对中国经济状况的担忧加剧了股市跌势,并引发港元将结束联系汇率制度的猜测。

香港财政司司长曾俊华对记者们表示,目前全球外汇形势错综复杂,港元有跌到弱方兑换保证水平的可能。根据当前采用的汇率机制,美元兑港元交易被限制在 7.75～7.85 区间内。

澳洲联邦银行(CBA)驻新加坡外汇策略师 Andy Ji 表示,怀疑香港金管局采取过干预措施,他们正尝试向市场灌输信心。

香港金管局主席陈德霖曾表示,联系汇率制度是香港金融稳定与货币稳定的基石,香港不打算改变这一制度。随后人民币尤其是离岸人民币下跌,引发除日本以外整个亚洲地区的货币贬值浪潮,加剧了人们对港元联系汇率机制将被重新评估的猜测。

据外媒汇总的期权相关数据显示,港元 2016 年跌破弱方兑换保证的可能性有 28%,高于 2015 年 12 月 31 日时的 9.5%。根据 DTCC 数据,过去 1 个月内执行价弱于 7.85 港元的港元看跌期权名义余额自 95.6 亿美元增至 110.9 亿美元。

### 2. 2016 年 1 月 18 日:香港金管局强调没有计划改变联系汇率制度

港元 2016 年 1 月 18 日一度跌至逾 4 年低点,香港金管局总裁陈德霖强调,尽管近来市场动荡,但香港没有计划改变现行港元挂钩美元的联系汇率制度;近期香港经济增长放慢,股市稍有回落,资金流出港元属自然现象,呼吁市场不必反应过敏。

他在出席亚洲金融论坛时表示,根据货币发行局制度,港元尚未触及 7.85 弱方兑换保证水平,亦即未有港元流出香港。

他提到,香港外汇市场完全自由开放,参与者众多,部分沽港元对冲,部分纯属炒卖,"金管局对捍卫联汇制度的决心及能力毋庸置疑,而联汇制度行之有效,经得起考验。"

陈德霖并称,过去数年有 1 300 亿美元等值资金流入香港,故香港上调息率的过程不会太急速。资金陆续流走,港息才会上升并贴近美息,这是利率正常化必经阶段,无须过于担心;就算资金大幅流走,香港加息过程亦不会太急速,无须太担忧。

他认为,金融稳定的先决条件是货币稳定,港元汇率大起大落,对经济及金融发展都不利。虽然市场动荡,但迄今为止货币市场一直运作顺利。

在谈到人民币汇率的前景及走势时,他表示,香港人民币离岸资金池已经缩小,若资金池短缺会出现拆息上升的现象,则反映市场发展由供求所影响。不过他强调,金管局有备用流动资金安排,即使中间资金池有波动,亦会维持离岸人民币市场的秩序。

**3. 2016 年 1 月 20 日:金管局直言若港元跌至 7.85 将抛售美元**

港元兑美元一度触及近 8 年低位。同时,港元远期合约大跌暗示市场或押注联系汇率机制将取消。不过,香港官员称,香港能够承受得住资本流动,若港元跌至 7.85,金管局将抛售美元。

2016 年 1 月 20 日亚市盘中,港元兑美元扩大跌幅,最低下探 7.824 0,刷新自 2007 年以来的新低,接近 7.75~7.85 港元区间的弱方兑换保证水平。

**图 31　港元/美元走势图**

同时,值得注意的是,港元远期合约跌至 1999 年来最低。同时,美元/港元 1 个月和 12 个月远期汇差扩大至 500 点以上,为 2008 年以来首次。这些信号暗示市场押注联系汇率机制取消。

香港财经事务及库务局局长陈家强答复立法会称,香港能够承受得住资本流动。他表示,"如果港元兑美元跌至 7.85,香港金管局将会抛售美元"。

他还指出,"政府无意取消房地产市场降温措施,房地产价格仍超过了一般市民的负担能力。政府将保持警惕,密切关注房地产市场"。

### 4. 2016 年 6 月 23 日:香港生活成本升至全球首位

美国人力资源管理咨询公司美世(Mercer)公布的 2016 年度生活成本调查结果显示,香港生活成本由 2015 年排名第二位,上升至全球最贵,领先安哥拉首都卢旺达,成为海外企业外派员工驻守成本最高的城市,主要由于 2016 年汇率波动,港元跟随美元强势,导致香港生活成本大大提高。

第三至第五位分别是瑞士苏黎世、新加坡及日本东京;第六至十位分别是刚果金沙萨、上海、瑞士日内瓦、恩贾梅纳及北京,深圳及广州分别排第十二及十八位。此外,受退欧公投困扰的英国,因英镑贬值,物价相对下跌,令伦敦 2016 年的排名下跌五位至第十七位。至于全球外派人员生活成本最低的城市,是非洲纳米比亚首都温得和克、南非开普敦,及吉尔吉斯斯坦首都比什凯克。

调查统计了全球 209 个城市,综合住屋、食物、交通及娱乐等共 200 项物价,其中以住屋占比最大,计算每个城市的排名,并以纽约作为比较基础,以美元汇价计算各地成本。

另一方面,香港的生活成本水平也可从基层市民的饮食消费中反映出来,2015 年香港的外出用膳消费者指数增长 3%~4%。香港的快餐连锁业龙头大家乐(00341.HK)的香港首席执行官罗德承于 2016 年 6 月 22 日的全年业绩会上表示,过去一年大家乐平均单价加 2 港元,至于未来要视租金、市场走势以及经济环境等因素来决定下半年预期加价幅度。

### 5. 2016 年 5 月 19 日:强积金一年回报－8%

香港积金局公布的统计数字显示,截至 2016 年 3 月,强积金总资产有 5 925 亿港元,过去一年净投资回报为负数,蒸发了 509.9 亿港元,回报率为－0.8%,是 2008 年金融海啸以来表现最差。

此外,截至 2016 年 3 月底,参加强积金的雇员及自雇人士有逾 255 万人,即每名员工过去 1 年平均亏掉近 2 万港元。

6 种基金回报普遍下跌,只有债券基金有正增长,赚 1.2%;保守基金则持平;表现最差的是股票基金,过去一年蚀了 13%,混合资产基金蚀逾 6%。

### 6. 2016 年 7 月 14 日:香港人民币隔夜拆息见近半年高位

2016 年 7 月 14 日,香港离岸人民币隔夜拆息一度创出 2016 年 2 月以来的高位,根据财资市场公会显示,隔夜人民币拆息定价高见 4.831 厘,比前一天急升 2.373 厘,交易时段曾见 7.5 厘,市场揣测人民银行出手以控制人民币贬值。

德国商业银行驻新加坡经济学家周浩表示,离岸人民币市场开始流动性收紧,这令人回忆起人民银行 2016 年初的干预行动。

消息指出,市传人民银行稍早曾干预离岸市场,抽走香港人民币流动性,导致拆息急升。另外,未来数天有达数十亿元的人民币期权到期,估计参与行需要短期流动性,令短息急上,紧张情况持续数日。

事实上,市场关注人民币贬值,其中瑞银(UBS)预计年底前人民币兑每美元维持 6.8 水平,2017 年底人民币可望见 7 水平,但不会大幅贬值,主要由于英国公投退欧之后,美国加息步伐将变得缓慢,将减少 2016 年人民币兑美元大幅贬值的可能,加上年底美国总统选举,参选人特朗普不满中国货币政策,相信中国不会大幅贬值刺激外界情绪,但人民币 2017 年有贬值压力,因为中国仍面对资金外流问题,预期 2017 年底人民币见 7 水平。

## (八)2016 年末及 2017 年汇市展望

2016 年末及 2017 年可预见的关键事件包括美联储升息、美国大选及英国退欧进程等。投行对此分析如下:

### 1. 美联储升息

美联储 2016 年 9 月维持利率不变之后,市场对其时点聚焦于 2016 年 12 月,同时对 2017 年货币政策正常化进展进行展望。

Pantheon Macroeconomics 经济学家 Ian Shepherdson 认为,基本情形下次预计加息时点仍然在 2016 年 12 月份,但同时也很难排除在 2016 年 11 月 2 日加息的可能性。

加拿大帝国商业银行认为,如果数据有保证的话,对美联储来说 2016 年 12 月份行动最有可能。考虑到有 3 名官员持有不同意见,似乎天平开始倾向加息;不过与委员会的投票相比,美联储经济预测显得更为鸽派;仍认为 2016 年 12 月对于下一次加息来说最有可能,不过这要取决于经济数据的反弹情况。

摩根大通经济学家 Feroli 报告称,预计美联储 2016 年 12 月加息一次,2017 年加息 2 次;点阵图基本符合预期,3 位委员认为 2016 年不加息,2016 年 6 月份时这一数字是零。

贝莱德首席投资官 Rieder 指出,虽然美联储 2016 年 9 月会议决定按兵不动,但 2016 年 11 月因美国大选而不太可能加息,这大幅提升 2016 年 12 月加息的可能性。

"债王"格罗斯表示,已放弃预测美联储加息时机。美联储加息时机更大程度上取决于市场,而不是经济数据。美联储给出了许多令人困惑的措辞。短期内不要与央行对抗,建议买入 AAA 级政府债券。

Rechtschaffen 认为:"联储此前按兵不动,欧洲央行也没有新的政策出炉,我认为,这是暗示市场,联储可能留了一手,那就是升息。另外,当日 FOMC 会议上投反对票的委员站出来,开始谈论升息的理据。不过,联储主席耶伦和副主席费希尔等核心领导层并没有改口。"

## 2. 美国大选

美国大选临近,其影响不仅是美国政治结构的变化,对于市场来说,更重要的是影响到美联储政策正常化的进程。

UFX.COM 董事总经理 Dennis De Jong 指出:"美联储主席耶伦近期非常谨慎,但(2016 年 9 月)维持利率不变的决定不会搅动市场。距离美国大选不到七周时间,金融数据描绘了一个好坏不一的景象,美联储显然出于安全第一的考虑。自 2006 年以来的第二次升息看似仍在日程中,因为美联储下次会议在大选前一周召开,距离大选太近,12 月看似是行动的最好时机。"

Rechtschaffen 进一步指出:"全球都有一个疑问,日本央行的新政,全球各国的宽松政策将会给美联储造成怎样的影响,这些影响很大程度上会直接影响美元的走势,但归根结底的问题是'美国经济在好转吗?'经济的部分领域改善,诸如就业,但即便是就业数据自上次会议以来也有所转弱。因此,我们按兵不动,我认为,在美国 11 月大选前,联储不会采取任何行动,之后,就要看数据的表现了。"

杰富瑞(Jefferies)首席市场策略师 David Zervos 认为,2016 年的美国总统大选实际上可能会导致美元贬值。这部分归因于两大总统候选人在自由贸易方面的立场,而共和党总统候选人特朗普(Donald Trump)似乎会构成更负面的影响。

Zervos 在一份报告中写道:"假如美国远离自由贸易协议,就像特朗普所提到的那样,则资本回报将下滑。较低的资本回报率应会拉低实质利率和美元,就像英国退欧公投之后英镑的走势那样。"

Zervos 补充道,假如希拉里(Hillary Clinton)胜选,同样会导致贸易壁垒升高,这也利空美元,但负面影响会小一些。

美银美林(BofAML)策略师 Ian Gordon 和 Athanasios Vamvakidis 在报告中称,美元中性仓位和美国大选的利好影响预示美元将迎来"窄幅适度"上涨。

美银美林还指出:"市场低估了美国大选的风险,因希拉里和特朗普之间的民调差距正在收缩。到 2016 年年底乃至 2017 年，大选的结果都将是市场关键因素。"

## 3. 英国退欧进程

英国退欧公投后，市场焦点投向了退欧进程。而"硬着陆"式的退欧是市场最为担忧的。具体投行分析如下：

德意志银行（Deutsche）经济学家 George Buckley 在报告中称，因英国首相特雷莎·梅（Theresa May）的部分评论暗示，英国将会"硬"退欧，英镑兑美元一度跌至近 3 个月低位，而英镑兑欧元则是触及多年新低。

摩根大通（J.P. Morgan Chase）稍早表示，虽然特雷莎·梅不喜欢区分"硬"退欧或是"软"退欧，但对该机构而言，更像是"硬"退欧。

德意志银行称，特雷莎·梅的讲话意味着将会有三大挑战，首先是谈判时间，这与欧洲大陆的大选周期对应。同时，作为未经大选产生的首相，特雷莎·梅是否可以在不咨询议会的情况下启动如此重要的程序，以及在控制对内移民和保障单一市场准入渠道之间如何取得平衡。

该行外汇分析师 George Saravelos 表示，德意志银行仍然绝对看空英镑，主张在贸易加权基础上做空英镑兑美元和欧元。

汇丰控股（HSBC Holdings）表示，预计到 2017 年底英镑兑美元将跌至 1.10 美元，兑欧元将跌至平价水准，因此对英国"硬"退欧的担忧加剧。

汇丰控股外汇研究部门全球主管 David Bloom 表示："不管你喜不喜欢，英国退欧都是个政治决定，必须尊重，英镑现在实际上在与政府政策公开唱反调。"

David Bloom 还称："一些人仍在向我们提出观点，认为英国与欧盟将能够解决双方分歧并达成一份友好的协议，这种看法似乎有些不太真实。越来越清楚的是，许多欧洲国家走上谈判桌时，将重点考虑限制政治损害，而不是经济损害。双输局面是不可避免的结果。"

## 4. 汇率预期

而具体到汇率预期方面，投行对 2016 年末及 2017 年的预计基本一致，多数认为美元仍将处于强势，非美货币间略有区别。

法国巴黎银行指出，欧洲央行把球踢回给了美联储，欧元后市仍看向 1.08 水平。该行认为，由于欧元空头仓位很轻，在−50 至＋50 的仓位模型描述中仅为−8，因此我们不认为会有进一步的空头回补来大幅推高欧元。

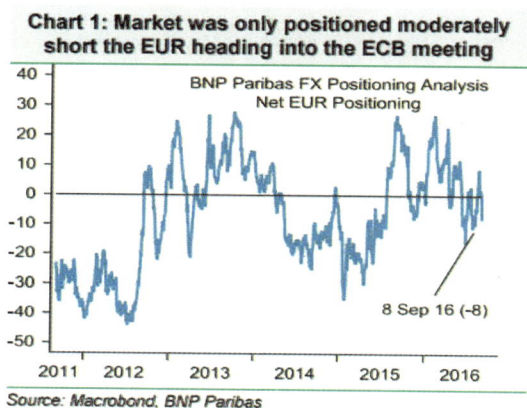

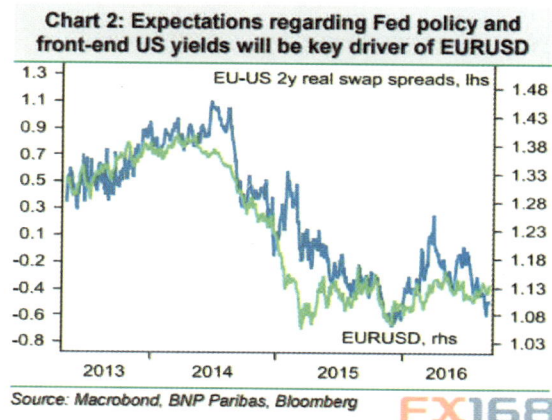

资料来源：法国巴黎银行。

图 32　欧元仓位、欧美利差与欧元走势

　　西太平洋银行认为，考虑到英国央行多重宽松政策的规模，做空英镑是合理的选择。英国国债拍卖进展顺利，进一步宽松的倾向将对英镑构成压制。英镑目前的弱势已经部分表现了英国退欧公投后的宽松影响。

　　该行表示，近期的经济数据显示，英国退欧公投的即时影响是温和的。英国银行协会的数据或许显示抵押贷款规模下降，但消费信贷已经上升，商业信贷表现也一如往常。

　　该行称："我们认为英镑/美元的短线走高将成为逢高抛空的机会，汇价可能先测试下 1.34 水平，然后看向退欧公投后的 1.28 低位。如果击穿 1.28，目标将看向 1.250 0 水平。"

　　北欧联合银行（Nordea）公布该行汇市季度预期更新表。内容如下：

　　欧元/美元：还有 700 点空间。欧元目前在 1.12 上方，该行认为汇价 2017 年第二季度能跌至 1.05 水平，也就是说，还有 700 点的下行空间。该行预计 2017 年第四季度欧元/美元将反弹至 1.10 水平。

　　美元/日元：持续看多。该行认为美元/日元 2016 年年末升至 104 水平，2017 年年中及年末将进一步飙高至 108 和 110 水平。

　　澳元/美元：持续看涨。随着市场对澳元看空至 0.70 下方的预期冲淡，该行也持续看多澳元后市表现。该行认为澳元 2016 年第四季度目标 0.78、2017 年第二季度目标 0.80、2017 年第四季度目标 0.83 水平。

| Nordea | | | Q4 | Q2 | Q4 |
|---|---|---|---|---|---|
| | LAST UPDATED | | '16 DEC | '17 JUN | '17 DEC |
| | | Majors | | | |
| AUD/USD | Sep 7 | | 0.7800 | 0.8000 | 0.8300 |
| EUR/CHF | Sep 7 | | 1.1000 | 1.1200 | 1.1300 |
| EUR/GBP | Sep 7 | | 0.8400 | 0.8000 | 0.7600 |
| EUR/JPY | Sep 7 | | 114.40 | 113.40 | 121.00 |
| EUR/NOK | Sep 7 | | 9.1000 | 8.7000 | 8.5000 |
| EUR/SEK | Sep 7 | | 9.4000 | 9.2000 | 9.0000 |
| EUR/USD | Sep 7 | | 1.1000 | 1.0500 | 1.1000 |
| NZD/USD | Sep 7 | | 0.7500 | 0.7700 | 0.7800 |
| USD/CAD | Sep 7 | | 1.2600 | 1.2400 | 1.2000 |
| USD/CHF | Sep 7 | | 1.0000 | 1.0670 | 1.0270 |
| USD/JPY | Sep 7 | | 104.00 | 108.00 | 110.00 |
| USD/NOK | Sep 7 | | 8.2730 | 8.2860 | 7.7270 |
| USD/SEK | Sep 7 | | 8.5450 | 8.7620 | 8.1820 |

FX168

资料来源：Nordea。

**图33　主要货币季度预期表**

高盛集团(Goldman Sachs)同样公布了主要货币预期更新表。内容如下：

欧元/美元：仍看平价水平。市场上一次普遍热议欧元平价，还是在欧洲央行热火朝天地推出新宽松措施之时。但随着汇价此后迟迟未跌至平价，平价论似乎偃旗息鼓。但高盛仍持续看空欧元，并认为汇价会在2017年第三季度跌至平价水平。

美元/日元：上看125水平。日本央行和日本政府的货币及财政刺激政策规模令人失望，但高盛仍总体看多美元/日元表现，认为汇价在2017年第三季度会升至125水平。

英镑/美元：探底回升。英国退欧影响下，高盛认为英镑/美元2016年第四季度就会跌至1.20水平，但此后会持续反弹，并于2017年第三季度回到1.25水平。

澳元/美元：澳联储刚刚降息，市场对其未来进一步宽松仍有期待。高盛预计澳元/美元会持续走低，2017年第三季度目标指向0.67水平。

各大投行汇率预测见表1。

| Goldman Sachs ▾ | | Q4 | Q1 | Q3 |
|---|---|---|---|---|
| | LAST UPDATED ▲ | '16 DEC | '17 MAR | '17 SEP |
| Majors | | | | |
| AUD/USD* | Aug 3 | 0.6900 | 0.6700 | 0.6700 |
| EUR/CHF* | Aug 3 | 1.0900 | 1.0900 | 1.1000 |
| EUR/GBP* | Aug 3 | 0.9000 | 0.8600 | 0.8000 |
| EUR/JPY* | Aug 3 | 129.00 | 132.00 | 131.00 |
| EUR/NOK* | Aug 3 | 9.2500 | 9.1500 | 8.9000 |
| EUR/SEK* | Aug 3 | 9.1500 | 9.0000 | 8.7000 |
| EUR/USD* | Aug 3 | 1.0800 | 1.0400 | 1.0000 |
| GBP/USD* | Aug 3 | 1.2000 | 1.2100 | 1.2500 |
| NZD/USD* | Aug 3 | 0.6800 | 0.6400 | 0.6200 |
| USD/CAD* | Aug 3 | 1.2600 | 1.3000 | 1.4000 |
| USD/CHF* | Aug 3 | 0.9700 | 0.9900 | 1.0500 |
| USD/JPY* | Aug 3 | 115.00 | 120.00 | 125.00 |
| USD/NOK* | Aug 3 | 8.2600 | 8.3200 | 8.4800 |
| USD/SEK* | Aug 3 | 8.1700 | 8.1800 | 8.2900 |

资料来源:高盛。

**图 34　主要货币季度预期表**

表 1　　　　　　　　　　　　　　各大投行汇率预测

| 投　　行 | 观　　点 |
|---|---|
| 法国巴黎银行 | 欧元后市看向 1.08 水平 |
| 西太平洋银行 | 英镑逢高抛空 |
| 北欧联合银行 | 澳元 2017 年第四季度目标 0.83 水平 |
| 高盛集团 | 美元/日元上看 125 水平 |
| 汇丰 | 英镑 2017 年底将跌至 1.10 |
| 三菱日联 | 美元/日元上行受限于 104.5 |
| 澳新银行 | 英镑将看向 1.20～1.25 |
| 摩根士丹利 | 美元/日元已筑底 |
| 美银美林 | 欧元 2017 年末看 1.15 |

# 第六部分　人民币

## (一)汇改新政周年记:人民币经历了"不平静"的一年

2015 年 8 月 11 日开启的人民币新一轮汇改至今,人民币市场从汇率到跨境资本流动经历了"过山车式"的动荡.同时,国际市场也因日本负利率及英国退欧等"黑天鹅事件"剧烈波动。

截至 2016 年 8 月 11 日的过去一年中,人民币兑美元贬值 6.5％左右。这令人民币的表现在亚洲主要货币中位居末席。

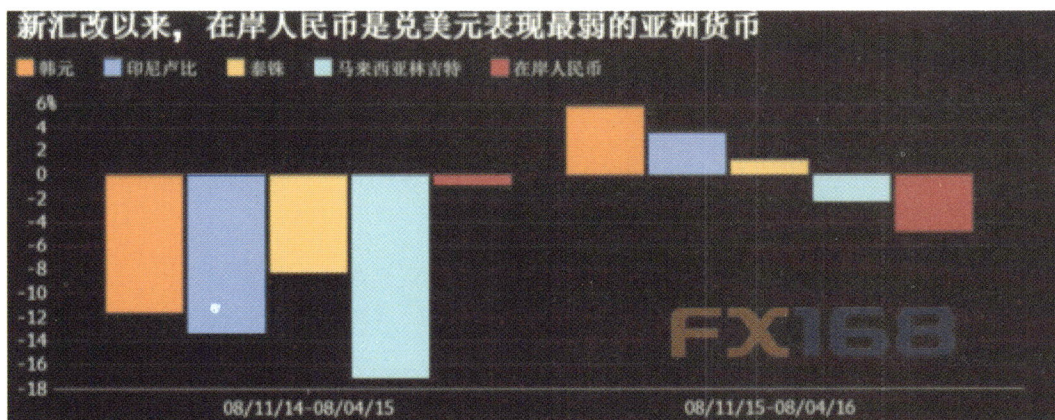

**图 1　人民币兑美元表现**

根据最新数据,主要的离岸人民币中心,如中国香港、中国台湾、新加坡的人民币存款分别较各自纪录高位下滑约 29％、10％以及 30％。其中,香港人民币存款 2016 年 6 月跌至 2013 年 8 月以来低点。

上海商业银行研究主管 Ryan Lam 表示,汇改后人民币贬值预期上升,海外企业和个人的人民币存款都有所下滑,英国退欧等事件则进一步打击了人民币存款动力。但 Lam 声称,相信市场逐步适应人民币的双向波动后,从资产配置多元化以及利息回报角度来看,海外人民币存款有望逐步回升。

跨境贸易是促进人民币国际化使用的主要推动力量。中国央行数据显示,2016 年上半年,人民币跨境贸易结算额为 2.66 万亿元人民币,比 2015 年同期下挫 21％。这显

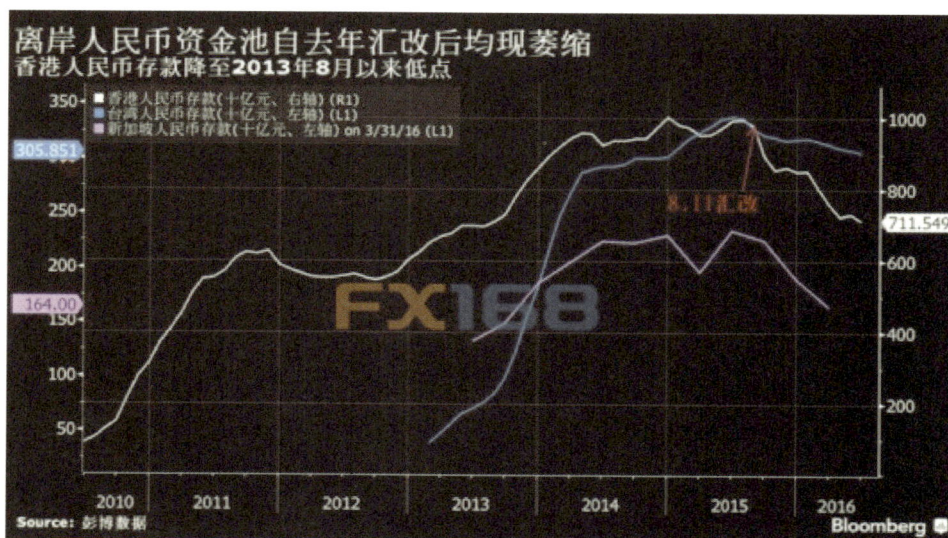

资料来源：彭博。

图 2　离岸人民币存款

示企业可能更愿意持有美元以规避外汇风险。

资料来源：彭博。

图 3　人民币跨境贸易结算额

　　环球银行金融电信协会（SWIFT）2016 年 8 月 24 日公布的数据显示，2016 年 7 月人民币回到全球第五大支付货币的位置，与 2015 年同期持平，占全球支付货币份额的1.9％，较 2016 年 6 月的 1.72％略有增加。

　　2016 年 7 月人民币支付的总价值较 2016 年 6 月下滑 0.68％，而同期全球所有货币支付的总价值则下降了 10.08％。

分析人士指出，人民币汇率机制的改革及在岸市场的开放仍在继续，近月人民币市场情绪趋稳，资本流动形势也逐步改善，加上人民币于2016年10月1日起正式加入国际货币基金组织特别提款权货币篮子，人民币国际化有望再添动力。

2015年12月11日，中国外汇交易中心正式发布CFETS人民币汇率指数，并表示人民币汇率不应仅以美元为参考，也要参考一篮子货币。

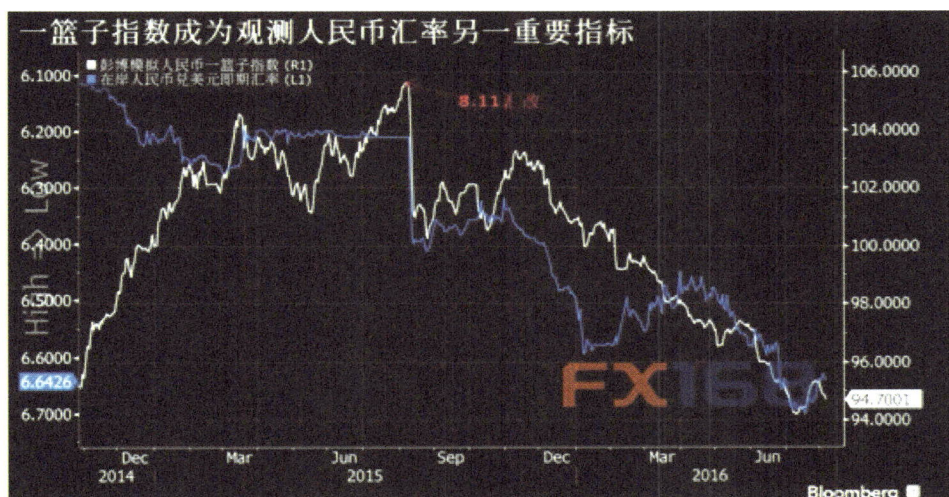

资料来源：彭博。

图4　彭博模拟人民币一篮子指数与在岸人民币兑美元即期汇率

CFETS指数的发布，为市场观察人民币汇率提供了新的视角，其后也被央行引入了人民币中间价定价机制，为分析人士普遍解读和预测。境内外人民币价差曾于2015年汇改新政后一度明显扩大，并在2015年11月的盘中交易时一度高达2 000点左右。

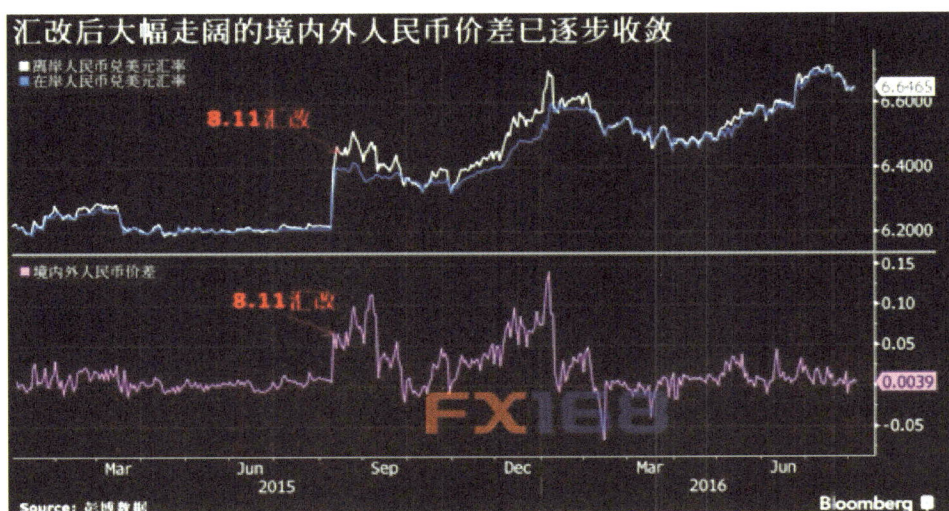

图5　离岸、在岸人民币价差

然而,随着当局严格跨境资本流动监管、打击投机套利,并不断加强与市场沟通,缓解人民币贬值压力,境内外价差已逐步收敛,极度扩大或极端波动的情况已少见。

工银国际研究部联席主管程实表示,"8·11"汇改以来,人民币汇率波动牵动人心,随着汇率弹性增加、市场决定因素增强,人民币汇率稳定也面临新的挑战。

程实说道:"当前市场对于人民币的观望情绪以及波动担忧仍存,人民币国际化进程虽然有阶段性的放缓,但方向并没有变化。2016年第二季度人民币汇率贬值幅度加大但恐慌情绪并未再现,表明了央行疏堵并举的方式引导市场预期正在见效。"

## (二)人民币后市如何走

### 1. 官方态度:保持汇率基本稳定,不具备持续贬值的基础

(1)李克强:保持人民币汇率在合理均衡水平的基本稳定,人民币不存在长期贬值的基础

中国国务院总理李克强2016年6月27日在天津召开的达沃斯会议上指出,中国经济整体平稳、稳中有进,保持在合理区间,2016年完全能够实现经济发展的主要目标。同时,经济基本面决定了人民币不存在长期贬值的基础,中国有能力保持人民币汇率在合理均衡水平上的基本稳定。

李克强表示,中国经济下行压力仍然较大,困难是不能低估的。不过,中国有足够的政策工具保持经济运行在合理区间,还有充分的能力防范系统性、区域性风险,当中国经济出现短期波动时,希望市场平静看待。

他强调,中国将坚持以市场供求为基础实行有管理的浮动汇率制,中国经济基本面决定人民币不存在长期贬值的基础,且有能力保持人民币汇率在合理均衡水平的基本稳定。

(2)朱光耀:人民币长期而言不具备持续贬值的基础

中国财政部副部长朱光耀2016年8月31日表示,人民币汇率取决于中国经济的基本面,就长期而言不具备持续贬值的基础。

朱光耀在接受央视采访时表示,人民币汇率取决于中国经济的基本面,中国经济的基本面良好、韧性强,且经济发展回旋余地大,在良好的增长前景下,人民币长期而言不具备持续贬值的基础。

朱光耀称,中国"十三五"期间年平均增速达到6.5%的水平是一定能够完成的,因为中国既有良好的经济基本面,又有深化改革的重大举措,特别是供给侧结构改革深化有助于实现重要的发展目标。

（3）周小川：人民币不存在持续贬值的基础

中国央行行长周小川 2016 年 4 月 16 日表示，2016 年以来中国经济开局良好。中国将灵活适度实施稳健的货币政策，保持流动性合理充裕，大力推动供给侧结构性改革，金融改革也将不断推进。

周小川表示，近期外汇市场企稳，人民币对一篮子货币汇率保持了基本稳定。中方有信心识别并及时化解可能的风险，保持中国经济金融稳定。

周小川提出，应从现在做起循序渐进地扩大特别提款权的使用。2016 年 4 月以来，中方已同时发布以美元和特别提款权 SDR 作为报告货币的外汇储备数据。中方也将积极研究在中国发行 SDR 计值债券的可行性。

此外，周小川在提交 IMF 的声明中称："人民币不存在持续贬值的基础。中国将继续寻求市场化的外汇改革，保持人民币汇率在合理均衡水平上基本稳定。"

2016 年 8 月 5 日中国央行发布二季度货币政策执行报告，在《人民币汇率形成机制的运行情况》的专栏一文中指出，未来人民币汇率将继续按照以市场供求为基础、参考一篮子货币进行调节的形成机制有序运行，逐步形成以市场供求为基础、双向浮动、有弹性的汇率运行机制，保持人民币汇率在合理均衡水平上的基本稳定。

中国央行指出，2015 年 8 月 11 日以来，人民银行采取了一系列完善人民币汇率市场化形成机制的措施，包括完善人民币兑美元汇率中间价报价机制，加大参考一篮子货币力度等。2016 年春节以来，初步形成了"收盘汇率＋一篮子货币汇率变化"的人民币兑美元汇率中间价形成机制，以市场供求为基础、参考一篮子货币进行调节的特征更加清晰。

总的来看，人民币汇率正在按照"收盘汇率＋一篮子货币汇率变化"的形成机制有序运行。由于市场供求因素导致的收盘汇率较当日中间价累计贬值幅度，大于保持人民币对一篮子货币汇率稳定导致的中间价较前日收盘汇率累计升值幅度，春节后至 2016 年 6 月 30 日人民币兑美元汇率中间价整体上是贬值的，累积贬值 1 194 个基点，贬值幅度为 1.8%。

中国央行还指出，未来人民币汇率将继续按照以市场供求为基础、参考一篮子货币进行调节的形成机制有序运行。人民银行将继续完善人民币汇率市场化形成机制，进一步发挥市场在汇率形成中的决定性作用，逐步形成以市场供求为基础、双向浮动、有弹性的汇率运行机制，保持人民币汇率在合理均衡水平上的基本稳定。

（4）中国央行回应媒体误导性报道，强调始终坚持市场化汇率改革方向

中国央行官方微博 2016 年 5 月 27 日称，中国人民银行始终坚持市场化改革方向，增强人民币汇率双向浮动弹性，保持人民币汇率都在合理、均衡水平上的基本稳定。

央行称,个别外媒的《中国央行人民币汇率市场化改革立场松动》和《中国官方试图确认美联储是否将在6月加息》报道,捏造事实、误导读者、误导市场舆论。

声明称,中国央行始终坚持市场化改革方向,增强人民币汇率双向浮动弹性,保持人民币汇率都在合理、均衡水平上的基本稳定。

2016年6月24日,中国人民银行行长周小川表示,中国央行采取的货币政策多目标制,与中国处于经济转轨中的国情是分不开的;会密切关注国际上关于中国货币政策的讨论,并将根据今后的情况动态调整,以不断适应改革和发展阶段的需求。

他同时称,汇率政策和汇率制度改革是中国改革和开放政策的关键要素,下一步人民币汇率制度应符合市场经济的更高要求,即汇率更加灵活,经常账户和资本账户资金流动更加自由,本外币兑换更加方便,并能为本国和外国投资者提供风险管理工具。

2016年6月30日央行称,中国无意通过人民币汇率贬值提升贸易竞争力,中国经济的基本面决定了人民币不存在长期贬值的基础。

央行网站公告指出,近日少数媒体连续发布有关人民币汇率的不实消息,在关键时点误导舆论,扰乱外汇市场正常运行秩序,客观上助长了一些市场投机力量做空人民币,央行对这种行为表示严厉谴责。

央行强调称,中国将坚定不移地推进汇率市场化改革,进一步发挥市场在汇率形成中的决定性作用,人民币汇率将继续按照以市场供求为基础、参考一篮子货币进行调节的形成机制有序运行,保持在合理均衡水平上的基本稳定。

(5)《人民日报》:未来必将经历逐步适应人民币波幅加大的时期

据《人民日报》(海外版)2016年7月4日刊登南开大学国际经济贸易学系副教授刘程的文章称,与历史上其他曾经历过由"盯住汇率"制退出的国家过程一样,市场各方未来也必将经历一段逐步适应人民币波动幅度加大的时期。

文章指出,近期在英国退欧等议题的冲击下,人民币汇率出现了一定程度的调整。但无论从波幅还是中枢水平来看,人民币的近期走势并不值得过分忧虑。

该文指出,逐步增强人民币汇率弹性,扩大汇率波动区间,恰恰是近年来中国货币及汇率体系改革的政策导向所指。

文章并指出,如以有效名义汇率考量,过去八年间大国货币中只有人民币没有相对任何一个主要货币出现剧烈的贬值,相对一篮子货币的有效汇率水平也基本保持了稳定。

## 2. 投行观点:人民币贬值接近尾声

根据预测人民币汇率最精准的机构,在创下史上最糟糕季度表现之后,人民币跌势可能将止住。

瑞典商业银行(Svenska Handelsbanken)表示,中国人民银行将踩下人民币贬值的"刹车",以避免全球波动性及加剧资本外流。根据彭博统计,瑞典商业银行在过去4个季度中在预测人民币汇率方面的精准度最高。

分析师指出,眼下已经出现人民币跌势正在缓解的迹象。

瑞典商业银行驻哥本哈根的经济学家 Bjarke Roed-Frederiksen 说道:"我认为,中国央行意识到,他们眼下可能不应采取进一步举措。他们对于眼下取得的成绩感到满意。"

Roed-Frederiksen 补充称,中国央行可能选择在2016年第四季度再度令汇率小幅贬值,2016年年底收官价在6.8。

值得注意的是,尽管2016年人民币走势艰难,但这一次市场并未出现2015年8月和2016年1月时的恐慌情绪,当时人民币贬值被外界认为会引发全球市场动荡。

分析师指出,这主要是由于中国央行已经改善与市场的沟通状况,在设定人民币中间价方面变得更加清晰,并采取举措防止出现货币螺旋式下滑走势。

东方汇理除日本的亚洲经济学家 Ji Mo 表示,有一些根本性原因表明人民币将企稳。

Mo 预计,中国企业的外币债务已经从2015年底时的1.1万亿美元降至5 000亿美元左右,从而降低了偿还压力。

接受彭博调查的投行经济学家的预期中值显示,2016年第三季度末人民币兑美元预计位于6.7,2016年年底预计处于6.795。

汇丰高级外汇策略师王菊认为,市场已接受人民币渐渐贬值的趋势,这也是大陆开放汇率市场的必经过程,但根据经验,美元强势周期只会维持约5年,预计人民币不存在长期贬值的基础。

德意志银行2016年1月11日曾发布该行自己的实际有效汇率指数以及分行业的实际有效汇率指数,该行经济学家认为,2016年人民币实际贬值空间不大。德意志银行称,该指数利用加工贸易模型修正了供应链方面的误差等,与中国在全球贸易中份额迅速增长一致。

德银中国首席经济学家张智威表示,传统的人民币有效汇率指数弱化了贸易中供应链的效应。该指数显示从2010年至今,人民币对贸易伙伴国家货币已升值31%,已被过度高估。同时,该指数反映中国在2010年至2015年期间的真实价格竞争力损失大约为19%。

张智威认为,传统的人民币实际有效汇率并不能反映人民币的真实价值,其实际贬值的可能性并不大。

# （三）人民币国际化

## 1. 人民币国际化总体进展情况

中国人民银行 2016 年 8 月发布《2016 年人民币国际化报告》（以下简称《报告》）。《报告》回顾了一年多来人民币国际化取得的新进展，介绍了人民币国际使用的相关改革情况，展望了人民币国际化的前景。

《报告》显示，2015 年，人民币国际使用继续较快发展，人民币国际地位持续提升，人民币国际接受程度不断提高。2015 年 11 月 30 日，国际货币基金组织执董会决定将人民币纳入特别提款权（SDR）货币篮子，这是人民币国际化道路上重要的里程碑。

2015 年，跨境人民币收付金额合计 12.10 万亿元，同比增长 21.7％，占同期本外币跨境收付总额的比重达 28.7％。据环球银行金融电信协会统计，截至 2015 年 12 月，人民币是全球第三大贸易融资货币、第五大支付货币、第五大外汇交易货币。

《报告》指出，《中华人民共和国国民经济和社会发展第十三个五年规划纲要》提出："有序实现人民币资本项目可兑换，提高可兑换、可自由使用程度，稳步推进人民币国际化，推进人民币资本走出去。"

展望未来，人民币国际化的基础设施将进一步完善，经常项目人民币跨境使用将进一步扩大，人民币跨境投融资渠道将进一步拓宽，双边货币合作将继续稳步开展，人民币作为储备货币规模将进一步增加。

而根据中国人民大学国际货币研究所 2016 年 7 月 24 日发布人民币国际化报告，从长远来看，中国的宏观管理能力可能成为人民币国际化的一个短板。报告称，中国在经济实力、贸易地位、币值稳定和资本自由流动这几个支撑人民币国际化的因素方面表现不错。

《报告》指出，人民币国际化在加入特别提款权货币篮子后将开始进入新的发展阶段，宏观管理已进入政策调整敏感期；人民币汇率灵活性加大，汇率波动性对经济增长的稳定性的影响程度显著提高。

该研究所指出，"8·11"汇改后，中国资本市场价格、杠杆率和跨境资本净流入之间的关系，由过去的单向驱动变为循环互动关系，短期资本流动冲击足以影响资本市场价格和杠杆水平。

《报告》称，不能冒进开放资本账户，必须加强全口径资本流动监测；应基于国家战略视角构建宏观审慎政策框架，央行应被赋予更多的保障金融稳定和加强金融监管的职能。

该研究所发布的人民币国际化指数表明,2015 年末该指数在 3.60,高于 2014 年底时的 2.52,但低于 2015 年三季度末时 3.87 这一数据历史高位;其他主要货币的国际化指数中,2015 年末美元仍以 54.97 居首,欧元、日元和英镑分别为 23.71、4.29 和 4.53。

## 2. 人民币国际化进程继续稳步推进(2015～2016 年重大事件)

(1)CFETS 新汇率指数推出

中国外汇交易中心 2015 年 12 月 11 日推出了参考一篮子货币的 CFETS 人民币汇率指数,策略师普遍认为中国正向人民币汇率脱钩美元努力。包括野村在内的投行均指出,推出 CFETS 人民币汇率指数传递了人民银行由盯住美元转为盯住一篮子货币、增加汇率波动弹性的意图。

野村驻香港中国首席经济学家赵扬表示:"以一篮子货币为基础的人民币指数,传递了人民银行由盯住美元转为盯住一篮子货币、增加汇率波动弹性的意图。目前官方仅公布了 3 个数据。但参考彭博模拟一篮子数据后,看到人民币在新汇改后兑一篮子虽然有波动,但整体来看还是相对平稳的。"

澳大利亚联邦银行驻新加坡策略师 Andy Ji 指出,市场的目光仍放在相对流动的货币上,而且央行干预汇率也主要是通过卖出美元/人民币来进行,所以大部分仍盯着人民币兑美元的表现。中金首席经济学家梁红在之前的报告中写道,2014 年人民币在岸即期交易的 94.9% 是对美元。

"虽然市场还是关注美元/人民币多一些",富国证券驻纽约外汇策略师 Eric Viloria 在接受外媒采访时表示,"但不可否认的是,这个指数为市场提供了从更广泛的角度观察人民币。"他表示,随着 CFETS 人民币指数数据更多地被披露,未来或许也会将该指数列为预测人民币汇率的考虑因素之一。

彭博分析师 Jen 则称,若追溯"类 CFETS 人民币汇率指数"的历史表现,可发现在"8·11"汇改时该指数高估超过 5%,中国央行对人民币中间价进行了改革,"这可能暗示了中国央行对人民币 CFETS 指数浮动的接受水平。"

道明证券驻纽约资深新兴市场外汇策略师 Sacha Tihanyi 表示,若从长期的时间轴来看,美元/在岸人民币上涨很多,但一篮子汇率变化不大,或许可以"说明当局已经开始减少强调人民币兑美元,允许美元与之脱钩,同时为保持一篮子汇率的大致稳定,为美元/在岸人民币上涨打开了大门"。

(2)中国外汇市场迈向 24 小时连贯交易

中国央行 2015 年 12 月 23 日宣布 2016 年 1 月起延长外汇交易时段至北京时间

23:30。市场分析人士认为,人民币夜盘开启标志着中国汇市走向成熟,在岸与离岸的汇率价差将有望缩窄。

中银香港高级经济研究员柳洪表示:"在岸人民币交易时间延长是人民币国际化进程中的重要一步,扩大到欧洲时区只是一个开始,未来还有可能进一步扩大至美洲时间,目标是24小时连贯交易。"

交银国际驻香港首席策略师洪灏表示,离岸、在岸交易时段更加同步之后,有助于缩窄两地汇率价差。他说道:"当前离岸人民币贬值压力加大,交易时间统一后,在岸人民币将一定程度开始反映出市场价格。"

招商银行金融同业总部刘东亮认为,延长交易时间是人民币成为国际货币,并逐步迈向"5×24"小时的连续交易机制的重要安排。

刘东亮指出:"延长在岸市场交易时间,有利于覆盖欧洲时段在岸汇率的价格真空,完善人民币汇率价格发现和形成机制。央行仍以16:30的汇率作为收盘价,有利于央行对汇率进行某种程度的调控,避免汇率失真,有利于企业对汇率工具进行合理安排。"

他认为:"央行鼓励合格境外主体进入银行间市场,有利于扩大在岸市场的成交量,丰富参与主体,加强对离岸市场汇率的引导,避免离岸市场对在岸形成心理冲击,同时也有利于加速中国外汇市场融入全球汇市。不过,短期不太可能吸引境外机构大规模进入人民币外汇市场,因为人民币尚未实现自由兑换及完全放开资本管制。"

广发银行外汇和商品交易主管黄毅表示:"延长交易时段和进一步引入合格境外主体的举措,有可能会在一定程度上取代一部分离岸人民币交易需求。这有利于为有跨境贸易实需背景的企业进入境内人民币市场更为及时地进行交易,选择更为有利的价格(CNY或CNH)进行人民币购售。"

黄毅进一步指出,在岸交易时段延长后,对于离岸人民币价格形成牵制的时效也会延长,会抑制下午4:30后离岸汇率可能出现的大幅波动。由于仍然有实需背景限制,会限制套利投机,因此对于在岸/离岸汇率汇差缩窄的影响可能有限。

瑞穗银行驻香港外汇策略师Ken Cheung称:"在岸人民币交易时段延长,意味着中国央行可能容许人民币汇率更多由市场力量驱动,进而可能减少进行干预。在这样的政策方向上,市场对于做空人民币可能会更为放心,而令在岸及离岸人民币承压。"

(3)中国工商银行在纽约首发人民币定存单

据彭博报道,全球资产规模最大的银行——中国工商银行2016年5月20日在纽约发行了首笔通过美国机构结算的人民币计价金融产品,标志着在经历了前期的市场大幅动荡后,人民币国际化进程终于在全球最大的经济体迈出了坚实的一步。

此次由中国工商银行纽约分行发行、纽约梅隆银行担任发行代理的人民币定存单发行总额定在 5 亿元人民币,期限为 31 天,票息为 2.6%。

发行机构发布的新闻稿称,此次发行的定存单是首个通过美国证券托管结算公司(DTCC)结算的人民币金融产品。此前驻纽约的中资银行发行的人民币计价定存单皆通过欧洲结算系统(Euroclear)进行结算工作。

"我很高兴地看到,工作组的很多成员机构为进一步发展在美国的人民币市场迈出了这坚实的一步",在美人民币交易和清算工作组主席、彭博资讯创始人兼主要股东迈克尔·布隆伯格在彭博总部为工行定存单发行举行的仪式上致辞时表示,他相信这将为今后取得更大的进展打开大门。

在招商银行看来,美国金融机构参与人民币计价产品的发行意味着这个全球最大的经济体开始参与离岸人民币市场的竞争。

"这标志着纽约开始加入人民币离岸市场这个日渐扩大的'俱乐部'了,之前'俱乐部'的主要成员是香港和伦敦",该行金融市场部高级分析师万钊在接受采访时说,"这是一个中美双赢的创新产品,也是在美人民币交易和清算工作组的重要成果之一。"

(4)首批人民币购售业务境外参加行将进入中国银行间外汇市场

2016 年 5 月 19 日中国外汇交易中心宣布,自 2016 年 5 月 20 日起,首批人民币购售业务境外参加行完成备案,正式进入中国银行间的外汇市场。此举将有利于推动中国外汇市场对外开放的程度。

首批参与人民币购售业务的境外银行包括:中国工商银行(亚洲)有限公司、招商银行香港分行、中国信托商业银行股份有限公司、台北富邦商业银行股份有限公司、渣打银行(香港)有限公司和花旗银行香港分行。这些境外银行将通过交易中心的交易系统,参与人民币外汇即期及衍生品交易。

中国央行在 2015 年年底曾表示,将进一步引入合格的境外主体进入银行间的外汇市场。而符合一定要求的主体,经向中国外汇交易中心申请,成为银行间外汇市场会员后,就可以进入银行间外汇市场,并可以在交易系统中参与全部挂牌的交易品种。

人民币购售业务是指境外银行通过境内代理行(境内具有结算代理资格的银行)或海外清算行(如香港中行、新加坡工行)买卖人民币,以满足海外客户的人民币的买卖需求。

人民币购售业务交易品种包括即期、远期、掉期和期权,境外主体应在人民币购售业务项下依法合规参与银行间外汇市场交易。

(5)上海自贸区 FT 账户首笔人民币外汇货币掉期成交

上海自贸区网站 2016 年 5 月 30 日刊登公告称,2016 年 5 月 25 日,中国银行上海市分行为上海自贸区张江高科技片区内某企业在其 FTE 账户下叙做分账核算单元下的首笔人民币外汇货币掉期(以下简称CCS)业务。该笔CCS业务为美元兑人民币品种,期限为5年。

公告显示,"人民币外汇货币掉期业务"是指银行与客户在约定期限内交换约定数量人民币与外币本金,同时定期交换两种货币利息的交易协议。通过该类交易,客户可以实现外币债务(或存款)与人民币债务(或存款)的转变。

据了解,该企业需要从FTE账户下取得长期人民币融资,并拟在融资期内使用美元经营收入偿还对应的人民币融资,因此面临较大的汇率和利率风险。

通过叙做该笔自贸区CCS交易,企业不仅能够将其人民币债务转换为美元债务,更好地管理汇率风险,同时还能规避美元利率上行的风险,有效锁定企业财务成本。

公告并指出,此次FT项下对客CCS业务的推出,为中国银行更好地服务自贸区企业开拓了新的业务空间,也进一步巩固了中国银行在自贸区金融市场产品创新方面的领先地位。

(6)中国外汇交易中心将在伦敦和纽约设立分支机构

中国外汇交易中心2016年6月11日发布新闻稿称,正积极筹备在伦敦、纽约等主要国际金融中心设立分支机构。新闻稿显示,下一步将加强与境外其他交易平台的交流和合作,继续做好境外机构入市交易服务,推动交易时间继续向"7×24"小时目标迈进。外汇交易中心是中国人民币及相关产品交易主平台和定价中心。

新闻稿还称,在人民币国际化过程中,交易中心要建成"全球人民币及相关产品交易主平台和定价中心"。

中国外汇交易中心副总裁孙杰表示,中国外汇交易中心愿意为英国机构参与中国银行间市场提供全面服务与支持。

孙杰补充道:"中国会在'走出去'的过程中加深与英国机构的合作,共同推动人民币离岸与在岸市场的协调发展与互联互通。"

(7)美国首获中国RQFII额度

2016年中美战略与经济对话于2016年6月7日落下帷幕,"最耀眼"成果可能当属中国首次赋予美国人民币合格境外机构投资者(RQFII)额度,并准备在美国设立人民币清算行(编辑注:已在2016年9月21日确定为中国银行纽约分行)。市场人士认为,这是人民币国际化征程中的一个里程碑式事件。

为期两天的中美战略与经济对话在北京结束后,中国表示将向美国的机构投资者提供2 500亿元人民币的RQFII额度。此外,中国还将允许美国一家银行担任境外的人民币清算行。美国财长雅各布·卢(Jacob Lew)表示,这为美国参与人民币市场打开了"一扇重要的大门"。

中国人民银行副行长易纲表示,中国将向美国提供2 500亿元人民币(约合380亿美元)RQFII额度。

这是中国首次授予美国这一额度。通过RQFII机制,海外机构可以使用在离岸市场募集到的人民币资金,投资于中国境内的资本市场。

对于此次给予美国2 500亿元的RQFII额度,易纲表示,中方高度评价美方小组和中方有关市场合作,将共同推进人民币业务在北美开展。人民币国际化是市场驱动的过程,市场对人民币业务有需求,货物贸易与对手方用人民币清算更方便,节约交易成本,用人民币投资可以节约有关企业的财务成本。

外媒根据中国央行的公告统计,从2011年底RQFII推出至今,央行共授予近20个国家逾万亿元人民币的RQFII额度。

根据官方披露,截至5月底,外管局向165家金融机构发放了5 020亿元人民币的RQFII额度,其中中国香港以2 700亿元人民币高居榜首。值得注意的是,全球头号经济体——美国一直缺席人民币迈向全球的这一进程。

中国将向美国提供2 500亿元人民币RQFII投资额度,规模仅次于中国香港,显示了中国政府正加大努力拓展人民币的海外使用,并吸引资金回流境内。此外,全球头号经济体——美国也参与到人民币国际化进程之中,意义尤其重大。

澳新银行资深经济学家杨宇霆表示,给美国提供RQFII额度意味着在美国的投资者购买中国的资产时不需要再通过一个离岸的机构,这对人民币成为一个全球化的货币无疑是正面的。

三菱东京日联银行(中国)驻上海的市场分析师李刘阳指出,中国决策者会想看到更多离岸人民币回流境内,这是政策方向。展望未来,如果美国的额度用得很快,那么中国可能会延长人民币交易时间,以覆盖美国时段。

瑞穗证券亚洲首席经济学家沈建光表示,中国向美国开放人民币合格境外投资者额度,意味着中国政府有信心稳定人民币汇率,相信当局认为当前是加速人民币国际化的时机。在沈建光看来,RQFII的开放对人民币国际化来说具有指向性的意义。

沈建光指出,RQFII将带动境外人民币回流中国,给境外的人民币提供了一个使用和投资渠道,这也将反过来促进离岸人民币资金池的扩大。

(8)人民币兑南非兰特在银行间市场直接交易

2016年6月17日中国外汇交易中心称,经中国央行授权,自2016年6月20日起,中国银行间外汇市场将开展人民币兑南非兰特直接交易,包括即期、远期和掉期询价交易。具备银行间人民币外汇市场会员资格的机构均可开展交易。

刊登在中国货币网的公告称,此举是为促进中国与南非之间的双边贸易和投资,便利人民币和南非兰特在贸易投资结算中的使用,满足经济主体降低汇兑成本的需要。

中国央行也刊文对此表示支持,称"开展人民币对南非兰特直接交易,有利于形成人民币对南非兰特直接汇率,降低经济主体汇兑成本,促进人民币与南非兰特在双边贸易和投资中的使用,有利于加强两国金融合作,支持中南之间不断发展的经济金融关系"。

(9)俄罗斯央行开始购买人民币资产

俄罗斯央行发言人 2016 年 7 月 4 日表示,2015 年第四季度,该央行开始购买人民币定价资产,以多元化外汇储备,减少受西方制裁的影响。

2015 年 9 月末,俄罗斯央行外汇资产中还未计入人民币的数据,但该央行称,2015年末时人民币占外汇资产的 0.1%。

俄罗斯央行发言人表示:"人民币资产尚未计入俄罗斯官方黄金和外汇储备,因国际货币基金组织还未给予人民币储备资产的地位。"但自 2016 年 10 月起人民币将获得该地位,这被视为中国的里程碑式事件。

另外,截至 2015 年第四季度,美元占俄罗斯外汇资产比例维持在 47.5%,欧元占比从第三季度的 38.9%下降至 37%,英镑占比从第三季度的 9.5%上升至 9.9%,日元占比从第三季度的 0.1%上升至 0.9%,加元占比从第三季度的 3.1%上升至 3.6%。

(10)中国将发行 SDR 债券

中国即将迎来以国际货币基金组织(IMF)特别提款权(SDR)计价债券的发行,这一举措将会在 2016 年 10 月份人民币正式纳入 IMF 储备货币篮子之前,对人民币在全球市场扮演越来越重要的角色发挥建设性作用。

据外媒 2016 年 7 月 28 日援引知情人士透露,世界银行和中国国家开发银行都准备在中国的银行间市场发行以 SDR 计价的债券,这将是两家机构首次发行 SDR 计价债券,国开行也有望成为首家发行 SDR 债券的中资金融机构。

德国商业银行(Commerzbank)驻新加坡的经济学家周浩称,"未来可能会有更多的多边机构也在中国发行此类债券。"

周浩表示:"中国正在努力让全球接受人民币,随着人民币纳入 SDR 货币篮子,SDR 债券发行越多,对人民币已经成为一种全球货币的接纳程度就会越高。鉴于 SDR 包含了一篮子货币,因此国际机构发行 SDR 债券比单纯发行人民币债券更容易对冲货币风险。"

招商银行资产管理部高级分析师刘东亮表示,这显示了中国在推动 SDR 的使用方面扮演的积极角色。

国际清算银行 2011 年在其网站发布的一份报告指出:"虽然在 1980 年代初,SDR

计价债券市场就初露头角,但该市场没有获得发展,相对于全球债券发行规模来说依然很小。"

渣打银行(Standard Chartered)央行和主权财富基金部门负责人 Jukka Pihlman 认为,SDR 债券可能会面临缺乏流动性的困扰。他称:"央行和主权财富基金不太可能对此类债券有较高的需求,至少在初期阶段会是如此。"

(11)农行据悉获准于迪拜设立清算行

据海外权威媒体 2016 年 8 月 11 日报道称,两位消息人士透露,按资产计中国第三大银行——中国农业银行获准于迪拜设立阿联酋人民币业务清算行,这是该行首次跻身人民币业务清算行。分析人士指出,此举将有助于增强中国和中东之间不断深化的经济关系,同时也会助力人民币国际化。

根据外媒报道,该清算行将由农行迪拜国际金融中心的子行担任。2015 年 4 月在中东地区卡塔尔开设了首个人民币清算中心,由中国工商银行担任清算行。由于阿联酋是商品运输至中东其他地区的中继点,根据迪拜国际金融中心数据显示,中国与阿联酋 2015 年贸易额估计有 600 亿美元,较 2014 年的 476 亿美元有所增加。农行迪拜分行总经理方敏此前接受采访时也预计,到 2020 年时,阿联酋采用人民币进行 SWIFT 直接支付的比例将增长至 80%或 85%。

(12)中国将引入更多外汇衍生品工具,标准化人民币期权有望上线

2016 年 8 月 16 日中国外汇交易中心称,自 2016 年 8 月 15 日起推出外汇期权净额清算交易确认等业务,以配合开展人民币外汇期权中央对手清算业务,初始交易范围为期限 1 年以内(含)的美元对人民币普通欧式期权交易。

中国外汇交易中心称,由于《巴塞尔协议Ⅲ》对风险资本的限制很多,冲销和净额清算都是银行为了减少衍生品交易对风险资本的占用而做出的选择,此举将减少交易对手的交易成本,并降低信用风险和市场风险。

外汇交易中心网站刊登的新闻稿指出,交易中心于 2016 年 8 月 12 日为中央对手清算首批上线机构设置净额清算资格,设定净额清算业务交易范围。

此外,中国外汇交易中心正在对标准化人民币期权进行测试,银行正在积极参与标准化外汇期权的定价系统建设。

据消息人士透露,即将推出的标准化期权交易模块,将在外汇交易中心的页面上呈现出常用的固定期限和固定到期日的期权产品的交易期限、起息日、交割日、报价、交易金额等交易要素。交易货币对为美元对人民币。该标准化期权模块从 2015 年就在酝酿。

上述人士称:"标准化人民币期权交易可以提升市场效率和流动性,便利银行对期

权组合策略的运用和风险管理;也可以让更多中小银行参与期权交易,满足企业基于实需原则的汇率避险需求。"

目前期权交易会员已经有 61 家,会员组成主要是银行机构,还包括了香港金管局、嘉实基金、国泰君安证券公司和国际金融公司。

中国外汇交易中心于 2015 年 2 月和 2016 年 5 月分别推出了标准化外汇掉期交易和标准化人民币外汇远期交易。

(13)中国新增人民币兑非美货币参考汇率,为发行以人民币结算的 SDR 债券扫清障碍

中国外汇交易中心于 2016 年 8 月首次发布了人民币兑欧元、英镑、日元的参考汇率。分析人士认为,这将为发行以人民币结算的 SDR 债券扫清障碍。中国外汇交易中心官方网站称,自 2016 年 8 月 25 日起,每个交易日公布 11:00 和 15:00 两个时点人民币对欧元、日元和英镑参考汇率。

加拿大丰业银行驻香港外汇策略师高奇说道:"这些都是 SDR 篮子货币,世界银行将要发行的 SDR 债券交易以人民币结算,参考汇率可以方便 SDR 债券的交易。"

高奇指出,市场可以使用人民币兑其他四种 SDR 篮子货币的参考汇率,来计算人民币和 SDR 之间的汇率。

在 2016 年 10 月启动的新 SDR 货币篮子中,五种货币的权重分别为:美元 41.73%,欧元 30.93%,人民币 10.92%,日元 8.33%,英镑 8.09%。

德国商业银行驻新加坡高级经济学家周浩在采访中说,世界银行肯定要对债券结算进行定价,"与其让世行来定,不如中国自己来做",发布参考汇率主要是为定价作参考。

招商银行金融市场部高级分析师万钊表示,此举是为人民币加入 SDR 提供技术准备,也是为发行 SDR 债券提供技术支持。万钊指出,中国正式加入 SDR 之后,需要人民币对 SDR 篮子中的每一种货币都有一个更贴近市场的报价。发行 SDR 债券是用人民币进行清算,这也需要人民币对 SDR 篮子中的每一种货币有一个报价。万钊并称,当前非美人民币期权交易非常不活跃,新增更多参考价将令相关交易更加便捷,有助于配合日后市场对非美人民币期权交易需求的提升。

### 3. 英国退欧给人民币国际化创造新的空间?

在英国退欧公投之后,市场观察家和中国国内媒体担心,伦敦离岸人民币中心的地位将受到威胁,有可能会阻碍中国在促进人民币国际化方面的努力。不过在退欧结果尘埃落定之后,一些银行人士和分析师认为,这种悲观的看法可能有些过头。

这并非说英国退欧不会带来影响,而是可能会鼓励中国在欧洲大陆培育多个人民币交易中心,从而拓宽人民币的全球化范围。

分析人士指出,伦敦或不会因为公投退欧而丢掉作为主要离岸人民币业务中心的地位,不过这一公投结果有望推动欧盟内多个人民币离岸业务中心的形成,从而有助于人民币的国际化。

恒生银行环球银行及资本市场业务主管冯孝忠(Andrew Fung)说:"我们预计伦敦会保持全球最大外汇交易中心的地位,不过在英国退欧之后,一些其他的金融服务或面临移至其他国家的风险。"冯孝忠并表示,外汇交易目前是人民币国际化的关键部分。

伦敦在人民币国际化方面起着重要作用。过去五年中,中国的大银行在伦敦设立大型人民币交易和结算基础设施,2016 年 6 月中国在伦敦首次发行人民币计价主权债。据伦敦证券交易所称,单 2016 年就有逾 50 只人民币计价债券在伦敦发行,发行量高于大中华地区以外的其他金融中心。

分析师指出,英国退欧可能会促使中国方面进行风险对冲,在欧盟建立更多的离岸人民币中心。

中国光大银行香港分行的国债副主管 Ngan Kim Man 表示:"法兰克福、巴黎和苏黎世均非常热衷于离岸人民币业务。"

德意志交易所集团(Deutsche Boerse Group)已同意和上海证券交易所组成合资公司,很多人认为此举是法兰克福的重大改变。

恒生银行全球银行和市场业务主管冯孝忠也表示,巴黎和法兰克福占有优势,他认为都柏林也不错。都柏林拥有较低的税收,巴黎有着良好的金融基础设施,而欧洲央行落户在法兰克福。

澳新银行驻香港资深经济分析师 Raymond Yeung 说道:"对人民币国际化而言,英国退欧可能不是坏事情,可能还给人民币国际化创造新的空间。"Yeung 补充称,英国资产价格贬值可能更加会激励中资银行和企业来英国投资。

## 附:人民币国际化大事记(2009～2016 年 10 月完整版)

### 2009 年

1 月 20 日,中国人民银行与香港金融管理局签署了规模为 2 000 亿元人民币/2 270亿港币的双边本币互换协议。

2 月 8 日,中国人民银行与马来西亚国家银行签署了规模为 800 亿元人民币/400亿林吉特的双边本币互换协议。

3月11日,中国人民银行与白俄罗斯共和国国家银行签署了规模为200亿元人民币/8万亿白俄罗斯卢布的双边本币互换协议。

3月23日,中国人民银行与印度尼西亚银行签署了规模为1 000亿元人民币/175万亿印尼卢比的双边本币互换协议。

4月2日,中国人民银行与阿根廷中央银行签署了规模为700亿元人民币/380亿阿根廷比索的双边本币互换协议。

4月20日,中国人民银行与韩国银行签署了规模为1 800亿元人民币/38万亿韩元的双边本币互换协议。

6月29日,中国人民银行与香港金融管理局就内地与香港跨境贸易人民币结算试点业务签订《补充合作备忘录(三)》。

7月1日,中国人民银行、财政部、商务部、海关总署、国家税务总局和中国银行业监督管理委员会联合发布《跨境贸易人民币结算试点管理办法》(中国人民银行财政部商务部海关总署国家税务总局中国银行业监督管理委员会公告〔2009〕第10号)。

7月3日,中国人民银行与中国银行(香港)有限公司签署修订后的《香港人民币业务清算协议》,配合跨境贸易人民币结算试点工作的开展。

7月3日,为贯彻落实《跨境贸易人民币结算试点管理办法》,中国人民银行发布《跨境贸易人民币结算试点管理办法实施细则》(银发〔2009〕212号)。

7月6日,上海市办理第一笔跨境贸易人民币结算业务;人民币跨境收付信息管理系统(RCPMIS)正式上线运行。

7月7日,广东省4个城市启动跨境贸易人民币结算试点工作。

7月14日,中国人民银行、财政部、商务部、海关总署、国家税务总局、中国银行业监督管理委员会联合向上海市和广东省政府发布了《关于同意跨境贸易人民币结算试点企业名单的函》(银办函〔2009〕472号),第一批试点企业正式获批开展出口货物贸易人民币结算业务,共计365家。

9月10日,中国人民银行和国家税务总局签署《跨境贸易人民币结算试点信息传输备忘录》。

9月15日,财政部首次在香港发行人民币国债,债券金额共计60亿元人民币。

11月6日,中国人民银行批复国家开发银行开展境外项目人民币融资试点业务,这是我国金融机构首次开展此类业务。

12月22日,中国人民银行发布《跨境贸易人民币结算试点相关政策问题解答》。

## 2010 年

2月11日,香港金融管理局发布《香港人民币业务的监管原则及操作安排的诠释》。

3月8日,中国人民银行发布《人民币跨境收付信息管理系统管理暂行办法》(银发〔2010〕79号)。

3月19日,中国人民银行和海关总署签署《关于跨境贸易以人民币结算协调工作合作备忘录》。

3月24日,中国人民银行与白俄罗斯共和国国家银行签署了《中白双边本币结算协议》。该协议是我国与非接壤国家签订的第一个一般贸易本币结算协议。

6月9日,中国人民银行与冰岛中央银行签署了规模为35亿元人民币/660亿冰岛克朗的双边本币互换协议。

6月17日,中国人民银行、财政部、商务部、海关总署、国家税务总局和中国银行业监督管理委员会联合发布《关于扩大跨境贸易人民币结算试点有关问题的通知》(银发〔2010〕186号),扩大跨境贸易人民币结算试点范围。

7月19日,中国人民银行与香港金融管理局在香港签署《补充合作备忘录(四)》,与中国银行(香港)有限公司签署修改后的《关于人民币业务的清算协议》。

7月23日,中国人民银行与新加坡金融管理局签署了规模为1 500亿元人民币/300亿新加坡元的双边本币互换协议。

8月17日,中国人民银行发布《关于境外人民币清算行等三类机构运用人民币投资银行间债券市场试点有关事宜的通知》(银发〔2010〕217号)。

8月19日,经中国人民银行授权,中国外汇交易中心在银行间外汇市场完善人民币对马来西亚林吉特的交易方式,发展人民币对马来西亚林吉特直接交易。

8月31日,中国人民银行发布《境外机构人民币银行结算账户管理办法》(银发〔2010〕249号)。

11月22日,经中国人民银行授权,中国外汇交易中心在银行间外汇市场完善人民币对俄罗斯卢布的交易方式,发展人民币对俄罗斯卢布直接交易。


## 2011 年

1月6日,中国人民银行发布《境外直接投资人民币结算试点管理办法》(中国人民银行公告〔2011〕第1号),允许跨境贸易人民币结算试点地区的银行和企业开展境外直接投资人民币结算试点,银行可以按照有关规定向境内机构在境外投资的企业或项目发放人民币贷款。

4月18日,中国人民银行与新西兰储备银行签署了规模为250亿元人民币/50亿新西兰元的双边本币互换协议。

4月19日,中国人民银行与乌兹别克斯坦共和国中央银行签署了规模为7亿元人民币/1 670亿乌兹别克斯坦苏姆的双边本币互换协议。

5月6日,中国人民银行与蒙古银行签署了规模为50亿元人民币/1万亿蒙古图格里克的双边本币互换协议。

6月3日,中国人民银行发布《关于明确跨境人民币业务相关问题的通知》(银发〔2011〕145号)。

6月9日,昆明富滇银行与老挝大众银行共同推出人民币与老挝基普的挂牌汇率。

6月13日,中国人民银行与哈萨克斯坦国家银行签署了规模为70亿元人民币/1 500亿坚戈的双边本币互换协议。

6月23日,中国人民银行与俄罗斯联邦中央银行签订了新的双边本币结算协定,规定两国经济活动主体可自行决定用自由兑换货币、人民币和卢布进行商品和服务的结算与支付。

6月28日,中国工商银行广西分行和中国银行新疆分行相继推出人民币兑越南盾、哈萨克斯坦坚戈挂牌交易。

6月30日,交通银行青岛分行、韩国企业银行青岛分行推出人民币对韩元的柜台挂牌交易。

7月27日,中国人民银行、财政部、商务部、海关总署、国家税务总局、中国银行业监督管理委员会发布《关于扩大跨境贸易人民币结算地区的通知》(银发〔2011〕203号),明确将跨境贸易人民币结算境内地域范围扩大至全国。

10月13日,中国人民银行发布《外商直接投资人民币结算业务管理办法》(中国人民银行公告〔2011〕23号)。

10月24日,中国人民银行发布《关于境内银行业金融机构境外项目人民币贷款的指导意见》(银发〔2011〕255号)。

10月26日,中国人民银行与韩国银行续签双边本币互换协议,互换规模由原来的1 800亿元人民币/38万亿韩元扩大至3 600亿元人民币/64万亿韩元。

11月4日,根据中国人民银行公告〔2003〕第16号确定的选择香港人民币业务清算行的原则和标准,中国人民银行授权中国银行(香港)有限公司继续担任香港人民币业务清算行(中国人民银行公告〔2011〕25号)。

11月22日,中国人民银行与香港金融管理局续签双边本币互换协议,互换规模由原来的2 000亿元人民币/2 270亿港币扩大至4 000亿元人民币/4 900亿港币。

12 月 16 日,中国证券监督管理委员会、中国人民银行、国家外汇管理局联合发布《基金管理公司、证券公司人民币合格境外机构投资者境内证券投资试点办法》(证监会令第 76 号)。

12 月 22 日,中国人民银行与泰国银行签署了中泰双边本币互换协议,互换规模为 700 亿元人民币/3 200 亿泰铢。

12 月 23 日,中国人民银行与巴基斯坦国家银行签署了规模为 100 亿元人民币/1 400 亿卢比的双边本币互换协议。

12 月 29 日,人民币对泰铢银行间市场区域交易在云南省成功推出,这是我国首例人民币对非主要国际储备货币在银行间市场的区域交易。

12 月 31 日,中国人民银行发布《关于实施〈基金管理公司、证券公司人民币合格境外机构投资者境内证券投资试点办法〉有关事项的通知》(银发〔2011〕321 号)。

**2012 年**

1 月 17 日,中国人民银行与阿联酋中央银行签署了规模为 350 亿元人民币/200 亿迪拉姆的双边本币互换协议。

2 月 6 日,中国人民银行、财政部、商务部、海关总署、国家税务总局和中国银行业监督管理委员会联合发布《关于出口货物贸易人民币结算企业管理有关问题的通知》(银发〔2012〕23 号)。

2 月 8 日,中国人民银行与马来西亚国家银行续签了中马双边本币互换协议,互换规模由原来的 800 亿元人民币/400 亿林吉特扩大至 1 800 亿元人民币/900 亿林吉特。

2 月 21 日,中国人民银行与土耳其中央银行签署了规模为 100 亿元人民币/30 亿土耳其里拉的双边本币互换协议。

3 月 20 日,中国人民银行与蒙古银行签署了中蒙双边本币互换补充协议,互换规模由原来的 50 亿元人民币/1 万亿图格里克扩大至 100 亿元人民币/2 万亿图格里克。

3 月 22 日,中国人民银行与澳大利亚储备银行签署了规模为 2 000 亿元人民币/300 亿澳大利亚元的双边本币互换协议。

4 月 3 日,经国务院批准,香港地区人民币合格境外机构投资者(RQFII)试点额度扩大 500 亿元人民币。

6 月 1 日,经中国人民银行授权,中国外汇交易中心在银行间外汇市场完善人民币对日元的交易方式,发展人民币对日元直接交易。

6 月 26 日,中国人民银行与乌克兰国家银行签署了规模为 150 亿元人民币/190 亿格里夫纳的双边本币互换协议。

6月29日,中国人民银行发布《关于明确外商直接投资人民币结算业务操作细则的通知》(银发〔2012〕165号)。

7月31日,中国人民银行发布《境外机构人民币银行结算账户开立和使用有关问题的通知》(银发〔2012〕183号)。

8月31日,中国人民银行与台湾方面货币管理机构签署《海峡两岸货币清算合作备忘录》。

9月24日,中国人民银行与中国银行澳门分行续签《关于人民币业务的清算协议》。

11月13日,经国务院批准,香港地区人民币合格境外机构投资者(RQFII)试点额度扩大2 000亿元人民币。

12月11日,中国人民银行授权中国银行台北分行担任台湾人民币业务清算行。

## 2013年

1月25日,中国人民银行与中国银行台北分行签订《关于人民币业务的清算协议》。

2月8日,中国人民银行授权中国工商银行新加坡分行担任新加坡人民币业务清算行,并于4月与其签订《关于人民币业务的清算协议》。

3月1日,中国证券监督管理委员会、中国人民银行、国家外汇管理局联合发布《人民币合格境外机构投资者境内证券投资试点办法》(证监会令第90号)。

3月7日,中国人民银行与新加坡金融管理局续签了规模为3 000亿元人民币/600亿新加坡元的中新双边本币互换协议。

3月13日,中国人民银行发布《关于合格境外投资者投资银行间债券市场有关事项的通知》(银发〔2013〕69号)。

3月26日,中国人民银行与巴西中央银行签署了规模为1 900亿元人民币/600亿巴西雷亚尔的双边本币互换协议。

4月10日,经中国人民银行授权,中国外汇交易中心在银行间外汇市场完善人民币对澳元的交易方式,发展人民币对澳元直接交易。

4月25日,中国人民银行发布《关于实施〈人民币合格境外机构投资者境内证券投资试点办法〉有关事项的通知》(银发〔2013〕105号)。

6月21日,两岸签署《海峡两岸服务贸易协议》,允许台资金融机构以人民币合格境外机构投资者(RQFII)方式投资大陆资本市场,投资额度考虑按1 000亿元掌握。

6月22日,中国人民银行与英格兰银行签署了规模为2 000亿元人民币/200亿英镑的双边本币互换协议。

7月9日,中国人民银行发布《关于简化跨境人民币业务流程和完善有关政策的通知》(银发〔2013〕168号)。

8月23日,中国人民银行办公厅发布《关于优化人民币跨境收付信息管理系统信息报送流程的通知》(银办发〔2013〕188号)。

9月9日,中国人民银行与匈牙利中央银行签署了规模为100亿元人民币/3 750亿匈牙利福林的双边本币互换协议。

9月11日,中国人民银行与冰岛中央银行续签了规模为35亿元人民币/660亿冰岛克朗的双边本币互换协议。

9月12日,中国人民银行与阿尔巴尼亚银行签署了规模为20亿元人民币/358亿阿尔巴尼亚列克的双边本币互换协议。

9月23日,中国人民银行发布《关于境外投资者投资境内金融机构人民币结算有关事项的通知》(银发〔2013〕225号)。

10月1日,中国人民银行与印度尼西亚银行续签了规模为1 000亿元人民币/175万亿印尼卢比的双边本币互换协议。

10月8日,中国人民银行与欧洲中央银行签署了规模为3 500亿元人民币/450亿欧元的双边本币互换协议。

10月15日,第五次中英经济财金对话宣布给予英国800亿元人民币合格境外机构投资者(RQFII)额度。

10月22日,中新双边合作联合委员会第十次会议宣布给予新加坡500亿元人民币合格境外机构投资者(RQFII)额度。

12月31日,中国人民银行发布《关于调整人民币购售业务管理的通知》(银发〔2013〕321号)。

## 2014 年

3月14日,中国人民银行、财政部、商务部、海关总署、国家税务总局和中国银行业监督管理委员会联合发布《关于简化出口货物贸易人民币结算企业管理有关事项的通知》(银发〔2014〕80号)。

3月19日,经中国人民银行授权,中国外汇交易中心在银行间外汇市场完善人民币对新西兰元的交易方式,发展人民币对新西兰元直接交易。

3月26日,中法联合声明宣布给予法国800亿元人民币合格境外机构投资者(RQFII)额度。

3月28日，中国人民银行与德意志联邦银行签署了在法兰克福建立人民币清算安排的合作备忘录。

3月31日，中国人民银行与英格兰银行签署了在伦敦建立人民币清算安排的合作备忘录。

4月25日，中国人民银行与新西兰中央银行续签了规模为250亿元人民币/50亿新西兰元的中新双边本币互换协议。

6月11日，中国人民银行发布《关于贯彻落实〈国务院办公厅关于支持外贸稳定增长的若干意见〉的指导意见》（银发〔2014〕168号）。

6月17日，中国人民银行授权中国建设银行（伦敦）有限公司担任伦敦人民币业务清算行。

6月18日，中国人民银行授权中国银行法兰克福分行担任法兰克福人民币业务清算行。

6月19日，经中国人民银行授权，中国外汇交易中心在银行间外汇市场完善人民币对英镑的交易方式，发展人民币对英镑直接交易。

6月28日，中国人民银行与法兰西银行签署了在巴黎建立人民币清算安排的合作备忘录，与卢森堡中央银行签署了在卢森堡建立人民币清算安排的合作备忘录。

7月3日，中国人民银行与韩国银行签署了在首尔建立人民币清算安排的合作备忘录，给予韩国800亿元人民币合格境外机构投资者（RQFII）额度，4日，授权交通银行首尔分行担任首尔人民币业务清算行。

7月7日，在德国总理默克尔来华访问期间，李克强总理宣布给予德国800亿元人民币合格境外机构投资者（RQFII）额度。

7月18日，中国人民银行与阿根廷中央银行续签了规模为700亿元人民币/900亿阿根廷比索的中阿双边本币互换协议。

7月21日，中国人民银行与瑞士国家银行签署了规模为1 500亿元人民币/210亿瑞士法郎的双边本币互换协议。

8月21日，中国人民银行与蒙古银行续签了规模为150亿元人民币/4.5万亿蒙古图格里克的双边本币互换协议。

9月5日，中国人民银行授权中国银行巴黎分行担任巴黎人民币业务清算行，授权中国工商银行卢森堡分行担任卢森堡人民币业务清算行。

9月16日，中国人民银行与斯里兰卡中央银行签署了规模为100亿元人民币/2 250亿斯里兰卡卢比的双边本币互换协议。

9月28日，中国人民银行办公厅发布《关于境外机构在境内发行人民币债务融资工具跨境人民币结算有关事宜的通知》(银办发〔2014〕221 号)。

9 月 30 日,经中国人民银行授权,中国外汇交易中心在银行间外汇市场完善人民币对欧元的交易方式,发展人民币对欧元直接交易。

10 月 11 日,中国人民银行与韩国银行续签了规模为 3 600 亿元人民币/64 万亿韩元的双边本币互换协议。

10 月 13 日,中国人民银行与俄罗斯联邦中央银行签署了规模为 1 500 亿元人民币/8 150 亿卢布的双边本币互换协议。

11 月 1 日,中国人民银行发布《关于跨国企业集团开展跨境人民币资金集中运营业务有关事宜的通知》(银发〔2014〕324 号)。

11 月 3 日,中国人民银行与卡塔尔中央银行签署了在多哈建立人民币清算安排的合作备忘录,签署了规模为 350 亿元人民币/208 亿元里亚尔的双边本币互换协议,给予卡塔尔 300 亿元人民币合格境外机构投资者(RQFII)额度。4 日,授权中国工商银行多哈分行担任多哈人民币业务清算行。

11 月 4 日,中国人民银行、中国证券监督管理委员会联合发布《关于沪港股票市场交易互联互通机制试点有关问题的通知》(银发〔2014〕336 号)。

11 月 5 日,中国人民银行发布《关于人民币合格境内机构投资者境外证券投资有关事项的通知》(银发〔2014〕331 号)。

11 月 8 日,中国人民银行与加拿大银行签署了在加拿大建立人民币清算安排的合作备忘录,签署了规模为 2 000 亿元人民币/300 亿加元的双边本币互换协议,并给予加拿大 500 亿元人民币合格境外机构投资者(RQFII)额度。9 日,授权中国工商银行(加拿大)有限公司担任多伦多人民币业务清算行。

11 月 10 日,中国人民银行与马来西亚国家银行签署了在吉隆坡建立人民币清算安排的合作备忘录。

11 月 17 日,中国人民银行与澳大利亚储备银行签署了在澳大利亚建立人民币清算安排的合作备忘录,给予澳大利亚 500 亿元人民币合格境外机构投资者(RQFII)额度。18 日,授权中国银行悉尼分行担任悉尼人民币业务清算行。

11 月 22 日,中国人民银行与香港金融管理局续签了规模为 4 000 亿元人民币/5 050 亿港元的货币互换协议。

12 月 14 日,中国人民银行与哈萨克斯坦国家银行续签了规模为 70 亿元人民币/2 000亿哈萨克坚戈的双边本币互换协议。15 日,经中国人民银行批准,中国外汇交易中心正式推出人民币对哈萨克斯坦坚戈银行间区域交易。

12 月 22 日,中国人民银行与泰国银行签署了在泰国建立人民币清算安排的合作备忘录,并续签了规模为700亿元人民币/3 700亿泰铢的双边本币互换协议。

12月23日,中国人民银行与巴基斯坦国家银行续签了规模为100亿元人民币/1 650亿巴基斯坦卢比的双边本币互换协议。

### 2015 年

3月18日,中国人民银行与苏里南中央银行签署了规模为10亿元人民币/5.2亿苏里南元的双边本币互换协议。

3月25日,中国人民银行与亚美尼亚中央银行签署了规模为10亿元人民币/770亿亚美尼亚元的双边本币互换协议。

4月10日,中国人民银行与南非储备银行签署了规模为300亿元人民币/540亿南非兰特的双边本币互换协议。

5月10日,中国人民银行与白俄罗斯共和国国家银行续签了规模为70亿元人民币/16万亿白俄罗斯卢布的双边本币互换协议。协议有效期三年,经双方同意可以展期。

5月25日,中国人民银行与智利中央银行签署了规模为220亿元人民币/22 000亿智利比索的双边本币互换协议。

6月28日,中国人民银行授权匈牙利中国银行担任匈牙利人民币业务清算行。

7月24日,IMF新闻发言人赖斯表示,中国股市近期波动与人民币是否被纳入SDR货币篮子评估是两回事。短期市场波动不会影响SDR货币篮子评估。

7月28日,全球最大金属交易所——伦敦金属交易所(LME)表示将接受人民币作为在其平台上交易的银行和券商的抵押品。

7月31日,国家外汇管理局发布《国家外汇管理局关于境外交易者和境外经纪机构从事境内特定品种期货交易外汇管理有关问题的通知》,明确境外投资者参与境内商品期货交易外汇管理政策,简化交易涉及的账户开立、资金汇兑以及数据报送等要求,便利市场操作,自8月1日起实施。

8月11日,中国人民银行宣布为完善人民币汇率中间价报价,大幅下调人民币中间价逾千点,并在此后连续2天大幅下调人民币汇率中间价。

9月7日,中国人民银行与塔吉克斯坦央行签署规模为30亿元人民币/30亿索摩尼的双边本币互换协议。

9月17日,中国人民银行与阿根廷中央银行签署了在阿根廷建立人民币清算安排的合作备忘录。

9月21日,中国与英国共同表示,将就建立伦敦——上海股市交易互联互通机制的可行性进行研究,同时中国人民银行将首次在英国发行短期人民币债券。

9月30日,中国央行宣布,开放境外央行类机构进入中国银行间外汇市场;向三类机构开放:境外央行(货币当局)和其他官方储备管理机构、国际金融组织,主权财富基金开展包括即期、远期、掉期和期权在内的各品种外汇交易,且无额度限制。

10月8日,中国正式采纳国际货币基金组织数据公布特殊标准。

10月8日,人民币跨境支付系统(CIPS)(一期)成功上线运行;中国人民银行视其为人民币国际化的重要里程碑。CIPS为境内外金融机构人民币跨境和离岸业务提供资金清算、结算服务,是重要的金融基础设施。

10月20日,中国人民银行在伦敦发行50亿元人民币央行票据,是为首次在中国以外地区发行以人民币计价的央行票据。

10月30日,中国央行发布《进一步推进中国(上海)自由贸易试验区金融开放创新试点,加快上海国际金融中心建设方案》的通知。

10月31日,中国央行公告称,中韩双方同意近期在中国外汇交易中心建立人民币对韩元直接交易机制,中国欢迎和支持韩国在中国银行间债券市场发行人民币主权债。

11月2日,中国外汇交易中心已批准八家境外人民币清算行成为衍生品会员。

11月3日,中国政府公布"十三五"规划建议,提到中国到2020年将有序实现人民币资本项目可兑换,使其成为可兑换、可自由使用的货币。

11月9日,中国外汇交易中心宣布在银行间外汇市场开展人民币对瑞士法郎直接交易。

11月10日,港交所内地部门高级副总裁Franky Chung在上海某会议上称,将于2016年4月份推出加强版沪港通。

11月10日,中国在银行间外汇市场开展人民币对瑞士法郎即期(包括竞价和询价)、远期和掉期交易。

11月14日,IMF总裁拉加德表示,该组织工作人员已建议将人民币纳入SDR,代表IMF188个成员国的执行董事会将在11月30日开会讨论。

11月25日,首批境外央行类机构在中国外汇交易中心完成备案,正式进入中国银行间外汇市场,包括香港金融管理局、澳大利亚储备银行等。

11月26日,中国人民银行与欧洲中央银行完成双边本币互换操作测试。

11月27日,中国银行间市场交易商协会接受加拿大不列颠哥伦比亚省在中国银行间债券市场发行60亿元人民币债券的注册。

12月1日,IMF执行董事会批准自2016年10月1日起人民币加入特别提款权(SDR)货币篮子,权重为10.92%;美元权重调整为41.73%,欧元为30.93%,日元为

8.33%,英镑为8.09%。

12月8日,韩国政府在银行间债券市场注册发行人民币主权债券。

12月11日,中国外汇交易中心宣布将定期公布CFETS人民币汇率指数,该指数货币篮将由13种货币组成,指数基期是2014年12月31日比重最大的四种货币,分别为美元(26.4%)、欧元(21.39%)、日元(14.68%)和港币(6.55%)。

12月17日,中国央行和俄罗斯联邦中央银行签署合作谅解备忘录。

12月22日,国家外汇管理局开会传达中央经济工作会议精神时指出,有序推进人民币资本项目可兑换,加快外汇市场发展。

**2016年**

1月4日,在岸人民币正式在2016年首个交易日延长交易时段至北京时间23:30。

1月12日,第二批境外央行类机构进入中国银行间外汇市场,境外央行类机构包括印度储备银行、韩国银行、新加坡金管局、印度尼西亚银行、泰国银行、国际清算银行、国际金融公司。

1月15日,中国正式成为欧洲复兴开发银行成员。

1月25日,中国央行对境外人民币业务参加行存放境内代理行人民币存款执行正常存款准备金率。

1月25日,央行面向27家金融机构和注册在上海、天津、广东、福建四个自贸区的企业扩大本外币一体化的全口径跨境融资宏观审慎管理试点,对试点金融机构和企业不实行外债事前审批,试点金融机构和企业在与其资本或净资产挂钩的跨境融资上限内,自主开展本外币跨境融资。

2月1日,中国外汇交易中心表示,人民币汇率将继续参考一篮子货币增强弹性,中国有条件也有能力继续保持人民币汇率对一篮子货币基本稳定。

2月4日,中国外汇局发布《合格境外机构投资者境内证券投资外汇管理规定》,不再对单家机构设置统一的投资额度上限,对QFII投资本金不再设置汇入期限要求,允许QFII开放式基金按日申购、赎回。

2月5日,中国央行副行长、国家外汇管理局局长潘功胜表示,中国不会走资本管制的"老路"。

2月24日,中国央行宣布将引入更多符合条件的境外机构投资者投资银行间债券市场,取消投资额度限制,简化管理流程。

3月7日,中国央行与新加坡金管局续签了规模为3 000亿元人民币/640亿元新加坡元的双边本币互换协议。

3月25日,跨境银行间支付清算(上海)公司表示,CIPS二期预计于2017年底建成,CIPS考虑纳入境外直接参与者。

4月1日,中国外汇交易中心宣布试点开展银行间外汇掉期冲销业务。

4月13日,匈牙利授权中国银行负责3年期点心债的发售,重燃点心债发行。

4月29日,中国央行联合外管局宣布多项外汇政策,防范跨境风险并鼓励外汇资金流入。

央行公告,在全国范围内不再实行外债事前审批,金融机构和企业在与其资本或净资产挂钩的融资上限内,自主开展本外币跨境融资。外管局公告,扩大银行结售汇综合头寸下限,丰富远期结汇交割业务。

5月11日,中摩(洛哥)两国央行签署双边本币互换协议,换规模为100亿元人民币/150亿摩洛哥迪拉姆,有效期三年。

5月16日,中国央行计划于近期启动在境内银行间外汇市场开展人民币兑南非兰特的直接交易。

5月19日,首批人民币购售业务境外参加行在中国外汇交易中心完成备案,5月20日正式进入中国银行间外汇市场。

5月26日,中国财政部将在伦敦发行30亿元人民币的国债,是首次在香港以外地区发行离岸国债。此举被解读为全球最大的新兴经济体正寻求让人民币国际化。

5月27日,中国央行表示,将来会根据情况允许其他境外机构投资者开展债券回购交易。

5月30日,上海自贸区FT账户首笔人民币外汇货币掉期成交。

6月3日,中国央行宣布,拟从7月15日起调整存款准备金平均法考核的有关规定,相关规定适用于境外人民币业务参加行存放境内代理行的人民币存款;央行将由考核期末一般存款时点数调整为考核期内一般存款日终余额的算术平均值;分析指出,此举将有助于稳定离岸人民币市场的流动。

6月6日,中银香港获准以直接参与者身份接入人民币跨境支付系统,是境外人民币清算行中的首家。

6月7日,中国央行副行长易纲在中美战略与经济对话的间隙表示,将向美国提供2 500亿元RQFII(人民币合格境外机构投资者)额度,规模仅次于香港;通过RQFII机制,在美金融机构可以使用当地募集的人民币资金投资中国在岸资本市场;分析认为,这显示中国政府有信心维稳汇率,并提速人民币国际化。

6月7日,中国副总理汪洋在中美战略与经济对话闭幕式上称,选定一家中资和一家美资银行开展人民币清算业务。

6月11日,中国外汇交易中心发布新闻稿称,正积极筹备在伦敦、纽约等主要国际金融中心设立分支机构。

6月17日,中国外汇交易中心称,经中国央行(PBOC)授权,自2016年6月20日起,中国银行间外汇市场将开展人民币兑南非兰特直接交易,包括即期、远期和掉期询价交易。具备银行间人民币外汇市场会员资格的机构均可开展交易。

6月21日,中国央行(PBOC)官方微博称,为了提高外汇市场双向开放水平,中国央行近日召开会议研究了商业银行有序参与离岸外汇市场的问题。中国央行微博并指出,随着外汇市场对外开放的发展,商业银行对境内外外汇市场进一步融合的需求增强。

6月22日,新加坡金管局表示,将从2016年6月起将其人民币金融投资纳入官方外汇储备。

6月24日,中国央行宣布人民币对韩元将开展直接交易。央行称,开展人民币对韩元直接交易有利于形成人民币对韩元直接汇率,降低经济主体汇兑成本,可促进人民币与韩元在双边贸易和投资中的使用。

6月25日,中国央行在网站公告称,与俄罗斯中央银行签署了在俄罗斯建立人民币清算安排的合作备忘录。

6月27日,据中国外汇交易中心的网站发布的公告,6月24日全国外汇市场自律机制在上海宣告成立并召开了第一次工作会议。该自律机制由银行间外汇市场成员组成,对人民币汇率中间价报价行为,以及银行间市场和银行柜台市场交易行为进行自律管理。

6月27日,以资产计中国最大的商业银行工商银行称,该行顺利获得首批人民币对南非兰特直接交易做市商资格,并在市场开盘后即达成了首笔人民币对南非兰特即期交易。

6月27日,按市值计中国第四大银行——中国银行称,与韩国友利银行(中国)有限公司完成银行间首笔人民币对韩元直接交易。

7月4日,俄罗斯央行(Russia's Central Bank)发言人表示,2015年第四季度,该央行开始购买人民币定价资产,以多元化外汇储备,减少受西方制裁的影响。

7月6日,中国外汇交易中心称,将加强境外金融机构进入银行间外汇市场开展人民币购售业务宏观审慎管理,自8月15日起,银行间外汇市场的境外金融机构在境外与其客户开展远期卖汇业务产生的头寸在银行间外汇市场平盘后,应按月对其上一月平盘额缴纳20%的外汇风险准备金,准备金利率为零。

7月28日,据外媒援引知情人士透露,世界银行和中国国家开发银行都准备在中国的银行间市场发行以 SDR 计价的债券,这将是两家机构首次发行 SDR 计价债券,国开行也有望成为首家发行 SDR 债券的中资金融机构。

8 月 11 日,两位消息人士透露,按资产计中国第三大银行——中国农业银行获准于迪拜设立阿联酋人民币业务清算行;这是该行首次跻身人民币业务清算行。分析人士指出,此举将有助于增强中国和中东之间不断深化的经济关系,同时也会助力人民币国际化。

8 月 15 日,香港交易所子公司场外结算公司顺利推出交叉货币掉期结算服务,并首先为离岸人民币对美元货币掉期提供结算服务。

8 月 16 日,中国外汇交易中心称,自 8 月 15 日起推出外汇期权净额清算交易确认等业务,以配合开展人民币外汇期权中央对手清算业务,初始交易范围为期限 1 年以内(含)的美元对人民币普通欧式期权交易。

8 月 25 日,中国外汇交易中心首次发布了人民币兑欧元、英镑、日元的参考汇率。中国外汇交易中心官方网站称,自 2016 年 8 月 25 日起,每个交易日公布 11:00 和 15:00 两个时点人民币对欧元、日元和英镑参考汇率。分析人士认为,这将为发行以人民币结算的 SDR 债券扫清障碍。

10 月 1 日,人民币正式纳入国际货币基金组织 SDR 货币篮子,权重为 10.92%。SDR 货币篮子中其他货币有美元、欧元、日元和英镑,权重分别为 41.73%、30.93%、8.33% 和 8.09%。

# 第七部分　专题研究及行业投稿

## (一)创新与人民币汇率的长期走势(西南财经大学逯建)

2008年经济危机以来,人们已经多次期待世界经济走出危机了。然而8年的时间已经过去了,世界经济仍然不尽如人意——美国、欧洲以及新兴经济体国家的经济形势相继告急,使得全球金融市场的悲观情绪一直得不到有效的转变。与此同时,中国经济也以中高速经济增长速度下行,使得世界经济恢复的时间被大大地延长。

总体来说,人民币近段时间贬值,很大程度上反映了国际市场对中国未来经济形势的一种担忧。中国在2005年之后很长一段时间都扮演着世界经济增长的领跑者的角色,因此一旦中国经济有哪怕一点点的下滑,都会造成市场的过度解读——在这点上,国际市场可能比中国市场更没有信心,他们掌握的材料十分有限,又往往带有种种歧视和偏见,因此经常会将波动过于放大。而中国政府一改以前粗放式投资扩张政策,低调刺激和干预经济,也确实让人有些摸不清门道,因此人民币的贬值预期就成为2015年以来外汇市场的主要基调。

事实上,中国仍然可以通过以往那种投资扩张政策来拉动经济,这是因为中国是一个大国,中西部的基础设施和经济发展仍很落后,全国各地的人均经济水平也没有呈现趋同的趋势。因此凭借充盈的国库进行投资仍是可保中国经济增长的兜底之策。然而,中国政府当前的主要思考,是如何将粗放式的经济增长模式转化为创新型经济增长模式,从而越过"中等收入陷阱"——美国20世纪90年代的经济增长,就是以信息高速公路等IT产业的创新带动的,与之相比,日本并未有在信息产业革命中占得先机,从而开启了日本经济长期低迷的时代。所以产业结构未抓住时机才是日本经济增长失速的最根本原因,广场协议、日元升值仅是一系列经济问题的冰山一角。

美国之所以能够在二百多年里保持长期的发展,跟美国是一个创新型大国的原因密不可分。同样,中国若想保持长期稳定的经济增长,具有创新能力就是一项必不可少的重要条件。只有让科技成为国家经济发展的动力,中国的经济才能在未来继续很长一段时期保持稳定的增长。当前,中国确实在量子通信、大型工程建设等领域取得了一定的国际领先地位,一系列的数据也表明,中国的科技实力正在逐渐增强,与先进国家的发展差距在缩小,完全有理由让国人产生未来几年中国的科技将在不长的时间内超越世界主要发达国家的想法。这对凝聚人气、激发国人继续创新的斗志大有裨益。

但中国的创新型经济转型还需要在更多的学科和领域能够取得更为明显的突破。中国的科技创新现在还多属于模仿、追赶的形态,科学理论还未有较大的突破;作为一个发展中国家,中国还没有建立起鼓励创新、服务创新的社会环境和政府服务体系;中国科技型企业在初创时期享受了政府很多的政策优惠,这在一定程度上会削弱企业长期发展的竞争力;当然更需要考虑的是,新型经济模式如何能够抵御现有经济体系的种种诱惑,不重蹈数量扩张、资本扩张的覆辙?

因此,中国创新型经济的真正建立,既存在很大的机遇,也存在相当多的挑战。作为一个大国,某项发明创造也不会立即促进经济增长,人民币也不会因某一项创新而立刻发生本质性的变化。但在未来,判断一个国家能否实现创新化的重要标志,同时也是判断中国经济发展和人民币长期走势的重要依据,应该是中国能否建立将科学实验室里的创新成果快速产业化的机制,并出现一批真正意义上的创新型企业,推出一批能改变人们生活的科技产品。当然,基于不同的信息,如何准确进行判断还是有一定难度的,还需要我们密切关注科技产业资讯,谨慎而大胆地做出准确的判断。

西南财经大学副教授　逯建<br>2016 年 9 月

## (二)人民币是国际货币还是新兴市场货币?(中国社科院肖立晟)

一国主权货币要成为国际货币需要满足以下三个条件:首先,具备良好的经济基本面、币值和通胀稳定。其次,有较发达的金融市场。金融市场要有深度、广度和充沛的流动性,能够承载国际资本流动的冲击。最后,货币可自由兑换,金融市场足够开放,并且能够为跨境资本流动提供法律保护。

对照上述条件,人民币暂时还达不到国际货币的要求。国际货币有一定的避险功能,在国际金融市场风险较高时,跨境资本会从风险较高的货币资产转向流动性较高的货币资产。美元和日元是典型的国际货币。中国经济虽然总量较大,但是金融市场并不发达,外汇市场和国债市场容量较小,而且中国的资本账户和金融体系缺乏足够的自由度,无法容纳海外资本流回。最直接的证据是,当国际市场上的风险情绪高涨时,跨境资本会从中国流出。例如,2007 年的次贷危机和 2009 年的欧债危机。

然而,过去较长的一段时间,人民币表现出了国际货币的稳定性。图 1 是 2005 年7 月至今人民币对美元汇率,以及 11 个新兴市场国家货币相对美元的走势(均以 2005

年 7 月 22 日为基期)。从图 1 可以发现,2005~2008 年,人民币与其他新兴市场货币均对美元升值。升值速度和幅度基本一致,三年升值了 10%~15%。自 2012 年以来,当其他新兴市场货币相对美元贬值时,人民币依然相对美元持续升值。特别是在 2014 年 7 月至汇改前,人民币保持了异乎寻常的稳定性。美元指数升值 20%,新兴市场货币贬值 40%,人民币对美元仅贬值 2%。

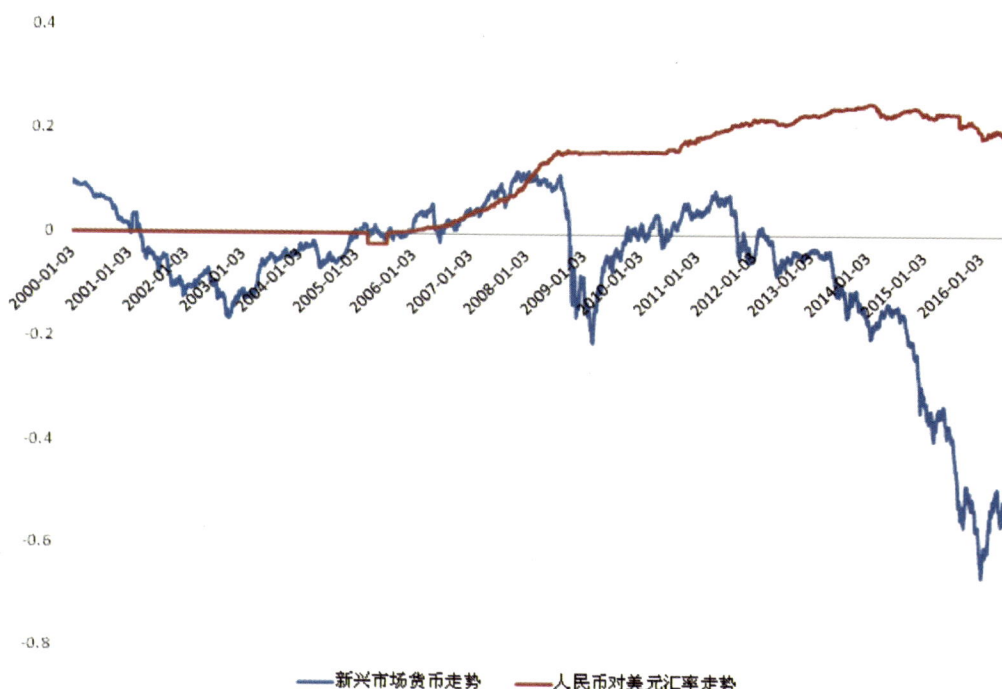

注:新兴市场货币包括马来西亚林吉特、韩元、印尼卢比、泰铢、菲律宾比索、印度卢比、俄罗斯卢布、土耳其里拉、南非兰特、墨西哥比索、巴西雷亚尔。新兴市场货币走势是指 11 个主要新兴市场国家货币相对美元加权平均升值幅度。

数据来源:Wind 数据库。

**图 1　人民币汇率与新兴市场货币走势分析**

"8·11"汇改前,人民币汇率异常强劲的走势让大家产生了一个错觉:人民币似乎可以比肩美元。IMF 将人民币纳入 SDR 货币篮子进一步强化了这一错觉。

"8·11"汇改刺破了这一幻象。汇改后,人民币汇率的波动方向开始向新兴市场货币看齐。新兴市场货币每贬值 10%,人民币汇率贬值约 2.2%。人民币越来越像一个新兴市场货币。

事实上,此前人民币能够表现出类似国际货币的走势,主要原因在于中国特殊的外汇市场结构和资本管制。

中国外汇市场有两个重要特征:第一,实需原则。任何外汇交易必须具备相应的真实贸易业务背景。第二,交易主体有限。我国外汇市场是一个封闭的、以银行间市场为中心,进行结售汇头寸平补的市场。市场主体主要是银行等金融机构,缺乏风险偏好较高的投机者。在这种特殊的外汇市场结构下,人民币汇率的形成机制非常依赖贸易顺差,只有与贸易相关的市场主体才能够进入外汇市场交易。

此外,我国对资本项目一直保持宽进严出的管制,资本项目的市场供求并不能完全反映在外汇市场中。因此,在2005~2013年的大多数年份中,中国经济保持了持续的贸易顺差,外汇市场一直供过于求,造成人民币汇率持续升值。

与发达国家相比,中国的外汇市场发展得非常缓慢。无论是人民币汇率机制的弹性还是中国外汇市场的深度,中国与其他国际货币国都存在较大的差距,导致人民币遇到外部冲击时,难以通过市场机制化解外部冲击。这一点与其他新兴市场货币没有任何区别。

要让人民币最终成为国际货币,有必要依次进行如下改革:首先,增强人民币汇率弹性。这是建设外汇市场和资本开放的前提。如果一国货币存在单边预期,意味着外汇衍生品的基础资产定价不合理,在此基础上发展的衍生品只会进一步放大风险。其次,逐步放宽实需原则,增加风险偏好较高的市场主体,增加现有主体决策的异质性。最后,开放资本账户,允许货币自由兑换。

中国社会科学院世界经济与政治研究所 肖立晟博士
2016 年 9 月

## (三)投资过程中的数学魅力(FX168 财经学院许亚鑫)

从 2007 年毕业之后,笔者有幸成为 FX168 财经集团大家庭的一员,也正是从那一刻开始,才发现,这个世界上,除了股票市场以外,原来还有这样一个充满魅力的市场。为此,笔者迄今兢兢业业地研究了十年。

十年说长也长,说短也短。过去这十年来,正是由于笔者在不断地交易、不断地实践,也渐渐摸索并完善自己的交易体系,并为此乐此不疲。无论是笔者自己交易也好,还是接触大量投资者也罢,总结了在投资过程中数学的魅力,期待这样的分享能够为读者带来一些启发和帮助。

俗话说,成功的经验无法简单地复制,但是导致失败的原因往往出奇的一致。

笔者通过总结与分析许多自己与其他投资者失败的案例发现,造成投资过程中赔钱的头号杀手,并非是方向判断错误。也就是说,做多与做空很多时候并不是影响投资

图 2

者最终是否盈利或亏损的关键,核心的因素在于投资理念。

因此,笔者试图通过一些数据来揭示投资过程中数学的魅力:

## 1. 收益率

假如我们拿 100 万元做投资,收益率 100% 之后,我们的资产变成 200 万元。但是,接下来假设亏损 50%,那么资产规模变回 100 万元,很显然,亏损 50% 比赚取 100% 要容易得多。

解读:保住本金很重要。

## 2. 波动率

假如我们拿 100 万元做投资,第一年赚 40%,第二年亏 20%,第三年赚 40%,第四年亏 20%,第五年赚 40%,第六年亏 20%,资产剩余 140.5 万元,六年年化收益率仅为 5.83%,甚至低于五年期凭证式国债票面利率。

解读:风控十分重要,即便收益率高,一旦回撤率过大,结果也是竹篮打水一场空,还不如直接买国债划算。

## 3. 复利

假如我们拿 100 万元做投资,每天并不需要暴涨,而只需要挣 1% 就离场,那么以每年 250 个交易日计算,一年之后我们的资产可以达到 1 203.2 万元,2 年后我们就可以坐拥 1.45 亿元。

解读:伟大的物理学家爱因斯坦曾说过,宇宙间最大的能量是复利,世界的第八大奇迹是复利,复利的威力甚至超过原子弹。

### 4. 翻倍

假如我们拿 100 万元做投资,连续 5 年每年 200% 的收益率,那么 5 年后我们也可以拥有 2.43 亿元个人资产,显然这样的高额收益是很难持续的。

解读:任何翻倍预期收益率均不可持续,必须树立科学的投资理念,切忌抱着一夜暴富的想法进市场,因为结局更多的就是一贫如洗。

### 5. 年化收益率

假如我们拿 100 万元做投资,希望十年后达到 1 000 万元,二十年后达到 1 亿元,三十年后达到 10 亿元,那么我们需要做到年化收益率仅为 25.89%。

解读:股神巴菲特就是这么做到的。

### 6. 投资组合

无风险资产 A,例如债券(每年 5%)和风险资产 B,例如外汇或者贵金属(每年 -20% 至 40%),假如我们拿 100 万元进行投资,那么投资 80 万元无风险资产 A 和 20 万元风险资产 B,那么我们最差的收益可能就是零,而最佳收益可能是 12%,这就是应用于保本基金 CPPI 技术的雏形。

解读:根据家庭的实际财务情况,如何选择合适的投资组合真的很重要。

### 7. 成功率

假如我们拿 100 万元做投资,投资成功的概率是 60%,那么意味着我们连续投资 100 次,其中 60 次盈利,40 次亏损。如果我们把止盈和止损都设置为 10% 和 -10%,那么意味着最终的收益率是 350%,即 $1.1^{60} \times 0.9^{40} = 4.50$,扣除本金后翻 3.5 倍。

解读:亲爱的读者,您可能以为看错,3.5 倍的收益率! 接下来需要思考的是,怎么能保证胜率是 60%,不要想当然,这个成功率对于多数人来说几乎是很难达到的。

### 8. 盈亏比(止盈与止损)

索罗斯说过他不在乎胜负的概率,而期望盈利的时候比亏损的时候能多赚一些。

假如我们拿 100 万元做投资,每次止盈是 10%,每次止损是－5%,那么连续投资 100 次,假设胜负概率是 50%,那么意味着最终的收益率是 803.26%,即 $1.1^{50} \times 0.95^{50} = 9.0326$,扣除本金之后翻了 8 倍!

解读:亲爱的读者,您依然没有看错,收益率超过 800%。前提是,我们在投资的过程中,要坚决止盈,坚决止损,与此同时,我们还需要尽力把握住超过 50% 的概率进行止盈的机会。

## 9. 稳健投资

假如我们拿 100 万元做投资,投资者 A 和 B,A 连续两年取得收益,其中第一年 10%,第二年 50%,B 保持了两年每年 30% 的收益率,问:两年后谁的收益率高?

解读:结果是 B,两年 69% 的收益率高于 A 两年 65%,高出了 4 个百分点。这道题只为告诉大家稳健投资不等于低收益,而是为了保证最终获得更高收益率的确定性更强。

当看到这里,亲爱的朋友们,是不是觉得投资过程中的数学很重要?确实很重要。可是,假如我们拿 100 万元做投资,这个假如的前提才最重要。

有人会问,那么我现在并没有 100 万元可以做投资,应该怎么办呢?怎么办呢?怎么办?

笔者的建议是,好好地学习,努力地工作,用脑力劳动也好,体力劳动也罢,争取先挖到人生的第一桶金。投资的市场里面,永远都不缺乏机会,缺乏的只是那一双发现机会的智慧双眼!

FX168 财经学院副院长 许亚鑫

2016 年 10 月

# 第八部分  附  录

## (一)特别鸣谢为本蓝皮书撰写提供支持的机构(按首字母排序)

ACY 稀万国际、ADS 达汇、AETOS 艾拓思、AVATrade、BFS、Blackwell Global、BMFN、Capstone Global Limited 凯石全球、EasyMarkets 易信、FXBTG、FXCM 福汇集团、FxPro、GKFX 捷凯金融、Global Market Index、Goldland Capital Group、GOMarkets、HYCM 兴业投资、IC MARKETS、KVB 昆仑国际、上海国际金融中心研究院、上海财经大学现代金融研究中心、上海对外经贸大学战略性大宗商品研究院、SVSFX、Swissquote 瑞讯、TeraFX、天津贵金属交易所、ThinkMarkets、USG、Vantage 万致、XM、XCOQ 爱客金融、西南财经大学、银天下、Z.COM trade、中国社会科学院世界经济与政治研究所。

## (二)外汇经纪商名录(按字母顺序排列)

| 经纪商名称 | 经纪商 LOGO | 类型 | 主要监管 | 注册时间 | 注册地 | 主要平台 | 最小入金 | 最大杠杆 | 欧/美点差 | 中文客服 | 24 小时客服 | 接受货币 |
|---|---|---|---|---|---|---|---|---|---|---|---|---|
| ABS GROUP 澳盛集团 | | STP 无交易员 | ASIC | 2005 年 | 澳大利亚 | ABS GROUP MT4 | 200 美元 | 1:200 | 1.8 | 有 | 有 | 六大货币美元 |
| ActivTrades | | STP 无交易员 | FCA | 2005 年 | 英国 | ActivTrades MT4 | 250 美元 | 1:400 | 0.80 | 有 | 有 | 欧元、英镑、美元、瑞郎 |
| ACY 稀万国际 | | ECN/STP 无交易员 | ASIC | 2013 年 | 澳大利亚 | MT4 Android/IOS WebTrader | 100 美元 | 1:500 | 1.00 | 有 | 有 | 美元、欧元、澳元、英镑、坡元 |
| Admiral Markets | | STP | ASIC | 2001 年 | 澳大利亚 | Admiral Markets MT4 | 200 美元 | 1:500 | 1.00 | 有 | 有 | 欧元,美元 |
| ADS Securities LLC | | STP | FCA | 2011 年 | 阿联酋阿布扎比 | ADS Securities MT4 | 500 美元 | 1:500 | 1.8 | 有 | 有 | 美元 |
| AETOS 艾拓思 | | STP | ASIC FCA | 2007 年 | 澳大利亚 | AETOS MT4 MT4 WebTrader | 250 美元 | 1:400 | 1.8 | 有 | 有 | 美元 |
| Alpari 艾福瑞 | | ECN | IFSC FSC FCFR | 1998 年 | 俄罗斯 | MT4 MT5 BinaryTrader | 0 | 1:1 000 | 0.5 | 有 | 有 | 美元,欧元 |
| BGI 博威 | | STP 无交易员 | FCA CYSEC | 2010 年 | 新西兰 | Blackwell Trader | 0 美元 | 200:1 | 3.00 | 有 | 有 | 六大货币美元,人民币 |

续表

| 经纪商名称 | 经纪商 LOGO | 类型 | 主要监管 | 注册时间 | 注册地 | 主要平台 | 最小入金 | 最大杠杆 | 欧/美点差 | 中文客服 | 24小时客服 | 接受货币 |
|---|---|---|---|---|---|---|---|---|---|---|---|---|
| BMFN 博美 | | STP 做市商 | ASIC | 2010年 | 澳大利亚 | BMFN Unitrader | 300 美元 | 1：400 | 2.00 | 有 | 有 | 美元 |
| BFS 牛汇 | | STP ECN 无交易员 | FSC | 2009年 | 英国，德国 | MT4 | 5 美元 | 1：1 000 | 1.4 | 有 | 有 | 人民币、美元 |
| Brickhill Capital | | STP | FSP | 2013年 | 新西兰 | MT4 | 200 美元 | 1：500 | 3.0 | 有 | 有 | 美元、港币、日元、澳元、英镑、加元、坡元、瑞郎、迪拉姆 |
| CMC Markets | | 做市商 | FCA、ASIC、BaFin 等14个监管 | 1989年 | 英国 | CMC Markets "新一代"自主研发交易平台 | 无要求 | 1：500 | 0.7 | 有 | 有 | 美元 |
| City Credit Capital | | 做市商 | FCA | 2001年 | 英国 | CCC Markets Trader | 500 美元 | 1：20 | 3.00 | 有 | 有 | 欧元、日元、港币、美元 |
| City Wealth 西城威尔士 | | 无交易员 | FSP | 2012年 | 新西兰 | City Wealth JTrader | 500 美元 | 1：400 | 1.50 | 有 | 有 | 美元 |
| 大田环球贵金属 | | 无交易员 | 香港金银业贸易场 | 2001年 | 中国香港 | FxTrader MT4 | 30 美元 | 1：100 | 0.50 | 有 | 有 | 美元、人民币、港币 |
| Dukascopy | | STP 无交易员 | FINMA | 1998年 | 瑞士 | Dukascopy JForex | 100 美元 | 1：200 | 0.50 | 有 | 有 | 六大货币美元 |

141

| 经纪商名称 | 经纪商 LOGO | 类型 | 主要监管 | 注册时间 | 注册地 | 主要平台 | 最小入金 | 最大杠杆 | 欧/美点差 | 中文客服 | 24小时客服 | 接受货币 |
|---|---|---|---|---|---|---|---|---|---|---|---|---|
| Domino 多米乐 | | NND 无交易员 | MFSA | 1998年 | 马耳他 | MT4 | 50 美元 | 1：500 | 1.2~2.4 | 有 | 有 | 美元、人民币 |
| Darwinex | | STP | FCA | 2012年 | 英国 | MT4 | 500 美元 | 1：200 | 0.3 | 有 | 无 | 美元、欧元、英镑 |
| 大通金融 | | ECN/STP | FCA ASIC | 2005年 | 美国加州 | MT4 桌面版、移动版 | 300 美元 | 1：500 | 0.8 | 有 | 有 | 银联、电汇、信用卡 |
| Easy Markets | | 做市商 | CySEC ASIC | 2003年 | 塞浦路斯 | MT4、易信 trader | 200 美元 | 1：400 | 1.8 | 有 | 有 | 六大货币美元、其他 |
| Etoro | | 做市商 STP ECN | FCA CySEC | 2007年 | 英国 | WebTrader | 500 美元 | 1：400 | 3 | 有 | 无 | 美元 |
| EWGfx | | STP 无交易员 | ASIC | 2012年 | 澳大利亚 | MT4 | 500 美元 | 1：400 | 1.7 | 有 | 有 | 美元 |
| EXNESS | | STP 无交易员 做市商 | CYSEC | 2008年 | 俄罗斯 | EXNESS MT4 | 1 美元 | 1：2 000 | 0.10 | 有 | 有 | 六大货币美元、其他 |
| 嘉盛集团 FOREX.COM | | 做市商 | FCA NFA CFTC IIROC ASIC FSA SFC MAS | 1999年 | 美国 | MT4、嘉盛操盘手平台 | 250 美元 | 1：400 | 低至 1.5 | 有 | 有 | 欧元、英镑、美元 |

| 经纪商名称 | 经纪商 LOGO | 类型 | 主要监管 | 注册时间 | 注册地 | 主要平台 | 最小入金 | 最大杠杆 | 欧/美点差 | 中文客服 | 24小时客服 | 接受货币 |
|---|---|---|---|---|---|---|---|---|---|---|---|---|
| Forex Club 福瑞斯国际金融集团 | | 交易商 | CIRFIN CYSEC | 1997年 | 莫斯科 | MT4 | 100美元 | 1：500 | 1.1起 | 有 | 有 | 美元 |
| FXBTG | | 做市商 无交易员 | FSP | 2002年 | 新西兰 | FXBTG MT4 | 300美元 | 1：400 | 0.80 | 有 | 有 | 欧元、英镑、美元 |
| FXCM 福汇集团 | | STP 做市商 无交易员 | ASIC FCA NFA SFC | 1999年 | 美国 | 福汇 TSII 平台 | 500美元 | 1：400 | 1.2 | 有 | 有 | 欧元、英镑、日元、加元、纽币、瑞郎、美元 |
| FxPro 浦汇 | | STP 无交易员 | FCA CYSEC | 2003年 | 塞浦路斯 | FxPro cTrader cAlgo | 500美元 | 1：500 | 1.50 | 有 | 有 | 欧元、英镑、日元、瑞郎、美元 |
| FXTM 富拓外汇 | | ECN | CYSEC IPSC | 2012年 | 塞浦路斯 | MT4 MT5 WebTrader | 5美元/欧元/英镑 | 1：1 000 | 浮动 | 有 | 无 | 逾 50 种 |
| FX88 | | 混合 | 伯利兹 | 2016年 | 伯利兹 | MT4 | 100美元 | 1：500 | 2.2 | 有 | 有 | 人民币、美元 |
| FIBO | | STP 无交易员 做市商 | CYSEC FSC Registered in FCA | 1998年 | 奥地利、维也纳 | MT4 MT5 cTrader | 0.1美元 | 1：400 | 0.1 | 有 | 无 | 六大货币 美元 |
| ForexCT | | STP ECN 做市商 | ASIC | 2006年 | 澳大利亚 | MT4 PROfit | 600美元 | 1：400 | 2.0 | 有 | 无 | 美元 |

| 经纪商名称 | 经纪商 LOGO | 类型 | 主要监管 | 注册时间 | 注册地 | 主要平台 | 最小入金 | 最大杠杆 | 欧/美点差 | 中文客服 | 24小时客服 | 接受货币 |
|---|---|---|---|---|---|---|---|---|---|---|---|---|
| Formax 金融圈 | | STP ECN 做市商 | FCA FSP | 2011年 | 新西兰 | MT4 | 10 美元 | 1：1000 | 2 | 有 | 无 | 人民币,美元 |
| GKFX 捷凯金融 | | STP | FCA | 2009年 | 英国 | GKFX MYFX MT4 | 500 美元 | 1：400 | 固定1.80 | 有 | 有 | 欧元、英镑、美元 |
| GWFX 金道环球投资 | | 无交易员 | FCA FSP | 2009年 | 英国 | GWFX 交易平台 | 0 美元 | 1：500 | 0.50 | 有 | 有 | 美元,人民币 |
| Global Prime Partners Ltd | | NDD+STP | FSP | 2016年1月9日 | 新西兰、英国 | MT4 | 100 | 外汇 1：400 黄金 1：100 | 1.8 | 有 | 无 | 美元 |
| Goldland | | STP 无交易员 | ASIC | 2013年 | 澳大利亚 | MT1 | 1000 人民币 | 1：400 | 1.6 | 有 | 无 | 人民币、美元、澳元 |
| 兴业投资 | | 做市商 交易员 | FCA | 1977年 | 英国 | HY Trader MT4 | 500 美元 | 1：200 | 1.8 | 有 | 有 | 美元 |
| Black Pearl Securities Limited | | STP | FCA | 2013年 | 新西兰 | MT4 | 100 美元 | 1：400 | 1.8 | 有 | 有 | 美元,人民币 |
| 亨达国际金融 | | STP/做市商 | FCA ASIC 香港金银业贸易场 | 1990年 | 新西兰 | MT4 汇享通 | 无限制 | 1：20 | 大于2 | 有 | 有 | 美元 |

| 经纪商名称 | 经纪商 LOGO | 类型 | 主要监管 | 注册时间 | 注册地 | 主要平台 | 最小入金 | 最大杠杆 | 欧/美点差 | 中文客服 | 24小时客服 | 接受货币 |
|---|---|---|---|---|---|---|---|---|---|---|---|---|
| IBFX 银特贝克 | | STP 无交易员 | ASIC NFA | 2001年 | 美国 | IBFX MT4 | 200美元 | 1:50 | 2.00 | 无 | 有 | 澳元,美元 |
| IC Markets | | ECN | ASIC | 2007年 | 澳大利亚 | MT4 MT5 cTrader | 200美元 | 1:500 | 0.1 | 有 | 有 | 澳元,美元,欧元,英镑,纽币,瑞郎,日元,瑞典克朗,加元 |
| ICM Capital | | STP/ECN | FCA (FSA) | 2009年 | 英国 | MT4 | 200美元 | 1:200 | 1.2~1.5 | 有 | 无 | 英镑,欧元,美元,人民币 |
| KRCNZ 凯汇 | | ECN STP | FSP | 2011年 | 新西兰 | KRC MT4 | 标准:200美元 | 1:150 | 0起 | 有 | 有 | 美元 |
| KVB Kunlun 昆仑国际 | | 做市商交易员 | ASIC | 2001年 | 新西兰 | KVB 外汇之星 | 1 000美元 | 1:200 | 3.00 | 有 | 有 | 澳元,纽币,日元,美元 |
| 老虎外汇 | | STP | ASIC | 2015年 | 北京 | MT4 | 200美元 | 1:200 | 2.0 | 有 | 无 | 人民币,美元 |
| LCG | | ECN | FCA | 1996年 | 伦敦 | MT4 LCG Trader | 50美元 | 1:500 | 0 | 有 | 有 | 美元,英镑,欧元 |
| MARKETS.COM 迈肯司 | | STP ECN | ASIC | 2006年 | 澳洲 | MARKETS.COM MT4 | 100美元 | 1:400 | 2.2 标准 | 有 | 有 | 美元,欧元,英镑,日元,加元,澳元,人民币 |

| 经纪商名称 | 经纪商 LOGO | 类型 | 主要监管 | 注册时间 | 注册地 | 主要平台 | 最小入金 | 最大杠杆 | 欧/美点差 | 中文客服 | 24小时客服 | 接受货币 |
|---|---|---|---|---|---|---|---|---|---|---|---|---|
| OANDA 安达 | | 做市商 无交易员 | FCA NFA | 1996年 | 美国 | OANDA fxTrade | 1美元 | 1:100 | 0.90 | 有 | 有 | 六大货币 美元 |
| Pepperstone 激石 | | 无交易员 | ASIC | 2010年 | 澳大利亚 | 激石 MT4 | 500美元 | 1:400 | 0.10 | 有 | 有 | 六大货币 美元 |
| PriorFX | | 纯STP | Cysec | 2013年 | 塞浦路斯 | MT4 | 250美元 | 1:400 | 1.8 | 有 | 有 | 欧元、美元、英镑、瑞郎、人民币 |
| SAXO 盛宝金融 | | 做市商 | ASIC FCA SFC | 1992年 | 丹麦 | SAXO 下载版平台 | 1美元 | 1:200 | 1.8 | 有 | 有 | 欧元,美元 |
| SVSFX | | STP | FCA | 2003年 | 英国 | MT4 | 500美元 | 1:400 | 1.8 | 有 | 有 | 人民币,美元 |
| Swissquote 瑞讯银行 | | 银行 | FINMA | 2002年 | 瑞士 | MT4,MT5,高级交易员 | 1 000美元 | 1:400 | 1 | 有 | 有 | 六大货币 美元,其他 |
| 世透国际 | | STP ECN | CySEC FCA | 2010年 | 英国 | MT4 AFX FAST | 200美元 | 1:500 | 0.3 | 有 | 有 | 美元,英镑,欧元 |
| ThinkMarkets 智汇 | | STP 无交易员 | ASIC | 2010年 | 英国 | MT4 ThinkTrader | 250美元 | 1:400 | 0.8 1.2 | 有 | 有 | 欧元、澳元、美元 |

续表

| 经纪商名称 | 经纪商LOGO | 类型 | 主要监管 | 注册时间 | 注册地 | 主要平台 | 最小入金 | 最大杠杆 | 欧/美点差 | 中文客服 | 24小时客服 | 接受货币 |
|---|---|---|---|---|---|---|---|---|---|---|---|---|
| TeraFX | | STP | FCA(FSA) | 1990年 | 英国 | MT4 | 100 USD | 1:400 | 1.8 | 有 | 有 | 美元、英镑、欧元 |
| Trilt Limited | | STP | CYSEC FCA | 2008年 | 塞浦路斯 | MT4 | 10美元 | 1:500 | 1.6(标准) | 有 | 有 | 美元、欧元、英镑、瑞郎、澳元、加元、日元、港元 |
| UNX | | 经纪商 | FSP | 1998年 | 新西兰 | MT4 | 500美元 | 1:200 | 2.3 | 有 | 有 | 美元 |
| 联准国际 | | STP ECN | ASIC FSP | 2006年 | 澳大利亚 | MT4 | 100美元 | 1:500 | 2.0 | 有 | 有 | 不限 |
| Vantage FX万致 | | STP | ASIC | 2009年 | 澳大利亚 | MT4 | 100美元 | 1:400 | 1.8 | 有 | 有 | 澳元、人民币、美元、纽币 |
| Windsor Brokers温莎 | | STP | FCA CYSEC | 1988年 | 塞浦路斯 | Windsor MT $ | 2 500美元 | 1:200 | 2.0 | 有 | 有 | 六大货币、美元、人民币 |
| XM | | STP 无交易员 | ASIC FCA | 2009年 | 塞浦路斯 | XM MT4 | 5美元 | 1:888 | 1.0 | 有 | 有 | 六大货币、美元、其他 |
| Z.com Trade技慕环球通 | | STP | FCA | 2012 | 英国 | MT4 | 0美元起 | 1:200 | 2 | 有 | 有 | 美元 |

**HYCM**
兴业投资（英国）

FCA 监管:186171

# 40年品牌
# 投资者首选合作伙伴

**历史悠久**
40年金融服务经验

**平台强大**
下载版，web在线版，移动端，随时随地在线交易

**专业客服**
5*24小时客服

**严苛监管**
FCA 监管:186171

**产品多样**
6大类数百种金融产品

**服务全球**
全球20多个国家和地区设立机构和办事处

扫码获取更多信息

兴业投资总部位于英国伦敦，是兴业资本市场（英国）有限公司旗下的交易名称，隶属恒兴业集团。集团创立于上世纪70年代初，并致力于提供全球范围内的零售投资者金融产品交易和服务。兴业投资由英国金融市场行为管理局（FCA）授权和监管，能最大限度的保障客户的资金安全。悠久的历史积淀和强大的综合实力成就了其在金融服务行业内的全球领先地位。

兴业投资提供全面的资本市场投资产品：包括外汇、贵金属、能源、农产品、股票和指数，而客户只需一个单一账号即可完成主要国际市场不同的产品。公司同时提供四个不同交易平台供投资者选择，满足不同投资者喜好。公司所有产品报价以金融交易所和银行交易价作为参考，从报价到成交提供高度透明度。

依托公司举世瞩目的技术研发能力，凭借着超凡脱俗的电子交易平台，兴业投资现已成为全球资本市场投资者的首选合作伙伴。

兴业投资：
隶属于恒兴业集团，由英国金融市场行为管理局（FCA）授权和监管，监管号：186171

地址：
英国伦敦EC2N 2AN，思罗克英顿大街28号3楼

电话：
+44 207-330-9050

邮箱：
info.cn@hycm.com

网址：
www.hycm.com

# ACY | 稀万国际

## 优惠点差 回馈客户

行业内超低点差
外汇低至0.8个点
原油低至$0.025个点
贵金属低至$0.20个点

## 超低门槛 出入金快

超低门槛 出入金快
100美元即可交易
银联入金即刻到账
出金最快2小时到账

## ECN无交易员模式

为了更好的提供交易环境，ACY稀万国际采用了ECN无交易员模式，让投资者的订单流入国际市场中，从而享受更公平、透明的合作模式。

## 分析视频 教育资源

ACY稀万国际分析师每天汇聚市场动态为投资者进行趋势解析及行情讲解。我们为广大投资者准备了丰富的教育资源及市场材料，从入门到专业，我们都进行一对一的辅导！

ACY稀万国际总部位于澳大利亚悉尼，产品覆盖整个金融投资领域，为投资者提供外汇、原油、贵金属及股票指数等多元化全球金融产品在线交易。

ACY稀万国际专注于为交易者提供最专业最透明的交易环境，同时致力于为交易者提供卓越的点差、执行速度和客户服务。我们还为您提供专业独到的专家评论、海量的业界资讯、先进的交易工具和丰富的学习资源。无论您的交易经验是否丰富，ACY稀万国际都将有针对性地帮助您在活跃的全球投资市场中更好地交易，是您投资历程中的可靠伙伴。

## 合作方案

业界领先的回报结构

强大的后盾，专业的培训

实时返佣和即时支付

多元化的交易产品

专门的客户经理，以协助您事业的发展

关 注 我 们

**ACY Capital Australia Limited Address:**

Suite 804,Level 8,12 Help St, Chatswood, NSW 2067

Email:support@acyfx.com | Australia（澳洲本地）：1 300 729 171 | 中国：950 4059 5638

台湾地区：02 9188 2999（直播市内电话）| 其他海外地区：+61 2 9188 2999

# FXBTG
## EXCHANGE

+489,656

## 诚招代理
### 加入我们
### 开启崭新财富世界大门

### ✦ FXBTG简介

FXBTG大旗金融是专业从事外汇、贵金属、原油、股指期货等金融衍生品交易的全球外汇交易商，总公司位于新西兰，在伦敦、纽约、香港和吉隆坡设有全资子公司或办事处，受新西兰金融服务管理局监管，并拥有FSP金融牌照FSP319786。

FXBTG大旗公司致力于创造公平、专业、安全，值得信赖的市场环境，并把"一个账户连接全球金融市场，提供有价值的金融服务，成为客户投资全球市场的首选"作为自己的愿景，不懈努力。FXBTG大旗金融是中国投资协会会员单位，荣获"2015年度最佳外汇交易商"称号，与CCTV证券资讯频道是战略合作伙伴关系，在业内享有盛誉，一直是其他平台学习和争取赶超的标杆。

公司主营业务：外汇、贵金属、能源、股指等金融衍生品交易。

### ✦ 合作优势

**公平、透明、安全**
采用STP-ECN交易模型，承诺人为滑点10倍赔付

**严谨**
风险告知，交易规则以及爆仓提醒电话

**战略合作**
与CCTV证券资讯频道，凤凰财经，中金在线、和讯等金融业知名媒体有合作关系

**智能、高效**
MT4 24小时智能交易系统，并拥有手机版MT4，方便客户随时交易

**强强联手**
与TNTV网络直播平台联手，打造全方位在线金融分析直播间，研判市场行情，帮助客户规避风险

**资金安全**
受新西兰金融服务管理局监管，FSP金融牌照FSP319786

服务热线：400-888-2660

## ✦ 外汇对冲交易

FXBTG GLOBAL ASSET MANAGEMENT LTD.的交易管理团队平均有10年的外汇市场投资管理经验，其投资标的涉足70多个外汇产品、贵金属、能源以及多国股票指数等CFD产品。

投资策略：基于FXBTG对外汇市场多年的经验和积累的交易数据库，利用强大的IT对数据分析并在国际外汇市场进行交易
交易品种：外汇、贵金属、指数、能源等CFD产品
合作券商：FXBTG FINANCIAL LIMITED
预期收益：大大高于传统经纪商（IB）佣金收益
交易止损：交易净值浮亏低至约定对冲标的资产规模5%且未及时追加基金保证金
募集对象：FXBTG金融集团的签约介绍经纪商
交易规模：约定对冲标的资产20%作为交易保证金

## ✦ 交易管理费

| 净入金量 | 交易本金 | 交易收益 | 服务费 | 流量费 |
|---|---|---|---|---|
| $200k以上 | | 100% | | $6 |
| $400k以上 | 不低于客户存款净值的20% | 100% | 税费2%<br>出入金管理费2.5% | $5 |
| $600k以上 | | 100% | | $4 |

交易有风险，投资需谨

# Followme

# 外汇社区交易
# 就上Followme

## 创新的社区交易平台 外汇交易不再孤单

Followme为用户提供先进的Followtrade跟随系统、便捷的多账户管理、完善的风控保障以及全方位的社区交流服务，让你的外汇交易不再孤单！

## 扫码立即领取
## $10000 体验金

多账户体系
在线交易更便捷

Followtrade跟随系统
跟随交易同步精准

外汇社交圈
外汇交易不再孤单

知名合作经纪商
确保资金安全

五大风控策略
降低交易风险

官方网站：www.followme.com　　中国区技术服务中心：400-777-0656

# BIG.
# FAIR.
# HUMAN.

选择XM，您就选择了一个遍布全球、
公平诚信、以人为本的经纪商。

## 关于XM

XM是TRADING POINT金融集团旗下的注册商标。XM是新一代网络金融服务提供商，致力于提供优质的服务，包括外汇、商品、股价指数、贵重金属和能源。提供的服务目前已经扩展到全球196个国家。XM由对全球外汇市场和资本市场丰富经验的专家创立于2009年，并致力于为每一位顾客提供一个公平与透明的交易环境。XM凭借着其无与伦比的执行力和帮助客户取得成功的个性化服务已受到国际高度认可。

- ✔ 实时市场报价，无重复报价，无拒绝订单
- ✔ 与投资及银行合作，保护客户资金安全
- ✔ 加强版MT4软件保证无间断的交易操作
- ✔ 每位客户均享有同等高质量的交易环境

- ✔ 20多种语言的私人客户经理
- ✔ 多种语言的研究报告和教学工具
- ✔ 银联入金即时到账，出金24小时内到账